THE FLIGHT OF ULYSSES

1. Studi e Testi

directed by
LUIGI MONGA AND DINO S. CERVIGNI

A collection of monographs of Annali d'italianistica
The University of North Carolina at Chapel Hill
Chapel Hill, North Carolina 27599-3170

The Flight of Ulysses

Studies in Memory of
Emmanuel Hatzantonis

edited by
Augustus A. Mastri

ANNALI D'ITALIANISTICA
1997

Copyright © 1997
Annali d'italianistica, Inc.
All rights reserved
Manufactured in the United States of America

AdI, Studi & Testi 1
A collection of monographs sponsored by
Annali d'italianistica, Inc.
and directed by Luigi Monga & Dino S. Cervigni.
The University of North Carolina at Chapel Hill
Chapel Hill, NC 27599-3170

Library of Congress Catalog Card Number: 97-72098

Augustus A. Mastri, ed.
    The Flight of Ulysses: Studies in Memory of Emmanuel Hatzantonis.
    1. Italian literature: from the Middle Ages to the twentieth century.
    2. Criticism, theory, interpretation.

ISBN 0-9657956-0-8

Emmanuel Hatzantonis

20 May 1925 — 1 May 1991

LIST OF SUBSCRIBERS

Mario Aste
Nando and Lea Baldoni
Gian-Paolo Biasin
Daniela Bini
Eric and Nadia Bisbocci
Dan and Mary Bishoff
Giuseppe Bolognese
Peter and Julia Bondanella
Frank Caldarone
Françoise Calin
Ernesto Caserta
Dino S. Cervigni
Gustavo and Natalia Costa
Vincenzo E. De Nardo
Richard Desroches
Colette Freitag
Mauro Galmacci
Elizabeth and John Gawf
A. J. Giustina
Sylvia Giustina
Azzurra Givens
Peter Gontrum
Robert and Michaela Grudin
Walther L. Hahn
Antonio Illiano
Christopher Kleinhenz

Patricia Krier
John and Georgia Lallas
Raffaele Lampugnani
Dominic and Carol La Russo
Edoardo A. Lèbano
Egidio Lunardi
Sante Matteo
Albert and Susan Mancini
Elisabeth and Thomas Marlow
Eric S. McCready
Luigi Monga
Stefania E. Padrin Nedderman
Augustus Pallotta
Tullio Pagano
Ben and Eileen Pascal
Joan E. Patterson
Helmut R. Plant
Earl Pomeroy
Perry J. Powers
Paola Malpezzi Price
Regina Psaki
Olga Ragusa
Robert J. Rodini
Patrizio Rossi
Aldo Scaglione
Joseph Tusiani

The editors wish to acknowledge receiving partial funding through a Research Completion Grant from the Office of the Vice President for Research and Development of the University of Louisville and through the Committee of Academic Publications of the same University.

TABLE OF CONTENTS

AUGUSTUS A. MASTRI, *Preface* — 9
A Selected Bibliography of the Essays of Emmanuel Hatzantonis — 16
JOSEPH TUSIANI, *Avulsa gemma* — 18
GINO CASAGRANDE, *'Cera' nei poeti del Duecento e in Dante: una proposta per* Rime 22 (LXIX), 7 — 21
TIBOR WLASSICS, *Dante's Surrealism: The Oneiric Ouverture to the* Comedy — 34
ANTONIO ILLIANO, *In margine alla questione della 'figura'* — 41
TONIA CATERINA RIVIELLO, *The Purpose and Obligations of Poetry* — 53
ANTONINO MUSUMECI, *Petrarca: l'immagine, il deserto e la scrittura* — 67
PAOLO CHERCHI, *'Dispositio' e significato del sonetto LXVII* — 82
NATALIA COSTA-ZALESSOW, *Numerical Symmetry among the Ten Narrators of* The Decameron — 97
PETER BONDANELLA, *Translating* The Decameron — 111
REGINA PSAKI, *Boccaccio and Female Sexuality: Gendered and Eroticized Landscapes* — 125
EDOARDO A. LÈBANO, *The Three Longest Duels in Italian Chivalric Literature* — 135
PAOLA MALPEZZI-PRICE, *A Sixteenth-Century Woman Poet's Pursuit of Fame: The Poetry of Isabella di Morra* — 146
ROBERT J. RODINI, *'... Talking of Michelangelo': Is That Michelangelo Talking? (Observations on Translating Michelangelo's Poetry)* — 159
FRANCO FIDO, *Tempo della città, tempo del teatro* — 171
PATRIZIO ROSSI, *Goethe a Napoli* — 181
GUSTAVO COSTA, *Giambattista Vico Between Pre- and Postmodernity* — 196
ALDO SCAGLIONE, *Kierkegaard's* Either/Or: *Another Case of Emergence of the Interior 'I'* — 206
OLGA RAGUSA, *Manzoni, Verga e il problema della lingua* — 212
AUGUSTUS PALLOTTA, *The First British Translator of* I Promessi Sposi *and the Politics of Literature* — 229
EGIDIO LUNARDI, *Correlating Literary Insights and Translations: The Case of Giovanni Pascoli* — 238
TULLIO PAGANO, *L'Assommoir e I Malavoglia* — 245

MARIO ASTE, *Echoes of 'Verismo' in Deledda's*
La chiesa della solitudine — 257

GIUSEPPE BOLOGNESE, *Per la genesi dei* Giganti *di Pirandello: congettura del testo italiano de* Gli dei della montagna *di Dunsany* — 267

BARBARA ZACZEK, *Guido Piovene's* Lettere di una novizia: *Misreading a Nun* — 286

GIAN-PAOLO BIASIN, *Lassù sulle montagne* — 299

RAFFAELE LAMPUGNANI, *Regional Identity, Amoral Familism and Social Integration in Visconti's* Rocco e i suoi fratelli — 314

SANTE MATTEO, *When Snow Was Snowier and Roads Were Roadier, and We All Loved Each Other So Much* — 326

VINCENZO E. DE NARDO, *Pirandellian Notions of Identity in Scola's* Macaroni — 340

FRANCO RICCI, *Disenfranchisement, or "Your Life or Your Life!"* — 348

Augusto A. Mastri

Preface

Those who met Emmanuel Hatzantonis were invariably struck by his friendliness and conviviality, accompanied by subtle erudition and limitless charm, expressing an ebullient vitality and an infectious zest for life: the more reason they all were saddened by the unexpected and tragic end of such an exuberant personality, ever ready to pay a compliment, offer words of encouragement, entertain, and, above all, teach. Teaching was second nature to him. As a colleague of his from Oregon, Carl Pomeroy, wrote me, "He was unexcelled in conveying to his students, who were many beyond those enrolled in his classes, his love for the Italian language and for the culture it expressed, and in enlisting them to share that love with him." That explains how a student with no previous courses in Italian — and now a Distinguished Professor at a major university — enrolled in Hatzantonis' course on the Renaissance taught in Italian! He reveled in sharing his literary insights and appreciation with students, colleagues, and acquaintances, just as he was likely to do with a meal or a refreshment, always mindful of the Homeric concept of the sacredness of the guest.

Homer, of course, was one of his great loves. The *Odyssey* had a special meaning for him, for he felt in himself the yearning, the restlessness of Ulysses, and the passion for the sea: "La grande madre," Emmanuel used to call it. His wanderings, taking him much farther than Ulysses' own, began because of the necessity for schooling, which led him from his native Symi to Rhodes, then to City College of New York, to Perugia, to Columbia University, to Berkeley, and finally to the University of Oregon, where he was a professor at the time of his death. An indefatigable traveler, he was always eager to go to new places, see new sights, or visit old friends. One particularly busy year he gave eight lectures in three Australian cities, two in North America, and one in Italy. Moreover, during part of the same summer, he was at Perugia's Università per Stranieri — and surroundings — directing his University's summer program, organizing trips, exposing his charges to new vistas and experiences, always teaching without seeming to. He relished to show and explain Luca Signorelli's *Last Judgment* in Orvieto's Cathedral, and then visit, with at least equal relish, the nearby Cantina Foresi. Whether it was arranging a trip to the opera at the

The Flight of Ulysses, edited by Augustus Mastri

Baths of Caracalla or reading, *in situ*, Carducci's "Alle fonti del Clitunno," or introducing the students to the Epicurean pleasures at Perugia's "Ristorante la Piazzetta," he was ever mindful of his company, unfaltering in energy, cheerfulness, and courtesy.

* * *

Emmanuel Hatzantonis was not an especially prolific scholar, but his writings are of the highest quality and in the best tradition of scholarship. Homer, Dante and Verga were his great literary interests, but he also felt an affinity for Foscolo and had excellent knowledge of Neohellenic literature. His was a comparativist approach, demonstrating broad studies in Italian, Spanish, Greek, Latin and French literature, feeling equally comfortable in the respective languages, as well as in English. This is especially evident in his treatment of the Homeric character of Circe, having devoted to it at least eight articles and countless scholarly presentations.[1]

In "La Circe della *Divina Commedia*," Hatzantonis stresses that the Dantesque character has been filtered through Boethius and consequently evinces a moral transformation in the sorceress' treatment of Ulysses' companions. Whereas in Homer they undergo a merely physical metamorphosis, in the *Divine Comedy*, a religious and didactic work, they undergo, as sinners, a much more significant transformation of the soul, since Circe is "il simbolo dei sensi che stimolano l'uomo all'amore eccessivo dei beni terrestri" — avarice, gluttony, lust, and cupidity (396). Thus, the Circe we meet in the *Divine Comedy* does not bear a direct correlation with either Virgil or Ovid. This argument is further developed in "La resa omerica della femminilità di Circe," where the author, in the best tradition of scholarship, through an extensive network of notes meticulously documenting the various sources, traces the Circe character from Homer, through Ovid, Virgil, and Boethius, before reaching Dante. Continuing the study of the evolution of Circe through the Renaissance, in "Il potere metamorfico di Circe," the author makes another comparative study of Machiavelli's *L'asino d'oro*, G. B. Gelli's *Circe*, and G. Bruno's *Cantus Circaeus*. Although the three works have a common central motif — the metamorphic power of Circe and the transformations she brings about — they are not imitations of each other. What they do have in common is the satirical element pervading all three. This satirical motif rests on Circe's metamorphic power and, more specifically, "sull'abilità della maga di dare alle sue vittime forme bestiali conformi alla loro natura umana o *modus vivendi*" (261). The same satirical use of metamorphoses, Hatzantonis points out, continued to be a

---

1. I will be making references to articles listed in the following bibliography, indicating the page numbers in parentheses within the text.

fruitful lode, appearing even two centuries later in Gasparo Gozzi's *Dialoghi nell'isola di Circe*, a satire of Venetian customs.

As mentioned earlier, Hatzantonis' interests were not limited to Italian studies. Still tracing the evolution of the Circe motif, in "Lope de Vega's non-Homeric Treatment of a Homeric Theme" he dispels the commonplace notion that the Spaniard's *La Circe* is a slavish imitation of the *Odyssey*. Through the analysis of antithetical parallels, both general and specific, of eight major episodes, he demonstrates that *La Circe* is fundamentally different from Homer's poem. By focusing the attention on two of the episodes — the arrival at Circe's island and the metamorphosis of Ulysses' companions; Ulysses' journey into Hades — Hatzantonis clearly shows that Lope's poem derived more closely from Homer's imitators and intermediaries, namely, Ovid's *Metamorphosis* and Virgil's *Aeneid*. But beyond the more obvious distinctions there is a more substantial difference in the character of Ulysses, because his "virtud" or moral strength in refusing Circe's advances is the "central theme and purpose of the poem" (477), since the contrast between the sensuous love of Circe and the neo-Platonic love of Ulysses "becomes the center around which revolve Lope's Platonic considerations and gnomic utterances, so popular with the Italian Renaissance writers and similar to other passages of Lope himself" (478). The documentation presented both in the text and, as usual, in the comprehensive notes make a compelling argument, likely being the definitive one on this celebrated topic.

Hatzantonis' sensibility toward different areas of literary pursuits quite naturally led him to Neohellenic literature. Curiously, it seems that Hatzantonis' interest in authors of his native country resulted as a consequence of their interests in Italian and Spanish literatures and cultures. An undoubtedly very valuable contribution was made by his articles on authors such as Nikos Kazantzakis and Kostas Niarchos (better known with his nom de plume Ouranis). In "Captain Sole: Don Quijote's After-Image in Kazantzakis' *Odyssey*," Hatzantonis demonstrates that Captain Sole, the hero of the *Odyssey*, Kazantzakis' main opus, is deliberately modeled on Don Quijote. The admiration for Cervantes led the Greek writer to accept Miguel de Unamuno's "mito quijotesco," which lays bare the fundamental traits of the Hispanic soul. Although not going deeply into the polemical aspects of such a conclusion, especially when extended to such figures as Santa Teresa and Ignacio de Loyola, Hatzantonis does not refrain from stating that "it is worth noting that the similarities and parallelisms which he found are at times as far-fetched as those of his Basque friend" (283). Worth of note in this article is also the author's conclusion that Kazantzakis' Odysseus' spiritual dimensions are not Homeric, being "closer to Dante's and Tennyson's Ulysses" (285).

In a later article on the same author, "Kazantzakis' Spiritual Itinerary Through Spain," Hatzantonis expresses doubt as to the advisability of assessing this author's contributions to modern Greek literature or his stature in the realm of international letters.[2] Nevertheless, he is quite certain that Kazantzakis is not only the author of the first modern-day Greek travel book but is also responsible for the belated discovery of Spain by the Greek men of letters. However, Hatzantonis does not merely relate the content of Kazantzakis' journey through Spain, but gives pointed and sharp criticism when observing that the author of *Spain*, when ascribing the main qualities of the Hispanic soul — Despair, Passion, Agony, Pessimism, etc. — is expressing the main traits of his own personality and work.

The same critical approach is applied in a later article, "Spain and the Genesis of Neohellenic Travel Literature," largely descriptive but also interpretative. In this article, Hatzantonis concludes that Kazantzakis and Ouranis, although having antithetical attitudes towards travel, achieve distinction through "their degree of success in giving aesthetic coherence to the personal intimations which they felt when in contact with the sites, monuments, and men of Spain" (87).

The same two authors, Kazantzakis and Ouranis (this time spelled "Uranis"), are shown by Hatzantonis as having been instrumental in spreading the knowledge of Italian authors to a modern Greek readership. In "L. Pirandello, Kostas Uranis, e la Grecia," Hatzantonis details, through a good deal of summarizing and synthesizing from the original Greek language, Uranis' interest in Italian theater and in Pirandello. Of particular interest are Pirandello's views on the difficulties which the theater was undergoing (330) and his feelings about cinema (340-41). An even more valuable contribution is "Kazantzakis traduttore della *Divina Commedia* e del *Principe*."[3] After giving a broad overview of Kazantzakis' considerable literary and critical output, Hatzantonis discusses the translations of the two Italian masterpieces, tracing the controversies and criticisms which arose after their publications. The observations made by Hatzantonis shed light not only on the polemics but also on the nature and process of translating, a discussion which fits very well with the four articles in this collection dealing with that topic.[4] Hatzantonis deems particularly admirable Kazantzakis' knowledge of the *Prince* which enabled him to render in Greek the many semantic nuances of the word "virtù."

---

2. Kazantzakis left a large body of writings, but his popularity, especially in the Western Hemisphere, is owed to his *Zorba the Greek*.
3. In his earlier article, "Captain Sole," Hatzantonis says that Kazantzakis "literally worshipped Dante, whose *Divine Comedy*, which he always carried in a pocket edition, he translated into modern Greek hendecasyllables (1st ed. in 1934; 2nd ed., with many and considerable changes, in 1954-55)" (286n6).
4. See the articles by Bondanella, Rodini, Pallotta, and Lunardi. For pertinent observations by a poet and translator, see Petracco Sovran, "Problems of Verse Translation From Italian into English. An Interview with Joseph Tusiani," *Italian-Americana* 2.1 (Autumn 1975): 34-49.

The other author to whom Hatzantonis dedicated a great deal of attention — eight articles — as well as affection was Giovanni Verga. The article "L'affettività verghiana ne *I Malavoglia*" evinces a deeply felt critical sensitivity on the part of Hatzantonis, who, by means of a methodical and detailed study of Verga's choices of verbs and adjectives, convincingly argues that they betray a sense of "affective" participation on the part of the author. This "affettività positiva o negativa" for his creatures (346) is, of course, in contrast with the programmatic intention of the author to be dispassionate, with a total neutral detachment. This is especially evident in an area never before noticed by the critics, that is, in the association of *verba dicendi* (88 of them) carrying positive or negative values, depending on the pairing with a positive or negative character of *I Malavoglia*. According to Hatzantonis, the attentive reader "nota che la impersonalità verghiana non diventa spersonalizzazione, indifferenza o impossibilità risultanti da indurimento emozionale o da una specie di agnosticismo etico," concluding that Verga's moral participation is always underlying in *I Malavoglia* and that "il trasporto affettivo è latente ma inequivocabile" (359-60).

In his next, and perhaps most valuable, study of Verga, Hatzantonis deftly navigates through the formidable amount of Verga criticism and then focuses his attention on the morphopsychic aspects of Verga's characters, pointing out their psychosomatic interdependence, evident in all the pre-*Malavoglia* works.[5] Hatzantonis then notes that the insistent return to a particular figurative connotation in *Cavalleria rusticana* is no longer somatic, showing that the author, not by accident, makes a fruitful and emblematic contrast between Turiddu and Alfio. These protagonists are not described in physical terms. Rather, the hats they wear and the way they wear them are the indicative elements of the wearer's personality. Another divergence from the earlier pictorial representation is exemplified by the nicknames given to some of the protagonists, such as Rosso Malpelo and La Lupa. The latter is studied, perhaps for the first time, in light of the significance of Dante's she-wolf (*Inf.* 1). It is the first time that Verga uses a nickname as a label for psychosomatic traits, as an emblem of the protagonist's personality. This procedure, Hatzantonis points out, is simply the outgrowth of the artistic necessity felt by Verga, since the beginning of his career, to openly reveal or to allusively hint at a certain interdependence between external appearance and internal disposition (211-13). This process, then, reaches its culmination in *I Malavoglia*.

Another interesting and also meticulously documented study is "La novità delle comparazioni nei *Malavoglia*," where Hatzantonis points out that comparisons increase in number and importance as Verga's narrative powers increase, as evidenced by a numerical count of the similes in *I Malavoglia* (and *I*

---

5. Hatzantonis, "Una costante della ritrattistica del Verga premalavogliano," *Italica* 52 (1975): 195-220.

promessi sposi). More significantly, a study of the content and of the expressive characteristics of the similes shows that they were an important element of Verga's search for the "vero," in this case, for the "'vero' sociologico-espressivo" (169).

In another article, "The Permutations of the Narrator in Verga's Pre-*Malavoglia* Novels," Hatzantonis, with his usual sensitivity and attention to details of documentation, traces the various stances of Verga's narrative voice. With customary clarity of expression and convincing argumentation, Hatzantonis demonstrates that "the multivisional and polyphonic or choral structure of *I Malavoglia* is not the result of a sudden and felicitous change of narrative technique, but the terminus of a long experimental and evolutionary process" (119).

To someone as dedicated to Verga's works as Hatzantonis was, it might have appeared that Visconti's *La terra trema* to a large degree distorted the writer's characterizations. Hatzantonis points out many of the differences between film and novel, especially in the treatment of Padron 'Ntoni and the younger 'Ntoni. But our critic, noting Visconti's minimizing of the characterial and operational conflict between grandfather and grandson, and the portrayal of the young 'Ntoni as a modern antihero, expresses satisfaction because the filmic treatment gave a major thrust to the reassessment of 'Ntoni's character and actions in the novel.

On this brief excursus of Hatzantonis' main critical endeavors, mention must be made of "Il diverso esiglio di Ulisse e Foscolo," perhaps his most personal essay, for it deals with two figures admired by him and with whom he most readily identified. The occasion is provided by his return to Ithaca and then to Zacinto, hence the connection to Foscolo's "A Zacinto" and specifically to the sonnet's ninth verse, which contains the "diverso esiglio." Hatzantonis offers a convincing reappraisal of the semantic value of the word "diverso," but one senses that his main interest lies with Foscolo and his love and yearning for his birthplace, caringly delineated in extratextual biographical considerations on "l'esule romantico-storico" and, the other, "classico-mitico."

* * *

The intention to publish a miscellanea in memory of Emmanuel Hatzantonis sprang from a simple desire to pay tribute to a friend and colleague who, in so many ways, was a remarkable personality. All of the contributors were acquainted with Emmanuel Hatzantonis. They include friends from graduate school, a former teacher, several former students, and colleagues met at the University of Louisville's yearly *20th Century Literature Conference*. Their contributions span the gamut of Italian literary periods and genres, including film and Italian American ethnicity. They treat many well-known authors (Dante, Petrarca, Boccaccio, Michelangelo, Vico, Manzoni, Verga, Pirandello) and some not so well-known ones (Paola Drigo, Isabella di Morra), clear evidence of the vitality of Italian studies in North America.

The project was originally intended to include about fifteen articles, but, as news of it spread among colleagues, many more contributions were offered. The final selections show a wide range of interests and are indicative of the esteem enjoyed by Emmanuel Hatzantonis, who spent most of his life in the service of Italian studies. I can find no better words to conclude this encomiastic tribute than to quote Albert Mancini, a friend of Emmanuel's from graduate school days at Berkeley, who states that Hatzantonis' "unapologetic championing of Italian studies, his staunch commitment to the teaching and research mission of the academy, his decency, compassion, and wit made him one of the most respected teachers and a remarkable leader for foreign languages and culture in our country. With his passing, the family of North American Italianists lost the services of a devoted friend and esteemed colleague."

A Selective Bibliography of Emmanuel Hatzantonis' Publications

Articles:

"Petrarch, Boccaccio, Chrysoloras, and the Revival of Greek in Italy." *Athene* 19.4 (1959).
"La Circe della *Divina Commedia*." *Romance Philology* 13.4 (1960): 290-300.
"Il potere metamorfico di Circe quale motivo satirico in Machiavelli, Gelli e Bruni." *Italica* 37 (1960): 257-267.
"William Cullent Bryant: A Forgotten Philhellene." *Athene* 20 (1961): 3-5, 57.
"Captain Sole: Don Quijote's After-Image in Kazantzakis' *Odyssey*." *Hispania* 46.2 (1963): 283-286.
"Lope de Vega's Non-Homeric Treatment of a Homeric Theme." *Hispania* 48.3 (1965): 475-480.
"Kazantzakis' Spiritual Itinerary through Spain." *Hispania* 49.4 (1966): 787-792.
"Luigi Pirandello, Kostas Uranis e la Grecia." *Forum Italicum* 1 (1967): 336-344.
"Il disagio della convivenza nella narrativa italiana degli anni sessanta." *Proceedings of Pacific Northwest Conference on Foreign Languages* 21 (1970): 85-92.
"Variations of a Virgilian Theme in Dante and Lope de Vega." *Pacific Coast Philology* 6 (1971): 35-42.
"Le amare fortune di Circe nella letteratura latina." *Latomus* 30 (1971): 3-22.
"Circe, redenta d'amore, nel *Roman de Troie*." *Romania* 94 (1973): 91-103.
"La resa omerica della femminilità di Circe." *L'Antiquité classique* 43 (1974): 38-56.
"L'affettività verghiana ne *I Malavoglia*." *Forum Italicum* 8 (1974): 344-64.
"Una costante della ritrattistica del Verga premalavogliano." *Italica* 52 (1975): 195-220.
"I geniali rimaneggiamenti dell'episodio omerico di Circe in Apollonio Rodio e Plutarco." *Revue belge de philologie et d'histoire* 54 (1976): 5-24.
"La novità delle comparazioni nei *Malavoglia*." *Forum Italicum* 12 (1978): 153-174.
"The Dimensions of Tragedy in Verga's *I Malavoglia*." *Neophilologus* 24 (1978): 555-567 (co-authored with John H. Dye).

"The Italian Influence on the Genesis of Modern Greek Literature." *Proceedings of Pacific Northwest Council on Foreign Languages* 29 (1978): 85-90.
"Ugo Foscolo." *Dictionary of Italian Literature*, ed. Peter and Julia Bondanella. Westport: Greenwood Press, 1979, 215-219.
"Spain and the Genesis of Neohellenic Travel Literature." *Hispanófila* 69 (1980): 73-88.
"Kazantzakis traduttore della *Divina Commedia* e del *Principe*." *Forum Italicum* 16. 1-2 (1982): 3-18.
"Carlo Levi." *Encyclopedia of World Literature in the 20th Century* 3 (1983): 5-59.
"Giovanni Verga." *Encyclopedia of World Literature in the 20th Century* 4 (1984): 546-548.
"The Permutations of the Narrator in Verga's Pre-Malavoglia Novels." *Italica* 61 (1984): 119-133.
"Contrastive Characterization in Verga's *I Malavoglia* and Visconti's *La Terra Trema*." *Perspectives on Contemporary Literature* 13 (1987): 41-49.
"Il diverso esiglio di Ulisse e Foscolo." *Forum Italicum* 21.2 (1987): 266-278.
"Lectura Dantis: The Misadventures of Circe in Dante and the Renaissance Writers." *Proceedings of the Dante Society of Australia* (1988): 25-47.
"L'evoluzione dell'umorismo nei romanzi verghiani." *Italiana* (1989): 245-286.

Joseph Tusiani

Avulsa gemma

Emmanuel Hatzantonis: In memoriam

Somnium nostræ Fidei ferax est:
quæ super terram moritur venustas
vivit in cœlo, pretiosa veræ
                 gloria vitæ.

Ecce, quod numquam poterunt tenere
hæ manus tandem capimus; quod oculi
non vident iamiam tueor. Triumphus
                 oppositorum

maximus fulget procul a furente
gurgite enormi pereuntis orbis:
lætus est qui gaudia nulla novit,
                 lætaque mater

quæ potest omnes revocare natos
e gravi pugna ad gremium serenum;
spiritum solis facile gubernat—
                 aspice—cæcus.

Somnium est humana Fides: sine illo
vita nostra amentia longa et atra est.
O beatos qui tenebrosa possunt
                 vincere fata

somniando lucem animantem et alas!
qui, metum passi dubiumque noctis,
invenire æterna sciunt quietis
                 omina certæ.

The Flight of Ulysses, edited by Augustus Mastri

GEMMA DIVELTA

Ferace è il sogno della nostra fede:
la bellezza che muore sulla terra
vive nel cielo, preziosa gloria
      di vita vera.

Quello che in mano non avremo mai,
ecco, noi già stringiamo; quel che l'occhio
non vede, già contemplo. È il più stupendo
      trionfo degli opposti

che sfavilla lontano dall'enorme
gorgo di un universo che perisce:
chi gioia mai conobbe or ecco è lieto,
      e lieta è la madre

che può tutti i suoi figli richiamare
da grave lotta al suo grembo sereno;
e — mira — facilmente il cieco doma
      lo spirito del sole.

Sogno è l'umana fede: se ci manca,
è follia lunga e tetra il viver nostro.
Fortunato chi il fato tenebroso
      riesce a vincere

sognando luce rianimante ed ali!
chi, dopo il dubbio della notte trepida,
auspìci eterni di sicura pace
      sa ritrovare!

GINO CASAGRANDE

'*Cera*' nei poeti del Duecento e in Dante: Una proposta per *Rime 22* (LXIX), 7

Lo scopo di questi appunti è quello di isolare e quindi analizzare nel contesto in cui si presentano due sostantivi che ricorrono assai di frequente nella lirica dei nostri poeti del Duecento, cioè le parole *céra* e *cèra* o—meno comunemente—*cièra*, per poi vedere il significato particolare che tale omografo[1] acquista nell'unica occorrenza delle *Rime* di Dante, anche alla luce di tre altre occorrenze nel *Paradiso*.

Prima di tutto vorrei premettere due osservazioni. La prima è la seguente: sembrerebbe che *cera* nel senso di "viso" non abbia nulla a che fare con l'altra *cera* nel significato di "materia molle e gialliccia della quale le api compongono i loro favi negli alveari che facilmente arde e ardendo si liquefa." Questa cera delle api deriva dal latino classico KERA. L'altra sembra essere tutt'altra cosa e sembra avere tutt'altra origine. Il Diez fu il primo a ricondurre la derivazione di questa parola al basso latino CARA, nel significato di "aspetto," "sembiante," "viso," di cui egli purtroppo non trovò che un unico esempio in un autore del VI secolo. Né altri filologi dopo di lui poterono indicare altri esempi. In mancanza di meglio, questa parola si fa derivare dal greco κάρα che significa "testa" e, raramente, anche "viso," "aspetto." Vi fu però un altro insigne filologo, questa volta italiano, Isaia Ascoli, che contestò il maestro Diez e propose invece la stessa derivazione dell'altra parola, cioè dal latino KERA che al plurale ebbe infatti il significato traslato di "figura di cera," "immagine" — specialmente con riferimento alle immagini degli antenati, gli dèi penati, che per una lunga tradizione si usavano fare appunto di cera. La proposta dell'Ascoli, che in sostanza si basava su una relativa forma aggettivale (*kerea*, sottinteso *imago*), ebbe purtroppo il destino di rimanere oscura; e oggi l'etimologia proposta dal Diez e sottoscritta poi dal Mayer-Lubke va per la maggiore.

---

1. Come si sa, oggi i due termini sono non solo omografi, ma addirittura omofoni. Tuttavia, nel corso di questo lavoro si manterrà — quando necessario — il discrimine all'antica con l'uso del segno diacritico sulla *e*: *céra* / *cèra*; inoltre si continuerà a chiamarli 'omografi.'

The Flight of Ulysses, edited by Augustus Mastri

La seconda osservazione sorge in un certo senso dalla prima ma è necessitata soprattutto dall'assunto, poiché implicitamente esclude dalla ricerca altre parole che hanno o potrebbero avere lo stesso significato, parole come *viso, faccia, volto*. Qui vorrei ribadire che l'oggetto di questi appunti è focalizzato verso i due omografi. Mi limiterò solo a dire che *viso, volto*, e *faccia* sono termini più o meno sinonimici; senonché il volto, cui pertiene la *voluntas*, definisce il viso nella sua intima moralità, mentre la faccia solo nella sua apparenza. Isidoro di Siviglia si spiega così:

> La faccia è così detta da 'effige'; in essa si mostra tutta la figura dell'uomo e da essa si può conoscere ogni persona. Il volto invece è così detto perché in esso si mostra la volontà dell'animo. Ed infatti il volto cambia secondo i vari moti interni. Tra questi due termini c'è la seguente differenza: *faccia* designa semplicemente l'aspetto naturale di ogni persona, mentre *volto* indica lo stato d'animo in cui la persona si trova.[2]

Questa definizione, che in effetti si rifà parzialmente ad un passo di S. Ambrogio,[3] la possiamo trovare anche in uno dei poeti di cui ci stiamo qui occupando. E precisamente in una canzone di Chiaro Davanzati in cui *cera* è sinonimo di "volto" e pertanto della volontà dell'individuo:

> glorificando me in grande stato,
> fate sì come apone
> lo savio, sormonando
> che, la cera guardando,
> lo voler dentro si può giudicare.[4]

Ma devo affrettarmi a dire che questo non significa che il termine *cera*, nel senso di "viso" sia sempre sinonimo di "volto"; né che la parola *faccia* non

---

2. "Facies dicta ab effigie. Ibi est enim tota figura hominis et uniuscuisque personae cognitio. Vultus vero dictus, eo quod per eum animi voluntas ostenditur. Secundum voluntatem enim in varios motus mutatur, unde et differunt sibi utraque. Nam facies simpliciter accipitur de uniuscuisque naturali aspectu; vultus autem animorum qualitatem significat" (*Etymologiæ*, ed. W. M. Lindsay. Oxford: Clarendon Press, 1911, XI, 1, 33-34).
3. Cfr. S. Ambrogio, *In Exameron*, VI, 9 (*Patrologia Latina*, XIV, 266).
4. Chiaro Davanzati, *Rime*, a c. di A. Menichetti (Bologna: Commissione per i testi di lingua, 1965), 78.

travalichi la sua etimologia e venga a prendere l'accezione di "viso" e "volto," come infatti accade spesso anche in Dante.

I

E ora vengo al mio assunto. Nella *Divina Commedia* la parola *cera*, che viene usata una dozzina di volte, non ha mai il significato di "viso." Vi sono due luoghi in cui questa voce viene usata in senso tecnico, benché in similitudini diverse. Uno si riferisce ai famosi bassorilievi del X canto del *Purgatorio*

> e avea in atto impressa esta favella
> '*Ecce ancilla Dei,*' propriamente
> come figura in cera si suggella. (*Purg.* X, 43-45)

L'altro si riferisce alla tenacità del cervello di Dante che porta entro di sé la forma scritta, cioè la *figura* delle lettere[5] riguardanti la profezia di Beatrice nell'ultimo canto del *Purgatorio*. È Beatrice che parla:

> 'voglio anco, e se non scritto, almen dipinto
> che 'l te ne porti dentro a te per quello
> che si reca il bordon di palma cinto.'

E Dante risponde:

> E io: 'Sì come cera da suggello,
> che la figura impressa non trasmuta,
> segnato è or da voi lo mio cervello.' (*Purg.* XXXIII, 76-81)

È chiaro che qui la parola "cervello" sta per "memoria," non solo perché il significato è ovvio, ma anche perché *cera* nel significato traslato viene ad acquistare l'accezione di "memoria," come si può chiaramente leggere in un passo di Bonaventura: *cera significat tenacem memoriam*, ed evincere da tutta l'antica e comunissima tradizione relativa all'immagine dell'anello e della cera. La tradizione risale infatti ad un passo del *De Anima* e costituisce un punto fermamente canonico per tutti i commentatori, tanto arabi quanto latini, del trattato aristotelico. Il passo che si riferisce alle specie della realtà esterna

---

5. Secondo le *Istituzioni* di Prisciano. Cfr. *De arte grammatica*, I, 543.

recepite dai sensi ed impresse nella memoria, è infatti così comune che verrà lemmatizzato anche nelle enciclopedie e nei vocabolari medievali, come per esempio nelle opere di Papia, Uguccione, Giovanni Balbi e Guglielmo Bretone.[6] Ma se la cera è apta a ricevere la forma del sigillo, essa è anche *apta nutriendum ignem et lucem*, e quindi anche il fuoco entro il cuore del poeta. Di questo si potrebbero portare versi di un grandissimo numero di poeti. Tanto per elencare qualche nome, ricorderò Guido delle Colonne, Panuccio, Bonagiunta, Meo Abbracciavacca, Galletto, Chiaro Davanzati, ecc., fino al Petrarca ed oltre.

In Meo, per esempio, troviamo una similitudine che adombra uno stretto legame tra la luce prodotta dalla candela e la luce che viene al poeta dalla "chiara spera" della donna:

> Como risprende in oscura partuta
> cera di foco apprisa,
> sì m'ha 'llumato vostra chiara spera.[7]

Lo stesso si ha in un sonetto di Galletto, come anche in una sua canzone intitolata "Credeam'essere, lasso!", la quale è imbevuta di una forte tensione sensuale:

> ...sì siete adorna e gente,
> fate stordir la gente
> quando vi mira in viso.

II

> Ed eo, ponendo mente
> la vostra fresca ciera,
> ch'è bianca più che riso,
> feristimi a la mente.
> ond'ardo como cera,
> levastimi lo riso.[8]

---

6. Cfr. Uguccione, *Derivationes*, s.v. "sigillum" ed anche "cera". Cfr. anche Guillelmus Brito, *Summa,* ed. L. W. Daly e B. A. Daly (Padova: Editrice Antenore, 1975), s. v. "similitudo".
7. "Considerando l'altera valenza", III, 49-51.
8. *Le rime della scuola siciliana*, a c. di B. Panvini (Firenze: Olschki, 1962), I, 325; d'ora innanzi citato nel testo come *Rime*.

Ed anche in un sonetto di Chiaro Davanzati in cui, come nella canzone di Galletto, *cera*, delle api, è in rima equivoca con *cera* nel senso di faccia, volto:

> Il parpaglion che fere a la lumera
> per lo splendor, ché sì bella gli pare,
> s'aventa ad essa per la grande spera,
> tanto che si conduce a divampare:
> così facc'io, mirando vostra cera,
> madonna, e 'l vostro dolce ragionare,
> che diletando struggo come cera
> e non posso la voglia rinfrenare.[9]

E ancora in Chiaro, in un famoso sonetto:

> La splendïente luce, quando apare,
> in ogni scura parte dà chiarore;
> cotant'ha di virtute il suo guardare,
> che sovra tutti gli altri è 'l suo splendore:
>
> così madonna mia face alegrare,
> mirando lei, chi avesse alcun dolore;
> adesso lo fa in gioia ritornare,
> tanto sormonta e passa il suo valore.
>
> E l'altre donne fan di lei bandera,
> imperadrice d'ogni costumanza,
> perch'è di tutte quante la lumera:
>
> e li pintor la mira per usanza
> per trare asempro di sì bella cera,
> per farne a l'altre genti dimostranza.[10]

Come sembrerà ovvio, siamo nell'ambito della tipica opposizione tra chiarore e oscurità che si trova in vastissimi strati della nostra poesia dugentesca, e che già il De Lollis — è ormai quasi un secolo — pensò di ricondurre ad una comune fonte occitanica.[11] In fondo, se spingiamo i tempi più indietro,

---

9. Davanzati, (25) (vv. 1-8), 243.
10. Davanzati, (32), 249-250.
11. Cesare De Lollis, "Sul canzoniere di Chiaro Davanzati," *Giornale storico della letteratura italiana*, suppl. I (1898): 27-117.

questa opposizione tra chiarore e oscurità ha un suo antecedente biblico, ed infatti si rifa ad un'immagine giovannea[12] su cui qui non voglio trattenermi poiché mio scopo qui è semplicemente quello di notare lo stretto legame, vorrei dire la quasi contiguità, che si stabilisce tra i due omografi, e quindi il rapporto che *cera* nell'accezione di "viso" viene ad acquistare con i termini *lume, lumera, luce*.

Se non vado errato, dalla mia breve indagine sembra che tale rapporto, cioè la giacitura sintagmatica o concettuale tra *cera* e l'idea di luce, quasi totalmente assente nei Siciliani, si venga a realizzare nei Toscani ed in particolare negli stilnovisti, incluso lo stesso Dante — ma, come si è accennato all'inizio, in Dante l'occorrenza sarebbe esclusivamente unica, e quindi si tratterebbe di un *hapax*.

*

Per il controllo dei poeti siciliani — in mancanza di un sussidio delle concordanze ben coordinato e definitivo — ho seguito il repertorio tematico di Walter Pagani, che indubbiamente è pur utile, ma che ormai risente il peso dei suoi quasi trent'anni.[13] Da questo repertorio si apprende che vi sono 17 epiteti che si riferiscono a *cera* nel senso di "viso": i tre più comuni sono *dolce, piacente, fresca*. Come si è detto sopra, gli aggettivi *lucente, splendente* e *chiaro* mancano quasi del tutto in giacitura con *cera*, sempre nel significato di "viso." Al contrario, questi aggettivi si trovano spesso riferiti al termine *viso*, in cui addirittura "chiaro" figura in ben 14 occorrenze.

Tuttavia, il fatto che *cèra* non sia direttamente modificato da un epiteto che indichi luminosità non significa affatto che questo termine *cèra* non acquisti un tale significato nel contesto significante in cui appare — sia esso in una quartina o in una stanza di canzone o in altri sintagmi. Infatti in diversi componimenti il termine *cèra* potrebbe senza alcun dubbio classificarsi come elemento portante di tutta una struttura, articolata, nel contesto stesso che lo agisce, proprio intorno al concetto di "luminosità."

Mi affretterò a dire che si hanno molte composizioni poetiche di questo tipo, alcune di anonimi Siciliani, altre di poeti ben conosciuti tanto siciliani come anche siculo-toscani e tosco-emiliani. Accennerò solo ad alcuni, che prendo dal Panvini e che divido in due gruppi: uno in cui il concetto di luce è espresso dalla parola *spera*, e l'altro in cui tale concetto viene espresso da *lumera* e altri termini strettamente connessi ad esso. In un *discordo* di Re Giovanni si legge:

---

12. *Giovanni* I, 5.
13. Walter Pagani, *Repertorio tematico della scuola poetica siciliana* (Bari: Adriatica, 1968).

'Cera' nei poeti del Duecento 27

> Donna, audite como
> mi tegno vostro omo
> e non d'altro segnore.
> La mia vita fina
> voi l'avete in dottrina
> ed in vostro tenore.
> Oi chiarita spera!
> la vostra dolze ciera
> de l'altr[e] è genzore. (*Rime*, 85)

Giacomino Pugliese, nella canzone *Donna per vostro amore* dice:

> Voi siete mia spera
> dolce ciera;
> sì perera,
> se non fosse lo conforto,
> che mi donaste in diporto. (*Rime*, 155-156)

E finalmente in un'altra canzone attribuita a Guido delle Colonne in cui il ponte semantico tra *ciera* e *spera* viene condensato proprio nell'epiteto *lucente*:

> Ben passa rose e fiori
> la vostra fresca ciera
> lucente più che spera,
> e la bocca aulitosa
> più rende aulente aulori
> che non fa una fera
> c'à nome la pantera. (*Rime*, 406)

Questa canzone di Guido può considerarsi qui come punto di passaggio al nostro secondo gruppo in cui dalla *spera* si passa alla *lumera*, con moltissime occorrenze nel senso di "lucerna," "lume" e, particolarmente "luce." Non so se si possa affermare che da *cèra* ci stiamo avvicinando verso *céra*, cioè quella materia che serve a produrre la luce. Certo che si sarebbe tentati di affermarlo, particolarmente quando si leggono componimenti come il seguente sonetto, rimasto finora anonimo, in cui vi è persino la similitudine della candela. Prendo il sonetto dal Panvini e vorrei far notare che esso è stato collocato anche tra i componimenti incerti del Davanzati:

> Qualunque donna à pregio di bieltate,
> consiglio che da voi, donna, si guarde,

> che non vegna a lo loco là ove siate,
> ca, se ci vene, non fia chi la sguarde;
>
> come candela à picciola clartate
> a gran lumera, quando appresso l'arde,
> così l'altre vi sono asomigliate:
> però di starve apresso son codarde.
>
> Qualunque bella donna vi cortea,
> se ben che non à pregio là ove site'
> ma non si può tener che non vi vea;
>
> le donne come gli omeni ferite,
> e voi medesma fer' e inamorea
> la vostra ciera, quando la vedite. (*Rime*, 591)

Ci stiamo avvicinando verso un gusto stilnovistico e innalzando verso gli astri. Così in un ultimo sonetto di questo gruppo, che è pur anonimo nella maggior parte dei manoscritti ma che uno di questi lo assegna proprio a Cino da Pistoia, si legge:

> Come lo sol, che tal'altura passa
> e sempre alluma sua clarita spera,
> e 'nver di noi giammai niente abassa,
> ed è nel mondo de li occhi lumera;
>
> così voi siete d'ogni biltà massa
> e di valor sovr'ogni donna altera,
> sì che di voi guardar nessun non cassa
> là dove appare vostra adorna ciera. (*Rime*, 628)

II

Il termine *cèra*, come altre parole, modi di dire e stilemi, passa dai Siciliani ai Toscani ed ha una grandissima fioritura in Chiaro Davanzati. Tra gli stilnovisti è rarissimo in Guinizzelli e in Cavalcanti, del tutto assente negli altri stilnovisti — quali Lapo Gianni, Gianni Alfani, Dino Frescobaldi — ma comunissimo in Cino da Pistoia. Dante, come si è già detto, usa questa parola una sola volta, nelle *Rime*, precisamente in un sonetto che qui c'interessa direttamente. Pertanto, tralasciando due pur interessanti sonetti, uno di

Guinizzelli e l'altro di Cino da Pistoia,[14] verrò a Dante. Il sonetto è il numero 22 dell'edizione del Contini e il LXIX di quella del Barbi. S'intitola "Di donne io vidi":

> Di donne io vidi una gentile schiera
> questo Ognissanti prossimo passato,
> e una ne venia quasi imprimiera
> veggendosi l'Amor dal destro lato.
>
> De gli occhi suoi gittava una lumera,
> la qual parea uno spirito infiammato;
> e i' ebbi tanto ardir ch'in la sua cera
> guarda', [e vidi] un angiol figurato.
>
> A chi era degno donava salute
> co gli atti suoi quella benigna e piana
> e 'mpiva 'l core a ciascun di vertute.
> Credo che de lo ciel fosse soprana,
> e venne in terra per nostra salute:
> la'nd'è beata chi l'è prossimana.[15]

Nel sonetto di Dante abbiamo la *cera*, la *lumera* ed anche la figura. Secondo il Contini la figura disegnata sul volto della donna potrà essere la figura di Amore. In tal senso l'insigne critico avrebbe potuto sostanziare questa sua affermazione — come giustamente è osservato in Barbi[16] — con un rimando ad un famoso sonetto di Cino da Pistoia dove si dice:

> Li occhi a tal maestria par che vi mova
> l'Amor ch'è figurato in vostra cera.[17]

---

14. Vedi "Gentil donzella di pregio nomata" di Guinizzelli, e "Lasso! ch'amando la mia vita more" di Cino da Pistoia, in *Poeti del dolce stil nuovo*, a c. di Mario Marti (Firenze: Le Monnier, 1969), 80-81 e 597-98.
15. Dante Alighieri, *Opere*, testo critico della Società Dantesca Italiana, a cura di M. Barbi *et al.*, vol. III: *Rime della maturità e dell'esilio*, a c. di Michele Barbi e Vincenzo Pernicone (Firenze: Le Monnier, 1969), 263-67; Dante Alighieri, *Rime*, a c. di Gianfranco Contini (Torino: Giulio Einaudi, 1965³), 72-73.
16. *Opere*, ed. Barbi, 263, note 7-8.
17. *Poeti del dolce stil nuovo*, 450.

Qui mi pare che il concetto di figura richiami fortemente il concetto di *cera* come materia atta a ricevere le impressioni della forma, e che quindi il discrimine tra i due omografi *céra* e *cèra* è al grado zero. E questo tanto per il sonetto di Cino, come per quello di Dante. Vorrei inoltre notare che nel sonetto di Dante il termine *angiol* è quanto mai esplicito ed ha poco a che fare con *l'angiolel d'amore* della sua ballata "Per una ghirlandetta".[18] È stato opportunamente osservato in Barbi[19] che qui *angiol* fa piuttosto pensare ad una frase della *Vita Nuova* (XXVI, 2) dove si dice: "questa non è femmina, anzi è uno de li bellissimi angeli del cielo." Tale punto di vista è del resto palesemente confermato anche dai vv. 12-13: "Credo che de lo ciel fosse soprana / e venne in terra per nostra salute".

La critica, purtroppo, non può offrirci nemmeno una data approssimativa, né assegnare l'occasione della composizione del sonetto "Di donne io vidi". Il Bartoli e lo Zingarelli, appoggiati poi dal Sapegno e dal Barbi, credettero sicuramente che il sonetto fosse scritto per Beatrice; lo riconnessero alle rime della lode, e lo ravvicinarono ai due famosi sonetti della *Vita Nuova*: "Tanto gentile" e "Vede perfettamente".[20] Pertanto il significato dato dal Contini al termine *angiol*, cioè Amore, non può qui essere accolto pacificamente. *Angiol* è qui la donna stessa, e l'espressione intera *un angiol figurato* ha uno strettissimo rapporto con il guinicelliano *tenea d'angel sembianza*. In "Di donne io vidi," infatti, *figurato* acquista un valore prettamente tecnico: quello che si riferisce alla *cera*, alla quale ci riconduce; come anche apprendiamo da un lemma di Papia in cui il lessicografo fa la distinzione tra *similitudo* e *figura*. La definizione di Papia viene poi ripresa da altri *vocabulisti* tra i quali Guglielmo Bretone, il quale si esprime così:

> *Similitudine* è quando si esprime, si dipinge o si forma un'immagine di una cosa veduta. *Figura* è quando si esprime un'immagine di qualche cosa, tramite l'impressione della forma. Per esempio come quando la cera prende l'effige dell'anello o del sigillo che vi si imprime sopra; oppure come quando un vasaio imprime nella creta la mano o il volto di una persona e, così facendo, forma una figura. Così dice Papia.[21]

---

18. *Opere*, ed. Barbi LVI, v. 7.
19. *Opere*, ed. Barbi, 263, note 7-8.
20. Natalino Sapegno, *Vita Nuova* (Firenze: La Nuova Italia, 1931) 127. E cfr. Michele Barbi 267.
21. *Similitudo* est, cum "secundum aliquam speciem visam, imago exprimitur vel pingitur vel formatur. *Figura* est, cum impressione forme alicuius imago exprimitur,"

Mi spiegherò meglio. Nel sonetto di Dante *cera* viene ad acquistare il significato di "natura creata," ossia "materia elementare," qualcosa di *figurato*, ossia di plasmato, dal sommo Fattore. Tolgo le due espressioni tra virgolette, la prima (*materia creata*) dal commento del Buti, e la seconda (*materia elementare*) dal commento del Benvenuto a *Paradiso* I:41, dove si dice:

> Surge ai mortali per diverse foci
> la lucerna del mondo; ma da quella
> che quattro cerchi giunge con tre croci,
>
> con miglior corso e con migliore stella
> esce congiunta, e la mondana cera
> più a suo modo tempera e suggella. (*Par.* I, 37-42)

Il Benvenuto chiosa così il termine *cera*: "materiam elementalem inferiorem quam auctor metaphorice appellat ceram." E il Buti: "La natura creata del mondo che è fatta come cera a ricevere la influentia, come la cera a ricevere la impressione del suggello." Questo significato metaforico di *cera* può essere confermato da alcuni passi patristici e scolastici che ci indicano che la parola *cera*, in questa accezione metaforica particolare, entra a far parte del bagaglio concettuale cristiano almeno già dal VI secolo. Devo confessare che una ricerca profonda in questo senso è tutta da farsi. Comunque vorrei qui apportare, come conferma di quanto detto, due passi di due autori: uno del IX secolo e l'altro della prima metà del XII secolo.

Sentiamo, prima, che cosa dice Amalario in un capitolo del suo *De officiis*. Qui egli ci parla di una antichissima tradizione romana per cui veniva data la benedizione ad un certo cumulo di cera dalla quale venivano plasmati degli agnelli che poi si conservavano fino all'ottava di Pasqua, giorno in cui venivano distribuiti ai fedeli che poi li portavano alle loro case e lì li facevano ardere. Amalario afferma che il libro che racconta questa tradizione dice anche si dovrebbe fare lo stesso del cero pasquale il quale ha sostituito l'antica tradizione dell'agnello di cera. E tutto questo perché anche il cero, come l'agnello, ci

---

veluti si cera ex anulo effigiem sumat aut si figulus in argillam manum vultumque aliquem imprimat et fingendo figuram faciat. Ita dicit Papias. (Guillelmus Brito, *Summa*, s. v. *similitudo*). Farò notare che non tutta la citazione, come vorrebbe farci credere il Bretone, viene da Papia, ma solo ciò che qui si pone tra virgolette. Cfr. Papia, *Vocabularium* (Torino: Bottega d'Erasmo, 1966; ristampa anastatica dell'ed. di Venezia, 1496).

ricorda Cristo nella sua umanità e nella sua divinità. A questo punto Amalario afferma: *Cera namque Christi humanitatem designat.*[22]

La stessa cosa viene affermata da Onorio di Autun, se non che qui non si parla dell'agnello di cera, o del cero pasquale, perché si tratta della celebrazione di un'altra festa religiosa, quella della purificazione di Maria che cade il 3 di febbraio, giorno in cui si usava fare la processione con candele accese. Onorio, volendo dare una spiegazione metaforica della cera, del lucignolo e della fiamma, si esprime in questo modo:

> *Per ceram quippe candelae, Christi humanitas,*
> *per lychnus, eius mortalitas,*
> *per ignem exprimitur ipsa Divinitas.*[23]

Forse Dante conosceva gli scritti di Onorio. Ad ogni modo, va notato che questi autori non sono isolati. Amalario, per esempio, ci rimanda ad uno scritto di una grande colonna della Chiesa, vale a dire alle *Omilie* di San Gregorio. Mi pare comunque che questi punti possano essere sufficienti per giustificare quell'accezione che Dante conferisce a *cera*, e non solo nel primo canto del *Paradiso* ma, e forse meglio, anche nel canto VIII, in cui si usa l'espressione *cera mortale* (v. 128) per indicare proprio gli uomini. Ovvero anche nel canto XIII (v. 67) dove *cera*, la materia elementare, è sotto l'influenza celeste che la plasma con la sua impronta.

Nel sonetto di Dante "Di donne io vidi" sembrerebbe quindi che l'espressione *ne la sua cera* venga ad acquistare il significato di "sembianza," "aspetto esteriore," di un modello umano di perfezione, di una "cera mortale" che, tuttavia, nella gerarchia della creazione, si situa ad un livello sovrumano, e precisamente al livello angelico che, come si sa, è il primo gradino che i poeti dello stil nuovo dovranno salire nella loro ascesa verso quella fonte creatrice che è la divinità.

Concludendo, vorrei qui aggiungere una specie di appendice per avvalorare il già detto. Questa accezione di *cera* che si è proposta per il sonetto di Dante sembra essere ancor più evidente in una canzone di Cino da Pistoia che s'intitola "Sì mi stringe l'Amore." Addurrò qui di sèguito i versi che ci interessano, poiché se la canzone nella sua totalità è di gusto guittoniano ed arcaico, pur vi è questa parte di chiara tendenza stilnovistica:

---

22. *Patrologia Latina*, vol. 105, col. 1033.
23. *Patrologia Latina*, vol. 172, col. 649.

tant'è miracol gente 45
veder voi, cosa di sovra vertute,
più che Natura puote;
che mai non fuor vedute
così nuove bellezze in donna adorna.
Com'io credo di piana, 50
volesse Dio fra li angeli più bella,
e 'n far cosa novella
prender vi fece condizione umana:
tanto siete sovrana
e gentil creatura, che lo mondo 55
esser vi dee giocondo,
sol che tra noi vostra cera soggiorna.[24]

Mi sembra che anche qui *cera* stia a significare non il volto o il viso della donna, ma precisamente la sembianza, l'aspetto esteriore,[25] quella "condizione umana" del v. 53, creata da Dio come "cosa novella" per soggiornare tra gli uomini. Interpretazione di *cera* che sembra ovvia nel contesto sintagmatico in cui giace, e che è quanto mai consona con quello che sono venuto dicendo finora.

University of Wisconsin-Madison

---

24. Marti, *Poeti del dolce stil nuovo*, 541-542.
25. Come anche si evince da un passo del Giamboni in cui si dice: "Quando vuoi scegliere astore grande guarda ch'egli abbia la testa lunga a guisa d'anguilla e che la sua cera sia allegra e un poco chinata, infino ch'egli è conscio" (Bono Giamboni, *Tesoro di messer Brunetto Latini tradotto*. Venezia, 1553, 75).

Tibor Wlassics

Dante's Surrealism: The Oneiric Overture to the Comedy

The opening scene of Dante's *Divine Comedy* is perhaps the most universally known of all fictional scenes — excepting only the *incipit* of Genesis: an unfair exception as, for believers, Moses's books are inspired not by love only, as Dante claims for his words, but by the Holy Spirit. The Pilgrim's getting lost in the dark wood; his dazed search for a way out; his encounters with three threatening wild beasts, the Leopard, the Lion, and the Wolf; his transcendental panic and his retreat, and the salvific appearance of the ghost of Vergil: all are episodes now belonging to the basic consciousness of our culture.

The immense amount of exegetical labor expended on this grand beginning points out, among the principal characteristics of Dante's art, his realism. Emerging from the Middle Ages, from a literary tradition, or background of storytelling, both naturally and intentionally hazy and stylized, the *Comedy* is truly a miracle of mimesis or representation of (imagined) reality. Dante has his Pilgrim live the triple transcendental adventure endowing every move with an earthy lifelikeness. Hence the observation, reported by good readers for over 600 years: the feeling that Dante's unfamiliar (in fact horrifying, eerie, astonishing) landscapes and cast are, notwithstanding, familiar to the reader: the optics and acoustics, no matter how different the sights and sounds of the Beyond, are terrestrial; the five senses of the Pilgrim filter the transcendental impressions for the reader, anchoring them firmly in the reality known to and lived by the reader.

All this is no doubt true and explains an outstanding feature of Dante's narrative art. Insistence, however, on Dante's *realism* may conceal the fact that Dante's *vision* is indeed, a vision. This fact was felt more or less strongly by various generations of readers. An early American translation of the *Divine Comedy*, for instance, presents the work, straightways, under the new title "A Vision." In truth, Dante's triple trip is just that, a vision: subject to and reported by the master storyteller as obeying, especially in certain of its varied twists and turns, the laws of visionary perception.

The Flight of Ulysses, edited by Augustus Mastri

In short, appreciation of Dante's realism should not prevent the good reader from perceiving and appreciating Dante's *surrealism*. The visionary mode of perception prevails especially in the moments of transition from real world to dream world, and vice-versa, in the narrative: hence the hallucinatory quality of the Pilgrim's first soaring toward the heavens, crossing (perhaps) the blinding sphere of fire; hence the formidable textual complexity of the two poets' departure from hell, the topsy-turvy climb over Lucifer's hide and the trek through the confusing topography of hell's tunnel to purgatory. Hence, too, the dreamlike atmosphere many readers report, more or less appreciatingly, perceived in the overture to *Inferno*.

More or less appreciatingly, I said. In fact, excellent critics, both ancient and modern, the latest being the usually appreciative commentary of Umberto Bosco (and Giovanni Reggio), have felt that the overture, especially in the first sixty lines or so, was inferior in poetic quality and in storytelling ability to Dante's mature work in the later cantos of the first canticle. Benedetto Croce, for instance, perceived in the scene an effort, and objected "to the wood that is not a wood, to the hill that is not a hill, to the sun that is not the sun, and to the three beasts that are not beasts."

My contention is that the great Overture is, also, in addition to the many possibilities of interpretation, an experiment in medieval surrealistic storytelling. Surrealism is defined in current dictionaries as "an early 20th century movement in art and literature, characterized by the expression of dreamlike imagination, ungoverned by convention or control." The definition fits to a tee our case, except for the chronology; but "early 20th century" refers more to the currency of the term than the phenomenon itself — which is as old, as immemorial, as dreams are themselves. The "dreamlike imagination" of the definition is as old as art and literature — in fact older, much older, than art and literature.

Early commentators seem to have understood this aspect of *Inferno* I, and so did the early illustrators. As to the former, suffice it to quote Benvenuto da Imola, for a comment to the keynote of Dante's poem ("Nel mezzo del cammin di nostra vita," etc.), copied and echoed by a long line of 15th- and 16th-century exegetes: "Auctor describit suam *visionem*, et primo tangit quo tempore apparuerit sibi ista *visio*." Contemporary illustrators confirm the impression. For one, let us evoke an anonymous Florentine graphic artist's conception of Dante and the Three Beasts (the illustration is in a codex dated 1415, today in the Madrid Biblioteca Nacional).

In the cave paintings at Altamira the stone-age surrealist painter depicted his animals, buffaloes, deer, etc., in minute realistic detail, while his hunters, the human figures, were little more than coded signs, faceless sticklike jots.

Dante's illustrator does the exact contrary: the Pilgrim is carefully portrayed in an attitude of great psychological complexity (described in the verses, "l'animo mio che ancor fuggiva / si volse a rimirar lo passo . . .," the attraction/repulsion is carefully choreographed. The three beasts in turn are mere "sticks": they are separated materially, as if framed apart, from the "realistically" drawn human figure. The three beasts are portrayed with a comic-strip-like technique, with actual subscripts even, *lussuria superbia avaritia*. The dark wood is a dream wood as well: a fable-like figuration, oneiric.

The characteristics of oneiric reporting, the retelling of a real or imaginary happening in terms of a vision, or dream, or hallucination, are noted both by the earliest commentators of Dante's *Comedy* and in medieval *artes dictaminis*. Allow me to summarize the main features of oneiric narrative.

First of all, oneiric storytelling imitates the indeterminate *locus* and the confusionary time sequence of dreams. The dreamer can be at once here and there; time is elastic. In Dante scholarship there is a flourishing sub-section we could call Dante cartography; another much frequented subfield deals with the chronometry of the *Comedy*.

The cultivators of both fields tend to show that if the reader turns right and turns left with the Pilgrim and Vergil in the infernal chasm; if the reader moves forward and retreats according to the narrator's careful indications, the reader then should indeed get to the same point within the same time frame where and when Dante and Vergil get there. Both the cartographers and the chronometrists, these surveyors lost in a dream, usually exempt from their calculations the scene we are discussing here: the scene has the indeterminacy and diffuse impossibility of an incubus.

There is much talk, in our Overture, of a "true path" (v. 12), of a "hill" and of the "bottom of a hill" (v. 13), of a valley, in fact, "eerie vale" (v. 14), to which the narration refers as to a reality "known" to the reader, "quella valle," "that valley, the valley you know." But all these items seem as though seen through a mist: part of a dream geography. Where, precisely, is the "pass" of verse 27, the pass that, ambiguously, "no man has ever left alive?" How is this pass related, spatially, to the "lonely rise" of line 29, or to the "slope" of verse 31? Our traveler seems to be truly lost, *smarrito*, in a labyrinthine dream. The narrator appears to be pointing in various directions and at various topographical details; but his gestures contradict each other or, simply, fade into a dreamy haze. Where is the place where the "sun is silent" (v. 60)? Yes, the expression is explained by all commentators as fittingly synaesthetic (and synaesthesia, the "confusion of senses," is the queen of rhetorical figures in oneiric storytelling), but our narrator clearly (I should say unclearly — but advisedly so) points toward the place where the sun is silent as though toward a precise coordinate on his map.

The same kind of precise imprecision characterizes the chronological sequence, we have said, in the Overture. Imprecise precision? There is, in *Inferno* I, a great to-do in inspecting one's watch, in flipping the leaves of one's calendar,—just as on its map we detected an abundance of signposts, spinning in all directions. "When," "then," "while" are recurrent conjunctions in our text (*a quel punto, poi che, allor,* etc.); there is even a precise "historical," or rather prehistorical parallel (see lines 37 and following: "Temp'era. . .," a parallel determining the exact "season," rooting the vision in real biblical-historical time. But if we, readers, lost in Dante's spatial and temporal whirl, look closer and glance at the narrator's so assiduously consulted watch, we realize, to our amazement and anguish, that Dante's timepiece lacks one minimal element on its clockface: the *hands*.

The oneiric obsession with time and space extends to the dominating emotion in the scene. Dante is a master of the synonym. In *Inferno* XIII, for instance, in the wood of the suicides, in order to denote "wood," precisely, or tree or parts of a tree, *twig*, Dante exhibits about two dozen variants, each of them "fitting" (and this is precisely the point I wish to stress): each synonym fitting by sense and sound the precise textual circumstance: we have, in *Inferno* XIII, *ramo* and *ramicel, fronda, stecchi, sterpi, bronchi, frasche, pruno, tronco, stizzo, scheggia, cima, legno, nocchi, rosta,* etcetera.

In the Overture to the poem, however, Dante prefers to sound like a "broken record," or, to say it with a more dignified terminology, like the reverberations of a bad dream: instead of varying by synonym, Dante doggedly repeats the whining Italian word for "fear," *paura*, five times in our short segment of text. *Paura, paura, paura* — the terrorized narrator-wayfarer cries out again and again. His obsessive sound picture (I, in my turn, cannot steer clear of dreamy synaesthesia), the obsessive sound picture opening the great work, *selva selvaggia* ("esta selva selvaggia e aspra e forte," line 5), is the first of such paronomasiae, or serious puns, verbal insistences, dotting *Inferno* I; the more evident ones providing a musical score to the dream-slow approach of the Wolf (vv. 59-60: "venendomi incontro *a poco a poco* / mi ripigneva. . ."), and to the desperate moves of the Victim paralyzed by the fear of the Leopard: "impediva tanto il mio cammino / che io fui per ritornar più *volte volto* . . ." (vv. 35-36).

Note now that each of the three beasts bear the verbal seal of dream perception. The Leopard stalks the Pilgrim from all sides at once: as in dreams, and in dreams only, the victim desperately tries to escape by turning his face away from the menacing sight, but the sight is *always* there, no matter how the Wayfarer twists and turns. The sight is in fact *within* the eyes of the oneiric onlooker. So much for the visionary quality of the Leopard. And the Lion? The Lion is not a lion but, pointedly, the semblance or likeness of a lion, "*la vista . . . d'un leone*" (v. 45), as Dante reports. But just in case the reader has not registered the important word, *vista* (standing here, in my opinion, as elsewhere in the *Comedy*, for *appearance, larva, specter* even), Dante repeats it in close proximity, qualifying with it the last one of the three beasts, the Wolf: the *image, vision, semblance* of a wolf: "questa mi porse tanto di gravezza / con la paura che uscia di sua *vista*/ che io perdei la speranza dell'altezza" (vv. 52-54).

Again, early readers and contemporary or almost contemporary illustrators well perceived this surrealism of the famous Three Beasts of Dante. Francesco Buti, to quote one for the several, simply glosses the word **vista** as "*imagine.*" Now if our hypothesis holds, and if we accept that Dante may have conceived of his Overture to Hell in dream terms, then some of the exegetically tormented images of *Inferno* I take on an *additional* possible aspect (note how prudently I hedge my proposal).

"Il lago del cor" (v. 20), for instance, will still be a "cavity where the vital spirits gather and dwell;" it will still be the left or right or whatever ventricle (later to be discovered by Harvey). But our oneiric reading may, in the meantime, add to the image the shade of a dream *landscape*: the image of a lake over which fear flits and hovers during the Pilgrim's long, anguished night.

An image not unworthy of *Inferno* I, the Overture, whose protagonist, *nota bene*, is likened to a shipwrecked seafarer. So, too, in the famous case of the *pié fermo* (v. 30), which mistranslated into Latin as *pes firmus*, possesses in itself an exegetical literature of almost grotesque dimensions. In our interpretation, "pié fermo" will still denote, on the literal level, the anatomical difference in the positioning of the skeletal and muscular structure of the legs, in a human figure climbing a slope. But, keeping in mind the possible oneiric sub-stratum of *Inferno* I, "il pié fermo" may from now on remind some readers of the *watertreading dreamwalking* of nightmares.

But, one may ask, why Dante the storyteller just *will not tell* the reader, unequivocally, to view the *incipit* of his great tale through the imaginary binoculars of the common nightly experience of dreaming? The fact is Dante does just that, telling us clearly and rather univocally, in his 11th verse of the poem. "Tant'era pieno di *sonno* a quel punto / che la verace via abbandonai." Yes, but most commentators, both ancient and modern, point out that *sonno* here stands allegorically, as in biblical language, for sin, the abeyance of conscience. And yet, we may ask, did *sonno* also mean "sonno" in Dante's time?

Of course it did. The earliest Dante commentary (perhaps begun *Dante vivente*), Guido da Pisa's commentary, curtly states: "Hic manifeste apparet quod suas visiones in somno finxerit se vidisse. . . ." Early on, Boccaccio pointed out the ambivalence in the word: "sonno" in his gloss of the passage stands for both "bodily sleep" and "sleep of the spirit." The Ottimo Commento in turn similarly has, as its gloss: "il sonnoglioso molte volte erra la via." And while the archaic Graziolo de' Bambaglioli categorically stated that "somnus accipitur pro peccato," other almost coeval allegorist interpreters saw a host of other possible hidden meanings. Dante's own offspring, Jacopo, interpreted *sonno* as "adolescence." The other son, Pietro, explained the word as "vaga affectio et cogitatio mondana." Allegories of *sonno* as "image of death" (Ottimo), ignorance (Benvenuto), stupor of the senses (Landino), etc., are of course mutually exclusive, or at least mutually weakening. Andreoli, a 19th-century commentator, was persuaded that all allusions in the *Divine Comedy* involve somehow the Guelph/Ghibelline bickerings, insisted on *sonno* as meaning the "vaneggiamento politico" of mature Dante Alighieri secretary of war for the Florentine city-state.

Nothing, as far as I know, excludes the understanding of *sonno* as "sonno." In fact, there is in the *Inferno* at least one "explicit" dream described in detail, which offers some help in the interpretation of the implicit dream in our Overture. The "real" dream belongs not to the Pilgrim (who does not sleep in Hell), but to Count Ugolino the Pisan traitor, condemned by earthly justice to starve to death in the Tower of Hunger together with his four children, and condemned by divine justice to chew his enemy's head in eternity. As you recall, the account of Ugolino's final agony is preceded by a premonitory dream in which the dreamer himself appears as the Wolf and his children as whelps, chased by a pack of dogs "swift and skilled and sleek." Now in the description of the dream the verb *to be* is consistently crowded out by the verb *to seem*: instead of the imperfect *era* the dreamteller employs the imperfect *pareva*: "Questi [the Count's archenemy, the Archbishop Ruggeri] *pareva* a me maestro e donno." Ugolino introduces the scene, which ends almost immediately: "In picciol corso mi *parieno* stanchi / lo padre e' figli, e con l'agute scane / mi *parea* lor veder fender li fianchi. . . ."

Do you recall how, in early filmmaking, dream sequences were signified? A rolling fog in the four corners of the frames alerted early moviegoers to the fact that the scene on hand had to be understood as the *dream* of the protagonist. Now, the insistent use of the verbs *sembrare, apparire, parere* in Dante appears to be just such a conventional signal: a kind of mist in the four corners of Dante's "frames." We could serve further proof of this "coded" stage direction, *didascalia implicita*, examining dreams (declared as such by the author) from *Purgatorio* (where the Pilgrim does sleep and actually dreams) and even more from the dream-rich *Vita nuova*. But allow me to omit those here and examine the text relating to the oneiric sequence of the animals in the Overture. "La vista . . . *m'apparve* d'un leone," Dante reports (v. 45), and immediately the scene becomes hazy: "Questi *parea* che contra me venisse . . . / sì che *parea* che l'aere ne temesse. / Ed una lupa che di tutte brame / *sembiava* carca. . . ."

Parere and *sembrare* seem to be the trigger words (the *si gira*), the fog-machine, if you will allow the simile, of Dante's oneiric movie-making. His refraining from giving the reader direct information, such as we see in the early illustrators, that is, the image of a man sleeping and, perchance, dreaming, is a storytelling trick known to storytellers ancient and modern. Dante's misty overture is close in this respect to Ambrose Bierce's magnificent story, "An Occurrence at Owl Creek Bridge."

I am well aware of the possible objection that such parallels are "antihistorical." Ahistorical, yes; ahistorical just as much as great art is ahistorical: a defeat of time. Precisely such ahistoricity in great poetry allows the reader of today to see in the protagonist of the very first analogy in the *Divine Comedy*, that is in the shipwrecked seafarer (who "con lena affannata / uscito fuor del pelago alla riva / si volge all'acqua perigliosa. . .," vv. 22-24), a great prototype of modern poetry: the *naufrago*, the shipwrecked poet, precisely, in Leopardi's "Infinito;" the shipwrecks in Rimbaud's "Bateau ivre" and in Mallarmé's "Brise marine"; and, closer to us, the merry shipwreck of *Allegria dei naufraghi*.

The University of Virginia

Antonio Illiano

In margine alla questione della 'figura'

Nel trattare di presenze fondamentali come quelle del Virgilio e del "Catone" danteschi sembra opportuno esortare all'impiego accorto e circostanziato della terminologia simbolico-figurale. Ché, nell'universo epico della *Commedia*, l'arte della rappresentazione trae i suoi simboli non dall'umanità individuale delle persone ma dal mondo della natura e dallo scibile storico-culturale e scientifico.[1]

Questi simboli possono adempiere una funzione circostanziale o possono inserirsi in un contesto più ampiamente simbologico. Così il giunco schietto e la rugiada sono simboli che contribuiscono alla costruzione di una simbologia, quella dei riti della cintura e dell'abluzione, che ha inizio nella prescrizione unitaria enunciata dal veglio (*Purg*: I 94-105) e si conclude sul lido deserto che circonda la montagna del Purgatorio. Virgilio, al quale tocca l'obbligo pseudoliturgico di amministrare i riti utilizzando i simboli, vive chiaramente in una dimensione che trascende la significazione simbolica: non può essere mero simbolo chi è chiamato a celebrare un rito che si compone di simboli e costituisce, in sostanza, una vera e propria simbologia; e non può ridursi a simbolo chi, pur nel celebrare questo rito, è tristemente consapevole non solo di essere tra i destinati a "disiar sanza frutto" e il cui disio "eternalmente è dato lor per lutto" (III: 40-42) ma

---

1. Per una prima illustrazione dell'ampio uso di "simbolo," si vedano ad esempio, oltre alle voci "allegoria," "Virgilio" e "Beatrice" nell'*Enciclopedia Dantesca*, l'articolo di A. Pagliaro, "Simbolo e allegoria nella Divina Commedia," *L'Alighieri* 4. 2 (1963): 3-35, dove si legge tra l'altro che "Tutti gli effettivi valori simbolici della fede, cioè della sapienza teologica, alla lupa simbolo della cupidigia, al giunco schietto simbolo dell'umiltà, sono assunti a questo significare per connotazioni bene individuabili, e compiono, per dire così, il loro contenuto simbolico nel contesto più o meno esteso al quale partecipano," e la conclusione del saggio del Consoli sul *Significato del Virgilio dantesco*: "Ora la domanda se sia venuto meno il simbolo o la persona suona più che mai superflua, tanto è evidente l'inscindibile intreccio nella figura dei suoi vari aspetti e significati. Che rimarrà di lui se per un atto altrettanto innaturale vogliamo diminuirlo e mutilarlo delle infinite suggestioni emblematiche, del suo alone di superiore dignità morale...?" Si consulti pure l'articolo di A. Vallone, "Personificazione, simbolo e allegoria del Medio Evo dinanzi a Dante," *Filologia e Letteratura* 10. 38 (1964): 189-221.

The Flight of Ulysses, edited by Augustus Mastri

anche di avere la saggezza che non sarà mai fede e la conoscenza che non avrà mai la grazia.

Analogamente si noterà che, mentre i tratti salienti dell'aspetto del veglio (il volto, i capelli e la barba, la solitudine) sono simboli del suo carettere e mentre le quattro stelle simboleggiano le virtù che ne sublimano l'anima, il veglio stesso è una presenza che vive oltre le sfere, non sempre nettamente distinte dalla critica, della rappresentatività simbolica e allegorica. Perciò non è sempre agevole definire il senso unitario di questa viva personificazione poetica quando, eludendo il carattere distintivo della sua indole e della sua forte individualità, si cerchi di saldare la dicotomia tra il personaggio storico e quello poetico postulando una trasformazione simbolica del primo:

> Il Catone storico e il Catone allegorico non si possono dividere, perchè in sostanza sono una cosa stessa. Se Dante avesse voluto che il veglio onesto fosse solamente . . . figura dell'anima fatta libera per l'evangelica annichilazione del corpo; se egli avesse voluto prescindere affatto dalla storia, non avrebbe ricordata Utica né Marzia. No. Il Catone del Poema è il Catone della storia e della tradizione letteraria: che diventa simbolo appunto in virtù di ciò che la tradizione e la storia dicono di lui.[2]

In realtà il veglio solo non è più il Catone storico ma un personaggio al quale la fantasia dantesca conferisce un carattere epico-poetico lucidamente consapevole della propria dignità di precettore e pedagogo in un mondo governato da normative che non sono più quelle della storia umana: non a caso egli tace sul ricordo di Utica (anche perché in lui è l'incarnazione integrale e insuperata non solo della libertà ma di tutte le virtù cardinali), mentre alla menzione di Marzia replica con un ripudio che nel sottolineare l'incolmabile distanza-distacco che lo separa dallo spirito della consorte umana, mette in risalto la giustizia e magnanimità del suo nuovo essere.

Ma la questione è complessa anche perché, nata dalla perentoria unificazione del Catone storico con quello "allegorico," s'intreccia con gli annosi e spinosi problemi dell'allegoresi. E a complicarla ulteriormente interviene l'enunciazione pseudoargomentativa dell'ipotesi "figurale":

> Cato von Utica also ist es, den Gott hier zum Wächter am Fusse des purgatorio bestellt hat: einen Heiden, einen Feind Caesars, einen Selbstmörder. Das ist sehr erstaunlich . . . Das Rätsel löst sich durch die Worte Vergils, der von Dante

---

2. A. Bartoli, "Il custode del Purgatorio, " in *Delle opere di Dante Alighieri: La Divina Commedia* (Firenze: Sansoni, 1887) 202.

sagt, er suche Freiheit, die so teuer ist, wie du es wohl weisst, der für sie das Lebel verschmäht hast. Die Geschichte Catos ist aus ihrem irdischpolitischen Zusammenhang herausgenommen, genau wie es die patristischen Erklärer des Alten Testaments mit den einzelnen Geschichten Isaacs und Jacobs u. a. taten, und sie ist zur *figura futurorum* geworden. Cato ist eine *figura*, oder vielmehr der irdische Cato, der in Utica für die Freiheit dem Leben entsagte, war es, und der hier erscheinende Cato im Purgatorio ist die enthüllte oder erfüllte Figura, die Wahrheit jenes figürlichen Vorgangs. Denn die politische und irdische Freiheit, für die er starb, ist nur *umbra futurorum* gewesen: eine Praefiguration jener christlichen Freiheit, als deren Hüter er hier bestellt ist, und um deren willen er auch hier jeder irdischen Versuchung widersteht . . . Die Gestalt Catos, als eines strengen, gerechten und frommen Mannes, der in einem bedeutenden Augenblick seines Geschicks und der providentiellen Weltgeschichte die Freiheit höher geachtet hat als das Leben, wird in ihrer vollen geschichtlichen und persönlichen Kraft erhalten; es wird daraus keine Allegorie der Freiheit, sonder es bleibt Cato von Utica so wie Dante ihn als persönlich-einmaligen Menschen sah; aber er wird aus der irdischen Vorläufigkeit, in der er die politische Freiheit als höchstes Gut ansah . . . herausgehoben in den Zustand endgültiger Erfüllung, wo es nicht mehr sich um irdische Werke der Bürgertugend oder des Gesetzes handelt, sondern um das *ben dell'intelletto,* das höchste Gut, die Freiheit der unsterblichen Seele im Anblick Gottes.[3]

---

3. E. Auerbach, "Figura," *Archivum Romanicum* XXII (1938): 436-89, poi in *Studi su Dante* (Milano: Feltrinelli, 1963): "Dio ha dunque designato Catone Uticense alla funzione di custode ai piedi del Purgatorio: un pagano, un nemico di Cesare, un suicida. Ciò è molto sorprendente...Il dubbio è sciolto dalle parole di Virgilio, il quale dice che Dante cerca la libertà, 'ch'è sí cara come sa chi per lei vita rifiuta.' La storia di Catone è isolata dal suo contesto politico-terreno, proprio come gli esegeti patristici dell'Antico Testamento facevano per le singole figure di Isacco, Giacobbe, ecc., ed è diventata *figura futurorum*. Catone è una *figura*, o piuttosto era tale il Catone terreno, che a Utica rinunciò alla vita per la libertà, e il Catone che qui appare nel Purgatorio è la figura svelata o adempiuta, la verità di quell'avvenimento figurale. Infatti la libertà politica e terrena per cui è morto era soltanto *umbra futurorum*: una prefigurazione di quella libertà cristiana che ora egli è chiamato a custodire e in vista della quale anche qui egli resiste ad ogni tentazione terrena. La persona di Catone, quale uomo severo, giusto e pio, che in un momento significativo del suo destino e della storia provvidenziale del mondo ha anteposto la libertà alla vita, è conservata in tutta la sua forza storica e personale: non diventa un'allegoria della libertà, ma resta Catone di Utica, l'uomo che Dante vedeva nella sua individuale personalità; ma dalla sua provvisorietà terrena, nella quale egli considerava come il bene supremo la libertà politica ...egli è sollevato nella condizione dell'adempimento definitivo, dove ciò che conta non sono più le opere terrene della virtù civile, ma il 'ben dell'intelletto,' il bene supremo, la libertà dell'anima immortale nella visione di Dio." Questo discorso è preceduto da una sommaria esposizione dell'episodio dell'incontro dei due pellegrini con "Catone." Ai fini di una più precisa lettura di quell'episodio giova tener presente che all'atto

Supposizioni che non possono non suscitare qualche perplessità anche per la particolare inflessione del dettato. Innanzitutto è difficile intendere come, o sulla base di quale documentazione, si possa affermare che Dio ha designato Catone alla funzione di custode. Non sarebbe più giusto, o più aderente alla congruità della configurazione reale del testo e del discorso, postulare che, nella visione dantesca, l'Uticense diventa un "veglio solo" ed assume un compito educativo e direttivo ai piedi della montagna del Purgatorio?

E che cosa si può desumere dal paragone con la prassi degli esegeti del Vecchio Testamento? Che Dante era un esegeta del contesto "politico-terreno" capace non solo d'individuare un'"ombra" del futuro ma anche di fissarne il suo "definitivo adempimento"?

E come si spiega la proposizione che statuisce l'essenza figurale di Catone per esaurirsi nella disgiuntiva problematicità di "*oder vielmehr* der irdische Cato"? Si deve supporre che ci sono due "figure," e che quella del Catone "terreno" è più (o più decisamente) figura di quella del Catone dantesco? Se questo è il senso giusto, come si concilia con le susseguenti asserzioni, secondo cui nella *Commedia* la persona di Catone prima "è conservata in tutta la sua forza storica e personale: non diventa un'allegoria della libertà, ma resta Catone di Utica, l'uomo che Dante vedeva nella sua individuale personalità" e poi è "sollevata" (*herausgehoben*) dalla sua provvisorietà terrena alla condizione di un definitivo adempimento? Ma a chi si deve questo "sollevamento" celebrativo se non a Dante? E dove si possono ricercare le modalità della sua realizzazione se non nel poema dantesco in quanto opera della fantasia creatrice?

Non a caso l'impegno e il genio del creatore furono riconosciuti dagli antichi commentatori e più distintamente dall'acume critico di Niccolò Niccoli che, nel secondo dialogo *ad Petrum Paulum Histrum* del Bruni, seppe privilegiare la forza della fantasia poetica e, dalla caratterizzazione della barba (*cana* ma ancor *demissa*), desumere una significativa lettura della raffigurazione dantesca dell'anima catoniana:

> An quisquam est, qui dicere audeat fingendi artem illi defusse, qui tam praeclaram fictionem, tam inauditam trium regnorum adinvenerit? qui ista per diversos tramites omnia distinxit, ut multiplicia huius saeculi peccata suis quaeque locis, prout magnitudo cuiusque est, puniantur? . . . M. Cato octavo

dell'avvistamento del veglio il poeta fa seguire un'inedita descrizione del suo aspetto quale specchio dell'anima; che il fenomeno dell'illuminazione del suo volto segue a questa descrizione e insieme prelude alle parole del veglio; e che Virgilio tarda a riconoscere il veglio a causa della trasfigurazione del suo antico aspetto limbale.

In margine alla questione della 'figura' 45

et quadragesimo aetatis anno iuvenis et aetate integra defunctus est; Dantem vero illum barba cana et demissa fingit. Vanum est hoc crimen: non enim corpora ad inferos pergunt, sed defunctorum animi. Cur ergo crines affinxit? Quia mens ipsa Catonis, rigidi servatoris honesti et tanta vitae sanctimonia praediti, etiam in iuvenili corpore canissima erat.

Lezione antica e non del tutto ineccepibile, ma ancora in grado d'insegnare qualcosa mentre l'ipotesi figurale, che i commentatori citano senza riflettere e l'*Enciclopedia Dantesca* pone tra le più rilevanti "intuizioni" della critica dantesca contemporanea, tende ad invalidare l'arte della trasformazione caratteriale, che Dante opera nel "veglio solo" partendo dai dati della storia e dai documenti della tradizione letteraria, e a distrarre dalla lettura intera ed integrale dell'episodio e dei modi con cui il poeta ne elabora la costruzione simbolico allegorica.[4]

La base di questa costruzione è nel pensiero tomistico che razionalizza il concetto di "figura," vincolandolo ai valori dei sensi mistici con cui gli eventi del passato sono collegati al presente dalla missione e funzione che la vita di Cristo, nel quale *omnes figurae veteris testamenti impletae sunt,* ebbe nella storia umana:

---

4. Al Bigi, che pur la ritiene "per molti aspetti illuminante," la formula figurale "sembra tuttavia inadeguata per una opera come la *Commedia*, nella quale alla concezione figurale si mescola strettamente — come riconosce lo stesso Auerbach — quella allegorica, e cioè l'intenzione di narrare, attraverso la figurazione del viaggio oltremondano, anche e soprattutto una 'storia dell' anima'; e lascia perciò il desiderio di una formula più comprensiva, che più generalmente fissi la concreta relazione di quel gusto del particolare e di quella tendenza all'universale, che sono le due inscindibili componenti della personalità e dell' arte di Dante (si vedano a questo proposito alcune rapide ma notevolissime indicazioni di M. Fubini, *Critica e poesia* (Bari: Laterza, 1956) 41-47)." Ma si considerino, oltre allo studio di V. U. Capone, *Divino e figura: il tragico e il religioso nella Commedia dantesca* (Napoli: Pellerano e Del Gaudio Editori, 1967) le precisazioni del Raimondi in *Lectura Dantis Scaligera* (Firenze: Le Monnier, 1967) 30-31: "Per Dante il Catone della *Pharsalia* è un uomo predestinato: al punto, fra l'altro, che in un luogo del *Convivio* che ha sempre stupito i lettori moderni, e che ora forse risulterà meno stravagante, egli sembra il 'più degno di significare Iddio.' E qualora poi non si creda che tale analogia si risolva in una semplice metafora di corso retorico, non si può fare a meno, infine, di metterla in rapporto, sia pure in una posizione *a minori*, con il sistema esegetico, figurale o tipologico, che anche Dante accettava, in forza del quale personaggi ed eventi dell'Antico Testamento sono figure (*umbrae*), annunci profetici destinati a compiersi e a svelarsi nel Nuovo attraverso la vita di Cristo ... Tuttavia, se si guarda meglio, ci sembra evidente che nelle parole dell'Auerbach sia implicito un equivoco: in fondo, ciò che egli sostiene per Catone, più che alla tipologia biblica, è da ricondurre alla distinzione teologica, valida per tutto il Medioevo, tra *status viae* e *status termini*. È lo *status termini*, infatti, che conclude nell'eterno lo *status viae* e gli conferisce un significato permanente, un valore, potremmo dire, d'essenza."

Hic autem sensus spiritualis trifariam dividitur. Sicut enim dicit Apostolus, ad *Heb.* 7 [19], lex vetus figura est novae legis: et ipsa nova lex, ut dicit Dionysius in *Ecclesiastica Hierarchia*, est figura futurae gloriae: in nova etiam lege, ea quae in capite sunt gesta, sunt signa eorum quae nos agere debemus. Secundum ergo quod ea quae sunt veteris legis, significant ea quae sunt novae legis, est sensus allegoricus: secundum vero quod ea quae in Christo sunt facta, vel in his quae Christum significant, sunt signa eorum quae nos agere debemus, est sensus moralis: prout vero significant ea quae sunt in aeterna gloria, est sensus anagogicus. (*Summa Theol.* I I 10)

Anche nel pensiero critico dantesco, che prende il senso allegorico "secondo che per li poeti è usato" (*Conv.* I: 4), il figurale è completamente assimilato alla metodologia dei sensi mistici. E ciò conferma anche il fatto che la terminologia di 'figura,' 'figurato' e 'figurare,' eludendo la sfera del figurale mistico, registra un'ampia gamma di accezioni che include, tra l'altro, quelle del 'descrivere' (*Conv.* IV, XXVI: 8), 'rappresentare per descrivere' (*Par.* XXIII: 61), 'simboleggiare' e 'rappresentare per significare' (*Conv.* IV, VI: 3, IX, IX: 10; *Par.* XXV: 32). E analogo sarà l'impiego che di tale terminologia faranno gli antichi commentatori.[5]

Quanto all'"ombra del sacro regno" (*Par.* I: 22-23), converrà forse partire dalla premessa che il significato primario di tale immagine è quello desumibile dal contesto dell'invocazione ad Apollo e, riesaminando le numerosissime incidenze di "ombra" nel poema, puntare sulla rara e pregevole congiuntura enunciata da Stazio: "Secondo che ci affliggono i disiri / e li altri affetti, l'ombra si figura" (*Purg.* XXV: 106-07).

Alla luce di queste considerazioni si può denunciare anche l'ambiguità o l'ambivalenza della dichiarazione figurale che sentenzia su quello che il Virgilio della *Commedia* dovrebbe o non dovrebbe essere:

> Vergil ist also nicht die Allegorie einer Eigenschaft oder Tugend oder Fähigkeit oder Kraft, oder auch einer geschichtlichen Institution. Er ist weder die Vernunft noch die Dichtung noch das Kaisertum. Er ist Vergil selbst. Aber er ist es freilich nicht in der Weise, wie spätere Dichter eine menschliche Gestalt in ihrer innergeschichtlichen Verstrickung wiederzugeben versucht haben.... Für Dante ist der Sinn eines jeden Lebens gedeutet, es hat seinen

---

5. "Alla Fortuna figurativamente li poeti diedero la rivoluzione della ruota" (Buti), "Figuratamente da nere e da bramose cagne sono cacciati e dilacerati" (Ottimo), "Ello immagina la cera in che si suggella, essere l'obietto d'amore; e la figurazione che fa il suggello, essere il movimento d'amore" (Ottimo), "'Di tutto 'l dipinto,' cioè di tutta quella figurazione che si mostrava come dipintura in quelle lettere" (Buti).

Ort in der providentiellen Weltgeschichte, die ihm in der Vision der Komödie gedeutet wird, nachdem sie in ihren allgemeinen Zügen schon in der jedem Christen zuteilgewordenen Offenbarung enthalten ist. So ist Vergil in der Komödie zwar der geschichtliche Vergil selbst, aber er ist es auch wider nicht mehr; denn der geschichtliche ist nur *figura* der erfüllten Wahrheit, die das Gedicht offenbart, und diese Erfüllung ist mehr, ist wirklicher, ist bedeutender als die figura. Ganz anders als bei den modernen Dichtern ist bei Dante die Gestalt um so wirklicher, je vollständiger sie gedeutet, je genauer sie in den ewigen Heilsplan eingeordnet ist. Und ganz anders als bei den antiken Dichtern der Unterwelt, die das irdische Leben als wirkliches, das unterirdische als schattenhaftes gaben, ist bei ihm das Jenseits die echte Wirklichkeit, das Dietsseits nur *umbra futurorum* — freilich aber ist die *umbra* die Praefiguration der jenseitigen Wirklichkeit, und muss in ihr sich vollständig wiederfinden.[6]

Discorso in cui è difficile intendere come il Virgilio della Commedia possa davvero essere lo spirito del poeta che visse tra il 70 e il 19 a.C., e come possa essere Virgilio *selbst* e contemporaneamente non esserlo più. Ma si capisce come di questo passo si giunga, poco dopo, a postulare assiomaticamente che la Commedia è fondata "in tutto e per tutto" (*ganz und gar*) sulla concezione figurale, e ciò dopo aver riconosciuto in una dichiarazione in cerca di linearità e limpidezza, non essere del tutto chiaro "fino a che punto" d'arte possa (o debba) essere percepita come "figura" di una realtà non ancora compiuta anche se potenziamente attuabile.

---

6. "Virgilio non è dunque l'allegoria di una qualità, di una virtù, di una capacità o di una forza, e neppure di un'istituzione storica. Egli non è né la poesia né l'impero. È Virgilio stesso. Ma non al modo in cui poeti posteriori hanno cercato di rendere una persona umana aviluppata nella sua situazione storica... Per Dante il senso di ogni vita è interpretato, essa ha il suo posto nella storia provvidenziale del mondo che per lui è interpretata nella visione della *Commedia*, dopo che nei suoi tratti generali era già contenuta nella rivelazione comunicata ad ogni cristiano. Così nella *Commedia* Virgilio è bensì il Virgilio storico, ma d'altra parte non lo è più, perché quello storico è soltanto *figura* della verità adempiuta che il poema rivela, e questo adempimento è qualche cosa di più, è più reale, più significativo della *figura*. All'opposto che nei poeti moderni, in Dante il personaggio è integralmente interpretato, quanto più esattamente è inserito nel piano della salute eterna. E all'opposto che negli antichi poeti dell'oltretomba, i quali mostravano come reale la vita terrena e come umbratile quella sotterranea, in lui l'oltretomba è la vera realtà, il mondo terreno è soltanto *umbra futurorum*, tenendo conto però che l'*umbra* è la prefigurazione della realtà ultraterrena e deve ritrovarsi completamente in essa."

Si argomenterà tuttavia che il Virgilio della *Commedia* parla di Mantova e si identifica come l'autore dell'*Eneide*. Eppure questo stesso Virgilio, oltre ad essere confinato nel Limbo di un inferno cristiano e ad essere tristemente consapevole di tale condanna, è anche l'incarnazione (e non il simbolo) della saggezza in un itinerario ultramondano imprevedibilmente concepito e descritto più di tredici secoli dopo la sua morte, ed è anche il personaggio che vive il suo inedito obbligo di guida-maestro e si mortifica nel "rimorso," per poi riabilitarsi e rivolgersi al suo imprevedibile discepolo medievale con l'appellativo di "dolce figlio." E si potrebbero aggiungere tante altre cose ad approfondire la caratterizzazione dantesca di un "saggio padre," la cui sapienza e conoscenza abbracciano non solo la dottrina cristiana ma anche la cultura del Medioevo.[7] Ma per

---

7. Si considerino ad esempio l' esclamazione "o creature sciocche" (*Inf.* VII: 70), con cui Virgilio enuncia il disprezzo delle idee volgari, disprezzo che è di Dante stesso, e l'esposizione della teoria sulla fortuna (*Inf.* VII: 61-99), che è teoria anch' essa dantesca e medievale. Sul rapporto tra sapienza e limiti della sapienza in Virgilio si vedano, nel saggio di C. J. Ryan su "Virgil's Wisdom in the *Divine Comedy*," *Medievalia et Humanistica*, 11 (1982), le seguenti considerazioni: "He is clear from the outset that only they enter heaven who have been chosen for this by God (*Inf.* I: 129), and he knows that he and others have been excluded from 'seeing the High Sun' because they lack the theological virtues (*Purg.* VII: 34-6). It is particularly noteworthy that he is aware that man's nature is marked by hereditary sinfulness which cuts him off from God: this is directly implied in a number of places, as when he speaks of the companions of the virtuous pagans in Limbo, the *pargoli innocenti*, as 'dai denti morsi de la morte avante / che fosser da l'umana colpa essenti' (ib.: 31-33). Certainly, we must assume from his amazement at the sight of Caiphas (*Inf.* XXIX: 57), that he is ignorant alike of the details of Christ's life and of many important facets of revelation. But he is aware of the two basic tenets of christianity, namely the Trinity and the Incarnation-Redemption. He speaks explicitly of the Trinity (*Purg.* III: 36), and the latter is implied when he goes on to talk of Mary's having had to give birth for mankind to attain the beatific vision (37-44), and in his description of Christ as 'l'uom che nacque e visse sanza pecca' (*Inf.* XXXIV: 15). Similarly, some knowledge of the redemption is entailed in his awareness that 'a powerful one, crowned with victory' shrove hell (ib IV: 52-63; cf. ib. VIII: 128-30). Dante, then, certainly presents Virgil as knowing in some measure important features of what can be known on earth only through christian revelation. Yet this aspect of Virgil's knowledge is counterbalanced by ... a blindness or naivety with regard to the depth of evil. Equally strikingly, this is a limitation of which Virgil himself becomes only painfully and partially aware during the journey. ... I wish to argue that his exclusion from the supernatural order, which is in essence a lack of direct, personal knowledge of the loving God, entails also an inability fully to reach down to the depths of evil. Virgil becomes a more intriguing figure, and the *Comedy* a more complex and interesting work, when we recognize that

ricostruire il carattere e recuperare i valori della presenza virgiliana gioverà prima risalire alla tradizione storico-critica e documentaria, iniziata dagli studi del Comparetti,

> Il Virgilio della *Divina Comedia* rivela anch'esso come ogni prodotto dantesco fino a qual punto Dante aderisse al medio evo, ed insieme fino a qual punto si separasse da questa età, superandola grandemente. Il concetto medievale di Virgilio lo ritroviamo qui, ma la mente geniale e creatrice del poeta gli ha impresso il suo stampo originale, e di mezzo a quei rozzi elementi che più di una volta ci han fatto sorridere, ha saputo trarre un tipo nobilissimo, che è creazione sua . . . Virgilio parla sempre come anima di morto, che da lunghi secoli vive nel luogo assegnatole secondo i suoi meriti; colla morte il velo le cadde dagli occhi, e la vita di oltre tomba le rivelò quei veri che prima non avea conosciuti e le fece intendere il suo errore, benché involontario, e le giuste conseguenze di questo . . . Ben più espansivo, diverso affatto per iscopo, significato e carattere, il Virgilio di Dante sa che erano "falsi e bugiardi" gli dei che si adoravano al suo tempo, sa che cosa è il Dio dei cristiani ch'ei prima non conobbe . . . Queste ed altre simili cose sa Virgilio per la stessa ragione per cui conosce molti fatti posteriori alla sua vita terrena, anche dei contemporanei di Dante, di recente venuti in inferno; ed anche dei fatti anteriori sa quanto prima non avrebbe potuto sapere, conosce Nembrotto e cita il Genesi insieme ad Aristotele. Tutto quanto egli ora sa lo fa riflettere tristamente sulla sua condizione e su quella di Platone e di Aristotele e di tanti altri grandi antichi, che perderono la beatitudine eterna perché non seppero quanto col solo lume della ragione era impossibile sapere,[8]

e approfondita dall'opera del Barbi:

Virgil is not only innocent of heaven and perfect goodness, but also and thereby naive with regard to the full depths of evil." Per un' analisi progressiva della caratterizzazione di Virgilio, si vedano le pagine su "Virgilio: 'poeta fui'" in T. Barolini, *Dante's Poets* (Princeton: Princeton UP, 1984), 201-56.

8. D. Comparetti, *Virgilio nel Medio Evo* (Firenze, 1937) I, 266-79, che gioverà rileggere anche per le incisive definizioni dell'anima "dolce e mite" e dell' atteggiamento di Dante nei suoi confronti: "Dinanzi al suo Virgilio ei non si trova punto a disagio, anzi c'è simpatia evidente, affetto e stima reciproca fra i due poeti. Dante tratta Virgilio con rispetto e venerazione, ma senza bassezza, come un maggiore della bella famiglia a cui anch' egli sa di appartenere; e Virgilio verso di lui non tiene atteggiamento di uomo superbo, ma si mostra amorevole, premuroso e paterno, quantunque superiore per la posizione di maestro e duce che Dante stesso gli assegna."

Dante al pari de' suoi contemporanei conosce Virgilio come "il savio gentil che tutto seppe": ma, egli, in lui ha veduto e sentito soprattutto l'uomo; l'uomo che ha pietà degl'infelici, che compatisce alla fragilità ch'è pur nei buoni, che sdegna apertamente ogni bassezza morale o voglia volgare, che ammira tutto ciò che esalta l'umana natura; ne ha fatto, insomma, un personaggio vivo, a cui la condizione stessa in cui si trova nel mondo ultraterreno diffonde intorno un'aura di simpatia. Se lo studioso, lo scrittore, l'Italiano lo esalta come *divinus poeta noster* e gloria d'Italia e cantore dell'Impero, e lo fa agire come personaggio storico al quale tutta l'umanità s'interessa e che nel mondo degli spiriti salvi conserva grati ammiratori, non è per tutto questo che Dante, quando lo cerca vicino a sé e non lo vede più, riga di lacrime le guance e, più che figlio, lì per lì neanche la presenza di Beatrice e l'improvviso divampare dell'antica fiamma temperano il doloroso colpo dell'abbandono. Considerati in questa luce, la sola in cui si debbono collocare per penetrarne a fondo la poesia, Virgilio e Beatrice rientrano nel novero di quei personaggi che Dante richiama dalla storia del passato e dalla vita del suo tempo, a popolare il mondo della sua fantasia, più vivo, per lui e anche per noi, e più vero che il mondo stesso della contingente realtà.[9]

Così Virgilio, "richiamato" dalla storia del passato, entra nella sfera dell'arte. E all'idealità della concezione artistica sembra richiamarsi anche il Curtius, quando descrive l'incontro tra Dante e Virgilio come un arco infiammato che congiunge due grandi anime: come l'incontro tra i due massimi "latini" e come l'evento più alto e fecondo con cui il Medioevo latino salda i vincoli tra mondo antico e mondo moderno.[10] Tuttavia, alla comprensione dell'opera dantesca si pone come condizione imprescindibile, non solo la capacità di apprezzare Virgilio in tutta la sua grandezza di poeta ma anche la sensibilità alla particolare arte poetica e rappresentativa, che "*recrée* Virgile comme exégète de la condition humaine et de la justice divine, poète du sacré et de l'invisible."[11]

Si può quindi postulare che anche il "sollevamento" è stato operato non da un ente trascendente ma dal genio poetico: trasformando Catone in veglio solo, Dante ha creato una grandiosa presenza spirituale con la forza mitopoietica, riconosciuta all'arte, intesa come *fictio*, da Aristotele (*Poetica*, XXV) e da tutta

---

9. M. Barbi, *Problemi fondamentali per un nuovo commento della Divina Commedia* (Firenze: Sansoni, 1955) 131-32.
10. *Europäische Literatur und Lateinisches Mittehalter* (Berna, 1948), tr. *Letteratura europea e Medio Evo latino* (Firenze: La Nuova Italia, 1992) ch. XVII III.
11. M. Dozon, *Mythe e symbole dans la Divine Comédie* (Firenze: Olschki, 1991) ch.V.

la riflessione critico-estetica sull'autonomia e sulla non convenzionalità della letteratura.

Questa culmina nelle fondamentali intuizioni di T. S. Eliot che, dopo aver messo in rilievo la grande cura che Dante ebbe per l'arte della poesia, dichiara, tra l'altro:

> That is one lesson: that the great master of language should be the great servant of it. The second lesson of Dante — and it is one which no poet, in any language known to me, can teach — is the lesson of *width of emotional range*. Perhaps it could be best expressed under the figure of the spectrum, or of the gamut. Employing this figure, I may say that the great poet should not only perceive and distinguish more clearly than other men, the colours or sounds within the range of ordinary vision or hearing; he should perceive vibrations beyond the range of ordinary men, and be able to make men see and hear more at each end than they could ever see without his helWe have for instance in English literature great religious poets, but they are, by comparison with Dante, *specialists*. That is all they can do. And Dante, because he could do everything else, is for that reason the greatest religious poet, though to call him a 'religious poet' would be to abate his universality. The *Divine Comedy* expresses everything in the way of emotion, between depravity's despair and the beatific vision, that man is capable of experiencing. It is therefore a constant reminder to the poet, of the obligation to explore, to find words for the inarticulate, to capture those feelings which people can hardly even feel, because they have no words for them; and at the same time, a reminder that the explorer beyond the frontiers of ordinary consciousness will only be able to return and report to his fellow-citizens, if he has all the time a firm grasp upon the realities with which they are already acquainted.[12]

---

12. T. S. Eliot, "What Dante means to me," in *To criticize the critic* (New York: Farrar, Straus & Giroux, 1965), 133-34. Ma si vedano anche, oltre alla lettera del Vico a Gherardo degli Angioli su Dante e sulla natura della vera poesia, i saggi di R.G. Hamilton, "Dante's 'allegory of poets' and the Medieval Theory of Poetic Fiction," *Comparative Literature* 9.2 (1957): 118-28; G. Paparelli, "*Fictio* (la definizione dantesca della poesia)," *Filologia Romanza* 7.3-4 (1960): 1-83; Bigongiari, "L''inventio' dantesca e il mito antico," *Studi Urbinati di Storia, Filosofia e Letternatura* 41.1-2 (1967): 941-93; C. Grayson, "Dante's Theory and Practice of Poetry," in *The World of Dante: Essays on Dante and His Times*, a cura di C. Grayson (Oxford: Clarendon Press, 1980) 146-65; e J. F. Took, *'L' etterno piacer': Aesthetic Ideas in Dante* (Oxford: Clarendon Press, 1984). E si consideri la decisiva congruità delle precisazioni di W. Anderson in *Dante the Maker* (Londra e Boston: Routledge & Kegan Paul, 1980) 332-33: "One of the difficulties in the way of those commentators who refuse to accept that Dante used the fourfold method with whole-hearted

Parole del grande poeta che riconosce in Dante uno dei suoi maestri; parole ed intuizioni la cui dimessa eppur pregevole nitidezza si staglia sugli opachi sfondi della trattatistica accademica.

University of North Carolina at Chapel Hill

intent is their own inability to understand that poetry must contain multiple meanings as part of its nature. At the most they accept two meanings, the literal and the allegorical meaning. This attitude fixes them into an obsession with one particular interpretation of a crux such as the *veltro* or the DXV, and does not allow them the freedom of the interpretative imagination in ranging over the possibilities of the political or eschatological meanings, the moral and psychological associations, and the essential mystical grounding of the work. If there is such disagreement amongst Dante's commentators on the sources and meaning of so many passages, it is because of the multitude of influences that went into his creative imagination and that were fused there into new amalgams of symbol and expression. This is why there are so many plausible explanations for individual passages and why each explanation can easily be attacked for incompleteness . . . Another difficulty is that, though these critics accept and admire Dante as one of the greatest of all Western poets, they cannot make the imaginative leap necessary to understand that, in his case, we are not dealing with an art that comes to its executant as a happy change, a gratuitous gift of his temperament and circumstances, but with art of an infinitely higher order, art with an aim and therefore controlled and directed to that aim, art that takes into consideration all its readers and recipients and that has the intention of leading them to the consciousness of ecstatic joy."

Tonia Caterina Riviello

The Purposes and Obligations of Poetry

Dante's poetic theory stresses that poetry is not a strictly personal experience but was created for the purpose of communication through language and should be subject to the same tests of validity as ordinary speech.[1] The proposition implicit in any poem must in a sense tend toward the universal, for it must be conveyed to others and be subject to independent verification, as Robert S. Haller observes:

> From this point of view a poem may be defined as a meaning made into a unity (*sententia ad unam*), with the further specification that this meaning will be a proposition whose truth and validity could have been established apart from the poem itself. (xxxviii)

Haller explains the extreme position of Dante in regard to the definition of poetry and the necessary means of determining whether a composition is in fact poetry. Those writers who record personal thoughts which are not translatable into "unpoetic language" are not poets at all (xxxviii). One reason for Dante to have written about his own life is that he wanted to communicate his great loss through the *Vita Nuova* and in so doing enrich himself and his audience. His method of writing consists in his effort to relate the microcosm of his own loss of Beatrice to the macrocosm of human experience; personal grief is rapidly absorbed in what Harrison calls "the stilnovistic preoccupation with the role of

---

1. Haller examines Dante's theory of poetry at length: "If the technical arts of poetry must be rigorous and universal in their application, so, too, must the strategies and devices which determine its meaning. . . . Poetry teaches, and it teaches nothing which contradicts the rational conclusions of other sciences, including ethics, physics, or theology. . . . When the subject of an argument is that of a particular science, then the methods of that science will be employed in the argument. Similarly, if a poem uses the methods peculiar to poetry, its meaning must still be independently valid. Dante strikes from the company of poets those who use figures whose meaning they could not paraphrase in completely unpoetic language. When a poem is allegorical, and therefore has more than one level of meaning it must be capable of a systematic explication, beginning with the establishment of its literal or historical meaning, and proceeding by degrees to the meanings of its other levels" (Haller xxxviii).

The Flight of Ulysses, edited by Augustus Mastri

intellection in poetic composition" (57). Schnapp highlights the dual realities always present in Dante's writing that drive him toward clarification rather than obfuscation:

> In Dante's poem the narrative movement from visible to invisible, outer to inner vision, earthly to divine perspectives which is the movement of faith, must be doubled by an inverse move from unintelligible mystery to fully intelligible revelation. Such is the foundation of Dante's poetics, a poetics modeled on the Incarnation and sacrifice of Christ. Its ultimate consequence is the production not only of a gallery of exemplary "souls of noted fame" ("anime che son di fama note" [17.138]), not only of a central exemplum—the poet-pilgrim—who is the reader's double, but also an act of writing which is in itself an exemplary cross, an exemplary imitation of Christ. (231)

Haller contends that for Dante poetry is "the product of calculation and therefore a manifestation of the purposiveness which all men share" (xliv). This purposiveness leads Dante from the microcosm of personal rejuvenation, through a striving for European political reform, and toward ultimate spiritual regeneration. The thematic content of Dante's work is "almost required" by his poetic theory.[2]

Such intensity and clarity of purpose contrasts with the obscurity surrounding the famous Circe myth, which has inspired some of the greatest poets, including Dante, to augment the Homeric version to serve their own purposes. Emmanuel Hatzantonis in "La Circe della Divina Commedia" emphasizes Dante's conscious choice of Boethius' version of the myth to help explain why the goddess Circe turns Odysseus' sailors into pigs. For Boethius, both the virtuous and sinners will receive a just reward. The virtuous will come closer and closer to the promised Christian beatitude of *Paradise*.[3]

Dante's *Divine Comedy* can be seen as a product of love, both human and divine. The tone of Dante's work was partially determined by his being in exile far from his family and friends and even his books. All this makes him, according to Mazzotta, a poet of the desert, who could at the same time be more

---

2. Haller furthers the discussion by writing: "The discoveries made possible by poetry, therefore, were not just personal, but also universal. . . . Dante's poetic themes of individual spiritual discovery and of European political regeneration, in other words, were almost required by his poetic theory" (xliv).

3. In "La resa omerica della femminilità di Circe," Hatzantonis discusses Homeric sources: "Circe appare nella letteratura europea come una creazione omerica. Essa è il rampollo dell'estro poetico di Omero, rampollo fecondissimo, se si considera che costituirà un motivo letterario a cui arriderà una plurisecolare fortuna" (39).

detached as well as more critical of his contemporaries, of history, and of the church. Social and political circumstances were instrumental in determining the tone and the type of Dante's poetry, in inducing him to write particular works (such as *The Banquet*, the *Monarchia*, and the *De vulgari eloquentia*) in answer to his contemporaries' queries. In *The Banquet*, he writes that one's conduct throughout life is the true measure of one's nobility:

> Riches can neither confer nor take away nobility, since they are by their very nature base.... God alone bestows it on that soul which He sees subsisting perfectly in its body. It is clear, then, to some that nobility is the seed of happiness infused by God into the soul that is well placed.... It is obedient, gentle and bashful in the first stage of life, and graces its body with beauty in the harmony of its various parts. In maturity it is temperate and strong, rich in love and highly praised for courtesy, and takes delight simply in observing the law. In old age it is prudent and just and well known for its generosity, and it finds deep pleasure in hearing and speaking well of others. (120-21)

The noble soul for Dante is one involved in the community and active in the improvement of mankind. Bernard Lonergan writes of "an object of human intelligence" called Cosmopolis (238). Among its many emergent properties and purposes, one is to "protect against the rationalization of abuses and the creation of myths, so it itself must be purged of the rationalizations and myths that became part of the human heritage before it [Cosmopolis] came on the scene" (240). Cosmopolis is not a police force or a government; it moves with the bias of common sense rather than against it, incrementally adapting the accumulated knowledge and insight of the human community. In Lonergan's view, common sense is not to be abandoned, for it "tends to be profoundly sane" (242). Cosmopolis advocates a gradual confrontation with the problems that face mankind and seeks to release the vast potentialities and pent-up energies of our time. Cosmopolis seeks to work from within the existing forms of human thought and culture to correct any bias of common sense. This includes developing an art and a literature, a theatre and a broadcasting, a journalism and a history: a great accumulation of shared appreciation and criticism. This effort continues the conception in Dante's era that literary, pictorial, and other arts are intended to instruct rather than to delight, and that:

> [Painting's] purpose is to encourage the untutored soul in an understanding of the sacred truths. (Took 42)

This process contrasts with the general perception of poetic inspiration. Modern poetry especially is often regarded as detached and containing many juxtaposed but unresolved images and ideas. The poet A. D. Hope, in the introduction to his book of poems *The Cave and the Spring* (1965), writes that a limited conception of the nature of poetry has become dominant. Modern poetry excludes those things which poetry has in common with prose, description, and exposition. The poet has evolved to depend entirely on lyric impulses and the evocative power of massed imagery. The traditional forms of poetry have been abandoned for private forms, in a misguided search for 'pure poetry' (5). Poetry has lost its connection with common sense, and renders a description of a mental state that is not interpretable by others.

When writing of the notion of mystery Lonergan claims that one has to admit "that the world of pure science and of metaphysics is somehow very different from the world of poetry and of common sense (547). Explanation and description are in opposition and tension, but both are essential in moving toward understanding. Description can be a mere record of sensitive presentations, of feelings and emotions. Explanation is reached from description, by the process of analysis; but we must turn from explanation back to the descriptive world of things for verification of our conclusions. In attempting a wise application of our scientific conclusions we must return to a realm of judgement not unlike the aesthetic realm. Mankind must intentionally shape the environment to improve its current state. Such decision making may be supported by facts but is not determined by facts alone: human wishes and aspirations make their contribution. In *L'etterno piacer*, Took deals with the conception of art in general and with the educational value of art in individual and communal life. As in Mazzotta's study, he probes into the reasons the poet writes, the stages the poetic process contains:

> The possibility of an art aesthetic based on twin considerations of psychology and form is amply realized by Dante.... Art and science make up the 'vita ragionevole' proper to man as man, but whereas the term 'science' denotes pure activity of the mind, art denotes the resolution of this activity in a positive determination beyond the mind. (44)

The process of discovery that Lonergan describes is similarly adaptive and dynamic, with systematic insights and evolving decisions. According to Domenico De Robertis, Dante in the *Vita Nuova* exploits a similar interaction between himself and the reader:

> L'integrazione si realizza nella forma dell'autocommento esercitato anch'esso e a livello delle testimonianze storiche (delle poesie) prodotte a documento dell'esperienza narrata, e a livello del processo mnemonico a cui esse danno di volta in volta luogo, dell'atto riflesso insomma che le descrive al lettore. (4)

In a more general sense, Aristotle claims that by a process of dialogue we arrive at knowledge that is "of necessity . . . It is eternal: for things that are of necessity in the unqualified sense are all eternal" (1024-25). Lonergan extends this by saying that explanation is not merely abstracted knowledge, but can be embodied in images that release feeling and emotion, flowing spontaneously into deeds as well as words.

Emotion can flow out of Lonergan's system: But does it flow in? He cautions us that the process of acquiring knowledge is often communally shared, complex, and requires repeated reinterpretation. In creating an interpretation, one must be aware of the author's cultural context and stage of human development. Furthermore, the author is a dynamic entity. The author's viewpoint may change within a single work:

> An intelligent writer advances in insight as he writes. At times, his fresh insights will be so basic that he is forced to destroy what he has written and to begin afresh. (591)

Immense effort is required to trace all the developments and changing influences upon even one work by one author. Lonergan captures this by saying that "all stages of human development are linked genetically and dialectically" (589).

Boyde describes how Dante analogously perceived man to be a composite of two natures, one "generated" from earthly matter and one "created" by God and instilled in man as spirit:

> All that is vital in Dante's ethics, politics and Christianity springs from his desire to recognize and to welcome the consequences of both generation and creation. Both modes of coming into being are held to be good in themselves, and both remain good when they combine in the production of a human being. Man cannot renounce his 'patrimony'; and he must endeavor to make the best possible use of the talents given in trust by his earthly father and of those bequeathed by his Father in heaven. (291)

Essential to the process is the existence of counter-positions, each shifting and adapting to remain viable. Differentiation and specialization can arise in modes of expression, increasing the cost of entry into a debate. All of this ferment and activity contribute to Lonergan's "protean notion of being" (484).

Though removed from Florence, Dante continues to debate with his contemporaries and to remain an active participant in the history of ideas. Mazzotta writes that:

> Dante constantly warns us against acquiescing in the illusory stability of this world and tells us that history is the place where exiles work and wait. . . . [In the desert] is where we are like nomads and where we turn what is alien into the familiar; but there we also come to know that what is familiar is never a tamed truth, and that behind it steadily lurk signs that have to be interpreted and not simply understood. And to interpret, as the pilgrim's quest for Beatrice shows, is to be impelled by love. (12-13)

Like Dante, Lonergan is not deterred by the magnitude of his self-assigned task. He develops canons, (that is, standards or bases for judgment) that help us proceed. He insists on a method and does not rely entirely on insights, which are infrequent and unpredictable. He offers this encouragement: "With such principles the end of even a stupendous task is already somehow in sight" (588). Lonergan's canons help to prevent endless and repetitive cycling through alternatives. The canon of "successive approximations" asserts that no single generation can scientifically interpret the totality of documents available to it: "There must be a division of labour, and the labour must be cumulative. Accordingly, the fundamental need is for reliable principles of criticism that will select what is satisfactory and will correct what is unsatisfactory in any contributions that are made" (588).

The general task of interpretation is yet more difficult, for we must consider that the evidence may be incomplete, that the many descriptions rendered either by poets or by journalists may have lost their interconnections. Only a partial record of experience may be available. Dante's aesthetic, according to Took, gathers nature into a form comprehensible to the audience and compelling because of its generality:

> Psychologically, [this aesthetic] encourages intentionalism. The properly productive moment of the artistic act coincides with the initial idea. What follows is in the nature of technical realization. Morally, the notion of art as a practical extension of intellect has the effect of guaranteeing its dignity as a properly human activity. . . . Another feature of Dante's general conception of art is its mimetic character. (Took 45)

A relevant passage from the *Inferno* is:

> 'Filosofia', mi disse, 'a chi la 'ntende,
> nota, non pure in una sola parte,
> come natura lo suo corso prende
>
> dal divino 'ntelletto e da sua arte;
> e se tu ben la tua Fisica note,
> tu troverai, non dopo molte carte,
>
> che l'arte vostra quelle, quanto pote,
> segue, come 'l maestro fa 'l discente;
> sì che vostr'arte a Dio quasi è nepote'. (*Inf.* XI. 97-105)

In Book IV of the *Convivio* Dante gives a detailed description of the process by which the artist applies and extends nature's principles in the production of a work of art. The practical difficulty in translating from initial inspiration to well-formed art has concerned poets over the centuries. The English Romantic poet Percy Bysshe Shelley is acutely aware of the losses suffered in translation. In his *Defence of Poetry* he writes:

> Poetry is not like reasoning, a power to be exerted according to the determination of the will. A man cannot say, "I will compose poetry." The greatest poet even cannot say it; for the mind in creation is as a fading coal which some invisible influence, like an incessant wind, awakens to transitory brightness; this power arises from within, like the color of a flower which fades and changes as it is developed, and the conscious portions of our natures are unprophetic either of its approach or its departure. Could this influence be durable in its original purity and force, it is impossible to predict the greatness of the results; but when composition begins, inspiration is already on the decline, and the most glorious poetry that has ever been communicated to the world is probably a feeble shadow of the original conceptions of the poet. (443)

Thus poetry itself is an incomplete record of experience, a "distillation" of the poet's mental experience. A poem is a literary interpretation, expressing a limited view of the poet's original inspiration. In Chapter 26 of the *Vita Nuova*, Dante stresses that understanding can come only after intuition. In Chapter 40, he himself undergoes a conversion, acknowledging that he must write for a wider audience than his beloved and also about things that no one had written before concerning a woman.

Took writes that it is the obligation of the artist both to instruct and to delight. Delight in Dante comes about by achieving the proper form for his inspirations, and this is most easily perceived in his celebration of aural beauty:

> così vid'io la gloriosa rota
> muoversi e render voce a voce in tempra
> e in dolcezza ch'esser non pò nota
>
> se non colà dove gioir s'insempra.
> E come giga e arpa, in tempra tesa
> di molte corde, fa dolce tintinno
>
> a tal da cui la nota non è intesa. (*Par.*, X 145-8; XIV 118-20)

A lingering musical sweetness can assure retention of contemporaneous, though perhaps unrelated, ideas. Dante favors the musicality of poetry over the directness of prose in pursuing his mission of reform and enlightenment. Cacciaguida is a potent ancestral figure in *Paradise* urging the poet to redress the injustices of his time. Schnapp relates this onerous mission to Christian sacrifice:

> Such is the mystery of Christ's universal cross that through Cacciaguida this generalized and abstract message can be translated into a distinctively personal one: a *literary* appeal to complete the text, to take up the poetic lyre against the most powerful of foes, and to make the full vision manifest without compromise or hesitation. It is precisely this literary perseverance that emerges in cantos 14-18 as the key to the certain victory and special honor that lie immediately beyond the tragic reality of the poet-pilgrim's individual cross, his personal exodus. (69)

Both the scientist and the poet create interpretations, but Lonergan distinguishes science by its ability to verify its assertions and judgments. The poet records an experience which, as Shelley believes, may be largely lost and inaccessible. Lonergan would restrict a systematic study of meaning to scientific interpretations. He insists that his canons are not of interest "to interpreters that cast the results of their investigations in literary form" (586). A similar division of human learning by Francis Bacon is deemed "artificial" by Copleston, who explains that Bacon discerned three faculties of the "rational soul" and assigned "history to memory, poetry to imagination and philosophy to reasoning" (Vol. III, 295). A literary interpretation (such as a poem) is "suggestive," it offers images and associations that can help guide the reader to new insights and judgments.

For many readers, poetry should not only be alluring in form and sound but should also lead to contemplation rather than mere diversion. Harrison reflects upon Dante's insistence that poetry begin with a literal meaning and be converted by a logical process into a figurative "rhetoric" which is decomposable later by the poet and, more importantly, the reader:

> [T]he "true meaning" of the poet's words does not refer to the literal content of figurative speech; it refers instead to the logic that governs the conversion of literal into figurative signification or, better, to the principle of analogy and separation which oversees the interplay between the two and polices the boundary line between the literal and figurative. A worthy versifier is one who can expose, in prose, the principle of sufficient reason underlying the external rhetoric of his poem, and he does this by decomposing its figures and laying bare the *ragione* that governs their development. Dante engages in precisely this sort of decomposition when he exposes the figure of prosopopoeia that allows him to speak of love as if it were an animate substance. (57)

Literary criticism may be scientific in its approach, if it confines itself to verifiable statements about the documents available to the interpreter. Essential, however, is separation of the emotive experience of the poet from the analytical process of the interpreter.

Poetry is interpretation of experience that does not have immediate application. The psychologist Karl Buhler would characterize this as uniquely human among the three functions of language. First is the expressive function, which is a symptom or expression of the speaker's internal state. No audience is necessary for this function. Second is the function of eliciting a response in the audience. Even animals, such as honey bees, perform this function when directing or alerting others. Third is the descriptive function, which transcends the animal languages by conveying information about an event or state of affairs. The audience may not react directly or may utilize the information in a much later, unforeseen situation (48-9). Buhler believes that human language has the ability to truly describe (if not explain) reality. Comprehension of a given meaning may only be achievable long after the act of speaking. Shelley, a student and admirer of Dante, is noted for his dazzling imagery, which may at first seem unimaginable or unexplainable. His images may gain meaning by virtue of their context or through subsequent statements. For instance, in his dramatic poem *Prometheus Unbound*, there appears a "whirlwind sphere" whose qualities seem to change even as the speaker describes them. Is this mere contradiction or is it analogous to the general task of interpreting ever-changing experience? Is this a poetic image of Lonergan's "protean notion of being"?

> A sphere, which is as many thousand spheres,
> Solid as crystal, yet through all its mass
> Flow, as through empty space, music and light:
> Ten thousand orbs involving and involved,
> Purple and azure, white, and green, and golden,
> Sphere within sphere; and every space between
> Peopled with unimaginable shapes,
> Such as ghosts dream dwell in the lampless deep,
> Yet each inter-transpicuous, and they whirl
> Over each other with a thousand motions,
> Upon a thousand sightless axles spinning,
> And with the force of self-destroying swiftness,
> Intensely, slowly, solemnly roll on,
> Kindling with mingled sounds, and many tones,
> Intelligible words and music wild. (Act IV, 238-52)

Shelley's sphere generates "intelligible words" out of apparent chaos. Lonergan would rely on many interacting counter-positions, combating with each other, to achieve greater human understanding. Both describe images or systems of many evolving parts which cumulatively produce harmony and intelligence. In the case of many interacting humans, Lonergan suggests that each one follow canons or methods for interpretation and interaction. But the totality does not have a pre-determined path or evolution. What Lonergan advocates, Shelley captures with the phrase: "Man, one harmonious soul of many a soul, / Whose nature is its own divine control." (Act IV, 400). Instead of "divine control," Lonergan offers us the notion of a universal viewpoint, which can "select between alternatives and differentiate its generalities only by appealing to the accepted norms of historical investigation." The universal viewpoint is not a universal truth, above the world of incidental facts, but a guiding (heuristic) structure that leads to all possible alternatives and interpretations. Mazzotta detects even within Dante a need not to eliminate the fertility of ambiguities:

> For Dante the ambiguities of language are crucial for our quest: they inevitably lead us to a self-disclosure. Understood in this sense, the text is a figure of the desert, in itself the metaphoric space of the quest, and a place to which Dante's imagination insistently returns. (12)

To prevent human Culture from dissolving into unrelated components, Lonergan suggests that we foster a common existence, with mutual understanding, so that the concerned people from different fields can convene, share ideas, and find out how much they have in common, in spite of their specialized forms of expression. Viewpoints are not like atoms, in the sense used by the philosophers Leucippus and Democritus, immutable and indivisible, as Copleston informs us (I, 75). Viewpoints are dynamic; they combine and divide. Lonergan states that, even when considering one text: "If the identity of the author is not indisputable, then in the name of logic as a technique the alleged incoherences are to be removed and the one author is to be divided up into a number of different men" (591).

Richard F. Kitchener in *Piaget's Theory of Knowledge* addresses the concern that epistemology can and must be investigated empirically by using appropriate scientific methods coupled with conceptual theorizing (144-45). He focuses on the "genetic method" which concentrates on the development of knowledge, the successive states reached by a science. He draws parallels between the development of scientific theories and the cognitive stages of individual development. Piaget contends that our knowledge increases when "we encounter obstacles to our actions and are forced to become aware of the central mechanism underlying them" (146). These chance encounters are analogous to Shelley's unforeseen power of poetic inspiration. But Piaget goes farther in his search for the mechanisms of the increase of knowledge. The historico-critical method includes a history of scientific concepts or categories of thought, incorporating the concepts necessary for scientific thought. The critical half of this method evaluates the nature, validity, and limitation of concepts (such as logic, space, time, and causality), whereas the historical half of this method performs a critique of the actual progression of discoveries within the science. The result of such an endeavor is greater self-knowledge. Lonergan's principle of criticism derived from of "extrapolation of meaning" (or extension of knowledge) requires adequate self-knowledge (589). Self-awareness helps us to apply the most successful techniques of the past to the diverse elements of human experience. To ensure effectiveness, we require that these approaches be cumulative, self-reflective, and self-guiding. The journey has no predetermined destination. In contrast, the most famous journey in poetry is Dante's passage through the *Inferno* to *Paradise*. The poet is explicitly guided by Virgil and Beatrice. The stages of greater knowledge are fixed, and Dante reaches illumination by absorbing the wisdom of his guides and learning the lessons prepared for him in the divine ordering of *Purgatory* and *Paradise*. The journey is uni-directional and leads to a unchanging truth, symbolized by light, that emanates from God. Those unfortunate souls in perpetual motion are the tormented inhabitants of Hell. We should not forget, however, that this is Dante's depiction of the afterlife. Dante returns to the realm of the living, a changed man. Moreover, it is the journey and the gradual illumination of the poet that fascinate us.

The fascination of science is that its destination is unknown. The danger is that its consequences may be undesirable and irreversible. Michael Polyani writes in *Knowing and Being* that the opportunities for discovery offered by nature are not predictable:

> We have developed a body of thought capable of exploiting these opportunities and have organized a body of men for this task. But the task itself is indeterminate: it merely demands that we advance into the unknown. And even this done, the advances are not known to any single man, for no man can know more than a tiny fragment of science. (85)

It is an enormous practical problem to control and select the efforts of scientific inquiry, as well as to reduce the amount of redundant work performed because of poor communication. A central concern to Lonergan's Cosmopolis is the integration of diverse bodies of knowledge. Took contends in *L'etterno piacer* that:

> Morally, the mimetic conception of art imposes on the artist an obligation; though free to modulate the principles of nature, he must not betray or violate them. (46)

Violation of natural principles would hinder translation of knowledge from one realm to another. Inconsistencies would overwhelm all efforts at resolving differences between various disciplines.

Socially, the artist derives from his art a certain authority. Indeed, having mastered in obedience to the laws of nature this or that particular skill, he is, in his field, the sole authority; hence the possibility of a society consisting in the aggregate of a multiplicity of different arts and authorities, each preserving its own autonomy and immunity from interference (46). Autonomy is desirable to increase the efficiency of communication within a particular discipline. However, all disciplines should be subject to universal principles of consistency and coherence, so that knowledge can ultimately be translated (with some effort) to other domains without loss of content.

What place does the poet have in a society that must struggle to educate the next generation to cope with rapidly changing technologies and to absorb scientific advancements? The poet can provide an image and a form for society, even if it seems as unachievable as Dante's *Paradise*. Poetry is often a record of insight and experience at a stage before conscious interpretation, before the canons of science or rational thought incorporate it into the latest theories. And when the latest theories have evolved beyond recognition, the poem will remain as a primary document of human thought, that does not require the unraveling of previously discarded interpretations. Often the poet sees the current state of affairs without being able to elucidate it. But the record may nonetheless be accurate. Our inability to interpret the poet's reflections may not be a symptom of the poet's incoherence, but a symptom of the incoherence of the society that produced him.

WORKS CITED

Aristotle. *The Basic Works of Aristotle*, ed. Richard McKeon. New York: Random House, 1941.
Boyde, Patrick. *Dante: Philomythes and Philosopher: Man in the Cosmos*. Cambridge: Cambridge UP, 1981.
Boethius. *The Consolation of Philosophy*. An English Translation by W. V. Cooper. London: J. M. Dent, 1902.
Buhler, Karl. *The Theory of Language: The Representational Function of Language*. Trans. by Donald Fraser Goodwin. Amsterdam: J. Benjamins Publishing Co., 1990.
Copleston, Frederick, S. J. *A History of Philosophy*. New York: Doubleday, 1985.
Dante Alighieri. *The Banquet*, trans. Ch. Ryan. Saratoga: Anma Libri, 1989.
_____. *Vita Nuova*, ed. D. De Robertis. Milano-Napoli: Riccardi, 1980.
Ellmann, Richard and O'Clair, Robert (eds.) *The Norton Anthology of Modern Poetry*. New York and London: W. W. Norton & Company, 1988.
Haller, Robert S. *Literary Criticism of Dante Alighieri*. Lincoln: Univ. of Nebraska Press, 1973.
Harrison, Robert Pogue. *The Body of Beatrice*. Baltimore and London: The John Hopkins Unuversity Press, 1988.
Hatzantonis, Emmanuel S. "La Circe della Divina Commedia." *Romance Philology* 13.4 (May 1960) 390-400.
_____. "La resa omerica della femminilità di Circe." *L'antiquité classique* 43 (1974), 38-56.
_____. "Le amare fortune di Circe nella letteratura latina" *Latomus* 30 (1971): 3-22.
_____. "Variations of a Virgilian Theme in Dante and Lope de Vega." *Pacific Coast Philology*, 6 (1971), 35-42.
Hollander, Robert. "Dante's Misreadings of the *Aeneid* in *Inferno*" in *The Poetry of Allusion: Virgil and Ovid in Dante's 'Commedia'*, ed. R. Jacoff and J. T. Schnapp. Stanford: Stanford University Press, 1991, pp. 77-93.
Hope, A. D. *The Cave and the Spring*. Adelaide: Sydney University Press, 1965.

Jacoff, Rachel and Jeffrey T. Schnapp. *The Poetry of Allusion: Virgil and Ovid in Dante's 'Commedia'*, ed. b R. Jacoff and J. T. Schnapp. Stanford: Stanford University Press, 1991.

Kitchener, Richard F. *Piaget's Theory of Knowledge: Genetic Epistemology & Scientific Reason*. New Haven and London: Yale University Press, 1986.

Lonergan, Bernard J. F. *Insight: A Study of Human Understanding*. New York: Harper & Row, 1978.

Polyani, Michael. *Knowing and Being*, ed. Marjorie Grene. London: Routlegde & Kegan Paul, 1969.

Mazzotta, Giuseppe. *Dante Poet of the Desert*. Princeton: Princeton University Press, 1979.

Schnapp, Jeffrey T. *The Transfiguration of History at the Center of Dante's Paradise*. Princeton: Princeton University Press, 1986.

Shelley, Percy Bysshe. *The Selected Poetry and Prose of Shelley*. Ed. Harold Bloom. New York and Toronto: The New American Library, 1966.

Took, J. F. *L'etterno piacer*. Oxford: Clarendon Press, 1984.

ANTONINO MUSUMECI

Petrarca: l'immagine, il deserto e la scrittura

> We make of the quarrel with others, rhetoric,
> but of the quarrel with ourselves, poetry.
> (Yeats, "Per Amica Silentia Lunæ")

1. Petrarca e il conforto delle immagini

È stato detto che né gli uomini, né gli dei, né i librai hanno concesso ai poeti di essere mediocri[1] — né, potremmo aggiungere, i propri bisogni interiori. Propongo, in apertura, con l'analisi di alcuni aspetti della canzone "Di pensier in pensier, di monte in monte" (CXXIX),[2] di esplicitare la trama di strategie, sia psicologiche che formali, che il Petrarca usa per comporre le coordinate di un suo mondo ottimale, ad esorcizzare il ruvido incontro con la realtà dagli elementi minaccianti, per ricomporla poi velleitariamente per una fruizione gratificante. Al di là del testo singolo, per la natura caratteristicamente iterativa del *Canzoniere* (per la sua struttura in tal senso tautologica) e per l'esemplarità della canzone in questione (vero campionario di temi e di stilemi tipicamente petrarcheschi), i vari meccanismi rivelati dall'analisi di questo testo specifico potrebbero poi (credo) essere generalizzati a descrivere in modo normativo aspetti della personalità poetica del Petrarca (i propri 'bisogni interiori').

Notiamo, nella canzone, due procedimenti proporzionalmente inversi, ma intimamente correlati: uno di diminuzione, l'altro di accrescimento. Potremmo identificare il primo movimento come uno sforzo graduale e testardo di rimozione dell'elemento fisico — e già la catena preposizionale del verso d'apertura sembra alludere all'ostinata risolutezza del poeta e all'unicità

---

1. Orazio, *Ars poetica*, vv. 372-73: "Mediocribus esse Poëtis / non homines, non di, non concessere columnæ."
2. Cito dall'edizione curata da G. Contini (Torino: Einaudi, 1968) 179-81. La canzone sembra essere stata composta durante il soggiorno del Petrarca a Selvapiana, sull'Appennino Parmese, o comunque tra il 1342 ed il 1345.

The Flight of Ulysses, edited by Augustus Mastri

direzionale del suo processo d'epurazione. Tipicamente, per il Petrarca, l'avvio di tale processo di disfacimento della realtà esterna prevede l'assenza assoluta (con marcato valore catartico) di ogni vestigio di presenza umana ("ogni segnato calle / provo contrario" vv. 2-3; "ogni habitato loco / è nemico mortal degli occhi miei" vv. 15-16). Scongiurata così la temuta possibilità di un intercorso sociale, il poeta entra in quel suo paesaggio ideale, scarno e purificato, geometrico e distensivo, che sembra soddisfare una sua necessità interiore. In siffatta dimensione spaziale il poeta procede, di strofa in strofa, ad eliminare progressivamente ogni valore di spessore fisico, a ridurre ogni componente di corposità verso un desiderabile grado zero, in un movimento verticale che va dal basso all'alto, dal massiccio all'evanescente. Così dalla presenza di una natura ancora molteplice e varia dell'inizio ("Se 'n solitaria piaggia, rivo o fonte, / se 'nfra duo poggi siede ombrosa valle" vv. 4-5), trapassa nella seconda strofa ad un paesaggio, benchè ancora multiplo, ora però più ridotto e generico, definito in modo essenziale dalla propria inaccessibilità ("per alti monti et per selve aspre" v. 14), assottigliandolo ancor più nella terza con un processo di costrizione verso il singolo ed il puntiforme ("ove porge ombra un pino alto od un colle" v. 27), per spingerlo poi verso la non-descrittività dell'assenza desertica nella quarta ("quanto in più selvaggio / loco mi trovo e 'n più deserto lido" vv. 46-47) e finalmente, nella quinta strofa, verso il confine con il vuoto, il punto di uscita dalla dimensione fisica, dove l'esserci di una realtà sempre più contratta sembra toccare il non-essere ("ove d'altra montagna ombra non tocchi, / verso 'l maggiore e 'l più expedito giogo" vv. 53-54). Perciò, anche quella geografia mitica del poeta, di solitudine pensosa e creativa, già così controllata e selettiva, si è venuta progressivamente disfacendo, fino a ridursi alla non-consistenza, alla prossimità con l'annullamento.

La struttura formale rivela un'identica preoccupazione e si ripete, quasi liturgicamente, di strofa in strofa: ogni segmento del componimento poetico, infatti, si apre con una definizione spaziale (che per altro, come s'è visto, va sempre più contraendosi) per trapassare poi ad un'analisi esclusivamente interiore. Il movimento, perciò, al di dentro di ogni strofa, è dall'esterno all'interno, dal fisico al mentale.[3] Al processo di contrazione (sistole) che abbiamo descritto, corrisponde dunque un processo inverso e parallelo di dilatazione (diastole). La voluta progressiva perdita di spessore della realtà fisica sembra rendere possibile una potenziata attività interiore — a tal punto da poter

---

3. Si veda G. Lanyi, "The 129th Poem in Petrarch's *Canzoniere*: An Analysis," *Forum Italicum*, 2 (1979): 207.

affermare che la prima sia in funzione della seconda. Così, nella prima strofa, distanziatosi il poeta dall'interferenza di presenze umane ed entrato nello spazio privilegiato che è suo, l'effetto immediato consiste in una certa distensione emotiva ("ivi s' acqueta l'alma sbigottita" v. 6) e nella possibilità di dar campo libero a quella molteplicità di emozioni contrastanti che penso indichi soprattutto spontaneità, autenticità ("et come Amor l'envita, / or ride, or piange, or teme, or s'assecura; / e 'l volto che lei segue ov'ella il mena / si turba et rasserena, / et in un esser picciol tempo dura" vv. 7-11). Nella seconda strofa, in virtù di quella potenziata tranquillità interiore ("trovo / qualche riposo" vv. 14-15; "in gioco / gira il tormento" vv. 18-19), carica per altro d'una mai dissolventesi incertezza (si noti l'uso dell'ossimoro, delle dubitative, della serie di interpunzioni interrogative), inizia una seppur non ancora specificata attività mentale ("a ciascun passo nasce un penser novo" v. 17). Nella terza strofa, l'attività mentale si precisa ora come creatrice di immagini dell'oggetto del proprio desiderio ("et pur nel primo sasso / disegno co la mente il suo bel viso" vv. 28-29), contemporaneamente con la coscienza dell'autosufficienza, della preferenzialità infatti di tali immagini per le proprie motivazioni interiori ("del suo proprio error l'alma s'appaga; / in tante parti et sì bella la veggio, / che se l'error durasse, altro non cheggio" vv. 37-39). Nella quarta strofa, l'attività mentale si arricchisce di una componente memoriale, con il ricorso al ricordo sia di un passato personale ("I' l'ò più volte [. . .] / ne l'acqua chiara et sopra l'erba verde / veduto viva, et nel tronchon d'un faggio / e 'n bianca nube" vv. 40-43) che di un passato culturale con la referenzialità del mito classico ("sì fatta che Leda / avria ben detto che sua figlia perde, / come stella che 'l sol copre col raggio" vv. 43-45); ed una volta tradottasi in pure categorie estetiche ("tanto più bella il mio pensier l'adombra" v. 48), si estende poi necessariamente in un esito di scrittura ("in guisa d'uom che pensi et pianga et scriva" v. 52). Nella quinta strofa, infine, l'attività mentale si fa valutativa ("indi i miei danni a misurar con gli occhi / comincio" vv. 56-57), in termini di prossimità e di lontananza ("i' miro e penso / quanta aria dal bel viso mi diparte / che sempre m'è sì presso et sì lontano" vv. 59-61); e l' "alma sbigottita" che prima s'era acquetata (v. 6), poi appagata (v. 37), ora "respira" (v. 65). A livello di linguaggio, per quanto riguarda questo secondo processo di dilatazione, notiamo (1) l'uso frequente di forme verbali conative, e (2) soprattutto, un lessico foltissimo nel campo semantico dell'immagine: *errore* (3 volte) / *imagine* / *mente vaga* / *nebbia* /*alma* (3 volte) / *pensiero* (8 volte) / *adombrare* / *disegnare con la mente* / *vedere* / ecc.

L'inferenza mi sembra sia chiara: ad un dileguarsi della corposità del dato fisico corrisponde, in proporzione inversa, un incremento dell'attività mentale ed un certo grado di tranquillità emotiva; ossia, attività mentale e gratificante esperienza sentimentale — e perciò stesso la creazione artistica — presuppongono (1) la distanza, e al limite la distruzione dell'oggetto del proprio desiderio nel proprio esserci; e (2) la creazione tutta soggettiva di un'immagine sostitutiva di quello.[4] Il termine del desiderio della persona poetica sarà, allora, non un aspetto della realtà, bensì questa immagine mentale del dato fisico, entità ora integralmente controllata dal soggetto che in effetti l'ha creata.

Abbiamo escluso, finora, dalla nostra analisi la considerazione del congedo della canzone:[5]

> Canzone, oltra quell'alpe
> là dove il ciel è più sereno et lieto
> mi rivedrai sovr'un ruscel corrente,
> ove l'aura si sente
> d'un fresco et odorifero laureto.
> Ivi è 'l mio cor, et quella che 'l m'invola;
> qui veder pôi l'imagine mia sola.   (vv. 66-72)

A prima vista potrebbe sembrare che la conclusione del componimento poetico costituisca un ritorno alla fisicalità, quasi annuncio di un incontro imminente con il dato oggettivo del desiderio del poeta, in uno spazio storico e geograficamente determinato. In realtà non penso che tale sia il caso; per le seguenti ragioni: (1) innanzitutto, tale evento viene relegato al futuro ("mi rivedrai"), al tempo cioè della velleità, della speranza magari, ma anche della distanza, della rimozione — a un tempo qualitativamente diverso dal presente che invece è la dimensione del vissuto,[6] un tempo che il Petrarca percepisce come costitutivamente assente;

---

4. O. Büdel ha tracciato il percorso evolutivo e definito la funzione dell'illusione nel *Canzoniere* quale tattica cosciente per un equilibrio interiore: "to acknowledge illusion and consciously live by it—even though he clearly perceives it as a self-deception, but also as his only means to preserve his inner balance and, indeed, ensure his survival"—in "Illusion Disabused: A Novel Mode in Petrarch's *Canzoniere*," *Francis Petrarch, Six Centuries Later: A Symposium*, a cura di A. Scaglione (Chapel Hill: University of North Carolina, 1975): 128-51. Ma, ancora una volta, l'intuizione era già in De Sanctis: "fugge dal vero e cerca il falso, il dolce errore, come chi vorrebbe sognare sempre per sottrarsi ai pungoli del reale," in *Saggio critico sul Petrarca*, a cura di N. Gallo (Torino: Einaudi, 1983), 177.

5. Sul congedo nella canzone stilnovistica e petrarchesca, cfr. J. H. Levin, "Sweet, New Endings: A Look at the 'Tornada' in the Stilnovistic and Petrarchan Canzone," *Italica*, 4 (1984): 297-311.

6. *De remedius* I, 92: "Tempus presens puncto minus; idque ipsum semper instabile, fugaeque tam rapidae ut vix illam animo sequi possis. Duae reliquae temporis partes semper absentes, ita ut altera nos lubrica memoria, altera expectatione anxia fatiget."

(2) lo spazio, inoltre, di tale ipotetico evento è "oltra quell'alpe / là dove il ciel è più sereno et lieto," cioè uno spazio-oltre, spazio essenzialmente *autre*, definito irrimediabilmente dalla propria alterità (si noti l'accentuata bipolarità spaziale: *là/ivi—> qui*); (3) spazio, ancora, che è percepito come *locus* metaforico delle proprie immagini privilegiate ("ove l'aura si sente / d'un fresco et odorifero laureto"), dove anche la persona amata è trasfigurata, depersonalizzata, ridotta ai propri echi paranomastici, ad espressioni formulaiche; (4) *locus*, infine, di una totale assenza, se anche la presenza del poeta è il risultato di uno sdoppiamento, di sè da se stesso ("ivi è 'l mio cor, et quella che 'l m'invola"); (5) mentre il presente permane definito come il tempo dell'assenza e perciò delle immagini ("qui veder pôi l'imagine mia sola").

Poesia, dunque, di movimenti contrastanti, di sistole e di diastole, di annullamento e di creazione, di vuoto e di plenitudine — di una distanza che permette di creare, di un'assenza che si traduce in scrittura, di un desiderio che si nutre di immagini create in virtù di una rimozione che (in fondo) è voluta. Il desiderio si pasce di immagini; e la poetica della presenza delle immagini si fonda su una poetica dell'assenza dell'oggetto, in quanto l'immagine proclama sempre l'assenza di ciò che essa propone, ed in tal senso è metafora dell'assente.[7] Ciò che permette l'unione è la distanza; il significante rifugge dal proprio significato e si gratifica narcisisticamente in se stesso. E come il dato si trasforma in immagine, così necessariamente l'unica modalità di azione corrispondente è la scrittura.

2. Petraca e l'insanabile dualità dello spazio

> *Qui mi sto solo, et come Amor m'invita*
> *or rime et versi, or colgo herbette et fiori.*
> (Petrarca, *Canzoniere*)

Nell'ottobre del 1933 una laurea in lettere veniva conseguita, presso l'università di Palermo, con una tesi dal titolo *Petrarca geografo*.[8] Ora, che la vasta curiosità del Petrarca si estendesse anche in campo geografico, non ci

---

7. *Familiares* XII, 4: "insigni quodam et vulgato amantium privilegio—absentem absens auditque viditque."
8. L'autore era Maria Montana di Castelvetrano; e la tesi è stata recentemente pubblicata per interessamento del nipote, prof. Giuseppe Lombardo, come "attestazione del suo affetto all'autrice più che ottantenne" (*Petrarca geografo*. Palermo: ila-palma, 1988).

sorprende, non solo per l'irrequieta mobilità del poeta (rimarchevole anche per un'età come la nostra, di viaggi di massa, di jumbo-jet e di cartoline postali), o per la ricostituzione ad opera sua di un definitivo linguaggio topografico, ma anche, più specificamente, per quella lettera-itinerario scritta ad un amico che stava per intraprendere il viaggio da Genova a Gerusalemme, cioè l'*Itinerarium Syriacum*. È altrettanto ovvio, d'altra parte, che quest'attento interesse topografico del Petrarca geografo vien meno nel *Canzoniere*, dove la natura, che pur occupa un'ampia parte di quell'orizzonte poetico, assume qui una funzione essenzialmente non-spaziale.

Unanimemente, infatti, la critica[9] afferma che la descrizione della natura nelle *Rime* del Petrarca risulta:

1. *generica* — Tipicamente, infatti, la descrizione naturale petrarchesca si esaurisce in un catalogo di elementi naturali, per accumulo, privi questi di specificità e ripetuti in modo sostanzialmente identico: *fonti, fiumi, onde; montagne, colli, campagne, poggi, sassi; selve, boschi, antri; fiori, frondi, erbe; ombre, aure, ...*

> Non è sterpo né sasso in questi monti,
> non ramo o fronda verde in queste piagge,
> non fiore in queste valli o foglia d'erba,
> stilla d'acqua non ven di queste fonti,
> né fiere àn questi boschi sí selvagge,

---

9. Tra i contributi critici sulla natura nel Petrarca, vorrei segnalare i seguenti: Eugenio Battisti, "Non chiare acque," *Francis Petrarch, Six Centuries Later: A Symposium*, 305-39; Kenneth E. Cool, "The Petrarchan Landscape as Palimpsest," *Journal of Medieval and Renaissance Studies* (1981): 83-100; W.Th. Elwert, "A Valchiusa o dell'utilità dei sopralluoghi letterari," *Saggi di letteratura italiana* (Wiesbaden, 1970) 92-99; W. H. Herendeen, "Castara's Smiles... Sabrin's Tears: Nature and Setting in Renaissance River Poems," *Comparative Literature* (1987): 289-305; Jennifer Petrie, "Nature," *Petrarch: The Augustan Poets, the Italian Tradition and the Canzoniere* (Dublin: Irish Academic Press, 1983) 51-102; P. Renucci, "Nature et histoire dans le *Canzoniere* de Pétrarque," *Francesco Petrarca Citizen of the World*, a cura di Aldo Bernardo (Padova: Antenore, 1980) 17-51; H.M. Richmond, *Renaissance Landscapes: English Lyrics in a European Tradition* (Parigi: Mouton, 1973) 38-54; Marwyn S. Samuels, "The Biography of Landscape: Cause and Culpability," *The Interpretation of Ordinary Landscapes: Geographical Essays*, a cura di D.W. Meinig (New York: Oxford University Press, 1979) 52-88; Sara Sturm-Maddox, "Landscapes," *Petrarch's Laurels* (University Park, Pa: The Pennsylvania State University Press, 1992) 63-100; E.H. Wilkins, *The Making of the Canzoniere and Other Petrarchan Studies* (Roma, 1951).

che non sappian quanto è mia pena acerba. (CCLXXXVIII, 9-14)

fior', frondi, herbe, ombre, antri, onde, aure soavi,
valli chiuse, alti colli et piagge apriche,
porto de l'amorose mie fatiche. (CCCIII, 5-7)

È come se la natura fosse stata scomposta in blocchi minimi, a tal punto da risultare privati di caratteristiche individualizzanti, e ricongiunti poi in forma di cataloghi ogni qual volta il poeta ne necessitasse la loro presenza. A conferma di tale processo compositivo, notiamo che anche gli aggettivi prescelti a modificare i suddetti lessemi, sembrano sottostare allo stesso principio: *questo, bello, dolce, gentile, alto,. . . .* — termini che indicano un atteggiamento emotivo più che valori di rappresentazione. Di fronte allo spettacolo della natura, il termine che il Petrarca adopera più spesso a qualificarla è il genericissimo "verde" (ben 66 volte).[10] I rivi sono costantemente lucidi, i colli freschi, l'aura gentile. Il Petrarca non è un grande descrittore della natura: la sua tavolozza di termini descrittivi è alquanto povera, e perciò anche ripetuta spesso, a ridondanza, idealizzata, artificiale. Che si tratti di Valchiusa o di un altro luogo lo sappiamo unicamente se il poeta ce lo dichiara: nulla, infatti, nella descrizione è caratteristico o specifico a tal punto da rivelarcelo.

2. *letteraria* — Questa natura così fabbricata, così artificiale, avrebbe poi dei precedenti ben precisi nella storia dei codici letterari. È stato documentato (tra altri, dalla Petrie) che non solo il lessico che qui ci concerne, ma anche molti dei temi che saranno poi detti 'petrarcheschi' (come la ricerca della solitudine, la connessione tra solitudine e produzione letteraria, il mito fondamentale per il *Canzoniere* di Apollo e Dafne, il testimonio d'una natura simpatetica, ecc.) trovino la loro fonte ben precisa nei poeti dell'età d'Augusto. E questo varrebbe anche per la descrizione naturale; a tal punto, infatti, da poter asserire che quella del Petrarca è una rappresentazione 'letteraria' dello spazio, dove la natura viene ricostruita non secondo il principio della realtà, bensì, attraverso un gioco fittissimo di rimandi intertestuali, come forma estetizzata di una paesaggio già noto, non-naturalistico, retorico, convenzionale. Kenneth Cool conclude affermando che il paesaggio petrarchesco è un vero 'palinsesto': cioè, una scrittura sovrapposta ad un'altra scrittura; un testo che si nutre di altri testi; un significante il cui significato non è nella realtà, bensì in un ulteriore significante.

---

10. Ho consultato la *Concordance of the Rymes of Francesco Petrarca*, compilata da Kenneth McKenzie (Oxford: Oxford University Press, 1912).

3. *simbolica* — È chiaro, da quanto si è detto fin ora, che la descrizione della natura nel *Canzoniere* del Petrarca non si esaurisce nella gratificazione della propria capacità rappresentativa, ma suggerisce un sostrato di significato al di là di quella; la sua funzione non è tracciare delle coordinate storicamente espazialmente determinate per la *love story* del poeta, quanto, invece, costruire un mondo idealizzato entro cui tale storia acquisti un valore esemplare. Lo spazio, allora, diventa quel repositorio di simboli dove l'immaginazione del poeta situa le immagini che gli sono care. È una natura che esiste unicamente come significante di una realtà al di fuori di se stessa; una natura che va letta come una metafora. È una natura che non serve da cornice oggettiva per la vicenda umana, ma che, originata al di dentro del protagonista, dalla trama controllatissima delle sue immagini (come s'è visto), si espande poi (con tutti i risvolti e le complicazioni psicologiche di quell'origine) anche al di fuori di esso in una continuità emblematica:

> Et io nel cor via più freddo che ghiaccio
> ò di gravi pensier' tal una nebbia,
> qual si leva talor di queste valli,
> serrate incontra agli amorosi venti,
> et circundate di stagnanti fiumi,
> quando cade dal ciel più lenta pioggia. (LXVI, 7-12)

Quei lunghi, reiterati cataloghi a cui si è fatto riferimento sembrano, allora, agire come formule d'incantesimo che permettono alla storia di farsi mito.

Queste, in breve, le affermazioni più significative della critica a riguardo della natura nel Petrarca. Partendo da queste premesse, la mia intenzione, qui, è di illustrare una distinzione, che penso sia significativa, al di dentro della descrizione della natura da parte del Petrarca, e di proporne una plausibile interpretazione. Perché la natura associata con Laura è tipicamente così diversa da quella in cui il poeta si trova ad agire da costituire due mondi radicalmente distinti e senza possibilità alcuna di incontro — due paradigmi che esistono unicamente in quanto contrastanti. E dato che si tratterebbe di una categoricità attribuibile al destino ("avegna ch'i' non fora / d'abitar degno ove voi sola siete" XLV, 7-8), pretendere di invadere lo spazio che è 'altro', porta sempre alla disillusione ed al dolore. La compenetrazione armoniosa dei due spazi può essere espressa solamente in termini d'impossibilità ("Con lei foss'io da che si parte il sole, / et non ci vedess'altri che le stelle, / sol una nocte, et mai non fosse l'alba" XXII, 31-33). Dobbiamo, allora, parlare della 'natura di Laura' e della 'natura del poeta.'

La 'natura di Laura' ha una leggerezza ed una grazia tutta botticelliana:

> L'aura soave che dal chiaro viso
> move col suon de le parole accorte
> per far dolce sereno ovunque spira,
> quasi un spirto gentil di paradiso. (CIX, 9-12)

È una natura invariabilmente primaverile: quella dell'episodio originale dell'innamoramento rimarrà per sempre la stagione di Laura e ne definirà in ogni caso l'habitat naturale. La terra, a detta del poeta, è rimasta "segnata" (CXXV, 55); come "segnata" è rimasta anche Laura. Laura sarà una creatura primaverile, e la sua epifania sembra richiedere di necessità la primavera: l'una invoca la presenza dell'altra.

Questa natura e Laura sono non solo inseparabili, ma anche indistinte. Le caratteristiche e gli attributi dell'una sono le caratteristiche e gli attributi anche dell'altra:

> Ma pur che l'òra un poco
> fior' bianchi e gialli per le piagge mova,
> torna a la mente il loco
> e 'l primo dì ch'i' vidi a l'aura sparsi
> i capei d'oro, ond'io sì subito arsi. (CXXVII, 80-84)

Bella, gentile, dolce, leggiadra, ... è Laura; bella, gentile, dolce, leggiadra, ... è la natura a lei associata. Infatti, natura e donna amata sembrano avere un'unica origine, essere emerse da un unico principio vitale:

> Ovunque gli occhi volgo
> trovo un dolce sereno
> pensando: Qui percosse il vago lume.
> Qualunque herba o fior colgo
> credo che nel terreno
> aggia radice, ov'ella ebbe in costume
> gir fra le piagge e 'l fiume,
> e talor farsi un seggio
> fresco, fiorito et verde. (CXXIII, 66-74)

La natura è il libro in cui è scritta la storia di Laura (CXXVII, 18-28). Non ci sorprende, dunque, che siano elementi naturali, quali il lauro e l'aura, ad assurgere ad emblemi della donna amata; in realtà, più che emblemi, forme di una Laura transustanziata.

Ripeto: non si tratta unicamente di prossimità, bensì di una compenetrazione molto più intima; anzi, di una vera simbiosi. Come Dafne, anche Laura *diventa* natura (primaverile); e, a sua volta, la natura diventa Laura:

> Da' be' rami scendea
> (dolce ne la memoria)
> una pioggia di fior' sovra 'l suo grembo;
> ed ella si sedea
> humile in tanta gloria,
> coverta già de l'amoroso nembo.
> Qual fior cadea sul lembo,
> qual su le treccie bionde,
> ch'oro forbito et perle
> eran quel dì a vederle;
> qual si posava in terra, e qual su l'onde;
> qual con un vago errore
> girando parea dir: Qui regna Amore. (CXXVI, 40-52)

Per questo, l'assenza di una corrode irrimediabilmente l'essenza dell'altra; quando Laura parte "la terra piange, e 'l sol ci sta lontano / ché la sua cara amica ved'altrove" (XLI, 7-8). Il mondo primaverile *è* Laura, è la sua immagine; e nutre quell'immagine nella fantasia e nella memoria del poeta: "i' l'ò dinanzi agli occhi, / ed avrò sempre ov'io sia, in poggio o 'n riva" (XXX, 5-6).

Ben diversa, invece, la natura in cui opera il poeta:

> Solo et pensoso i più deserti campi
> vo mesurando a passi tardi e lenti,
> et gli occhi porto per fuggire intenti
> ove vestigio human l'arena stampi. (XXXV, 1-4)

Quello del poeta è un mondo di sterpi, di sassi, di nebbia, di ghiaccio; di "aspre selve", "alti monti", "solitarie piagge"; di spazi vuoti, luoghi selvaggi, lidi deserti. Una natura ridotta al massimo, alle sue ultime impalcature: senza presenze umane e sempre senza colori. Assurda, in verità, quanto quella di Laura era idealmente perfetta. È il deserto come geografia d'elezione. "Ogni loco m'atrista" (XXXVII, 33) confessa apertamente il poeta; ed allora cerca di creare per se stesso il non-luogo, la *wilderness*. Geografia, quella del poeta, soprattutto, della solitudine. Il poeta si dichiara: "huom nudrito in selva" (XXII, 18), "habitador d'ombroso bosco" (CCXIV, 33), "animal silvestro" (CCCVI, 5) — dove "bosco" / "selva" stanno per il polo idealmente opposto alla comunione con gli altri, se "uscir dal boscho" significa "gir in fra la gente" (CXXVI, 68).

Questa natura, non imposta ma scelta dal poeta per se stesso, in precario bilico sul nulla, ha una duplice funzione.[11] Innanzitutto serve da testimonio ("O poggi, o valli, o fiumi, o selve, o campi, / o testimon' de la mia grave vita" LXXI, 37-38): è ciò che 'sa', in opposizione a tutti quelli (compresa Laura) che invece non sanno, non conoscono il vero animo del poeta ed il suo dolore ("io mi credo omai che monti et piagge / et fiumi et selve sappian di che tempre / sia la mia vita, ch'è celata altrui" XXXV, 9-11). Ed in secondo luogo, costituisce la disposizione privilegiata per la creazione artistica: è solo nel deserto che nasce la parola; il poeta è necessariamente una creatura desertica. Questo *locus* dell'assenza (assenza di Laura, degli altri, della natura stessa) in cui il poeta deve vivere, diventa il *locus* della scrittura.

> Et per pianger anchor con più diletto,
> le man bianche sottili,
> et le braccia gentili,
> et gli atti suoi soavemente alteri,
> e i dolci sdegni alteramente humili,
> e 'l bel giovenil petto,
> torre d'alto intellecto,
> mi celan questi luoghi alpestri et feri; (XXXVII, 97-104)

È dal vuoto del "celare," dall'assenza della realtà che nascono le immagini; e dalle immagini che nasce la poesia.

Perché queste due nature? Perché due geografie così radicalmente dissimili da frustare *a priori* ogni tentativo di superarne la distanza? Perché il poeta esilia se stesso in uno spazio desertico dove, non l'oggetto del suo desiderio, ma solo l'immagine di quello può esistere, e la parola? Perchè dopo aver disincarnato tale oggetto ed averlo ridotto a pura immagine, creata e controllata dalla fantasia, ora il poeta relega questa in uno spazio talmente 'altro' da quello concesso a se stesso, da precludere in assoluto ogni intercorso tra sè e quell'oggetto?

3. Petrarca e la scrittura dal deserto

Se c'è una risposta a queste domande, non possiamo certo aspettarcela dal critico letterario. Infatti, essa risiederà in una zona di motivazioni profonde che

---

11. Non vedo la funzione "penitenziale" di cui, invece, parla il Battisti, cit.

esula dalla competenza del lettore di testi. A chi cercasse un paradigma interpretativo per comprendere tale comportamento, io (lettore di testi, e non di psiche) posso solo suggerire d'aver trovato nell'opera dello psicologo inglese R.D. Laing, *The Divided Self*,[12] e nella sua tesi dell' 'incertezza ontologica' ("ontological insecurity") un modello che (a mia vista) potrebbe servire ad elucidare il caso in questione.

L'opera del Laing rappresenta un tentativo di formulare una scienza della persona umana (o più precisamente, dell'esperienza del proprio mondo da parte della persona umana) su fondamenti fenomenologico-esistenziali, ed in tal senso si presenta più aperta e consona a chi abbia consuetudine con valori di natura umanistica. Il titolo dell'opera, poi, è già in se stesso allettante, se il Petrarca percepisce negli stessi termini la propria fisionomia psicologica ("sì in me stesso diviso" CCXCII, 3) e la sua opera poetica (*Rerum vulgarium fragmenta*).[13]

Per il Laing, quella "ontologicamente incerta" è la persona il cui rapporto diretto con gli altri e con la realtà è percepito in termini non di armonia e di gratificazione, bensì potenzialmente di pericolo per la propria identità e per il proprio essere. Per contravvenire a siffatta eventualità, tale persona svilupperà tutta una teoria di tecniche difensive allo scopo di preservare intatta la propria soggettività sempre minacciata. Questo senso di terrore può concretizzarsi in tre modalità specifiche:

1. *ingolfamento* ["engulfment"]: il contatto immediato con gli altri (l'essere visto, compreso, anche e forse soprattutto amato, ...) comporta il rischio di un assorbimento del proprio essere da parte di un'altra persona, e perciò la distruzione della propria autonoma identità. Tale contatto, allora, sarà evitato ad ogni costo; l'unica salvezza è nell'isolamento e nella solitudine.

2. *implosione* ["implosion"]: è il senso che all'improvviso la realtà possa sopraffare, soffocare la persona, al punto di obliterarne l'identità. In tal ambito, ogni contatto diretto con la realtà rappresenta un pericolo; perciò il rapporto col reale deve sempre essere mediato, effettuato in un contesto di distanza e di controllo.

3. *pietrificazione* ["petrification and depersonalization"]: per evitare il pericolo di una propria depersonalizzazione, di una propria pietrificazione da parte degli altri, tale individuo esibisce una tendenza a depersonalizzare, a pietrificare gli altri. Per non essere pietrificato, novella Medusa, pietrifica.

---

12. L'edizione originaria è stata pubblicata da Tavistock Publications nel 1960. Ho consultato l'edizione Penguin Books del 1970, soprattutto 42-57.
13. Per una descrizione empirica dell'"essere diviso," cfr. CXVIII, 9-11; CXXXIV; CLXVIII, 7-8; CLXXVIII, 1-8.

La grande preoccupazione della persona "ontologicamente incerta" è, perciò, quella di preservare immune la propria identità; ogni contatto con la realtà e con altre persone è sempre problematico in tal senso; e viene perciò evitato, o effettuato a distanza, o posto in un contesto di presunto controllo da parte di tale persona.

Dato che il mio intento non è affatto di psicanalizzare il Petrarca,[14] vorrei esimermi dallo stabilire un raffronto puntuale e pignolo tra referti poetici e paradigmi psicanalitici. La mia intenzione era semplicemente proporre un modello che potesse soddisfare la curiosità per certi atteggiamenti tipicamente petrarcheschi: quali, l'epidermico timore del volgo; il periodico bisogno d'isolamento; la concezione essenzialmente contemplativa dell'amore; il tendere verso un disfacimento della realtà; la costante di un paesaggio non naturalistico; l'eccesso, forse, di autocoscienza; il discorso inteso come soliloquio; l'amore inteso violentemente come perdita di libertà; ecc. — in altre parole, quella che abbiamo definito precedentemente come poetica dell'assenza o della distanza. D'altra parte, tale esercizio di riscontri, anche puntuali, sarebbe tutt'altro che impossibile. Ad esempio, la modalità difensiva della "pietrificazione" trova nel *Canzoniere* una corrispondenza diretta ed insistita.[15] Così pure la metafora della Medusa, quale agente di pietrificazione, invocata dal Laing stesso (76), costituisce un tema di forte risalto attraverso tutte le *Rime*.[16] Come per i mitici Orfeo, Narciso ed Atteone (tutti personaggi cari all'immaginazione del Petrarca), così per il poeta il 'vedere', o meglio il contatto immediato che esso implica, è sempre un'azione pericolosa, in quanto comporta la possibilità della propria distruzione ("Noia m'è 'l viver sì gravosa et lunga / ch'i' chiamo il fine, per lo gran desire / di riveder cui non veder fu 'l meglio" CCCXII, 12-14).[17]

---

14. Lo studio psicanalitico dell'opera del Petrarca è, stranamente, ancora in buona parte da farsi. Per un solido avvio in tal senso, si veda P. Blanc, "Petrarca ou la poétique de l'ego: Eléments de psychopoétique pétrarquienne," *Revue des Etudes Italiennes* (1983): 122-69.
15. Cfr. ad esempio XXIII, 38-49, 79-80, 137-38; XLIX; LI, 7-8; CXXIX, 28-29, 51; CXCVII, 12-14; CCXLIII, 13-14.
16. Cfr. LI; CLXXIX, 10-11; CXCVII, 6; CCCLXVI, 111-12. Si veda K. Foster, "Beatrice or Medusa?" *Italian Studies Presented to E.R. Vincent*, a cura di C. P. Brand, K. Foster e U. Limentani (Cambridge: Cambridge University Press, 1962) 41-56.
17. Si veda N. J. Vickers, "The Body Re-Membered: Petrarchan Lyric and the Strategies of Description," *Mimesis: From Mirror to Method*, a cura di J.D. Lyons (Hanover: University Press of N. E. for Darthmouth College, 1982) 100-09; G. Mazzotta, "The Canzoniere and the Language of the Self," *Studies in Philology* (1978): 271-96.

Il modello propostoci dal Laing, s'è detto, ci offre un parametro esplicativo per quella che abbiamo chiamato 'poetica della distanza'; esso ci permette di asserire che per il Petrarca, come per la persona ontologicamente incerta, lo spazio non è il luogo dell'esserci della persona, dove la sua esistenza possa dipanare la sua tenue trama, sineddoche dell'essere, bensì l'insieme dei meccanismi di distanza e di difesa a proteggere la sua fragilità esistenziale. Abrogato velleitariamente lo spazio storico e geografico, il poeta instaura, in vece di quello, uno spazio tutto mentale, popolato di immagini, di miti, di desideri, di scrittura. In questo spazio, l'unica presenza accettabile è quella delle immagini, che postula di necessità l'assenza della realtà: l'esserci del significante è reso possibile dalla rimozione del significato; il segno, dalla mancanza del referente. L'immagine è figlia del vuoto; il non-visto rende possibile l'apparizione. Ed è questo spazio vuoto di cose che il linguaggio occupa e popola.[18] L'oggetto della poesia del Petrarca non è la sostanzialità della realtà, ma la trasformazione di essa in immagine: non Laura, ma le impronte della donna amata create dalla mente poetica. È la separazione che permette l'unione, l'assenza che rende possibile l'epifania dell'unica incarnazione voluta o permessa, quella mentale. Distrutta la carne, è la parola che si fa carne;[19] è il *logos* che crea il *mythos*; e ciò che il *logos* crea sono le immagini, la cui unica forma di vita è nella scrittura.

Dall'immunità del vuoto, dalla sua geografia desertica, il poeta foggia le proprie immagini, e queste l'*homo solitarius* fa oggetto del proprio desiderio: "ragionando si rinfresca / quell'ardente desio" (XXXVII, 49-50). L'oggetto del desiderio, allora, non è il referente, ma il segno; non la persona, ma l'immagine poetica di essa. E la scrittura non è che la metafora di quel desiderio,[20] e ciò che a sua volta lo alimenta: "con la poesia e con il canto, la passione si alimenta e si accende" (*De remediis*). Desiderio e scrittura popolano la spazio dell'assenza: e questo si fa spazio dell'immagine, e a sua volta spazio del desiderio e della scrittura. Il *senhal* di Laura (il lauro, l'aura), perciò, non è

---

18. Per una finissima analisi di questo concetto, si veda A. Noferi, "*Il Canzoniere* del Petrarca: scrittura del desiderio e desiderio della scrittura," *Paragone* (1974): 3-23.
19. Sulla rappresentazione petrarchesca del corpo, si veda C. Perrus, "L'image fantastique du corps dans le *Canzoniere* de Pétrarque: De l'anamorphose à la métamorphose," e R. Stella, "La représentation du corps dans le *Canzoniere* de Pétrarque," in *La Représentation du corps dans la culture italienne*, a cura di G. Ulysse (Aix-en-Provence: Université de Provence, 1982) 29-44 e 45-76 rispettivamente.
20. Fondamentali su questo punto lo studio del Mazzotta, cit., e di J. Freccero, "The Fig Tree and the Laurel: Petrarch's Poetics," *Diacritics* (1975): 34-40.

tanto l'indice di una presenza occulta, ma l'insistita proclamazione di una Laura assente e presente solo in quanto tradotta in immagine. La visione del Petrarca trova qui il suo centro poetico: solo in quanto assente, l'epifania di Laura può attuarsi; solo in quanto nome (scrittura), diventare oggetto del desiderio.[21] "Imaginata guida" (CCLXXVII, 9) Petrarca definisce Laura morta. Potremmo dire che la donna amata non era mai stata altro per il poeta: guida, perchè immagine; e perchè immagine, oggetto del desiderio e della scrittura. È solo a questa condizione che quello di Laura e quello del poeta diventano, finalmente, lo stesso spazio.

University of Illinois at Champaign-Urbana

---

21. Si veda Mazzotta, cit., soprattutto 277 e 294.

PAOLO CHERCHI

Dispositio e significato del sonetto LXVII

Il problema che si vuol affrontare è se la posizione di un microtesto all'interno di un macrotesto offra un importante sussidio interpretativo. Il problema a prima vista sembra ozioso perché la *dispositio* è il montaggio, la catena, la dinamica stessa dell'opera, per cui ogni ingranaggio ha una funzione solo nel luogo dove lo colloca l'autore. Ma ciò che è ovvio a prima vista non è sempre vero, perché una cosa è un romanzo, con una sua dinamica o catena d'eventi; un'altra cosa è una raccolta di racconti anche tematicamente affini (per esempio le giornate del *Decameron*, con alcune poche eccezioni, consentirebbe dei mutamenti di *dispositio* senza produrre alterazioni sostanziali); e un'altra cosa ancora è un canzoniere, dove l'ordine dei componimenti non è cruciale per la costruzione dell'opera. Certo bisogna distinguere tra canzoniere e canzoniere. È risaputo infatti che i canzonieri dei trovatori sono affatto diversi dai canzonieri cinquecenteschi, e questi a loro volta sono diversi da quelli barocchi. Il canzoniere di un trovatore manca normalmente (qualche eccezione è stata rilevata dalla Bertolucci Pizzorusso) di organicità, non solo perché l'ordine viene stabilito dal raccoglitore (che non è mai il poeta stesso), ma perché l'amore trobadorico non ha vera storia, non ha principio né fine, ed è fatto di un *continuum* sempre identico a se stesso. Ben diverso è un canzoniere impostato come ricostruzione di un'esperienza psicologica, dove la disposizione dei componimenti coincide con le tappe di quella vicenda. E ciò accadde solo a partire dal momento in cui s'intese l'amore non più come una sostanza, ma come un accidente in sostanza (secondo l'espressione di Dante) cioè come vera esperienza, e quindi legato ad una reale vicenda biografica. Questa nozione, che sta alla base della lirica moderna, rende possibile la nascita del 'canzoniere' che ha il suo modello supremo (se non proprio il primo in assoluto) in Petrarca il quale raccolse e ordinò i 'fragmenta' o accidenti della sua esperienza amorosa in un *corpus* organico, ricreando un itinerario, la storia di un amore, addirittura con una sua data d'avvio, uno sviluppo e una conclusione.

Ma che cosa implica tale organicità? Significa, per esempio, che un frammento è legato ad un altro da un rapporto causale, per cui la *dispositio* non può esser mutata? O significa che un frammento pur compiuto in se stesso

---

The Flight of Ulysses, edited by Augustus Mastri

condivide temi e situazioni con altri per cui la *dispositio*, almeno per certi ampi settori (per es. "in vita di Laura") non è fondamentale? Ma se non lo è, come si costruisce la storia? Gli studi fondamentali di Santagata e di chi l'ha seguito consentono di rispondere in modo soddisfacente a queste domande. Prima di tutto sappiamo che il sonetto, tagliato per cogliere gli accidenti o le 'occasioni,' favorisce la nascita del canzoniere organico, in quanto si presta meglio della canzone al dialogo e allo svolgimento di un discorso 'per corone,' per cicli di componimenti. E ciò porta anche a forme, per così dire, di 'organicità minore,' cioè a nuclei che sono come macrotesti di secondo grado, unità organiche che racchiudono vari frammenti. Il *Canzoniere* del Petrarca contiene un numero alto di simili nuclei; e in tali casi i frammenti che lo compongono si capiscono meglio se letti entro il loro contesto più immediato, entro, cioè, quel macrotesto di ordine minore, dove si può misurare in modo più certo la funzione assegnata alla *dispositio*.

Basterà un esempio per vedere come l'interpretazione di un sonetto trovi una conferma nella sua collocazione; e ciò prova a sua volta l'esistenza di un legame causale che regge la *dispositio*. Intendiamo parlare del sonetto LXVII che trascriviamo:

> Del mar Tirreno a la sinistra riva,
> dove rotte dal vento piangon l'onde,
> subito vidi quella altera fronde
> di cui convien che 'n tante carte scriva.
>   Amor che dentro a l'anima bolliva,
> per rimembranza de le treccie bionde
> mi spinse, onde in un rio che l'erba asconde
> caddi, non già come persona viva.
>   Solo ov'io era, tra boschetti e colli,
> vergogna ebbi di me, ch'al cor gentile
> basta ben tanto, et altro spron non volli.
>   Piacemi almen d'aver cangiato stile
> dagli occhi a' piè, se del lor esser molli
> gli altri asciugasse un più cortese aprile.[1]

È un sonetto di lettura ardua. Ai critici del '700 sembrò un componimento atipico nel *Canzoniere*, perché Petrarca sarebbe venuto meno alla sua *dignitas*, ai precetti del decoro poetico prendendo a poetare un tema veramente assurdo.

---

1. Si cita dal *Canzoniere*. Testo critico e introduzione di G. Contini. Annotazioni di D. Ponchiroli (Torino: Einaudi, 1964).

Ma poiché Petrarca *non dormitat* mai, si spiegò il sonetto come una 'galanteria': il poeta vuol dire di esser tanto preso dall'amore che non solo scambia una pianta per una persona, ma cade in un fiume nascosto e si bagna solo i piedi. Tuttavia la *litera* presenta troppe difficoltà e inverosimiglianze (troppo strano lo scambio di un albero e una persona, inverosimile quel fiumicello invisibile, troppo delicato quel pediluvio), tanto che vi si sospetta un'allegoria anziché una galanteria. E si capisce perché in tempi a noi più vicini un lettore come lo Zingarelli abbia spiegato il sonetto in chiave esoterica, vedendo "nella riva sinistra del mar Tirreno la Toscana, nel lauro la poesia amorosa di Guido Cavalcanti, Cino da Pistoia, Dante Alighieri, nel rivo la loro eloquenza, nel correre a quel lauro l'ammirazione per quella poesia, nel cadere entro l'acqua, il tuffarsi in quella eloquenza, nella vergogna, il sentimento di non aver fatto abbastanza ancora nella poesia, nello sprone l'incitamento a proseguire, nel cuor gentile, secondo un'espressione tradizionale, il Poeta. Ed egli si propone così di ritornare a cantare di Laura solo sperando che ella non continui a farlo piangere."[2] Due letture più recenti[3] spiegano il sonetto indicando un intertesto suggestivo, cioè il famoso episodio dell'estasi amorosa e della caduta in acqua nella storia di Lancillotto, sia nella versione di Chrétien de Troyes che nelle continuazioni in prosa che Petrarca quasi certamente conosceva; e la scelta di un modello come Lancillotto — il cavalier che ama così intensamente e devotamente da diventare una caricatura dell'amante cortese — implicherebbe da parte del Petrarca un ripudio dell'amore sensuale-cortese. La proposta è persuasiva grazie a quel paradosso per cui la letteratura può esser più verificabile della vita che essa ci racconta, dal momento che è possibile controllare le fonti e le tradizioni letterarie, mentre è quasi sempre impossibile stabilire nella stessa misura la veridicità degli eventi trasfigurati dalla letteratura. Tuttavia il rinvenimento di una fonte spinge a sottolineare le somiglianze e a mettere in penombra le differenze, perché se queste si accentuano si indebolisce l'importanza della fonte fino al punto da minacciarne l'esistenza. Alcuni anni fa diedi un'interpretazione del sonetto per la serie 'lectura Petrarcae' di Padova,[4] cominciando a rivedere le conclusioni dei lettori che avevano messo

---

2. *Le Rime di Francesco Petrarca,* con saggio introduttivo e commento di N. Zingarelli (1927; Bologna: Zanichelli, 1963).
3. Bernard König, "Der Liebende im Wasser - Ein höfisches Motiv in einem Sonett Petrarcas, in Aufsätze zur Themen- und Motivgeschichte," in *Festschrift für Helmut Petriconi.* Hamburger romanistische Studien; Reihe A- Band 48; 43-73; Ernesta Calderini, "Da Lancillotto al Petrarca," in *Lettere Italiane* (1975): 373-380.
4. Paolo Cherchi, "Il sonetto LXVII," in *Atti e Memorie dell'Accademia Patavina di*

in luce la fonte romanza; e mi permetto qui di riassumere i dati della mia lettura per procedere ad analizzare il rapporto di questo sonetto col suo immediato macrotesto.

Prima di tutto bisogna dire che nel sonetto non si parla di estasi amorosa, ma di una vera allucinazione. Chiunque abbia frequentato la letteratura cortese, soprattutto la lirica dei trovatori, potrebbe offrire uno spicilegio di passi aventi per tema uno stato di estasi amorosa. A tutti viene subito in mente il rapimento di Bernard di Ventadorn davanti agli occhi dell'amata, rapimento detto con l'analogia dell'allodola che s'inebria di luce fino a dimenticar se stessa e lasciarsi cadere. A tutti vien subito in mente l'episodio di Perceval e del suo abbandonarsi a quella specie di *rêverie* davanti alle tre gocce di sangue sulla neve che gli ricordano la carnagione dell'amata. Tutti potrebbero raccogliere un cospicuo numero di passi in cui figurano espressioni chiave di quello stato d'estasi, come 's'oublier,' 's'olvidar' e simili, nonché tutta una serie di motivi dal cavalcare dormendo al sognare vegliando, dall'andar come 'res enaurada'[5] a tante altre manifestazioni di pazzia amorosa che portano a scambiare una cosa per un'altra, ad astrarsi completamente dal mondo circostante e abbandonarsi alla meditazione intensa sul ricordo dell'amata. Nonostante le molte varianti, il fenomeno dell'estasi amorosa presenta le costanti seguenti: 1) un'occasione, un oggetto o un segno produce un fenomeno di associazione che spinge a pensare intensamente alla donna amata; 2) estraneamento rispetto al luogo fisico in cui avviene l'estasi; 3) completo assopimento dei sensi interni ed esterni per il prevalere esclusivo dell'immaginazione. L'estasi amorosa presenta delle notevoli affinità con l'estasi mistica perché in entrambe si dà l'effetto, reale o apparente, della 'mens amota.' Ma le differenze sono anche sostanziali poiché l'estasi amorosa è esclusivamente frutto dell'immaginazione — che è un senso interno — mentre quella mistica è frutto della ragione. La differenza è chiara ai teologi, da S. Agostino a S. Tommaso, ai neoplatonici del Rinascimento, e ai maestri della cosiddetta Seconda Scolastica i quali si occuparono in modo particolare dell'uomo astratto e dell'astrazione o alienazione, come essi

---

Scienze ed Arti, vol. 103 (1990-1991) *Parte III: Classe di Scienze Morali, Lettere ed Arti*, 237-258.

5. L'espressione è di Cercamon, ed. Tortoreto, 4:14. Su questi temi si vedano M. Pelan, "Old French 's'oublier': its Meaning in Epic and Courtly Literature," *Romanistische Jahrbuch* 10 (1959): 59-77; D. R. Sutherland, "The Love Meditation in Courtly Love," in *Studies in Medieval French Presented to A. Ewert* (Oxford: The Clarendon Press, 1961) 165-193; R. Morrissey, *La Rêverie jusqu'à Rousseau. Recherches sur un topos littéraire* (Lexington: French Forum, 1984), particolarmente il primo capitolo riguardante il Medioevo.

preferivano chiamare l'*excessus mentis*.[6] L'estasi mistica parte sempre da forme sensibili, ma poi per un processo analogico e astrattivo insieme arriva alla conoscenza pura della divinità; l'estasi amatoria invece si ferma — per dirla con Marsilio Ficino (*De Voluptate*, cap. 2) — al cielo di Venere, perché l'intelletto speculativo rimane lì incantato dalla bellezza sensibile. In altre parole: l'estasi mistica porta all'intelligenza pura di Dio, mentre il *raptus* amoroso rimane invischiato nei sensi senza produrre conoscenza alcuna. Si accenna a questa differenza per rilevare soltanto che l'estasi amorosa può avere sul piano etico un valore negativo di cui sia il Petrarca che Chrétien de Troyes erano certamente consapevoli.

Ma si può dire che l'amante che corre ad abbracciare il lauro sia in preda ad un'estasi amorosa? Sembrerebbe di no. L'estasi, come abbiamo detto, porta con la mente lontano dal luogo dove si ha la visione; inoltre l'estasi si realizza nella quiete più assoluta in quanto il rapimento non porta ad alcuna azione. Nel nostro sonetto, invece, l'*agens* non si allontana mentalmente dal boschetto dove vede l'alloro, anzi vi rimane presente in modo ossessivo; e per di più la visione lo spinge ad agire, cioè a voler abbracciare la pianta. Succede, dunque, il rovescio di ciò che è normale in una visione estatica: il mondo della memoria viene strappato dalla sua lontananza e imposto nel luogo e nel tempo del presente con una violenza tale che le immagini del passato vengono a sovrapporsi al mondo circostante, e, come vedremo meglio, i simboli e i segni sostituiscono il referente diventando addirittura oggetto del desiderio amoroso. Se avessimo qui il processo tipico dell'estasi amorosa, vedremmo il poeta vagare con l'immaginazione e recarsi nel luogo dove sta Laura; invece la visione dell'albero lo porta a trasformare il mondo circostante in una specie di luogo incantato, in un 'luogo di delizia pieno' — anche se tutta quella pienezza è rappresentata da un albero. Si aggiunga che quell'albero in una situazione tipica d'estasi amorosa avrebbe dovuto produrre un'associazione con l'amata lontana, mentre in questo caso viene a sostituirla per completo, dando ai segni dignità di essenza. Si tratta, insomma, di qualcosa di molto diverso dall'estasi amorosa, qualcosa che si può senz'altro definire come un'allucinazione in cui il mondo della memoria espropria quello del presente, così che a oggetti visibili vengono imposte forme e qualità appartenenti a un mondo lontano, e vengono incorporate a quelli fino al punto da farli esistere della loro propria vita. Ma si badi bene a non confondere questo tipo di allucinazione con quella di alcuni poeti provenzali che scambiano un oggetto per un altro, e ciò è un segno positivo

---

6. Per questo problema e per una vasta rassegna di testi si rimanda al discorso accademico di Tomaso Garzoni, *L'huomo astratto* (Venezia: Ciotti, 1604).

della loro pazzia amorosa. Petrarca scambia invece il nome per la cosa, il segno per l'essenza, il medio della creazione poetica per la creatura stessa. Se riusciamo a capire bene questo processo avremo una chiave fondamentale per la lettura del sonetto.

L'essere che il Petrarca scambia per Laura non è un oggetto qualsiasi, ma è l'alloro, vale a dire il figurante per eccellenza che del *Canzoniere* cifra i nuclei tematici più vitali, cioè l'amata, la gloria e l'eterno; l'alloro che, essendo la più frequente delle *obliquae figurationes*[7] di cui s'intesse la poesia del Petrarca, diventa quasi l'emblema stesso della sua creazione poetica. E poiché la creazione poetica si realizza per tropi, per *obliquae figurationes* appunto, e fra le forme di conoscenza privilegia gli strumenti dell'analogia, è chiaro che scambiando i segni su cui si basa l'analogia per l'oggetto della stessa conoscenza si elimina la possibilità della creazione poetica. Secondo il realismo linguistico medievale — concezione che il Petrarca fondamentalmente abbraccia — l'analogia si può istituire solo fra accidenti, ma non fra sostanze. Pertanto l'impulso ad abbracciare l'alloro tende a trasformare il rapporto di analogia fra l'albero e Laura in una identità in cui due sostanze diverse vengono a coincidere. Il problema o il peccato o anche la leggerezza in cui cade il Petrarca in questo sonetto e di cui lui stesso si accusa è quello di scambiare una *figuratio* poetica per la creatura che intende rappresentare. In effetti egli cade in un peccato simile a quello del mitico Pigmalione che col suo desiderio e con l'aiuto di Venere trasforma in persona viva una statua da lui creata. Il pigmalionismo — quella forma speciale di narcisismo che allo specchio d'acqua sostituisce la pagina scritta — è una tendenza non estranea all'opera del Petrarca; ed egli ricorda esplicitamente il mito quando vede il quadro di Laura fatto da Simone Martini (son. LXXXVIII). Indubbiamente il mito di Pigmalione rappresenta il pericolo per ogni creatore di innamorarsi della propria creatura: chi ne scriverà la storia — dal *Roman de la Rose* fino ad autori moderni come Bernard Shaw o Jacinto Grau — dovrà sottolineare la costante minaccia per l'artista d'amare feticisticamente la propria creazione. Ma il mito rappresenta anche il prevalere del desiderio sensuale sul desiderio contemplativo o creativo: non risulta, infatti, che Pigmalione si dilettò più a scolpire una volta che la sua statua si trasformò in donna reale; e il Petrarca (*Triumphus Cupidinis* 2:184) non esitò a mettere Pigmalione fra gli esempi dell'amore carnale. Anche l'impulso ad abbracciare l'alloro sembra motivato da concupiscenza, da un impulso negativo che inevitabilmente distrugge l'oggetto dell'amore col volerlo possedere

---

7. L'espressione risale allo stesso Petrarca, *Oratio in capitolio in tempore laureationis sue,* ed.A. Hortis, *Scritti inediti di Francesco Petrarca* (Trieste, 1874) 230.

integralmente, un impulso che elimina la possibilità della contemplazione e perciò della stessa poesia, un impulso affatto sensuale che prevarica i limiti del linguaggio poetico aspirando ad una reale forma di incarnazione in cui le parole acquistano sostanza corporea. Nella corsa verso l'alloro si legge in filigrana un altro mito: quello di Dafne e Apollo, mito centralissimo nel Canzoniere.[8] Ma la filigrana ci rivela un adattamento del mito che sottolinea l'elemento sensuale pigmalionico. Nel mito, infatti, Apollo insegue Dafne spinto da concupiscenza, ma rinuncia ad averla quando questa viene trasformata in alloro; il Petrarca invece vuole abbracciare Laura dopo che lui stesso, con inveterata figurazione letteraria, l'ha trasformata in alloro.

Siamo, come si vede, ben lontani dal semplice problema dell'estasi amorosa di un Lancillotto. E il problema è ancora più complesso per il fatto che il sonetto nasca, sì, dalla letteratura anziché dalla vita, ma si tratta di una letteratura speciale in quanto ha per autore lo stesso Petrarca, un autore che si costruisce una sua personalissima mitologia dell'amore/contemplazione, di Laura/lauro, di Dafne/Apollo. Una situazione così insolita impone un mutamento di rotta che ci conduce dal mondo cortese al mondo dello stesso *Canzoniere,* costringendoci a navigare in un mare più limitato ma di gran lunga più insidioso e complesso. Questa complessità, vedremo, carica il linguaggio di connotazioni simboliche e di allusioni a una storia personale che sarebbero impensabili in una fredda galanteria, e che non sembrerebbero necessarie se l'episodio ricavasse la sua ispirazione dalle estasi di Lancillotto perché allora basterebbe quel riferimento a renderle chiare.

Mi astengo in questa sede di analizzare il sonetto dal punto di vista formale come ho fatto nella lettura ricordata. Voglio solo rilevare un fatto importante per il nostro argomento specifico, cioè come esista un contrasto fra persone ed elementi naturali, e come venga compensato dall'antropomorfizzazione di questi ultimi: le onde piangono; le fronde diventano bionde; la fronde è altera, e l'erba asconde. La compenetrazione della quale si parla non è gratuita, ma è in sintonia con quel processo d'incarnazione che avvia il dramma del sonetto. Le isotopie che fondono il mondo degli elementi con la psicologia del poeta ripropongono il consueto tema della "simpatia della natura";[9] ma qui la cogenza del *topos* è del tutto inedita perché non si tratta di un semplice *transfert* bensì di una vera ginomorfizzazione di una pianta. È questo l'evento che conferisce

---

8. Sul tema si veda U. Dotti, "Petrarca e il mito dafneo," *Convivium* 37 (1969): 9-23, con rimandi alla bibliografia precedente.
9. Sul tema e la sua storia, E. U. Grosse, *Sympathie der Natur* (München, 1968) (Freiburger Schrift. z. roman. Philol, 28).

al mondo degli elementi una funzione indispensabile: non semplice decorazione né simpatia partecipe, ma indicazioni concorrenti dell'intenso desiderio di assimilare una pianta a una donna, o di rendere identici un segno ed una essenza. Un'altra osservazione indispensabile per poter procedere con il nostro argomento è che l'immagine del rio divide a metà precisa il sonetto costituendone così la figura centrale e ponendosi non solo come linea divisoria del componimento ma anche e soprattuto come cifra del dramma che vi si narra, perché a questo punto si ha la svolta del rinsavimento e la susseguente speranza che un giorno gli occhi saranno asciutti grazie ai piedi che sono ora bagnati. Sarà perciò importante conoscerne il valore simbolico. Infine, è importante sottolineare gli elementi metaletterarii contenuti nel sonetto — "convien che in tante carte scriva," e "aver cambiato stile" — perché offrono il legame più certo con il macrotesto.

*

Il sonetto fu scritto nel 1337, l'anno in cui il Petrarca si recò in Italia compiendo il viaggio per mare; e secondo alcuni, il sonetto insieme agli altri due che seguono formerebbe un piccolo ciclo di 'sonetti del viaggio' verso Roma,[10] anche se nel sonetto manca ogni indicazione di un tal viaggio, a meno che non si forzi un po' il senso del primo verso. Non è un verso perspicuo, e in questa sede non importa cercare di capire cosa significhi "del mar Tirreno a la sinistra riva"; importa notare, invece, che adempie alla funzione di creare un vasto paesaggio/teatro (un mare e un continente!) in cui sbalzi con maggior risalto la solitudine del visionario e più prepotente s'imponga l'albero sulla scena. Si noti, per altro, che se le coordinate spaziali sono vaghe, quelle temporali son del tutto inesistenti; ma proprio da quest'assenza acquista forza espressiva quel "subito" che avvia il rapidissimo dramma del '*vidi, corsi, caddi,*' dramma esploso fuori dal tempo ma con la forza del presente ossessivo. E come spesso succede nella poesia del Petrarca, lo sfaldarsi della perspicuità denotativa vien compensata da un incremento della forza connotativa. Il riferimento alla 'sinistra' può caricarsi del significato simbolico che una lunga tradizione aveva consacrato, vale a dire il significato di mondo sensuale, di tensione verso il peso del corpo contrapposta alla libertà intellettuale, indicata sempre con il volgersi a destra. Così, nelle onde che si rompono contro la riva, si può vedere

---

10. Per la datazione del sonetto e per l'idea che formi un ciclo con gli altri due sonetti, si veda E. H. Wilkins, *The Making of the "Canzoniere" and Other Petrarchan Studies* (Roma: Storia e Letteratura, 1951) 350.

l'emblema di un naufragio, di una perdita di libertà. Insomma: l'indefinito del luogo e la dimensione simbolica del linguaggio, collaborano a creare un'aura d'attesa, a propiziare un evento imprevisto.

L'evento non è una storia, ma una presenza. Quasi una parusia, una apparizione miracolosa dopo la scomparsa. Ma la deissi, 'quella,' dice chiaramente che la scomparsa non è stata reale perché la frequentazione con l'altera fronde è stata costante: lo testimoniano le "tante carte" che a lei s'ispirano. E da quelle carte sembra ora emergere con una presenza inquietante e avvincente, perché "altera": così una personificazione si avvia a diventare persona. Interviene, infatti, Amore che signoreggia, come suole, il mondo dell'immaginazione attivando la memoria; e soppiantando la ragione opera la magia di trasformare un segno di un ente nell'essenza di un altro ente. L'operazione magica non è del tutto capricciosa poiché fra i due esseri esiste in comune il nome; tuttavia qui si scambia il figurante per il figurato e si cade in un vero fenomeno di idolatria o di pigmalionismo come l'abbiamo chiamato. Certo, tutto diventerebbe molto più semplice se accettassimo l'interpretazione della 'galanteria'; ma ad escluderla interviene la goffaggine della caduta nonché la presenza impegnativa della vergogna. Anzi è proprio la vergogna a farci capire che si tratti di un amore peccaminoso non solo per ciò che ha di libidinoso, ma soprattutto perché amore di un'ombra (è questo il peccato che la cultura medievale vedeva nel mito di Narciso), amore che dimentica Laura per abbracciare ciò che la simboleggia.

Ma vediamo il simbolo del rio, così centrale nel sonetto. Escludiamo che questo rio 'nascosto nell'erba,' proprio come 'serpens latens in herba,' possa simboleggiare il serpente del Paradiso terrestre e che tutto l'evento allegorizzi una caduta adamitica. Non mancano elementi nel *Canzoniere* per sostenere tale interpretazione; ma l'ostacolo maggiore e decisivo mi pare sia il fatto che il serpente dell'Eden causi la perdizione mentre qui il rio porta alla salvazione o almeno al rinsavimento. Escludiamo anche la possibilità che abbia una funzione terapeutica medica, anche se era normale in quei giorni prescrivere un bagno freddo (magari limitato ai soli *genitalia*) per guarire dall'amore *hereos*: lo escludiamo perché il nostro *agens* non vuol guarire dalla malattia d'amore, ma vuol amare in modo diverso; senza dire che nessun medico consigliò mai il pediluvio per sedare i bollori della passione erotica. Il rio o fiume ha vari altri significati simbolici, tutti fortemente tradizionalizzati e aventi una cogenza nel contesto del sonetto: sono quelli del tempo, dell'eloquenza e del potere lustrale. La scelta di uno, di due o di tutti e tre questi valori dipenderà dalla funzione che il resto del discorso richieda.

L'amante dice d'esser caduto in questo rio "non già come persona viva," affermazione che esige qualche chiarimento. Molti lettori vi hanno colto un'eco del dantesco "caddi come corpo morto cade" (*Inf.* V:142), e il König ne ha ricavato una conferma della condanna dell'amore cortese poiché il verso è legato all'episodio di Paolo e Francesca. Ma la litote "non già come persona viva" non significa necessariamente "come corpo morto." Il Petrarca, infatti, non perde i sensi visto che gli rimane vivissima l'immaginazione che offusca momentaneamente tutti gli altri sensi e tutte le facoltà intellettuali. Nessuna visione estatica o allucinazione implica mai la perdita totale dei sensi. S. Agostino, per esempio, descrivendo il rapimento estatico di S. Paolo dice che in quella circostanza l'Apostolo non visse come uomo ("non come persona viva") in quanto non viveva "secundum sensum",[11] ma soltanto secondo la ragione pura che vede *essentialiter,* senza mediazione analogica. Anche il Petrarca "non vivit ut homo," perché vive esclusivamente col senso dell'immaginazione che offusca tutti gli altri sensi (ecco perché non vede l'acqua), e che sostituendo completamente la ragione impedisce all'amante di conoscere più in là di dove lo porti il livello sensuale.

Ora, quest'amante allucinato cade nell'acqua; ma dal contesto apprendiamo che non si tratta di un bagno completo simile a quello di Lancillotto, ma solo di un bagno ai piedi. Questo particolare, che ricaviamo dalla terzina di chiusura, sembrerebbe di stile basso ed escogitato per render possibile la freddura finale. Si potrebbe pensare a una sineddoche, ma rimarrebbe la stessa impressione di un mutamento di registro stilistico. Comunque, prima di considerarlo uno scadimento di tono, vediamo se quei piedi bagnati non significhino qualcos'altro, ricordando il più elementare dei significati simbolici dell'acqua, vale a dire il suo potere lustrale. Allora in quel pediluvio avvertiamo il recupero di un'espressione proverbiale latina certamente nota al Petrarca perché ricorre in Gellio (*Noctes Atticae* 1:9:8 e 17:5:14) e in Macrobio (*Saturnalia* 1:24:12). È l'espressione 'illotis pedibus' con cui si indica propriamente colui che ha i piedi sporchi, immersi nel fango, nel loto. Nata dall'abluzione rituale necessaria prima di compiere i sacrifici, l'espressione passò ad indicare coloro che non possono accedere al sapere intellettuale, coloro che sono impreparati o superficiali, come quei grammatici irrisi da Macrobio perché si limitano alla semplice conoscenza della lettera. Più in generale l'uomo con i piedi infangati è l'uomo che vive calato nella vita dei sensi, proprio come

---

11. S. Agostino dedica al problema del rapimento di San Paolo il lib. 12 del *Genesi ad litteram* dove si leggono espressioni come questa: "non vivet vita ista, quo mortaliter vivitur in istis sensibus corporibus: sed nisi ab hac vita quisque quodammodo moriatur, sive omnino exiens de corpore, sive ita aversus et alienatus a carnalibus sensibus." (Migne, *Patrologia Latina,* 34:477 seg.).

lo è il Petrarca ipnotizzato dall'alloro, soggiogato dal potere del simbolo tanto da non saper procedere oltre ad intenderne il significato. L'acqua ai piedi ha il potere di pulirlo dal vischio del fango, di restituirlo a tutti i sensi e facoltà e di farlo accedere così a quel sapere senza il quale non può fiorire la poesia.

Ci si domanda: un discorso tanto serio per un'occasione così modesta? Ma il disagio di fronte ad una discrepanza del genere svanisce qualora si consideri la posizione del sonetto nel suo macrotesto immediato e il significato che gliene deriva. Abbiamo visto che il componimento chiude il ciclo 'del rimorso' per un intenso amore sensuale, ciclo che si apre col madrigale LIV. Ma abbiamo anche visto che il nostro sonetto potrebbe essere il primo di un altro breve ciclo, cioè quello del 'viaggio a Roma' del 1347. Niente impedisce che il componimento sia l'una e l'altra cosa: infatti una prima e spontanea lettura le avverte entrambe, poiché vi si sente un'*acmé*, un senso di culminazione o di parossismo raggiunto attraverso un lento *climax* (il primo ciclo), al quale succede un senso di scioglimento, di liquidazione del tutto per correr migliori acque. È un sonetto che ha qualcosa di ottimistico, una nota di speranza che vive sempre in chi è capace di pentirsi, una nota di rinascita inaugurata da quella sorta di nuovo battesimo della caduta in acqua. Il ciclo che il sonetto liquida è quello del 'rimorso' secondo l'etichetta dello Zingarelli. Tale etichetta è però approssimativa e forse sarebbe meglio sostituirla con quella di 'smarrimento.' Nel ciclo son presenti, sì, motivi del rimorso (specialmente il son. LXII "Padre del ciel"), ma vi abbondano anche i motivi del sensualismo e della concupiscenza. È utile sottolineare che il ciclo si apre con un madrigale in cui si parla di "passi" perduti "per la selva"; del poeta che si stringe "all'ombra di un faggio"; di "un periglioso viaggio" con la simbolica indicazione spazio-temporale del "mezzo giorno": è utile notare tutta questa serie di temi ed immagini perché riaffioreranno modificati nel nostro sonetto. È importante anche notare che nel ciclo son presenti, e più di una volta, "le chiome de l'or" (madrigale LIX); son frequenti le immagini fluviali (specialmente nella sestina LXVI, dove si noterà in particolare, nella penultima strofa, "l'amor che 'n mezzo di duo fiumi mi chiuse"). Importantissimi, poi, per il nostro discorso, sono i temi dell'alloro in relazione con la poesia quali si trovano nel son. LX, "L'arbor che forte amai molt'anni," sonetto che sta proprio al centro di quattordici componimenti del ciclo — quasi un sonetto dilatato — in cui si maledice la pianta alla cui ombra una volta fioriva il debole ingegno del poeta, ma che ora, essendosi mutata in "spietato legno," ha dissecato le "rime nove" del poeta. Si ricorderà infine il tema delle "carte" (son. LXI, "Benedetto sia il giorno") in cui il poeta celebra — è il suo destino e privilegio — la fama di Laura. Tutti questi temi costituiscono il *subtext* del nostro sonetto che li raccorda insieme per risolverli nel modo che abbiamo indicato. Ma li risolve dopo averli portati ad un punto di crisi. La sensualità attinge il livello di massima intensità nel momento in cui l'innamorato corre ad un abbraccio puramente fisico. La cecità del senso porta al pigmalionismo che rappresenta a sua volta il livello più basso di narcisismo e da cui non è assente un peccato di superbia nonché il pericolo della morte della poesia. Come si vede, il discorso diventa veramente serio!

Il son. LXVII rappresenta il punto critico di una situazione, il punto più basso di un decadimento dopo il quale si deve "cangiar stile." Com'è proprio della psicologia medievale, che rappresenta in forme oggettive, in personificazioni le proprie tensioni, anche qui è un rio a rappresentare il punto di demarcazione fra due periodi, il punto di svolta. Grazie all'abluzione nel rio, il poeta può ora adempiere al suo destino — gli "conviene" — di "cantare in tante carte" Laura e il suo figurante.

Il primo segno di mutamento viene dal sentir vergogna. E questo è un tema che lega il nostro sonetto al macrotesto dell'intero *Canzoniere*. Purtroppo non disponiamo di uno studio che ricostruisca la storia di questo complesso concetto nel mondo medievale; e chi lo farà dovrà certamente fare i conti col Petrarca. La vergogna, secondo Aristotele (*Eth. Nic.* IV, 9;1128b9 ss.), è solo una passione, e non una virtù dal momento che non è un *habitus*. La vergogna, però, specialmente nella forma della verecondia, può rivelare nobiltà d'animo, perché è senz'altro una passione da 'cuor gentile,' come indica lo stesso Petrarca, al quale "basta ben tanto" per arrossire. In effetti non v'è autore in cui la vergogna abbia un ruolo così centrale come l'ebbe nel Petrarca il quale, paradossalmente, ne fece un elemento di autoesaltazione[12]. È un tema che troviamo dappertutto, dal *Secretum* alle epistole, e affiora persino nel *De viris illustribus* in un passo che conviene citare:

> Est enim, de quo nemo dubitat, optimum non errare; sed et erroris notitia et verecundia et poenitentia et humilitas, illi que peccati radix fuerat adversa superbie, bona est usque adeo, ut interdum maior aliquis post peccatum assurrexerit quam qui non peccavit. (Fabius)

Forse nessun'altro passo spiega in modo migliore la costante tendenza del Petrarca a fare della confessione una vera e costante professione. Gli errori diventano o possono diventare per lui *felices culpae* perché implicano l'arricchimento morale che deriva dalla vergogna o dal pentimento. L'intero *Canzoniere*

---

12. Per questo concetto e per la citazione del passo, e in genere per quel che segue, si son tenute presenti le luminose pagine di A. Tripet, *Pétrarque ou la connaissance de soi* (Ginevra: Droz, 1967) 166 ss.

è frutto di vergogna, anzi si apre addirittura con una professione di vergogna. Nel nostro sonetto la colpa è piccola se si riferisce alla caduta che tutt'al più offende il decoro cortese. È invece una colpa maggiore se si riferisce al correre verso la pianta per abbracciarla: in tal caso oltre al ridicolo della pazzia, entrerebbe in gioco il narcisismo, colpa ben maggiore agli occhi d'un cor gentile; ma anche in quest'ultimo caso manca l'intenzionalità e quindi la malizia, per cui la colpa può esser vista come leggera; e il narcisismo diventa anch'esso la *felix culpa* di un amore della letteratura che genera nuova letteratura. Le colpe di un cuore gentile non possono esser che lievi; ma per questo tanto più nobile è l'arrossirne. La vergogna, la contrizione e la confessione sono l'uscita di sicurezza che il Petrarca tiene sempre aperta: attraversandone la soglia si redime da ogni colpa, anzi la trasforma in virtù. L'intero *Canzoniere* è una confessione, e lo è nel senso agostiniano di lode: lode, certo, per Laura, ma anche lode dell'amante che nel riconoscere le proprie colpe si esalta. Il "vario stile" del *Canzoniere*, infatti, celebra alternativamente o simultaneamente i desideri e le cadute dell'amante elegiaco e cortese in contrasto con la fortezza del saggio. La saggezza del Petrarca è in quel riconoscersi preso da un amore terreno e nel saperlo accettare come sfida e tentazione permanente, perché grazie ad essa può conoscersi come essere impastato di debolezze e di colpe, e nello stesso tempo riscattarsi e nobilitarsi attraverso la confessione. Si capisce subito come una simile operazione morale possa facilmente trasformarsi in un'operazione estetica venata di un narcisismo che privilegia il momento estetico della confessione (la poesia) rispetto al suo significato etico. E si capisce anche come le *nugae* amorose, i frivoli discorsi d'amore possano decorosamente occupare le ore di un tal saggio se la poesia in volgare che le canta sa trasformarle in lezione di saggezza, perpetuando cioè un ideale di eloquenza in cui si celebra quel *vir bonus,* il poeta stesso, che nella lotta con le proprie debolezze sa giudicarsi e attingere la saggezza.

Il sonetto LXVII drammatizza questi temi. La corsa verso l'alloro sottolinea l'insidia della libidine, ma denuncia anche una forma di sterile narcisismo. Il fiume rappresenta un impedimento e una salvezza: bagnarsi i piedi in quell'acqua significa tornare alla saggezza, all'eloquenza che persegue l'ideale del *vir bonus* dietro la guida spirituale di Laura. Il Petrarca capisce che, come Apollo, non potrà mai avere l'alloro. Potrà solo averne alcune fronde per adornarsene la cetra e cantare. Dopo il naufragio, forte della saggezza che gli viene dalla confessione, il poeta riprende il canto. Ci saranno indubbiamente nuove cadute e nuove colpe. Saranno tutte felici colpe? Solo il tempo dirà. Il poeta attende ora "un nuovo aprile" quando si vedrà se il valore lustrale del fiume (ma ecco il senso del tempo associato a quel simbolo) sarà servito a tergere le lacrime, così che l'amore di Laura sia puro, saggio e senza veli di pianto.

Ma prima di chiudere si può ricordare un altro legame fra il sonetto LXVII e il macrotesto dell'intero *Canzoniere*. Torniamo ancora una volta all'immagine centrale dell'amante che corre ad abbracciare un lauro: non sarebbe possibile vedervi una variante del tema dello scambio di persona? Non ci sarebbe da meravigliarsene perché il tema esiste nel trovatore Gavaudan, in Cavalcanti (nella famosa Mandetta di Tolosa "dritta e simigliante cosa/ ne' suoi dolci occhi, della donna mia") e anche nei sonetti di corrispondenza fra Dante e Cino da Pistoia si potrebbe trovare lo spunto per una simile cosa (son. "Dante, quando per caso s'abbandona," e la risposta di Dante dell'epistola col sonetto "Io sono stato con Amore insieme"); ed esiste anche in Petrarca laddove dice:

> così, lasso, talor vo cercand'io,
> Donna, quanto è possibile in altrui
> la desiata vostra forma vera.

Tuttavia nel sonetto che ci riguarda non si parla di una donna diversa da Laura, bensì di un albero nel quale il poeta traspone l'immagine della sua donna. Quante volte non troviamo nel *Canzoniere* trasposizioni del genere? Chi non ricorda "l'idolo mio scolpito in verde lauro" (XXX, 27); oppure "per far di marmo una persona viva" (CIV, 8); oppure "ivi non donne, ma fontane e sassi, / e l'imagine trovo di quel giorno / che 'l pensier mio figura ovunque io sguardo" (CXVI, 12-14); oppure "Dico che perch'io miri / mille cose diverse attento e fiso, / sol una donna veggio e 'l suo bel viso" (CXXVII, 12-14); oppure

> Ove porge ombra un pino alto od un colle
> talor m'arresto, e pur nel primo sasso
> disegno co la mente il suo bel viso (CXXIX, 27-29)

e tante situazioni simili? La retorica conosceva questa forma di personificazione e la chiamava etopopea e la distingueva dalla prosopopea: questa, infatti, dà un volto umano ad un essere inanimato, mentre l'etopopea proietta un volto umano noto in un essere inanimato. La differenza sembrerebbe minima poiché in entrambi i casi si arriva a delle personificazioni; tuttavia la prosopopea sembra fatta per il discorso allegorico, mentre l'etopopea sembra più adatta al discorso simbolico. L'etopopea è una figura retorica alquanto rara, e se il Petrarca non ne fu l'inventore (ma esiste qualche antecedente?), fu senz'altro il poeta che ne fece l'uso più frequente. Perché? Forse perché l'etopopea trova la matrice in quel tema della 'simpatia della natura' che pervade il *Canzoniere*? O è il frutto della propensione petrarchesca al linguaggio simbolico? Qualunque sia la risposta, rimane certo che la corsa ad abbracciare l'alloro diventa meno strana se vista come una variante del tema delle personificazioni etopopeiche del *Canzoniere*. Il macrotesto generale ci ha aiutato a ridimensionare quei caratteri di unicità del sonetto che ha reso perplessi molti lettori di diverse generazioni. Ma la macrostruttura generale ci può spiegare perché il sonetto si trova al posto sessantasettesimo? Forse un giorno sarà possibile rispondere. Per ora ci basta aver capito che la *dispositio* del sonetto nel ciclo dello 'smarrimento' faccia tutt'uno con il suo tema di crisi estrema e di rinsavimento.

University of Chicago

Natalia Costa-Zalessow

Numerical Symmetry Among the Ten Narrators of *The Decameron**

Boccaccio's infatuation with medieval symmetry has often been mentioned, especially his insistence on such symbolic numbers as 3, 7, 10 and 100. Three men and seven women are the ten storytellers of his *Decameron*. They narrate ten times each and produce a total of 100 tales, a perfect number, recalling the hundred cantos of Dante's *Divine Comedy*. Moreover, the additional inner symmetry of the *Decameron*'s stories has fascinated critics since Ferdinando Neri's ground breaking discovery of the unannounced theme of vice of Day I, which is in direct opposition to the announced theme of virtue of Day X. His article, "Il disegno ideale del *Decameron,*" originally appeared in 1934 in *Mélange Hauvette* (Paris) and was reprinted in 1944 in his *Storia e Poesia*. Later critics focused their attention either on the inner frames or on the repeated grouping of tales within a Day and even across the Days, where the most frequent pattern is a cluster of three stories tied together by a common secondary theme, such as that of good acting in I, 1 (Ciappelletto), II, 1 (Martellino), and III, 1 (Masetto da Lamporecchio). But contemporary critics neither say much about the narrators, whom they usually dismiss with a few words regarding their hardly distinguishable personalities, nor about the order of their appearance. Yet earlier critics such as Adolfo Albertazzi, Eugenio Rossi, Vittorio Cian and above all Umberto Bosco, dedicated considerable attention to them, the meaning of their names, their qualities or allegories, and the intriguing link among them as couples.

In his *Il "Decameron." Saggio,* a book that merits renewed attention, Bosco posed the question whether Boccaccio's narrators are distributed according to a certain law (p.53), but he categorically denied such a possibility: "Diciamo subito che tale chiave non esiste: né ci rammarichiamo d'avere spesa assai fatica per giungere a questa conclusione: negativa, ma conclusione" (54). However,

---

* Read as a lecture at the Frank de Bellis Collection, San Francisco State University, on December 5, 1994.

The Flight of Ulysses, edited by Augustus Mastri

he pointed out that the general sequence was based on the order in which the narrators were seated in a circle on the First Day of storytelling. For Bosco the three men are simply placed at regular intervals between the seven women on an arithmetical basis, both as narrators and as kings. He also noticed a pattern by couples in the sequence of queens/kings in relationship to the order in which the storytellers narrate on Day I, but he did not attribute any importance to it:

1. Narrator 10, Pampinea, is Queen I; narrator 1, Panfilo, will be King of Day X
2. Narrator 3, Filomena, is Queen II; narrator 2, Neifile, is Queen III
3. Narrator 7, Filostrato, is King IV; narrator 4, Dioneo, is King VII
4. Narrator 9, Elissa, is Queen VI; narrator 6, Emilia, is Queen IX
5. Narrator 5, Fiammetta, is Queen V; narrator 8, Lauretta, is Queen VIII

The first four couples interchange their numbers, but Fiammetta and Lauretta of the last couple keep their own number (Bosco, 54).

The clustering of couples (especially of the three men who were in love with three of the seven women), which creates subdivisions within the group of ten narrators, was further examined by Billanovich in his *Restauri boccacceschi*. Billanovich shifted the attention from Boccaccio's presumed Renaissance qualities to his strongly rooted medieval culture intertwined with classical borrowings, which was applied to his characters as well as to himself, either in neat parallels or in opposing contrasts, throughout his various works. The most obvious example is the evolution, traceable throughout all of Boccaccio's works, of his character Fiammetta, who is based on such literary models as the high-born ladies of the troubadours, Petrarch's Laura, and the sensual women of Latin poetry (Billanovich, 79-101). But later critics shifted their interest away from the narrators.

Stavros Deligiorgis in his book *Narrative Intellection in the "Decameron"* provides a chart with the names of the storytellers for all the ten Days (XIV), but he fails to see any patterns, except that the "queen of the fifth day tells the fifth tale on four days"(XI). Yet by looking at his chart I discovered some intriguing patterns. If we use numbers to designate the narrators or if we look at their sex, we will note an elaborate system that cannot be considered mere coincidence. The storytellers have a definite role in the general scheme of the *Decameron's* frame which is based on numerical symmetry of equals, variants and contrasts.

Pampinea is elected queen of Day I, because she is the one who had proposed to her friends to abandon Florence and to seek rest in the country. She is also the one who suggests the appointment of a ruler, the establishing of routine order and the telling of stories. As queen she is the last to narrate on

Day I. This leaves nine persons and Boccaccio puts them in a perfect order by threes: 1 man*(M)* followed by 2 women(W), repeated three times: 3 x (1M+2W) or 3x3=9 plus queen equals 10. Thus the order of the narrators of Day I, who settle down in a circle, "si puosero in cerchio a sedere" (Boccaccio, 30), is not as casual as it sounds, when Pampinea invites Panfilo, who was seated at her right, "il quale alla sua destra sedea" (Boccaccio, 31), to be the first to narrate. It moves to the right, counter clockwise, in a premeditated way, but forms a linear pattern as follows:

1. *Panfilo*(M)	2. Neifile(W)	3. Filomena(W)
4. *Dioneo(M)*	5. Fiammetta(W)	6. Emilia(W)
7. *Filostrato(M)*	8. Lauretta(W)	9. Elissa(W)
	10. Pampinea, queen	

This perfect order is similar to the circle of the court of love created around Fiammetta in Boccaccio's earlier work *Filocolo,* where there are 9 men and 5 women seated in balanced symmetry: Fiammetta, flanked on both sides by 2 men, 1 woman, 2 men, 1 woman, is facing a man, Caleon (Surdich, 23).

If we put the ten narrators of the *Decameron* in a circle, using their numbers as given above, we will get a nice pattern too:

```
           10
       1        9
       2        8
       3        7
       4        6
           5
```

5 is diametrically facing 10, 1 is facing 6, 2 is facing 7, 3 is facing 8, 4 is facing 9, all based on its number plus 5. Horizontally the two numbers facing each other add up to 10: 1+9; 2+8; 3+7; and 4+6.

Since Pampinea is queen of Day I, the reign for the remaining nine Days has to be assigned among the rest of the group, 3 men and 6 women, and Boccaccio inverts the pattern that he used for the order of the narrators of Day I and starts out with 2 women followed by 1 man, repeated three times as follows:

DAY II. Filomena (W)
    III. Neifile (W)
    IV. *Filostrato* (M)

V. Fiammetta (W)
VI. Elissa (W)
VII. *Dioneo* (M)
VIII. Lauretta (W)
IX. Emilia (W)
X. *Panfilo* (M)

Not only do we have again a perfect symmetry, but we have the additional balance, or contrast, of having a woman, Pampinea queen of Day I, and a man, Panfilo, king of Day X, who, as the wisest of the men will lead the group back to Florence at the end of Day X. Moreover, they are the same persons who were at the extreme ends of the narrating order of Day I, where Panfilo told the first tale and Pampinea the last one. Panfilo, as king of the Day X, tells the ninth or last story of the regular series, if we exclude Dioneo who has the privilege of being always the last from Day II through Day X, which means that he is the tenth narrator nine times. Only Pampinea, as queen of Day I, shares once the tenth place with Dioneo, creating a pattern of 9 + 1 = 10.

Pampinea is the oldest and wisest of the women and Panfilo of the men, therefore they occupy the first places, places of distinction, according to medieval tradition (Billanovich, 148), only that Boccaccio partially inverts the traditional roles by making a woman the leader of the adventure, but he reestablishes the male order by having a man take the group back to Florence (De Michelis, 29). On Days II-X the queen/king occupies the ninth place with the exception of Day VII (note the 7), when Dioneo is king, but remains in his tenth position for the sake of symmetry. Had Boccaccio put him in ninth place on that Day, he would have lost the perfect 9 times of Dioneo's tenth place. Nevertheless, Boccaccio succeeds in maintaining the same sequence of 2 women followed by 1 man, which he used for the queen/king rotation, for the ninth place as well in Days II-X, by placing Panfilo, a man, in the ninth place instead of the king, Dioneo. This pattern becomes very visible if we use **M** for man, W for woman, Q for queen, K for king and P for Panfilo (in Day VII), as in Chart A.

CHART A
(Narrators' sequence given in Arabic numbers, Days in Roman numbers)

	1 2 3 4 5 6 7 8 9 10	Horizontal Sum:
I.	M W W M W W M W W Q or	(1M+2W+1M+2W+1M+2W)+Q=9+1=10
II.	W M W W W W M W Q D or	(1W+1M+4W+1M+1W)+(Q+D)=8+2=10
III.	M W W M W W W W Q D or	(1M+2W+1M+4W)+(Q+D)=8+2=10
IV.	W W W W W M W W K D or	(5W+1M+2W)+(K+D)=8+2=10
V.	M W W M W W W W Q D or	(1M+2W+1M+4W)+(Q+D)=8+2=10

Numerical Symmestry in the Decameron 101

VI.	W W W W M W M W Q D or	(4W+1M+ 1W+1M+1W)+(Q+D)=8+2=10
VII.	W M W W W W W W P D or	(1W+1M+6W)+(P+D)=8+2=10
VIII.	W M W W M W W W Q D or	(1W+1M+2W+1M+3W)+(Q+D)=8+2=10
IX.	W W M W W M W W Q D or	(2W+1M+2W+1M+2W)+(Q+D)=8+2=10
X.	W W M W W W W W K D or	(2W+1M+5W)+(K+D)=8+2=10

M: 3 3 2 3 2 2 3 0 3 9
W: 7 7 8 7 8 8 7 10 7 1
 = 10 10 10 10 10 10 10 10 10 10 = Vertical Sum

If we look horizontally at Chart A, we will notice that the numerical interest in nine Days is 8 + 2 (eight regular narrators plus queen/king and Dioneo) = 10, while in Day I it was 9 +1 (nine narrators plus queen) = 10. Besides the perfect sequence of narrators of Day I, a pattern based on eight (excluding queen/king and Dioneo) is visible in the rest of the nine Days. In Day II the eight narrators are grouped by putting 4 women in the center flanked on either side by 1 man and 1 woman, resulting in the sequence of 1 woman, 1 man, 4 women, 1 man, 1 woman. Day III and Day V have an identical pattern, i.e. 1 man followed by 2 women, 1 man, 4 women. All other Days are different, including Day IV and X, where the sequence is inverted rather than repeated, i.e., Day IV has 5 women, 1 man, 2 women; while Day X has 2 women, 1 man, 5 women. In Day VI first come 4 women, followed by 1 man, 1 woman, 1 man, 1 woman. In Day VII the sequence is 1 woman, 1 man, followed by 6 women. In Day VIII the women are grouped by pairs: 2 women, 1 man, 2 women, 1 man, 2 women.

If we look vertically, we will discover additional intriguing patterns. The eighth narrator in all ten Days is always a woman and Day VIII is governed by a queen, Lauretta, who is the eighth to narrate on Day I, thus number eight is always associated with women.

Dioneo occupies the tenth place nine times sharing it with one woman, Pampinea, queen of Day I. But strikingly enough, five times Boccaccio succeeds in creating a pattern of 3 men (in spite of the fact that Dioneo participates only on Day I), and 7 women, where the 3 men narrate tales 1, 2, 4, 7, and 9, with the help of Panfilo who stands in for the king and where a woman occupies the ninth place in the first day, since the queen has the tenth. The sequence of 1, 2, 4, 7, was considered ideal, since 1, 2, 3, is progressively added: $1+1=2$, $2+2=4$, $4+3=7$. As a compliment to the horizontal repetition, one case of repetition occurs in 1 and 4, where we have a sequence of 1 man, 1 woman, 1 man, 1 woman, 1 man, 1 woman, followed by 4 women, or $3\times(1M+1W)+4W=10$. The remaining three stories, 3, 5, and 6 are always narrated by 2 men and 8 women. Thus the pattern of 3 men and 7 women appears five times, the pattern of 2 men and 8 women appears three times, the pattern of 1 woman with Dioneo once and that of 10 women also once (see Chart A, Vertical Sum), or in mathematical form the ratio of men (**M**) to women (**W**) appears as follows:

$$3M + 7W = 10 \quad \text{(5 times) in stories: 1, 2, 4, 7, 9}$$
$$2M + 8W = 10 \quad \text{(3 times) in stories: 3, 5, 6}$$
$$1W + 9M = 10 \quad \text{(1 time) in stories: 10}$$
$$10W = 10 \quad \text{(1 time) in stories: 8}$$

The total unity of ten is given once in its entirety and three times in its most significant composites of $1+9$, $2+8$, and $3+7$. Such perfect calculations must have taken some serious planning on the part of Boccaccio and attest to his medieval interest in numbers. Numerology was an essential part of ancient and medieval knowledge and was applied to all aspects of life, including literature, as is well illustrated in *Essays in the Numerical Criticism of Medieval Literature*, edited by Caroline D. Eckhardt, and in John MacQueen's *Numerology, Theory and Outline History of a Literary Mode*. Both books contain studies on Dante and Chaucer, but neither mentions Boccaccio.

As far as the individual narrators are concerned, some of them occupy a place of distinction. We mentioned Dioneo's privilege and Pampinea's and Panfilo's positions. But there is also Fiammetta who is queen of Day V and is four times the fifth (vertically) to narrate: during Day I, II, VII, and IX, as is evident from Chart B. Fiammetta also appears three times as the sixth narrator: Day III, VI, and X, and once each as first (Day IV), ninth (Day V, as queen), and eighth (Day VIII):

CHART B

	1	2	3	4	5	6	7	8	9	10
I.	M	W	W	M	F	W	M	W	W	Q
II.	W	M	W	W	F	W	M	W	Q	D
III.	M	W	W	M	W	F	W	W	Q	D
IV.	F	W	W	W	W	M	W	W	K	D
V.	M	W	W	M	W	W	W	W	F	D
VI.	W	W	W	W	M	F	M	W	Q	D
VII.	W	M	W	W	F	W	W	W	P	D
VIII.	W	M	W	W	M	W	W	F	Q	D
IX.	W	W	M	W	F	M	W	W	Q	D
X.	W	W	M	W	W	F	W	W	K	D

F = Fiammetta (Queen of Day V)

Fiammetta is the last to sing of the ten and thus occupies once more a place of distinction, the concluding part of the very last day of storytelling. On Day V, when she is queen, Dioneo provides the song, or we can say Boccaccio meant to indicate an association between the two, as Billanovich pointed out (110) and as I will discuss later.

The pattern for the singers is also intriguing, especially if compared to the female/male sequence of the queen/king series. Pampinea is queen of Day I. As a result the remaining narrators, 3 men and 6 women, form a perfect symmetry of 2 women and 1 man repeated three times as rulers. The singers do not form the same pattern, but a new variety and it is the newly appointed queen/king for the next day who orders someone to sing. While the first 3 queens are matched with 3 women singers, creating a parallel, on Day IV Filostrato who was king, is asked to provide the song too. A similar phenomenon takes place on Day VI, where queen Elissa provides the song as well, which means that Filostrato and Elissa form an inner frame around Fiammetta the queen, and Dioneo the singer (see Chart C). Taken on their own, the singers form a pattern of 3 women, 2 men, 2 women, 1 man, 2 women, which of course are variants of 5, i.e., 3 women+2 men=5 and 1 man flanked by two women on either side creates another five (2+1+2=5):

CHART C

Day	Queen/King			Singer	
I.	Pampinea	(W)	-	Emilia	(W)
II.	Filomena	(W)	-	Pampinea	(W)
III.	Neifile	(W)	-	Lauretta	(W)
IV.	*Filostrato*	*(M)*	- - - - - - -	**Filostrato**	*(M)*
V.	Fiammetta	(W)	* * * * *	Dioneo	*(M)*
VI.	**Elissa**	**(W)**	- - - - - -	**Elissa**	**(W)**
VII.	*Dioneo*	*(M)*	-	Filomena	(W)
VIII.	Lauretta	(W)	-	Panfilo	*(M)*
IX.	Emilia	(W)	-	Neifile	(W)
X.	*Panfilo*	*(M)*	-	Fiammetta	(W)

Obviously enough, Boccaccio calculated in detail the places he assigned to his narrators, among whom he singled out Fiammetta, the only one of the ten storytellers who is physically described in the *Decameron* at the end of Day IV (Boccaccio, 434). The others do not occupy more than three times the same place. Five additional women appear three times in the same slot. Pampinea occupies a double set of three stories in the same place: she narrates 3 times the second story (Day III, IV and VI) and 3 times the seventh story (Day VIII, IX, and X, a nice cluster). Similarly Lauretta narrates 3 times the fourth story (Day II, VII, and X), and 3 times the eighth story (Day I, III, and IX). Neifile narrates three time the first story (Day II, VIII, X). Elissa narrates three times the third story (Day V, VII, and VIII). The rest of them, Filomena, Emilia, Panfilo, and Filostrato (excluding Dioneo of course), do not appear in the same slot more than twice.

A further symmetry is evident in the eighth tales, the all women's tales. Since the women are seven but the stories are ten, some of the ladies get to narrate more than once in that sequence. Lauretta narrates 3 times the eighth story (Day I, III, and IX), Neifile and Filomena 2 times each (Day IV and VII, and Day V and X, respectively), while Elissa, Emilia and Fiammetta once each (Day II, Day VI, and Day VIII, respectively). Numerically speaking, this yields:

$$3+(2+2)+(1+1+1)=10 \text{ or}$$
$$3+ \quad (4) \quad + \quad (3) \quad =10$$

To achieve this pattern, one of the women, Pampinea, was left out, as is evident from Chart D (Roman numbers denote narrator's number as based on order of appearance on Day I):

CHART D

1. Panfilo   2. Neifile   3. Filomena
4. Dioneo   5. Fiammetta   6. Emilia
7. Filostrato 8. Lauretta   9. Elissa   10. Pampinea (Queen)

											Singer:	S's order that Day:
Day I	1	2	3	4	5	6	7	8	9	10	- 6	- 6
Day II	2	7	10	8	5	6	1	9	3	4	- 10	- 3
Day III	7	10	3	1	9	5	6	8	2	4	- 8	- 8
Day IV	5	10	8	9	3	1	6	2	7	4	- 7	- 9
Day V	1	6	9	7	2	10	8	3	5	4	- 4	- 10
Day VI	3	10	8	2	1	5	7	6	9	4	- 9	- 9
Day VII	6	7	9	8	5	10	3	2	1	4	- 3	- 7
Day VIII	2	1	9	6	7	3	10	5	8	4	- 1	- 2
Day IX	3	9	7	2	5	1	10	8	6	4	- 2	- 4
Day X	2	9	7	8	6	5	10	3	1	4	- 5	- 6

By looking at the very last column (Singer's order that Day) on the above chart, we will notice that, in addition to the already mentioned fact that on Day V Dioneo, who occupied place 10, provides the song at the end, and is framed by two who occupied place 9 on that Day (Filostrato and Elissa), the first and last singers (Emilia and Fiammetta), occupied the sixth place on that Day (I and X), resulting in the repetition of 6 and 9, both multiples of 3. The symmetry of matching the place for that Day with the singer's personal sequence number as narrator, occurs three times: in Day I, III, and VI (for Emilia, Lauretta, and Elissa), with increasing intervals based on +2, followed by +3 (I +2=III, III +3=VI). It might also be useful to recall at this point that the first three songs, sung by 3 women (Emilia, Pampinea, Lauretta), are allegories; the next four, sung by 2 men followed by 2 women (Filostrato, Dioneo, Elissa, Filomena), are love lamentations; and the last three sung by 1 man, followed by 2 women (Panfilo,Neifile, Fiammetta), are joyous love songs. This yields the usual series of 3+4+3=10.

Among the many other songs sung but not recorded, three are named together with their performers: Dioneo and Fiammetta sing "di Messer Guiglielmo e della Dama del Vergiù" (Day III), i.e. the Italian version of the French poem *La Chastelaine de Vergi,* as results from the name Guiglielmo (Boccaccio, 1194 fn. 11); Dioneo and Lauretta sing about Troilo and Criseida (beginning of Day VI) i.e. the lovers in Boccaccio's *Filostrato;* Dioneo and Fiammetta sing about Arcita and Palemone (Day VII), the rivals for the love of Emilia in Boccaccio's *Teseida.* Thus Dioneo appears three times: once with Lauretta, twice with Fiammetta. Indeed the couple Dioneo - Fiammetta are also mentioned at the very beginning, before the story-telling takes place in Day I, as playing music together, he the lute, she the viola, while the others dance (Boccaccio, 23).

The numerical scheme is even applied to the servants: there are 3 men (Parmeno, Sirisco, Tindaro) and 4 women (Misia, Licisca, Chimera and Stratilia), belonging to Dioneo, Panfilo, Filostrato, Pampinea, Filomena, Lauretta and Fiammetta respectively. Besides the attraction of the magical number 7, the 7 servants could serve to point out the importance of their masters: the three men and the three oldest women, Pampinea, Fiammetta and Filomena, followed by Lauretta rather than Emilia, as listed by Boccaccio (20).

A numerical pattern is also visible in the three different settings in which the story-telling takes place: 1. the country villa to which the group originally retired from Florence; 2. the magnificent garden or terrestrial paradise of sorts, of the palace to which Neifile leads them on Day III; 3. the Valle delle Donne with its lake. Two Days (I and II) are narrated in the first setting, 7 Days in the second (III, IV, V, VI, VIII, IX and X) and 1 Day (VII) in the Valle delle

Donne, the latter two both tied to number 7, even if for different reasons.

Part of Boccaccio's intricate scheme is the preferential grouping of some of the narrators. The couple Fiammetta - Dioneo, who are seated next to each other in Day I and at the very end of Day X while Fiammetta sings, "Dioneo, che allato l'era" (Boccaccio, 958), is balanced off with the couple seated next to them on Day I, Emila - Filostrato, who are together four times: Day I, VI, VII, VIII (see Chart D). These four characters exchange acts of courtesy among each other: Filostrato passes the crown to Fiammetta who orders him to sing at the end of his reign; Dioneo as king asks Emilia to be the first narrator (Billanovich 110-11). Similarly, the three women, Fiammetta, Emilia and Lauretta form a cluster. Emilia follows the two couples in Day I, but three times the three women are seated together: Day II, III, and X, each time in a different sequence (see Chart D). The third couple, Panfilo-Neifile, are seated next to each other five times, in Day I, VI, VII, VIII, and in X, where she narrates the first story while he is king and must therefore be seated to his right. They are the only couple who form a link at the opening, both horizontally and vertically: Panfilo is first and she is second to narrate on Day I; he is first on Day I, she is first on Day II (See Chart D, horizontally and vertically). The horizontal sequence is repeated in the fifth place they occupy in Day V and VI, in the inverted form, first she, then he, and then back to the original order for the song sequence: he sings in Day VIII, she in Day IX. Theirs is the only case of horizontal sequence among the three couples. In addition Neifile, as first narrator on Day II is followed by Filostrato. As queen she asks him to narrate first and bestows the crown on him at the end of her reign, which repeats the courtesy to one of the other couples. Coincidence or well planned symmetry?

Such an elaborate scheme based on numbers grouped variously but always harmoniously, is an integral part of the *Decameron,* yet it seems that this was never fully grasped by Boccaccio's imitators, who usually recreated variants only of the number of narrators, days, or the occasion of the storytellers' meeting. Literary critics, too, have not paid enough attention to Boccaccio's fine symmetry. It is important to know who narrates, when, under what major as well as secondary theme, and what the reactions of the listening narrators are to some of the controversial tales.

Joy Hambuechen Potter applied numerology only to the age of the narrators and to the days they spent together. According to Potter, the women's ages, ranging from 18 to 28, is the ideal sum of the numbers one to seven: $1+2+3+4+5+6+7=28$ (101). But the trouble is that Boccaccio says that the oldest had *not* reached 28: "niuna il venti e ottesimo anno passato avea né era minor di diciotto" (19). Therefore it would make more sense to say that the youngest was 18, the oldest 27, corresponding to the first two multiples of 9, i.e., 2x9=18 and 3x9=27, which are variants of Dante's 9 and his encounter with Beatrice. Potter also uses the number 25, given in reference to the age of the three men, but she states that "none of the three men is older than twenty-five" (77), though Boccaccio says that "non per ciò tanto che meno di venticinque anni fosse l'età di colui che più giovane era di loro" (p.24), which means that the youngest was twenty-five years old, the others older. This 25, according to Potter, is the square of 5 (p.101), the world number on which she based her entire interpretation of the inner framing of the *Decameron* and which she saw reflected in the days of storytelling (beginning on a Wednesday), as interrupted by rest (Friday and Sunday) i.e. days: 1, 2, break, 3, 4, 5, 6, 7, break, 8, 9, 10, which, if added up yield:

$$(1+2)+(3+4+5+6+7)+(8+9+10)= 3+25+27=55 \ (102).$$

On the other hand the total days spent in the country are 14 days or two weeks, or simply 2x7=14. Certainly Boccaccio's use of numbers is complex and ambiguous and can be interpreted in more than one way, just as some of his stories.

Since numbers had so many different meanings in the Middle Ages, I will not venture to determine Boccaccio's intentions in choosing his particular system of numbers. But just as an example let's look at number 7. Seven was considered a strong number since it was indivisible. It was a totality. There were 7 moving spheres around the earth, with 7 days a week. The world was created in 7 days. There were even 7 musical notes. There were 7 cardinal and theological virtues as well as 7 deadly sins. The body had 7 visible parts and 7 invisible parts. There were 7 liberal arts, and the list can go on and on.

The fact that Boccaccio assigned all the eighth stories to women is especially intriguing. Eight also had many meanings and among its metaphors were: home, regeneration, redemption, felicity, harmony, transformation and new beginning (Peck in Eckhardt, 62). But none of these seem satisfactory. Did Boccaccio perhaps think of the cosmic order as classified by Plato, which was familiar to him through the writers of the school of Chartres (Bruni, 49) who tried to conciliate Greek philosophy with Christian theology? In that case number 8 refers to the moon (McQueen, 29), the planet of Diana, and it would make sense to associate it with women. Yet in the *Decameron* there is one reference to "ottavo cielo" at the beginning of Day IX: "La luce, il cui splendore la notte fugge, aveva già l'ottavo cielo d'azzurrino in color cilestro mutato tutto" (783) which is a reference to the eighth sphere of fixed stars of the Ptolemaic system.

It was suggested by Hans-Jörg Neuschäfer (122-135) that the frame of the

Decameron should be looked at in comparison with the frames of oriental tales, such as the *Seven Sages,* which existed in twelfth and thirteenth century Latin, French and Italian versions (p.122-124). But he does not discuss the possibility of Boccaccio's having substituted 7 women for the 7 wise men. He calls attention to the fact that in oriental tales the narrators tell stories to save someone's life: the sages narrate to save the prince wrongly accused by his father's woman whom he had turned down (Scheherezade in *Arabian Nights* or *The Thousand and One Nights* also narrates to prolong her own life), and at the end justice is restored and the threat of death is removed. But in the *Decameron* the seven women and three men narrate because they themselves decide to do so as an entertainment, or their tales serve to forget about death which they left behind in Florence and to which they return at the end. Unfortunately Neuschäfer distorts part of this interesting symmetry of opposites by erroneously making Dioneo king of Day X who leads the group back to the city, while it is Panfilo, the oldest and the counterbalance to Pampinea.

Such inversion on the part of Boccaccio of oriental frames is detected by Michelangelo Picone in all of the three existing varieties, the other two being: narrating in order to instruct, and narrating in order to pass time while traveling. Picone points to the inversion of the seven sages (from the *Book of Sindibad* and its Spanish translation *Libro de los engaños* done in 1253) to 7 women, and adds that Boccaccio's three men could stand for the other three oriental characters involved: the woman, the prince's teacher and father. He detects the "narrating to instruct" pattern in Boccaccio's own added tale of Filippo Balducci, inserted at the beginning of Day IV as a justification that one cannot suppress the senses, which is the opposite of Josaphat's decision to become an hermit, rather than be seduced by sexual attraction, as described in the story of *Barlaam and Josaphat,* the latter actually being Buddha who became a Christian in the European version that became a medieval legend (99). According to Picone, the pattern of "narrating while traveling," finds a witty inversion in Madonna Oretta's story, Day VI, 1 or tale number 51, a story perfectly centered (p.96). And I would call attention to the symmetry with which the latter two "frame themes" occur: Day IV and VI or the central two Days creating the pattern 4+2+4 at the beginning and at the end of which the main frame starts in Florence and dissolves with the return to Florence after two weeks (or 2x7 days) of carefree life in the country.

A final symmetry of the *Decameron* is evident in the three times that Boccaccio directly speaks to us as author: in "Proemio," Day IV and "Conclusione." The intricate mathematical patterns applied by Boccaccio to his masterpiece can serve as a proof that the frame of the *Decameron* is not an outward decoration as some critics believed, but is an integral part of the work as a whole and as such precedes the stories as Giovanni Getto stated (18), but did not prove. Moreover, it reenforces the concept of Boccaccio as the medieval writer who looks back at an epoch that had reached its culminating point and that he glorified in all its aspects, as was amply demonstrated in Vittore Branca's *Boccaccio medievale*. The various numerical schemes make the hundred tales a typical "gothic" structure as defined by Billanovich (156), which still invites new possibilities of interpretation as to its true meaning, if all the nuances provided by the author are taken into consideration.

San Francisco State University

P.S. This essay was submitted and then accepted for publication in August 1994. In the meanwhile Franco Fido published his study "Architettura" in *Lessico critico decameroniano*, edited by Renzo Bragantini and Pier Massimo Forni (Torino: Bollati Boringhieri, 1995) 13-33. Professor Fido speculates on some of the numerical possibilities of the narrators, but his approach is different from mine. My article might serve to answer his questions as to why Boccaccio chose three men and seven women, a 3+7 pattern, rather than 1+9, or 2+8, or 5+5. My answer is 3+7 gave him the possibility to create the intricate numerical architecture in which all the other possibilities occur as well, as I have demonstrated here.

Works Cited

Albertazzi, Adolfo. *Parvenze e sembianze*. Bologna: Zanichelli, 1892, 161-99.
Billanovich, Giuseppe. *Restauri boccacceschi*. Roma: Edizioni di "Storia e Letteratura," Istituto Grafico Tiberino, 1947.
Boccaccio, Giovanni. *Decameron*, in: *Tutte le opere*, Vol. 4. Vittore Branca ed. Milano: Mondadori, 1976.
Bosco, Umberto. *Il "Decameron." Saggio. (Quaderni Critici, XIV)*. Rieti: Biblioteca Editrice, 1929.
Branca, Vittore. *Boccaccio medievale e nuovi studi sul "Decameron."* Firenze: Sansoni, 1986.
Bruni, Francesco. *Boccaccio: L'invenzione della letteratura mezzana*. Bologna: Il Mulino, 1990.
Cian, Vittorio. "L'organismo del *Decameron*," in: *Studii su Giovanni Boccaccio*. Castelfiorentino: Società storica della Valdelsa, 1913, 202-13.
Cottino-Jones, Marga. *Order From Chaos*. Washington, D.C.: University Press of America, 1982.

Deligiorgis, Stavros. *Narrative Intellection in the "Decameron."* Iowa City: University of Iowa Press, 1975.
De Michelis, Cesare. *Contraddizioni nel "Decameron."* Milano: Guanda, 1983.
Eckhardt, Caroline D. (ed). *Essays in the Numerical Criticism of Medieval Literature.* London: Associated Universities Presses, 1980.
Fido, Franco. *Il regime delle simmetrie imperfette.* Milano: Angeli, 1988.
Getto, Giovanni. *Vita di forme e forme di vita nel "Decameron."* Torino: Petrini, 1958.
Gregory, Tullio. *Anima mundi: La filosofia di Guglielmo di Conches e la Scuola di Chartres.* Firenze: Sansoni, 1955.
MacQueen, John. *Numerology: Theory and Outline History of a Literary Mode.* Surrey: University of Edinburgh Press, 1985.
Neri, Ferdinando. "Il disegno ideale del *Decameron,*" in his *Storia e poesia.* Torino: Chiantore, 1944, 71-82.
Neuschäfer, Hans-Jörg. *Boccaccio und der Beginn der Novelle.* München: Wilhelm Fink, 1969.
Picone, Michelangelo. "Preistoria della cornice del *Decameron,*" *Studi di italianistica in onore di Giovanni Cecchetti,* ed. P. Cherchi and M. Picone. Ravenna: Longo, 1988, 91-104.
Potter, Joy Hambuechen. *Five Frames of the "Decameron."* Princeton, N.Y.: Princeton University Press, 1982.
Rossi, Eugenio. *Dalla mente e dal cuore di Giovanni Boccaccio.* Bologna: Zanichelli, 1900.
Surdich, Luigi. *La cornice di amore. Studi sul Boccaccio.* Pisa: ETS Editrice, 1987.

Peter Bondanella

Translating *The Decameron*

Unlike Dante, whose *Divine Comedy* has received a number of rather distinguished translations by scholars and poets since the last century, Boccaccio has been less well served. A number of largely anonymous versions of *The Decameron* appeared before the nineteenth century. But it was only with the translation of John Payne in 1886, printed privately for the Villon Society and thus limited to a private circulation among connoisseurs of risqué literature, that we achieve an English text which might still appeal to a contemporary audience — one which is surprisingly accurate even if colored by what another recent translator has rightly described as "an addiction to a sonorous and self-conscious Pre-Raphaelite vocabulary."[1] A step backward was taken with the J. M. Rigg version of 1903 which achieved rather wide distribution by virtue of its inclusion in the popular Everyman Series in 1930.[2] Rigg's translation contains an amusing element of puritanism, for in rendering the (in)famous story of Alibech and Rustico (III, 10) where Boccaccio narrates how the devil was put into Hell, Rigg refuses to render the apparently offensive original text, piously declaring in a footnote: "no apology is needed for leaving, in accordance with precedent, the subsequent detail untranslated."[3] Also in that year, two other widely distributed translations appeared. The version by Richard Aldington was eventually (1949) accompanied by thirty-two drawings in color provided by the American artist Rockwell Kent.[4] Another version by Frances Winwar,

---

1. G. H. McWilliam, "Translator's Introduction," in Giovanni Boccaccio, *The Decameron* (Harmondsworth: Penguin, 1972), 29.
2. Giovanni Boccaccio, *The Decameron*, 2 vols., translated J. M. Rigg (London: Everyman, 1930).
3. *Ibid.*, 222. At least in my own personal case, Rigg's reticence had exactly the opposite effect: when I purchased my copy of Rigg's translation in 1965 at Blackwell's in Oxford, long before I had ever studied the Italian language, it was precisely Rigg's refusal that piqued my curiosity (or perhaps my "prurient" interest!).
4. Giovanni Boccaccio, *The Decameron of Giovanni Boccaccio*, trans. Richard

---

The Flight of Ulysses, edited by Augustus Mastri

apparently the first woman to have rendered *The Decameron* into English, was picked up in 1955 by the widely distributed series, The Modern Library.[5] Paperback versions of the Winwar and Aldington translations became, for many years, the translations of choice most frequently read in the United States.

In 1972 Professor G. H. McWilliam produced a new translation of *The Decameron* whose superiority to currently available English translations, as well as its fortunate placement in the Penguin series, earned it popular and scholarly admiration. A decade later, the Payne translation, revised and annotated by Charles S. Singleton, was published in 1982 with a volume of textual commentary.[6] Although edited by one of America's foremost experts on Italian medieval literature, this translation failed to rise to the standards Singleton had earlier set with his excellent rendition of Castiglione's *Book of the Courtier* or even his more prosaic version of Dante's *Divine Comedy*, the preferred pony of American scholars lacking any knowledge of Italian. In the same year, a new and complete version of *The Decameron* by Mark Musa and me appeared, the paper edition brought out by the New American Library and a hard cover version the following year by W. W. Norton. Parts of this translation had appeared earlier in 1977 as part of a Norton Critical Edition of selections from the work.[7] The appearance of two entirely different American translations of Boccaccio's classic prose work in a single year obviously augured well for Boccaccio's popularity in the English-speaking world and reflected a period of sustained and increased critical interest in Boccaccio's prose masterpiece that has produced a number of important American or British academic books on the subject by such critics as Almansi, Bergin, Marcus, Mazzotta, Potter, Smarr, and Wallace, to mention only the most obvious titles. Finally, in 1993, yet

---

Aldington (New York: Doubleday, 1949). Aldington's version was later issued in a Dell paperback in 1962 and enjoyed a number of printings for several decades.

5. Giovanni Boccaccio, *The Decameron of Giovanni Boccaccio*, trans. Frances Winwar (New York: The Modern Library, 1955).

6. Giovanni Boccaccio, *Decameron: The John Payne Translation Revised and Annotated by Charles S. Singleton*, 3 vols. (Berkeley: University of California Press, 1982); subsequently released in a two-volume paper edition without the volume of commentary that enjoyed very little commercial success.

7. Giovanni Boccaccio, *The Decameron*, trans. Mark Musa and Peter Bondanella (New York: New American Library, 1982; New York: Norton, 1983). The earlier, partial edition appeared as Giovanni Boccaccio, *The Decameron, A New Translation: 21 "Novelle," Contemporary Reactions, Modern Criticism*, trans. Mark Musa and Peter Bondanella (New York: Norton, 1977).

another translation of the work by Guido Waldman was published in the popular "World's Classics Series."[8]

When I worked as a high school student at the Greensboro (North Carolina) Public Library far too long ago than I care to remember, every available translation of Boccaccio's *Decameron* was locked behind a wire enclosure protecting the general public from such dangerous items as Henry Miller's *Tropic of Cancer*, Grace Metalious's *Peyton Place*, and, of course, Boccaccio's *Decameron*. Since that time, Boccaccio has more correctly come to be recognized as the greatest work of prose fiction the European Renaissance ever produced. When Payne's translation was printed privately over a century ago, its audience consisted primarily of Victorian males titillated by the sexual content of Boccaccio's stories. Today, Boccaccio has become a staple text in Great Books and World Literature courses all across the English-speaking world. Once a problem of primarily antiquarian interest (as long as Boccaccio was relegated to the category of "dirty books"), the translation of this masterpiece and the implicit interpretation every such translation must embody represent today much more important critical issues than they did when only English gentlemen of the nineteenth-century with a taste for the erotic were the primary audience for English versions of this Italian classic.

As a preface to discussing the translation of this masterpiece, let us compare Boccaccio's original text to sample translations from various English versions, taking as our example a few excerpts from the opening of the first tale from the Fourth Day — that presenting the tale of Tancredi, Prince of Salerno, and the tragic passion his noble daughter Ghismunda had for her lowly-born lover.

The Italian text in the standard edition by Vittore Branca reads as follows:

> *Tancredi, prenze di Salerno, uccide l'amante della figliuola e mandale il cuore in una coppa d'oro; la quale, messa sopr'esso acqua avvelenata, quella si bee e così muore.*

> Fiera materia di ragionare n'ha oggi il nostro re data, pensando che, dove per rallegrarci venuti siamo, ci convenga raccontar l'altrui lagrime, le quali dir non si possono che chi le dice e chi l'ode non abbia compassione. Forse per temperare alquanto la letizia avuta li giorni passati l'ha fatto: ma che che se

---

8. Giovanni Boccaccio, *The Decameron*, trans. Guido Waldman with Introduction and Notes by Jonathan Usher (Oxford: Oxford University Press, 1993).

l'abbia mosso, poi che a me non si conviene di mutare il suo piacere, un pietoso accidente, anzi sventurato e degno delle nostre lagrime, racconterò.[9]

The Singleton/Payne translation reads as follows:

> *Tancred, prince of Salerno, slays his daughter's lover and sends her is heart in a bowl of gold; whereupon, pouring poisoned water over it, she drinks thereof and dies.*
>
> Our king has this day appointed us a woeful subject of discourse, considering that, whereas we came here to make merry, needs must we tell of others' tears, the which may not be recounted without moving both those who tell and those who listen to compassion thereof. He has perhaps done this to temper somewhat the mirth of the foregoing days; but, whatsoever may have moved him thereto, since it pertains not to me to change his pleasure, I will relate a piteous, nay, an ill-fortuned chance and one worthy of our tears. (I: 293)

The New American Library by Musa and Bondanella reads as follows:

> *Tancredi, Prince of Salerno, kills the lover of his daughter and sends her his heart in a gold goblet; she pours poisoned water on it, drinks it, and dies.*
>
> Today our King has given us a sad topic for discussion, especially when you consider that having come here to enjoy ourselves, we are now obliged to tell stories about the sorrows of others, ones which cannot be told without arousing the pity of those who tell them as well as of those who listen to them. (250)

And the most recent Waldman translation reads:

> *IV.1. Tancredi, Prince of Salerno, slays his daughter's lover and sends the young man's heart to her in a golden chalice. The tale has a tragic ending.*
>
> He's certainly given us a sad topic for today's story-telling, has our king, when you think that we have to speak of tears though we've come here to cheer ourselves up; how can we describe such things without the narrator and the listeners being moved to pity? Perhaps he's done this to temper our high spirits of these last few days a little. Anyway, whatever his reason, it's not

---

9. Giovanni Boccaccio, *Decameron*, ed. Vittore Branca (Turin: Einaudi, 1980) 471. All subsequent references to the original will be taken from this text.

for me to alter his command, so I shall tell you a pitiable tale of disaster that well deserves our tears (255).

Even a cursory glance at the original and these three different versions reveals three completely different approaches to the original text. Waldman, the latest translator, decides never to render the plot summaries that precede Boccaccio's tales for a thoroughly contemporary reason:

> Readers today . . . usually take it amiss if a publisher or reviewer gives away the tale's ending before they have started reading it. I have therefore in certain cases rewritten the story's heading to preserve the element of surprise; I believe the general reader will be grateful, but I must crave the indulgence of the student if those headings have not been translated with the rigorous fidelity I have sought to bring to the stories themselves.[10]

The Musa-Bondanella version, contrary to Waldman's willingness to alter the text to the tastes of the general reader, attempts to blend fidelity to the original Italian with the retention of its noble sense of rhetoric. The Singleton/Payne revision relies upon a false translator's language that, in other sections of the translation, degenerates into the downright unreadable. In short, Singleton-Payne represents an attempt to make Boccaccio not contemporary but archaic — "medieval" in the worst sense of the term.

Keeping these very different versions in your minds and leaving aside for the moment what "rigorous fidelity," as Waldman puts it, means with respect to Boccaccio, let us turn to a brief discussion of some of the vexing problems *The Decameron* presents to the translator. Some of these issues, as the reader will doubtless have already noticed, crop up in the passages just cited above.

Even so simple a question as how to render proper names and place names — not to mention the many, many imaginary or humorous names in *The Decameron* — is a major issue in a work literally teeming with names. Should the translator Anglicize Christian names (Tancred vs. Tancredi, Charles vs. Carlo)? Should he or she provide acceptable Anglicized place names (Leghorn for Livorno)? My view is that it is best to retain as much of the original Italian flavor as possible within the limits permitted by good English usage. Thus, Carlo is preferable to Charles, but good King Charles is better than good King Carlo. More importantly, what must be done with the many humorous names found in certain important *novelle*? The tales of Brother Alberto (IV, 2),

---

10. Guido Waldman, "Translator's Note," in Boccaccio, *The Decameron*, xxxiii.

Brother Cipolla (VI, 10) or of Messer Simone, Bruno and Buffalmacco (VIII, 9) immediately come to mind in this context. It is nearly impossible to discover literal English equivalents for Italian nonsense words; the translator is left to rely on his ingenuity in such instances, since nonsense words must be reinvented, not merely translated.

Once decisions have been made concerning relatively simple problems such as these, the truly complicated questions remain. Perhaps most important to the translation of a medieval classic is the problem of proper diction. This involves several issues. First, to put into English approximately the same thing Boccaccio means to say in Italian (something which is by no means always crystal clear); and, secondly and even more important, to retain in the translation those qualities of the original text which made the work an original work in the fourteenth century. And here I do not mean making the text "new" in Pound's sense or "relevant" but something much more significant — producing a translation which will reflect, insofar as possible in contemporary American English, the reasons why the book became the model for prose style for several centuries in Italy as well as most of Western Europe. Diction becomes terribly significant. It is my opinion that any conscious attempt to introduce into Boccaccio's prose an archaic or anachronistic tone is the greatest mistake a translator of this century can make. Picture, for instance, the effect of the following scene when it is rendered with an archaic diction. Two grave robbers have just come upon poor Andreuccio da Perugia after he has fallen into an outdoor toilet and, in the Rigg translation, one of them exclaims: "What means this? Such a stench as never before did I smell the like" (I: 87). And further along the character remarks: "Good man, albeit thou has lost thy money, thou hast cause enough to praise God that thou hadst the luck to fall . . . But what boots it now to bewail thee. Thou mightest as soon pluck a star from the firmament as recover a single denier" (I:87). This translation necessitates a translation of its own, from archaic English or a special translator's language into a more contemporary idiom. Without the *OED* at hand, a student cannot be expected to comprehend from this translation why Boccaccio represents a watershed in European prose. Boccaccio or Dante, in fact, never wrote such a language as this. Their Florentines or Venetians speak a natural, realistic language, and *The Decameron* is no more similar to Victorian pseudo-medieval English than Dante sounds like Milton or Spenser. *Thous*, *thees*, and *hasts* will never supply a medieval "flavor" to Boccaccio, because the authentic medieval flavor of *The Decameron* lies somewhere else — paradoxically in precisely the fresh, contemporary tone of its original language. Thus, in my view, an American translator must aim for a truly contemporary *American* English version of the original, for only that contemporary quality can capture what best represents Boccaccio's unique style.

Let us not misunderstand what we mean by contemporary: this does not imply that we should lack eloquence or formal precision in rendering the original. But it does imply a sensitivity to the many levels of style reflected in Boccaccio's prose. Boccaccio's modern critics, especially Branca, have demonstrated quite clearly the debt of *The Decameron* to the Ciceronian prose models of the rhetoricians. In many instances when Boccaccio feels the need for a patterned or more eloquent level of discourse than is typical of normal conversation, he will turn to these complicated periods where subordinate clauses abound and a conscious effort is made to use the entire range of rhetorical devices for artistic effects. For example, there is Boccaccio's frequent use of the *cursus*, which are accented and unaccented syllables within the prose structure connoting different tones or emotions. There is, to mention only one, the *cursus planus* (dactyl plus trochee): *uno di quegli* or *I was that person*. To capture in English the same tone of the particular *cursus* in question should present no insurmountable problem for even the mediocre translator. This formal device is most frequently found in the Introduction, the Author's Conclusion, the Introduction to the Fourth Day, the initial lines of individual stories, and in several tales where rhetoric itself comprises an integral aspect of the storyline (most particularly in the speech of the scholar to the widow in Day VIII, story 7; or in Ghismonda's defense of her love for Guiscardo in IV, 1). Boccaccio is also fond of writing in hendecasyllables; the stories of *The Decameron* are full of them, as Branca has pointed out, and we believe this aspect of the original can easily be respected in English and probably should be in most cases.

Some translators will break Boccaccio's lengthy and complicated period into as many as four shorter sentences, thus transforming Boccaccio's unique style into something terser and more conversational — a style reminiscent of Ernest Hemingway or the pseudo-literate models of television sound-bites. While shorter sentences may be more appealing to the undergraduate student or general reader, we feel that great works of literature have earned the right to make certain demands upon their audience. One of the demands Boccaccio makes upon his reader and his translator arises precisely from his sometimes extremely complex sentence structure. Since the success of an English translation of Boccaccio's style depends, in large measure, upon how well the translator deals with this particular issue, let us examine how a number of translators react to the opening lines of one of the Florentine's greatest comic tales — that of Andreuccio da Perugia's misadventures when he sets out to buy a horse (II, 5).

First, Boccaccio's original Italian:

> Fu, secondo che io già intesi, in Perugia un giovane il cui nome era Andreuccio di Pietro, cozzone di cavalli, il quale, avendo inteso che a Napoli era buon mercato di cavalli, mesisi in borsa cinquecento fiorin d'oro, non essendo mai più fuori di casa stato, con altri mercatanti là se n'andò; dove giunto una domenica sera in sul vespro, dell'oste suo informato, la sequente mattina fu in sul mercato, e molti ne vide ed assai ne gli piacquero e di più a e più mercato tenne; né di niuno potendosi accordare, per mostrare che per comperar fosse, sí come rozzo e poco cauto, più volte in presenza di chi andava e di chi veniva trasse fuori questa sua borsa de' fiorini che aveva. (177)

The Rigg translation reads as follows:

> In Perugia, by what I once gathered, there lived a young man, Andreuccio di Pietro by name, a horse-dealer, who, having learnt that horses were to be had cheap at Naples, put five hundred florins of gold in his purse, and in company with some other merchants went thither, never having been away from home before. On his arrival at Naples, which was on a Sunday evening, about vespers, he learnt from his host that the fair would be held on the following morning. Thither accordingly he then repaired, and looked at many horses which pleased him much, and cheapening them more and more, and failing to strike a bargain with any one, he from time to time, being raw and unwary, drew out his purse of florins in view of all that came and went, to shew that he meant business. (I: 79)

The Aldington translation reads as follows:

> According to what I have been told, there was a young horse-dealer in Perugia named Andreuccio di Pietro. He heard that Naples was a very good horse-market and, though he had never been away from home before, he put five hundred gold florins in his purse, and set out for Naples with several other tradesmen. He arrived one Sunday evening, and, on his landlord's advice, went next morning to the market where he saw a great many horses he liked, though after much chaffering he was not able to strike a bargain. To show that he was a genuine buyer he kept pulling out his purse of florins to show everybody coming and going, like the foolish rustic he was. (70)

The McWilliam translation reads as follows:

> I was once informed that there lived in Perugia a young man whose name was Andreuccio di Pietro, a horsedealer, who, having heard good reports of the

Neapolitan horse-trade, stuffed five hundred gold florins in his purse and, though he had never left home before, set out for Naples with one or two other merchants. He arrived one Sunday evening as darkness was falling, and the next morning, having been told by his innkeeper how to get there, he went to the market. He saw a great many horses, to a number of which he took a liking, and he made offers for several of them without however being able to strike a single bargain. But in order to indicate his willingness to buy, he kept pulling out his purse bulging with florins, and waving it about in full view of all the passers-by, thus displaying a lack of both caution and experience. (141)

The Singleton/Payne translation reads as follows:

There was once in Perugia, as I have formerly heard tell, a young man, a dealer in horses, by name Andreuccio di Pietro, who, hearing that horses were cheap at Naples, put five hundred gold florins in his purse and betook himself thither with other merchants, having never before been away from home. He arrived there one Sunday evening, towards vespers, and having taken counsel with his host, sallied forth next morning to the market, where he saw a great plenty of horses. Many of them pleased him and he bargained for one and another, but could not come to an accord concerning any. Meanwhile, to show that he meant to buy, he now and again, with lack of caution, like the simple rustic he was, pulled out the purse of florins he had with him, in the presence of those who came and went. (I: 104)

The Musa/Bondanella translation reads as follows:

There once lived in Perugia, according to what I have been told, a young man whose name was Andreuccio di Pietro, a dealer in horses who, when he heard that in Naples horses were being sold at a low price, put five hundred gold florins in his purse and, though he had never been outside of his own town before, set out for Naples with some other merchants and arrived there on Sunday evening around vespers, and at the advice of his landlord the following morning he went to the market place, where he saw many horses, a good number of which he liked, but he was not able to strike a bargain no matter how hard he tried; in fact, to show that he was really ready to do business, being the crass and incautious fool that he was, more than once he pulled out his purse full of florins in front of everyone who passed by. (85-86)

Finally, the Waldman translation reads as follows:

Once upon a time in Perugia there lived, so I've heard, a young man named Andreuccio di Pietro. He was a horse-dealer by trade, and when he heard that there was a good horse fair at Naples, he put five hundred gold florins into his purse and off he went there with some other merchants, though he had never before set foot outside his own city. He arrived on a Sunday evening, obtained some advice from his innkeeper, and the following morning went to the market. Here he looked at dozens of horses, and as there were plenty that he liked, he entered into negotiations over a great number, but not once was he able to strike a bargain. However, to show that he was a serious buyer he kept pulling out his purse full of florins — incautious young bumpkin that he was — to flaunt in the presence of the passers-by. (87-88)

As we can see from these very different English renderings, most translations, such as the older versions of Aldington or Rigg but even the more recent translations by McWilliams and Waldman, chose to break this long, single opening sentence into as many as four shorter ones, avoiding any pretense of imitating the Ciceronian period that characterizes Boccaccio's mature style. While the Aldington translation is almost always clear, for instance, it is evident that its clarity is of a kind purchased at the price of sacrificing Boccaccio's very sentence structure itself. In 1930, Aldington was obviously more interested in *what* Boccaccio was saying than in *how* he said it. In the case of both the Rigg and the Singleton/Payne versions, the refusal to respect the periodic structure of the Italian original combines with an old-fashioned archaic tone that renders the translations both inaccurate and unsatisfying.

In this particular instance, the failure to respect the literary form of the original text — or at least to understand what was the stylistic purpose of such a lengthy sentence — leads to an even more serious critical failure on the part of the critic-translator. With the means of the Ciceronian period, Boccaccio attempts to suggest, through the syntax of this very first sentence in the tale after the traditional opening comments, the entire complicated plot of the *novella* to follow. Furthermore, Boccaccio has done everything possible with the clever placement of his reference to Andreuccio's purse of florins — the purse soon to be lost and eventually transformed into a ruby that provides the plot structure of the story — at the very end of his lengthy sentence: "questa sua borsa de' fiorini che aveva." Thus, the reader's focus is immediately directed by Boccaccio's skillful style toward the plot in the author's initial sentence. While the novice reader of *The Decameron* cannot hope to catch such subtleties the first time he or she opens the book, or at least until he or she has read the *novella* at least once, it is the duty of the faithful translator to have the entire *novella* and other similar *novelle* in mind before a single sentence is rendered into contemporary and colloquial English.[11]

But patterned prose and an elevated, solemn diction do not exhaust Boccaccio's range of styles and stylistic effects. His prose contains an infinite variety of colloquial expressions and familiar or conversational passages; puns on words (many of which are obscene); and speech patterns that connote clear or implied social or regional distinctions between his characters. For the translator of *The Decameron*, such passages are always the most demanding, containing as they often do much of Boccaccio's matchless humor, word play, and linguistic innovation. The stories which are the easiest to understand — tales concerning the hapless Calandrino, Brother Cipolla, Brother Alberto, and the like — are paradoxically also the most difficult to translate into English. For instance, the ninth tale of the eighth day concerns Master Simone, a doctor who in order to become a member of a supposed club of expeditioners, is persuaded by Bruno and Buffalmacco to go to a certain spot one night, where he is thrown by Buffalmacco into a ditch full of filth and left there. It is relatively simple to follow Boccaccio's purpose in presenting this comic odyssey — he is deflating the pretensions of the so-called intellectuals of his day who return home from the University of Bologna to Florence with an exaggerated sense of their own self importance and who are taken down a notch or two by the Florentine artisan-figures who usually reflect Boccaccio's admiration for common sense and wit. Yet, to translate such a tale presents formidable linguistic problems. What is the translator to do with this list of the women Master Simone will encounter when he "goes on an expedition":

> Voi vedreste quivi la donna de' barbanicchi, la reina de' baschi, la moglie del soldano, la 'mperadrice d'Osbech, la ciancianfera di Norrueca, la semistante di Berlinzone e la scalpedera di Narsia. Chi vi vo io annoverando? E vi sono tutte le reine del mondo, io dico infino alla schinchimurra del Presto Giovanni; or vedete oggimai voi! (VIII, 9, 23-24)

Is the translator allowed to rely upon the rhythm of an English version not completely faithful to the Italian original to duplicate Boccaccio's comic force,

---

11. So that no reader will accuse me of completely self-serving critiques of other translators, let me hasten to admit that our own rendition of this sentence could be somewhat improved by merely rearranging the final words slightly: thus, "more than once in front of everyone who passed by, he pulled out his purse full of florins" renders Boccaccio's intentions in the original prose more successfully than the phrase as it is currently printed.

as Musa and Bondanella attempt to do here, rather than employing a literal translation of the Italian?

> Why you're liable to see there the Lady of the Barbarnicals, the Queen of the Basks, the wife of the Sultan, the Empress Orabitch, the Changeacrap of Noway, the Samaway Asa Before, and the Scalpuka of Nausea. But why list them all? Why every queen in the world is there, I mean right down go Quick John's Skinky Lady!" Now there's a sight for you! (532)

The recent Waldman translation renders this same passage in a decidedly English fashion: the titles seem to recall the glories of British Empire, while Waldman employs rhyme to support the comic effect of the original text:

> Why, you'd find there the Begum of Bombay, the Dame of Dymchurch, the Infanta of Ibiza, the Maharanee of Madhupur, the Margravine of Muhlhausen, the Princess of Palmyra, and the Sultana of Santiago. What more can I say? Talk of a bevy of queens! — you'll even find the Grand Panjandrina herself. (531)

In the case of the Singleton/Payne version, there is an admirable attempt to render the literal content of the original, but that attempt once again fails because of the archaic, Victorian quality of the translation:

> There might you see the sovereign lady of the Rascal-Roughs, the queen of the Basques, the wife of the soldan, the empress of Osbech, the driggledraggletail of Norway, the moll-a-green of Flatdoodleland and the madkate of Woolgathergreen. But why need I enumerate them to you? There are all the queens in the world, even, I may say, the schinchimurra of Prester John. (II: 619-20)

Unfortunately, some of the problems facing the translator of *The Decameron* are not always so entertaining to solve. For example, the translator must resist the temptation to tidy up Boccaccio's prose. That is, when loose ends, apparently confusing non sequiturs, and puzzling passages are to be found in the original, these should be respected, rendered in the same way in the translation, or — if absolutely necessary — explained in a footnote. Here, in our opinion, the McWilliam translation — so excellent in many respects — may be faulted, for it often inflates the original text to bring order out of what the translator seems to view as confusion. For example, in the second story of the fifth day, when McWilliam describes the encounter of Gostanza and Carapresa, he translates as follows: "The girl was feeling very sorry for herself, but on hearing the name Carapresa *(which means "precious gain")*, without knowing why, she took it as a good omen" (420, my italics). The translator has inserted in parentheses into the text an explanation for Carapresa's name which Boccaccio himself never felt the need to explain. Elsewhere, to his translation of the passage above from the story of Master Simone, McWilliam adds a scribal comment found on the manuscript's margin as if it were Boccaccio's commentary on the story itself. Thus, his translation comes as something of a shock:

> You would see every queen in the world there, not even excluding the Skinkymurra of Prester John, who has horns sticking out of her anus! (653).

Now, there is as sight for you, to paraphrase Boccaccio's original, but not one the author ever intended his reader to see!

Up to this point, we have emphasized the translator's obligations to the author — capturing the essence of his linguistic innovation and retaining what is most peculiar in his personal style — or to the audience — avoiding outmoded archaisms or translator's language which bears no relationship to contemporary American English. Since most recent translators of Boccaccio have their intellectual homes in academia, they should be expected to pay close attention to the scholarship on the author and his masterpiece that has been particularly fruitful in the last two decades. In many instances, erudition answers the vexing dilemmas the text poses to the translator. An example occurs in the hilarious sixth story of the eighth day, where Bruno and Buffalmacco steal Calandrino's pig and pretend to help him find it again by means of a test using some cookies and wine. Boccaccio's original text points out how the pair make two special confections in a strange concoction designed to cause Calandrino to spit them out, thereby demonstrating to everyone that he has stolen his own pig! ("e a lui ne danno due, l'una dopo l'altra, di quelle del cane confettate in aloè," 939). Surely, any translator sensitive to Boccaccio's humor and unafraid to render slightly off-color passages accurately might be tempted to translate this opening passage as McWilliam has done: "They give him two sweets, one after another, consisting of dog-stools seasoned with aloes, so that it appears that he has stolen the pig himself" (614). And yet, an extremely erudite argument by Manlio Pastore Stocchi[12] makes it clear that "quelle del cane" refers not to dog-excrement (a substance that was, indeed, employed by the period's apothecaries) but, instead, a cheaper version of the ginger used in the other cookies.

---

12. "Altre annotazioni," *Studi sul Boccaccio* 7 (1973): 189-211.

Therefore, a more accurate version of the passage McWilliam and others render in an admittedly comic fashion would be the following: "they give him two such cookies, one after the other, made from cheap ginger seasoned with bitter aloes, thus making it appear that he stole the pig himself" (Musa and Bondanella, 498). This example is only one instance among so many in which the scholar's research on *The Decameron* can illuminate the translator's way.

Even more crucial than individual points of erudition is the more general image of Boccaccio in today's critical literature: a good contemporary translation should make of Boccaccio not merely a naughty collection of slightly risqué tales or even only a mercantile epic. *The Decameron*, as the best critical minds of our time have concluded, is an open-ended, multifaceted, and highly challenging ambivalent book, what one might be tempted to call a "structuralist's dream," composed by a master narrator who is in constant control of all the marvelous narrative plots, games, characters, and storytellers he weaves together. The intention of a great translation of Boccaccio's masterpiece should be to present the contemporary reader with just such a Boccaccio, a *Decameron* which speaks to its reader in American English in as elevated or as humble a style as the original demands, one equally at ease with putting Rustico's devil in hell or sticking Father Gianni's tail on his magic mare as it is with the eloquent world of Ghismunda or the exasperating and slightly unreal universe of patient Griselda.

Indiana University

Regina Psaki

Boccaccio and Female Sexuality: Gendered and Eroticized Landscapes

This essay begins with a question which has exercised critics for generations, but it will not conclude with an answer to it: What is Boccaccio's position on women in the *Decameron* and the *Corbaccio*? While Boccaccio has traditionally been read as either (in the *Decameron*) mildly or wildly supportive of women's worth, or as converting (in the *Corbaccio*) to the default misogyny prominent if not necessarily dominant in medieval culture generally, his intellectual itinerary on the subject is complex beyond these generalizations.[1] The generalizations themselves, of course, arose from a literalistic and autobiographical habit of reading which recent criticism has laid aside, and which recent American critics have exploded in very specific textual analyses of the *Decameron* and the *Corbaccio*.[2] We no longer read the "I" of medieval narrative as representing the author's voice transparently, and Hollander, Barricelli, Nykrog and Cassell have made good cases for jettisoning any "straight" equivalence between the I of the *Corbaccio* and the historical author.[3]

---

1. The subject of Boccaccio's position on women in the *Decameron* and elsewhere is one of the topics explored in a collection of essays entitled *Boccaccio and Feminist Criticism*, (forthcoming), edited by myself and Thomas C. Stillinger. On the range of critical interpretations of the *Corbaccio*, see Robert Hollander, *Boccaccio's Last Fiction* (Philadelphia: University of Pennsylvania Press, 1988) 76-77.
2. First and foremost, Gian Piero Barricelli, "Satire of Satire: Boccaccio's *Corbaccio*," *Italian Quarterly* 18, 72 (1975): 95-111; Anthony C. Cassell, in the 1975 and 1993 introductions (which differ significantly) to his translation of the *Corbaccio* (Urbana: University of Illinois Press, 1975, 1993); Robert Hollander, *Boccaccio's Last Fiction*; and Per Nykrog, "Playing Games with Fiction," in Leigh Arrathoon, ed., *The Craft of Fiction* (Rochester, MI: Solaris, 1984). On the *Decameron*, see for example Millicent Marcus, "Misogyny as Misreading: A Gloss on *Decameron* VIII.7," *Stanford Italian Review* 4 (1984): 23-40.
3. Italian Boccaccio studies have not followed the same ironizing trajectory; see for example Francesco Bruni, *La letteratura mezzana* (Bologna: Mulino, 1990), who posits

---

The Flight of Ulysses, edited by Augustus Mastri

The formal convolutions of these two texts make an ultimate resolution of the problem of Boccaccio's position on women literally impossible to achieve. The multiple levels of the *Decameron*'s narration, its plural voices (which regularly contradict each other, making it impossible to align any voice unequivocally with the author), and its hybrid generic form problematize and ultimately reverse any programmatic position taken at any point in the book. I strongly believe that a unified reading of the *Decameron* is ultimately chimerical.[4] For every clever woman there is a foolish one; for every independent woman there is a subservient one. For every *statement* of female inferiority, as in Filomena's unforgettable "Noi siamo mobili, ritrose, sospettose, pulsillanime e paurose" (40), there is a *demonstration* of female initiative, as in Pampinea's leadership of the *brigata*. Marilyn Migiel has examined the issue very succinctly in her work on Days VII and VIII, and concludes that the question of whether the *Decameron* is feminist or misogynist, in other words, may simply not be the right question.[5]

The *Corbaccio* as well, as I and others have discussed elsewhere, is also overtly slippery in its ultimate ethical stance on women.[6] Like a miniature *Decameron*, it features multiple levels of narration, multiple voices articulating multiple messages, and at least two primary genres engaged in contest and mutual subversion. We cannot give unqualified assent to either of the "male hysterics, latter-day haters of womankind"[7] featured in the *Corbaccio*, and can

---

no significant distance between the narrating voice of the *Corbaccio* and the historical author; Giorgio Padoan, who states: "Pare comunque che la componente autobiografica-- così importante (l'abbiamo visto) nel Boccaccio 'uomo di vetro' e scrittore satirico--sia in qualche modo uno degli ingredienti che concorrono alla tonalità del *Corbaccio*" (33) ("Il *Corbaccio* tra spunti autobiografici e filtri letterari," *Revue des Études Italiennes* 37 1-4 (1991): 21-37); and Giulia Natali, in *Boccaccio e le controfigure dell'autore* (L'Aquila: Japadre Editore, 1990).

4. While many critics would agree with this statement, most ultimately perceive or construct a determinate and thus determinable "message" in the *Decameron*, which they then use to test hypotheses against. Two excellent critics who nonetheless do this are Millicent Marcus, "Seduction by Silence: A Gloss on the Tale of Masetto and Alatiel," *Philological Quarterly* 58 (1979): 1-15 and Teodolinda Barolini, "The Wheel of the *Decameron*," *Romance Philology* 36 (1983): 521-39.

5. See her essay "The Untidy Business of Gender Studies" in *Boccaccio and Feminist Criticism*, forthcoming.

6. See my article "The Play of Genre and Voicing in Boccaccio's *Corbaccio*," *Italiana* 5 (1993): 41-54; and the 1993 introduction to Cassell's translation of the *Corbaccio* (Binghamton, NY: Medieval and Renaissance Texts and Studies, 1993).

7. Hollander, *Boccaccio's Last Fiction* 42.

only laugh at the high solemnity in which the uncharitable, undignified lesson in woman-hate is camouflaged. Boccaccio has gone to no little trouble in these two texts to insure unresolvability, and it would be both loutish and counterproductive for us to attempt to simplify that chaos into unambiguous clarity. The multi-leveled voicing of the *Decameron* and the eminently satirical articulation of the *Corbaccio* make the literal levels of these works impossible to freeze: there is always an additional position implied from which the historical author, or his narratorial persona, can critique the entire production and its provisional conclusions. This critical distance cannot be effaced; I do not think that we will ever be able to locate Boccaccio definitively at any point on a spectrum from philogyny to misogyny.

We can, however, move beyond issues of plot and voicing to look at the imagistic and rhetorical levels of these fictions, and in this intersection we can see a Boccaccio intent on staging, if not resolving, the debate on female value. In the context of the larger project of reading female presences in Boccaccio's production, I want to look here at the way in which Boccaccio uses eroticized landscapes to engage in occulted form the troublesome issues of female sexuality and female autonomy. In this essay I will briefly comment on the overtly gendered landscapes of the *Corbaccio* to comment on how its author undermines its traditional misogynous and misogamous message. I will also look briefly at selected examples from the *Decameron* of Boccaccio's use of physical space as a figure for labyrinthine female physicality. Many such examples spring to mind: the lushly domesticated *valle delle donne*; the pine forest of Nastagio's murderous weekly vision; the grime-encrusted but still saleable barrel which Peronella's husband works to scrape clean for her lover; the convent garden in which Masetto is surprised to find himself overworked; the latrines in which Andreuccio and Maestro Simone, in reward for their sexual ambitions, are immersed; and other gardens, privies, inner chambers, chests, cages, valleys, caves, baths and glades in the *Decameron*. I will try to suggest ways in which the deployment of these spaces as aesthetically and ethically "female" enables a powerful critique of the masculine figures who try to dominate them.[8]

---

8. This project dovetails with an article by Erik O. Haakenstad, entitled "Misogyny Divested: Sexual Imagery in the *Decameron*," forthcoming in *Boccaccio and Feminist Criticism*. Haakenstad concentrates on *Decameron* VIII.9, II.5, IV.1, VIII.7, and the conclusion to Day VI. He notes that the *Decameron* both participates in and opposes the conventional portrayal of female sexuality as scatological and diabolical, concluding that ultimately the negative imagery "provides a gendered focus for fear and loathing" which the positive imagery counters.

The question of female autonomy in both the *Decameron* and the *Corbaccio* is inevitably imbricated with, or figured as, female *sexual* autonomy: the women in these texts are not agitating for the freedom to be scholars or lawyers. The *Corbaccio*'s unnamed widow, Madonna Filippa, Fiordaliso in II.5, Jancofiore in VIII.10, Lisabetta in IV.5, Ghismonda in IV.1, Peronella, Alatiel, all exemplify the fact that if the arena in which women can exercise personal independence is not uniquely sexual, the question of female autonomy must at least be addressed in that arena. The few female characters who wish to opt out of the sexual economy of their class are resolutely reinserted into it, by familial pressure in the case of Monna Giovanna, or by implied threats in the case of the nameless Traversaro girl.[9] Then as now, female independence seems to be not merely symbolized by but actually coextensive with female control over sexual behavior and desire.[10] Thus it is not surprising if the context in which Boccaccio stages his inquiry into female autonomy and value should be the imagistic representation of the female (sexualized) body.

It would be tedious and unrewarding to survey the *Corbaccio* for hills and valleys, and the *Decameron* for towers and caves, and to read them as flat equivalences for male and female; that would indeed be to preempt Boccaccio's deliberate and playful polyvalence with a naively hopeful decoding ring. When I suggest that Boccaccio regularly transfers to the level of imagery semantic and ethical freight which the literal level of his texts abdicates, I am not hoping to decipher Boccaccio's "real" position on the woman question in these texts. I am instead looking to combine a set of insights on single tales shared with other critics with my own perception of the central status of feminine spaces in these two vernacular fictions, to argue that Boccaccio energetically and insistently sets us the problem of female value.

To answer the objection that reading these spaces as systematic imagistic representations of specifically female anatomy is an effort irredeemably marked, and thus compromised, by its modern matrix, we need only turn to Boccaccio

---

9. See Ray Fleming, "Happy Endings? Resisting Women and the Economy of Love in Day Five of Boccaccio's *Decameron*," *Italica* 70, 1 (1993): 30-45.

10. Joy Hambuechen Potter takes this to a radical conclusion: "He argues for their freedom, but freedom to do what? [. . .] Women's rights in the *Decameron* are limited to the right to give in to their physical nature, and their 'intelligence' is almost always inspired by and put at the service of their sexuality. . . .it is a proof of their inferiority, not of their equality. The hypostasis of Boccaccio's concern for women is the medieval misogynist notion of their animal nature." "Woman in the *Decameron*," in *Studies in the Italian Renaissance: Essays in Memory of Arnolfo Ferruolo*, eds. Gian Paolo Biasin, Albert N. Mancini, and Nicolas J. Perella (Naples: SEN, 1985) 96.

himself. His explicit, deliberate, and sustained manipulation of euphemism in these two works goes beyond use and into exploration of the phenomenon. The Author's Conclusion to the *Decameron* contrasts his own plain speaking to those who don't hesitate

> di dir tutto dì *foro* e *caviglia* e *mortaio* e *pestello* e *salsiccia* e *mortadello* e tutto pieno di simiglianti cose.[11]

Later, as the Conclusion devolves into a vertiginous disintegration of serious language, the speaking voice shifts the freight of his detractors' reproaches from the figurative to the euphemistic, and thus suggestive. Their reference to the *gravity* suitable to a man of his years, the speaking voice turns into the literal body weight of a lover, presumably on top of a lady; to their reference to his evil and venomous tongue (mala lingua e velenosa, 676) he contrasts his female neighbor's assessment of his tongue as the best and sweetest in the world (la migliore e la più dolce del mondo, 676), again a transposition from the metaphorical and intellectual to the literal and euphemistically sexual.

These explicit engagements with euphemistic speech authorize a readerly attention to the device elsewhere in the text. The overt use of equivocal language in the speech of storytellers and personae in the tales is very familiar to us: Caterina and Ricciardo make the nightingale sing; Alibech and Rustico put the devil back into hell; Don Gianni tries to put the tail onto the mare; Alatiel's revirgination tale tells how she joined the ladies who worship San Cresci-in-Valcava; Peronella deftly gives two sets of directions at once, one to her husband cleaning the barrel, and one to her lover satisfying his frustrated desire. This language is marked by a double focus, a deliberate splitting of the utterance into two parallel discourses, simultaneously sustained, consistent, coherent; the humor in fact depends on the two levels remaining distinct and intact, neither ceding to the other. It is because the Spirit in the *Corbaccio* never violates his extended maritime metaphor of the ship and the port that his repulsive description of the widow's genitalia can still compel laughter:

> La bocca, per la quale nel porto s'entra, è tanta e tale che, quantunque il mio legnetto con assai grande albero navigasse, non fu già mai, qualunque ora l'acque furono minori, che io non avessi, senza sconciarmi di nulla, a un compagno, che con non minore albero di me navigato fosse, far luogo. Deh, che dich'io? L'armata del re Roberto . . . tutta insieme concatenata, senza

---

11. *Decameron*, ed. Cesare Segrè (Milano: Mursia, 1966) 673.

> calar vela o tirare in alto temone, a grandissimo agio vi potrebbe essere entrata. Ed è mirabile cosa che mai legno non v'entrò, che non vi perisse e che, vinto e stracco, fuori non ne fosse gittato, sì come in Cicilia la Silla e la Cariddi si dice che fanno: che l'una tranghiottisce le navi e l'altra le gitta fuori. Egli è per certo quel golfo una voragine infernale. . . . [12]

We could multiply examples *ad infinitum*, but these will suffice to demonstrate that Boccaccio both authorizes double reading, and explores the nature of euphemism as sustained double focus.

These examples of linguistic doubleness make it impossible to disprove other occurrences of *double entendre* when they seem to occur. Thomas Stillinger, for example, easily reads the *Valle delle Donne* as not only "a valley in which ladies are found," but also "a valley found in ladies":[13]

> The place is obviously more than a simple topographical euphemism — like Alibech's "inferno". . . — but it carries the same erotic suggestion. . . . it . . . resembles — with its wooded slopes, its single entrance, its penetrable center — a vagina. In either case, the Valley is distinctively associated with women.[14]

Millicent Marcus and Guido Almansi concur in reading the cave and hidden staircase of IV.1 as carrying a significant portion of the tale's unspoken freight:[15]

> Topographically, the hillside which conceals a tunnel under its surface growth of thorns and brambles is a metaphor of female anatomy. And of course, Guiscardo's forays into this secret conduit, when he is sheathed in leather, anticipates the physiology of the activities to follow.[16]

Tancredi's equally secret and frequent penetration of his daughter's bedchamber makes him an imagistic, if not a literal, double of Guiscardo. While critics do not necessarily agree on the transgressive nature of Tancredi's desire for his

---

12. *Corbaccio*, ed. Pier Giorgio Ricci (Torino: Einaudi, 1977) 68.
13. Thomas C. Stillinger, "The Language of Gardens: Boccaccio's Valle delle Donne," *Traditio* 39 (1983): 317.
14. Stillinger 317.
15. Guido Almansi, *The Writer as Liar: Narrative Technique in the Decameron* (London: Routledge, 1975) 139-143.
16. Millicent Joy Marcus, *An Allegory of Form: Literary Self-Consciousness in the Decameron* (Saratoga, CA: Anma Libri, 1979) 59.

daughter, Baratto, Almansi, Marcus, and Serpieri have all made good cases for the notion that the textual repressions of this tale erupt in other venues, such as the equivocal speeches of the three characters.[17] I have argued elsewhere that the other tales in Day Four gloss each other to support a subjacent nexus of object fetishism, bodily mutilation, and obscure familial desire.[18]

It is clear then that Boccaccio manipulates physical space in a gender-specific fashion so regularly as to justify calling the practice, as Haakenstad does, a "habit of imaging." But how does hyperreading the text's physical settings promote a multiplex and undogmatic assessment of female value? How does reading landscapes, spaces, places as deliberately gendered and/or eroticized allow us to move beyond the text's literal resolutions and reinforcements of (for example) misogyny, patriarchal sexual economy, ideologies of female chastity and patrilineal legitimacy? The answers vary according to the single tale, of course; any hypothesis which was not highly context-sensitive would betray the extremely contingent, fragmented nature of the literary forms Boccaccio has chosen in the *Decameron* and the *Corbaccio*.

As I noted in an earlier article,[19] precise verbal parallels link the opening description in the *Corbaccio* of the hellish valley, with its marked echoes of *Inferno* I and XIII,[20] and the Spirit's later description both of the valley and of the widow's disgusting anatomy:

> . . . assottigliatasi la *nebbia*, come che 'l cielo per la sopravenuta *notte oscuro* fosse, conobbi me dal mio volato essere stato lasciato in una solitudine diserta, aspra e fiera, piena di salvatiche piante, di *pruni* e di *bronchi*, senza sentieri o via alcuna, e *intorniata di montagne* asprissime e sì alte . . . mi parea . . .

---

17. Almansi reads Tancredi's spurt of energy in escaping from Ghismunda's room as a displacement of his physical arousal (*The Writer as Liar* 143-144); see also Mario Baratto, *Realtà e stile nel Decameron* (Vicenza: Neri Pozza, 1970) 180-195; Marcus, *An Allegory of Form* 50-51; Alessandro Serpieri, "L'approccio psicanalitico: alcuni fondamenti e la scommessa di una lettura," in *Il testo moltiplicato: lettura di una novella del Decameron*, ed. Mario Lavagetto (Parma: Pratiche, 1982) 70-71.

18. The essay is entitled "'Fiera materia di ragionare': The Interconnected Tragedies of Day Four of the *Decameron*," and is forthcoming; see also Roberto Fedi, "Il 'regno' di Filostrato. Natura e struttura della Giornata IV del *Decameron*," *Modern Language Notes* 102,1 (1987): 39-54.

19. "The Play of Genre and Voicing" 54, n. 40.

20. See especially Hollander, *Boccaccio's Last Fiction* 59-71, and R. Mercuri, "Ritrattazione in liminare di vita e ripresa di motivi danteschi nel *Corbaccio*," in *Letteratura Italiana*, ed. Alberto Asor Rosa. *Storia e geografia, vol. I: L'età medievale* (Torino: Einaudi, 1987) 436-444.

> sentire mugghi, urli e strida di diversi e ferocissimi *animali*: de' quali la *qualità* del luogo mi dava assai certa testimonianza che per tutto ne dovesse essere *piena*. . . .la paura mi *impediva* . . . di *partirmi* di quella *valle* . . .nella misera *valle* il sole si levava. (9)
>
> ...i velenosi sterpi, gli spinosi *pruni* e gli sconvolti *bronchi* . . . di luogo così mortale, come è questa *valle*, senza *impedimento ti possi partire*. . . (64)
>
> . . . del golfo di Setalia, nella *valle* d'Acheronte riposto, sotto gli *oscuri* boschi di quella, spesse volte rugginosi e d'una gromma spiacevole spumosi, e d'*animali* di nuova *qualità ripieni*. . . . Che ti dirò adunque più avanti del borgo di Malpertugio, posto tra due *rilevati monti*, del quali alcuna volta . . . spira un *fummo* sulfureo sì fetido e sì spiacevole che tutta la contrada attorno appuzza? (67-69)[21]

The infernal valley of the opening sequence is a not only a deft figure for the abominable female body in which the narrator is trapped; it is in fact a quotation of the Spirit's later description of that body. At the diegetic level, the Narrator at the beginning shows that he has learned the Spirit's lesson well, and is now handing it on to the readers who must learn it in their turn. At the metadiegetic level, on the other hand, this particular use of sexualized space works to foreground the disingenous role of the Narrator in inventing the entire dream-vision fiction, with its avowedly negative view of the widow and of women, which we now read. The echoes of the Spirit's description of the widow's anatomy (which occurs at the end of the work) in the opening sequence of the *laberinto d'amore* or *porcile di Venere*, points up the fact that it is the Spirit who quotes the Narrator, not the other way around — that it is the embittered Narrator who is behind all the feigned utterances of the experienced Spirit.

The illuminated hillside which the narrator, with the Spirit's help, gains, represents the enlightened masculine world of noble intellectual endeavor, freedom from the swamp of lustful feminolatry, the sweet converse of the Muses rather than the vacuous chatter of the gossips.[22] The echoes of *Inferno* serve,

---

21. The earlier description emphasizes the dense growth and cacophonic roars, and the later one emphasizes the stench (the "lezzo caprino il quale tutta la corporea massa, quando da caldo e quando da fatica incitata geme, spira," 69).

22. Feminine speech is characterized throughout as trivial, pretentious, and excessive: ". . . lasciamo stare l'alte e grandi e lunghe millanteria ch'ella fa, quando berlinga coll'altre femmine, dicendo 'Quelli di casa mia e gli antichi miei e' miei consorti,' che le pare troppo bella cosa a dire. . . . Ma ella in brevissimo spazio di tempo ti dirà ciò che si fa in Francia; che ordina il re d'Inghilterra; se i Ciciliani avranno buona ricolta

among other things, to differentiate this self-serving and complacent masculinist resolution with the salvific journey which it initially imitates. The narrator castigates the widow for being (or seeming) desirable, not himself for sinfully desiring her; he castigates her for not wanting him, not himself for forgetting the superior claims of charity of intellectual pursuits, in wanting her. In other words, the evocations of *Inferno* only emphasize the difference between that itinerary, in which the pilgrim learns to acknowledge responsibility for his own sins *at all costs*, and this one, in which all guilt and blame are deflected onto the temptress (paradoxically revealed, like the Siren in *Purgatorio* XIX, to be hideously ugly). At the same time, the dematerialized world of the *Commedia* as a whole, in which physical desire seems definitively transcended, is also implicated in the derisive portrayal of masculine intellectual complacency "liberated" from female sexual temptation.

In the *Decameron* the illusion of multiple voicing is never exploded so explicitly as in the *Corbaccio*. Thus I would not claim that in the *Decameron* Boccaccio rejects the ethos of the illuminated hillside, or the scenario in which he should stay "con le Muse in Parnaso," even though the Narrator in the introduction to Day Four and in the conclusion to the book seems to reject it in lively and vigorous terms:

> . . . le donne già mi fur cagione di comporre mille versi, dove le Muse mai non me furono di farne alcun cagione. Aiutaronmi elle bene, e mostraronmi comporre que' mille; e forse a queste cose scrivere, quantunque sieno umilissime, sí sono elle venute parecchie volte a starsi meco, in servigio forse e in onore della simiglianza che le donne hanno ad esse; per che, queste cose tessendo, né dal monte Parnaso né dalle Muse non mi allontano quanto molti per avventura s'avvisano. (259)

The Narrator's decided preference for pleasing ladies, however, should not be attributed wholesale to the author even at the moment of the *Decameron*'s composition, let alone for the rest of his literary career. The Narrator's earnest desire to lend whatever strength he might have for resisting temptation to others, rather than using it himself, is not an Archimedean point around which to construct the *Decameron*'s ethical universe; that universe is too contingent, too context-sensitive itself, to define it by that one point. Again, the *Decameron* in

---

o no; se i Genovesi o' Viniziani recheranno spezieria di Levante e quanta; se la reina Giovanna giacque la notte passata col re; e quello che i Fiorentini dispongano dello stato della città . . . e tante altre cose, oltre a queste, dirà che miracolosa cosa è a pensare donde tanta lena le venga" (62).

which women often seize or finagle some autonomy also contains the savage and graphic physical abuse of V.8, VIII.3, VIII.7, VII.8, IX.7, IX.9, and others. For every successful attempt to opt out of the patriarchal sexual economy (I.5, VI.3, VIII.4) there are failed attempts (by the women of V.8, V.9, III.6, X.5, and others). For one Madonna Filippa there are many women who must negotiate within the ideology of female chastity (II.7, II.9, X.10).

The narrative disparities are in my view irreconcilable under an optimistic rubric of Boccaccio the feminist; but I would argue that Boccaccio's narrative polyphony stages a debate on or interrogation of the cultural constants of medieval misogyny, which Haakenstad calls "the gendering of the unsavory." I began by noting that the imagistic level of Boccaccio's vernacular fictions often bears a semantic and ethical freight which the literal level abdicates. Making explicit the implicit femaleness of these texts' physical spaces, we can reconfigure the values they assign to women, and thus supplement our reading of the place of women in the *Decameron* and the *Corbaccio*. If Boccaccio does not take a side in the debate on women, at least he stages that debate over and over again.

University of Oregon

Edoardo A. Lèbano

The Three Longest Duels in Italian Chivalric Literature

The three longest duels in Italian chivalric poetry are to be found in the Franco-Venetian cantare *L'Entrée d'Espagne*,[1] in the Tuscan cantare *La Spagna in rima* and in Matteo Maria Boiardo's *Orlando innamorato*.

No precise dates for the composition of both *L'Entrée* and *La Spagna* can be given. Scholars believe that *L'Entrée* was written between 1320 and 1350, while the composition of *La Spagna* is dated back to either the last decades of the fourteenth century or the earlier part of the fifteenth century.[2]

The same uncertainty exists concerning the paternity of these two works. Of the author of the Franco-Venetian poem, who has remained anonymous, as he himself wished,[3] we only know for sure that he hailed from Padua. Our "anonimo padovano" wrote *L'Entrée* in "langue d'oïl," a language which was then well-known in Northern Italy. Although the poem originally consisted of over 20,000 lines, only 15,805 have come down to us. The published version

---

1. According to Guido Giuseppe Ferrero, the duel contained in *L'Entrée* "È forse il più lungo duello della letteratura narrativa francese e italiana." See *Poemi cavallereschi del Trecento* (Torino: UTET, 1968) 54.
2. For a discussion on the dates of composition of these two poems, see the above mentioned *Poemi cavallereschi del Trecento* 12-14 and 27-30; Franco Fabio, *La materia cavalleresca prima dell'Ariosto* (Napoli: Libreria Scientifica Editrice, 1972) 31-32; *La Spagna*. Poema cavalleresco del XIV secolo, edito e illustrato da Michele Catalano, vol. 1 (Bologna: Commissione per i testi di lingua, Casa Carducci, 1939) 81-133 and *L'Entrée d'Espagne*. Chanson de geste franco-italienne, publiée d'après le manuscrit unique de Venise, par Antoine Thomas (Paris: Librairie de Firmin Didot et Cie, 1913) lxii-lxxxv. See also Carlo Dionisotti's article *"Entrée d'Espagne, Spagna, Rotta di Roncisvalle,"* in *Studi in onore di Angelo Monteverdi* (Modena: Società Tipografica Editrice Modenese, 1959) 207-212. Aldo Scaglione, in his edition of Boiardo's *Orlando innamorato*, vol. 1 (Torino: UTET, 1966) dates the composition of *L'Entrée* back to "i primi del '300" (18).
3. See *L'Entrée d'Espagne (10973-75)*: "Je qe sui mis a dir del neveu Charleman/ Mon nom vos non dirai, mai sui Patavian, / De la citez qe fist Antenor le Troian."

The Flight of Ulysses, edited by Augustus Mastri

of *L'Entrée*, taken from the only extant manuscript of the work (which is kept in the Biblioteca Marciana of Venice), was edited by the French scholar Antoine Thomas and was printed in Paris in 1913, under the sponsorship of the Société des Anciens Textes Français.

Even less clear is the question of the authorship of *La Spagna*. Its definitive text, consisting of 40 cantos and totaling 14,536 lines, was published in Bologna in 1939 by Michele Catalano. The Italian critic derived his edition of the Tuscan cantare from the five known manuscripts of the poem and from a careful study of the several editions of *La Spagna* (there were at least 31), printed between the fifteenth and the eighteenth century.[4] While Catalano attributes this poem to the pen of a not better identified Florentine poet, Sostegno di Zanobi,[5] Carlo Dionisotti maintains, instead, that this text is "una rimanipolazione estensiva" of "due distinte redazioni, una piú antica e più breve in 34 canti . . . e una seniore, più lunga e d'altra mano, in 40 canti . . ."[6]

In *L'Entrée* the mighty encounter between Rollant and Feragu is brought about by Feragu's challenge, delivered to the French camp by three Saracen messengers. With its 2583 lines (1630-4213), it is by far the longest of the three. The Rollant\Feragu match is preceded by twelve other duels (806-1629); this because "le duc" is at first prevented from accepting the challenge by direct order of the emperor. As a result, twelve of Rollant's fellow paladins take his place in the field of battle. The first to face Feragu is Ogier, whom Hestous has accused of cowardice because of the comments the former has previously made concerning the gigantic size of the enemy champion. Ogier, however, is rapidly disposed of by the Saracen, who proceeds to defeat and to take the other eleven Christian knights prisoner, among whom are Sanson, l'archevêque Turpin, Oliver and Hestous.

Following these victories, Feragu, who has been anxiously waiting to measure himself with Rollant, finally has his wish fulfilled. The duel, interrupted only at night and always at the request of Feragu (1870-76 and 2832-40), continues for three days.[7] In the course of this "singolar tenzone" all sorts

---

4. See *La Spagna* 225-45.
5. Antoine Thomas, who believes that *La Spagna* was written between 1350 and 1380, consider's Catalano's attribution of the paternity of this poem to Sostegno di Zanobi, if not certain, at least "sérieuse." See *L'Entrée d'Espagne* lxxi.
6. Dionisotti 229.
7. Several times the author of *L'Entrée* interrupts his narration by inserting a description of the now exultant now anguished participation of Charlemagne and his warriors to the various phases of the duel between Rollant and Feragu; he also reports the conversations

of weapons are used, including, during the second and third day, a number of stones. Against the huge club of the Saracen, Charlemagne's nephew makes efficient use of his fists, hitting Feragu on the head with two stunning blows of his left and right hands in rapid succession, thus providing us with what probably constitutes the first boxing lesson in chivalric literature (1794-1801). In spite of the impetuosity with which the two opponents fling themselves one against the other, they never fail to be courteous, at times even obliging, and always ready to sing the praises of the rival.

When during the third day Feragu, feeling tired and puzzled by Rollant's physical endurance, asks him for a brief truce, the latter kindly agrees (3485-3493):

> Dist Feragu: "Done moi, s'il t'agree,
> "Un pué de treugue, qe mout l'ai desiree."
> Le duc respont: "Ja ne vos ert vehee.
> "Repoisé vos en tiele destinee
> "Che Diex vos dunt grace avant la vespree
> "De pervenir a la loi batiçee,
> "O voirement a ceste moie spee
> "Vos soit enchué l'arme dou cors sevree."
> Le Turc s'an rit, s'a la teste corlee.

then, after the pagan has fallen asleep and "Si fort sornoille come fust un fornais" (3537), Rollant picks up a large stone and places it under the head of his adversary to serve him as a pillow (3540-47).

Once the Saracen awakes, instead of resuming dueling, he expresses the desire to converse for a while with Rollant, whom he invites to become a Muslim, promising him as a wife his own sister, a woman whose beauty and virtues are unequalled on earth ("E ma seror, qe de bontez n'a per / E ne plus belle ne se poroit trover / Cangeona te donrai a moiler." (3595-97) Immediately after, the two contenders engage in a 374 line-long theological discussion during which the Saracen refers to Rollant as "amis," while the paladin addresses Feragu as "frere" (3610-3984). More than willing to answer all the pagan knight's questions, Rollant talks about the mystery of the Trinity, tells the story of original sin, and explains the reasons for the birth, passion and resurrection of Christ. When the Saracen refuses to be baptized, stating that his conversion

---

and the quarrels (provoked by Hestous) that occur among the Christian knights who are Feragu's prisoners. The "padovano" intervenes at least twice (lines 1810-44 and 2763-2829) either to address his readers or to make considerations of a moral nature.

might be believed to be determined by fear, a frustrated and enraged Rollant declares: "Tu ne veus croir en riens qe je te die, / Filz du Diable, nescus de Diablie!" (3988-89). It is at this point that Feragu, wishing to convince his opponent that he is as human as anyone else, makes a revelation that spells his doom: due to the influence of a star at birth, he is invulnerable, except for the umbilical area (4000-4014). Because of this careless confession, Rollant finally succeeds in slaying Feragu by thrusting his sword deep into the man's navel (4123-31):

> La o terminie de l'ome la moité
> La o Nature veult par necesité
> Que ceschuns home convient estre taillé
> (C'est l'emboreil), l'a le duc asené;
> Nuls garnimant dont il fu adobé
> Ne vaut al colp qe tot non soit dané.
> Le brant i mist deci du'en le fié.
> Cil gete un cri, l'espirt en est alé;
> Celui l'en porte qe bien l'a gaagné.

As direct consequence of Feragu's death, the city of Laçarain surrenders and all its inhabitants are baptised (4214-4536).

In *La Spagna*, for whose composition the author appears to have largely and freely borrowed from *L'Entrée*, the duel between Orlando and Ferraú, which also lasts three days, is considerably shorter (1176 lines). It begins in Canto II, 37 and ends in Canto V, 40.

Having bid farewell to his mother,[8] Ferraú arrives at the Christian camp announcing himself with loud shouts and the piercing sound of his horn. He is ready to face Orlando or anyone else who dares to confront him (II, 41):

> Nel suo sonare diceva il bacellieri:
> — O Carlo Mano, o alto re di Francia,
> manda meco a giostrare un cavalieri,
> il miglior c'hai e piú provata lancia:
> mandami quello c'ha l'arme a quartieri;
> tuo nievo Orlando non curo una ciancia;
> se della Spagna vuole incoronarsi,
> venga sul campo con meco a provarsi. —

---

8. The introduction in *La Spagna* of the new and original figure of Ferraú's mother, is certainly worthy of note. This terrible old woman, who is capable of love and hate with the same intensity, is perhaps a precursor of Boiardo's Lanfusa.

While Charlemagne denounces the excessive pride of the pagan, Uggieri predicts that no Christian knight will ever be able to subdue the Saracen, thus provoking the prompt reaction of Orlando, who reproaches him for his cowardice. To prove Orlando wrong, Uggieri would like to be the first one to confront Ferraú, but he is instead preceded in the field by Astolfo. The Saracen, however, overcomes Astolfo, and after him, Uggieri, Ulivieri and thirty-four other knights, who all end up as his prisoners. The victorious Ferraú can, therefore, return elated and confident to his Lazera for the night (II, 42 - III, 30).

The morning after, Ferraú, well rested and bolder than ever, appears before the French camp, burning with desire to fight with Orlando. The greatest of all Christian knights puts on his armor and, wearing his faithful Durlindana on his side, finally faces his challenger. After a mutual exchange of colorful insults, the contest begins, to be interrupted only at nightfall. Having agreed to resume the duel on the following day, Orlando goes back to his people, while the Saracen returns to his palace where he dines sumptuously in the company of his prisoners (III, 31 - IV, 17).

The morning of the second day Ferraú is again the first to arrive at the battlefield; here he blows his horn, causing Orlando to jump out of his bed (IV, 24-26). The "tenzone" resumes with Orlando inviting, once more, his adversary to repudiate Mohammed and to embrace Christ -- an exhortation which, as a rule, is followed by the Saracen's further insults, such as "fi di puttana, sozzo poltroniero" (IV, 29, 3). The duel, which is first fought on horseback and then on foot, continues without any tangible result until dark, at which point the two decide to go home, arranging to meet a few hours later (IV, 32-46).

At dawn of the third day, Ferraú, always the first to get up, awakes the ever sleepy Orlando for the second time with his horn (V, 12). After further furious exchanges of blows, both warriors decide, in order to put an end to the contest, to reveal where each can be wounded. Ferraú discloses that he is vulnerable only in the groin; Orlando that he can be killed if wounded in the sole of a foot (V, 12-19). Because of this disclosure, during the last hand-to-hand combat, which takes place on a covered bridge, Orlando mortally wounds Ferraú in the groin. Before dying, the pagan warrior begs his victor to baptise him (V, 33, 3-8):

> — Omè, tu m'hai afranto!
> L'anima del mio corpo se diparte.
> Piacciati darmi il battesimo santo,
> ch'io veggio ben ch'il mio dio ha mal'arte,

né vale a petto al vostro sommo Padre,
quale incarnò nella Vergine madre. —

He then reveals to Orlando that to be able to conquer Lazera and free the Christian knights, the Count must kill Ferraú's mother, who has sworn that she will disembowel Orlando should he be defeated by her son in combat. After Ferraú is dead, his soul is transported to heaven by two angels, while Orlando sheds a few tears, comforted however by the thought of his former enemy's salvation (V, 34-40). In cantos VI and VII of *La Spagna* the reader learns that, wearing the dead Saracen's clothes, Orlando succeeds in entering Lazera, where he kills Ferraú's mother, frees his fellow paladins and takes possession of the city. The Ferraú/Orlando episode ends with the solemn funerals of the "baron perfetto" (VII, 34), whom Orlando has slain and saved "in extremis."

If we examine the duel of *La Spagna* vis à vis that of *L'Entrée*, we note that the author of the Tuscan cantare has closely followed the outline of the Franco-Venetian poem. In both works it is the pagan warrior that challenges Charlemagne's nephew; in both, the duel lasts three days, with rest periods during the night; in both the contest ends with the death of the Saracen and the conquest by the French of the enemy city, whose inhabitants are then baptised.

The two episodes, however, present several significant dissimilarities. Feragu differs from Ferraú not only in physical appearance (the former is as big as Goliath, the latter is instead a man of normal size), but also in personality. It seems that what the Saracen of *La Spagna* has lost in body size, he has acquired in boastfulness, in loquacity and, even more, in a great tendency to create noise. While in fact in *L'Entrée* Feragu's challenge is brought by three messengers, in *La Spagna* it is delivered by Ferraú himself, with the help of a more or less "musical" accompaniment. Rollant, on the orther hand, is different from Orlando who, because of his inclination to oversleep and to be forever late to his appointments, acquires a comical touch we do not find in his counterpart. Everything considered, one could venture to say that Ferraú and Orlando are somewhat more southern, more "Italian" than Feragu and Rollant.

In *L'Entrée* the seemingly interminable duel between the two champions is told in a varied and richly detailed fashion. In *La Spagna*, instead, despite its greater brevity, the episode seems to drag on to a monotonous, sometimes tiresome, repetition of the same actions and images.

It is obvious that the authors of *L'Entrée* and of *La Spagna* both intended to portray Rollant/Orlando as the Christian hero par excellence and tried, therefore, to depict his antagonist as an enemy worthy of him. While, however, Feragu is a most fearless, proud, severe and yet courteous man, who reveals a genuine attachment to his own faith as well as a sincere interest in the problems of the soul, Ferraú — whom the author of *La Spagna* compensates for the loss in body size by making him defeat 37 Christian knights prior to his match with Orlando — has only a shade of the virtues that distinguish Feragu. Totally lacking in *La Spagna* is the long theological discussion we read in the Franco-Venetian cantare, as missing are also the frequent prayers Rollant and Feragu address to God and Mauchomet respectively.

Despite these many similarities, it is interesting that the two duels differ in the way they end. The rejection by Feragu of Rollant's religious teachings follows the tradition of earlier *chansons de geste* in which combat leads to defeat and death. In these combats between pagan and Christian it is always implicit that the victory of the Christian demonstrates that his cause is just. This corresponds both to Christian and Germanic social codes. In fact it might well be that medieval audiences [9] would have seen in Ferraú's conversion a recognition by the pagan that his defeat had demonstrated that the Christian God was the living God, to use the biblical phrase.

The third duel we must now examine is the one Orlando fights with Agricane in cantos XVIII (29-55) and XIX (1-17) of Libro Primo of *Orlando innamorato*.[10] Boiardo wrote this poem between 1476 and 1582, presumably a century after the composition of *La Spagna*. The duel in question (to which our Poet dedicates less than 44 stanzas, 347 lines in all), lasts an entire day, the ensuing night, and part of the following day.

During a battle between Saracens and Christians, Orlando attacks Agricane, who, however, fails to recognize him. Agricane, eager to confront this mighty knight alone, pretends to flee so as to take the Christian away from the battlefield. Having found a solitary plain, surrounded by a "selva oscura," the Saracen dismounts and waits for the enemy near a fountain (XVIII, 29-33).

When Orlando arrives, he immediately accuses the pagan of cowardice. Agricane, however, with "voce suave," reveals to the Count the true reason for his alleged flight, declaring also that he is quite sorry to have to kill him. Equally kind is Orlando who invites the Saracen to become a Christian in order to spare himself eternal damnation. Agricane, who in the meantime has recognized in the noble words of the paladin the great Christian leader, replies that the true God is the God in whom the victor of the duel believes.

---

9. Feragu, who dies without converting himself to the faith of his victor, appeals to the modern reader as a far more noble and poetical character than Ferraù and can not but call to our mind the figure of Rodomonte in Ariosto's *Orlando furioso*.
10. The edition used is the one edited by Aldo Scaglione (see note 2).

The contest starts and both challengers exchange great blows from early afternoon until sunset; when darkness falls, Orlando suggests to his adversary that they postpone fighting until it will be light again. Agricane agrees and both warriors, after having tied their horses to a nearby tree, stretch out on the grass, Orlando near the fountain, Agricane under a pine tree.

At this point begins between the two men a conversation/ confession which, initiated with the mild and confident words of stanza 41, ends with the fiery expressions of stanza 53. The first to speak is Charles' nephew, who, raising his eyes towards the sky, hints at the beauty of creation. Agricane, aware that the paladin intends to talk about his faith, rapidly brings Orlando down to earth by proclaiming his ignorance in theological as well as other intellectual matters, preferring to recall his youth, spent learning the correct usage of arms (42-3).

Orlando, then, though agreeing with his interlocutor concerning the necessity of excelling in such a knightly duty, affirms (as a truly Renaissance man would) the importance and the superiority of knowledge (44, 3-8):

> Ma non già che il saper faccia men degno,
> Anci lo adorna come un prato il fiore;
> Ed è simile a un bove, a un sasso, a un legno,
> Chi non pensa all'eterno Creatore;
> Né ben se può pensar senza dottrina
> La summa maiestate alta e divina.

The pagan, not greatly impressed by Orlando's words, reminds him that it is not nice to talk about such high matters to an uneducated person, and adds that Orlando should, instead, talk of things that he, Agricane, has knowledge of and can understand, such as the true reason for the paladin's participation in the war. He would also like to find out whether or not the Christian knight has ever been in love, "Perché ogni cavalier che è senza amore, / Se in vista è vivo, vivo è senza core." (46, 7-8).

When, however, Orlando explains that he is in the war to earn Angelica's love, the Saracen, who is also in love with the beautiful damsel, burning with jealousy, urges his rival to forget her for good. The Count replies that he has sworn eternal allegiance to Angelica and that his honor as a "cavaliere" would never allow him to forget her.

Raging with fury, Agricane then jumps on his horse, hastening his opponent to resume the match even though the night is quite dark. Orlando, who has already gotten on his Vegliantino, promptly faces him . . . and the duel resumes in the moonlight (54-5).

After five hours of unrelenting hand-to-hand combat (it is by now dawn) Agricane, with a blow of his sword splits in two Orlando's shield, without, however, wounding the paladin, whose body is protected by a spell (a reflection of the tradition that Roland remains unwounded after the Saracens' final charge at Roncesvalles).

Then it is the Count's turn to wound Agricane in the chest; the pagan replies by hitting the paladin on his helmet with such a force as to stun him. Vegliantino, scared by the blow inflicted upon his master, runs wildly back and forth. In the meantime Orlando, having recovered, ashamed and furious, deals a downward blow with his Durlindana, ripping apart Agricane's body from the right shoulder down to his groin (XIX, 7-11).

Suddenly pale and with a voice barely audible, Agricane asks Orlando to baptise him right away (12-3):

> Batteggiame, barone, alla fontana
> Prima ch'io perda in tutto la favella;
> E se mia vita è stata iniqua e strana,
> Non sia la morte almen de Dio ribella.
> Lui, che venne a salvar la gente umana,
> L'anima mia ricoglia tapinella!
> Ben me confesso che molto peccai,
> Ma sua misericordia è grande assai.

Once Orlando has helped the Saracen dismount, with tears in his eyes he gently places the head of the dying man on the marble edge of the fountain, where Agricane expires as soon as the paladin has baptised him (16-17, 1-3).

There are several obvious analogies between the Orlando/ Agricane duel in the *Orlando innamorato* and those narrated in *L'Entrée d'Espagne* and *La Spagna*. Regarding these similarities, Giulio Reichenbach, in his important study of Boiardo's masterpiece, while not excluding that our poet might have read or might have had some knowledge of *L'Entrée*, states that a careful examination clearly shows that Boiardo's direct source for the episode in question was not the Franco-Venetian cantare, but a mediocre adaptation of it, called *La Spagna in rima*.[11] According to Reichenbach, the Conte di Scandiano had only a limited knowledge of French; for this critic, moreover, the fact that in both *La Spagna* and *L'Innamorato* the Saracen dies a converted man (while in *L'Entrée* Feragu lives and dies a pagan), is, together with other

---

11. Giulio Reichenbach, *L'Orlando Innamorato di M. M. Boiardo* (Firenze: La Nuova Italia, 1936) 22-23.

analogies between the two texts, an "indizio veramente decisivo" that in writing the Orlando/Agricane duel Boiardo had the Tuscan cantare "sotto gli occhi, e ch'egli lo conoscesse assai bene, e lo tenesse quasi a memoria."[12]

While Boiardo's direct knowledge of *La Spagna* is a fact beyond dispute, some similarities between the Franco-Venetian cantare and *L'Innamorato* (mainly the courtesy which inspires the words and the actions of the two contenders and, to a lesser degree, the presence in both poems of a discussion of religious nature, quite long in *L'Entrée*, only attempted in the *Orlando innamorato*) do give ground to the hypothesis that in composing the Orlando/Agricane duel Boiardo had also in mind the one between Rollant and Feragu.

If it is true that only one manuscript of *L'Entrée* has come down to us, it is also true that several copies of this poem were circulating during Boiardo's lifetime. In the introduction to his edition of *L'Entrée*, Antoine Thomas writes that Francesco Gonzaga, Duke of Mantua, owned, before 1407, three copies of the Franco-Venetian cantare.[13] Could it not be possible for Boiardo to have seen and read, at some time or another, either in Ferrara, Mantua or elsewhere one of these copies of *L'Entrée*? Even supposing that Boiardo did have a limited acquaintance with French, as Reichenbach maintains, could this fact have prevented him from seeking an expert's advice on the matter?

In any case, what makes the duel of *L'Innamorato* different from those in *L'Entrée* and *La Spagna*, is, besides Boiardo's greater poetic and linguistic gifts, the introduction in the chivalric material of a new element: *love*.

While in the *cantari popolari* duels are fought for either religious or patriotic reasons, the duels of *L'Innamorato* take place strictly for personal motives, such as the conquest of a woman's love, revenge for a past offense, or professional jealousy. In the Orlando/Agricane contest, the description of the armed clash between the two champions occupies little more than 13 out of 43 stanzas (29, 38, 54-55 of canto XVIII and 2-7, 10-12 of canto XIX); this shows that what interests Boiardo the most is not the duel per se, but rather the personality of the contenders. A great part of the remaining 30 stanzas is, in

---

12. Reichenbach 25. As a further evidence of the fact that *La Spagna* was known in the Ferrara of Boiardo's times, Reichenbach adds that the Tuscan cantare is mentioned two or three times in the catalogues of books belonging to the Este Family (the Biblioteca Comunale di Ferrara has a copy of *La Spagna minore*, formerly owned by Duke Borso d'Este). On this point, however, see Antonio Franceschetti's clarifying comments in his article "*La Spagna in rima* e il duello di Orlando e Agricane," *Lettere Italiane* 21. 3 (Luglio-Settembre 1969): 322-26 and in his book *L'Orlando innamorato e le sue componenti tematiche e strutturali* (Firenze: Olschki, 1975) 244-55.

13. *L'Entrée d'Espagne* xxiv-xxxii.

fact, devoted to the presentation of the two warriors, portrayed not in their strength as men of arms, rather, in their fragility of men in love. The poetic beauty of this episode, as Franceschetti points out, "si accentra non nei colpi del duello in cui Agricane troverà la morte, ma nel colloquio in cui Orlando e il re tartaro hanno modo di manifestare se stessi e di sentirsi veramente l'uno contro l'altro, irreparabilmente divisi dall'amore per la stessa donna che . . ., in maniera diversa li rifiuta e li schernisce entrambi."[14]

Finally, Agricane's last minute request to be baptized, while proving little about the poet's own religious feelings, conforms to the Saracen's previous declaration that the true God is the God of the victor. In this it represents medieval thought and accords with the conversion of Ferraú in *La Spagna*. It also testifies to Boiardo's respect for his sources and for tradition.

Indiana University

---

14. Franceschetti, *L'Orlando* 108.

PAOLA MALPEZZI PRICE

A Sixteenth-Century Woman Poet's Pursuit of Fame: The Poetry of Isabella di Morra

A woman aspiring to worldly renown, through the public display of her ideas, feelings and erudition, aroused suspicion during the sixteenth century. As male Humanists tell their public, "By silence indeed women achieve the fame of eloquence..." and "... the speech of a noblewoman can be no less dangerous than the nakedness of her limbs."[1] Historian Joan Kelly-Gadol states that Italian civic humanists established at this time the gender ideology that has pervaded Western culture for centuries. She affirms that they developed the bourgeois "sex-role system" that places "man in the public sphere and the patrician woman in the home, requiring social virtues from him and chastity and motherhood from her."[2] Hence, when a woman "speaks up" through writing, she does it from a personal and social situation which differs significantly from man's. In order to appreciate women's writing of this period, literary critic Ann Jones adds, critics need to understand this gender ideology together with a woman's particular pre-text or *situational* context.[3]

Isabella di Morra holds a unique place in Italian Renaissance verse. In her poetry she chose to express feelings of isolation in contrast with the Petrarchan model which celebrates the suffering and the joy of romantic love.[4] While

1. Francesco Barbaro, *De Re Uxoria* (Paris, 1513; 1533) trans. in *The Earthly Republic: Italian Humanists on Government and Society*, ed. Benjamin Kohl et al (Philadelphia: U. of Pennsylvania Press, 1978) 203.
2. Joan Kelly-Gadol, "Did Women Have a Renaissance?" in *Becoming Visible: Women in European History*, ed. Brudenthal Renate & Claudia Koonz (Boston: Houghton Mifflin, 1977) 154.
3. Ann Rosalind Jones uses this term and proposes this idea in her essay "Surprising Fame: Renaissance Ideologies and Women's Lyric," in *The Poetics of Gender*, ed. Nancy K. Miller (New York: Columbia UP, 1986) 80.
4. Isabella di Morra was certainly familiar with Petrarch's work, since the first edition of his *Trionfi* and *Canzoniere* appeared in Naples in 1477. For a detailed examination of the parallels between Petrarch and Isabella di Morra see Ruggiero Stefanelli, "Il Petrarchismo di Isabella di Morra," in *Isabella di Morra e la Basilicata* (Matera:

The Flight of Ulysses, edited by Augustus Mastri

critics have widely commented on her existential solitude, they have neglected another important theme of her poetry, namely her deep aspiration to fame. This study examines this subtle aspect of di Morra's poetry as it appears as text and as it is concealed as subtext.

Since her physical milieu and her personal situation constitute dominant elements of di Morra's verse, I will begin by examining her life as pre-text to her lyrics. Isabella di Morra's life and death were first recounted by the family biographer, the son of di Morra's youngest brother, and later by twentieth-century researchers.[5]

Isabella di Morra was born of a noble family around 1520 in ancient Lucania, one of the poorest and most remote of Italy's southern regions. At home in the isolated castle of Favale, she received a basic humanistic education from the family's preceptor, who had been engaged primarily to teach her older brother Scipione. At an early age, however, Scipione joined their father in France, where he had fled for political reasons. Neither of them was ever to return to his homeland and the young girl was left in the care of her other three brothers. Due to their father's protracted absence, the younger brothers received no formal education and lived a crude and rustic life.

When she was about twenty years old, di Morra met a Spanish lord, Sandoval de Castro, who frequently visited his wife at the nearby castle of Bollita. De Castro and di Morra began exchanging correspondance, including poetry which Sandoval signed in his wife's name. After some months Isabella's brothers discovered this exchange and when they caught their sister with some of de Castro's letters in hand, they killed her. Later they also succeeded in killing De Castro, despite his attempts to protect himself. After the murders, the three brothers fled to France in order to avoid prosecution. Their father had recently died and older brother Scipione helped them start a new life in that country.

The judges who handled di Morra's murder case collected and removed her papers from Favale, and in the process copies of her poems found their way to Venice, where Ludovico Dolce edited a collection of lyrics by Neapolitan nobility in 1556 and included some of di Morra's poems.[6] At about the same time a greater number of her lyrics found their way to Lucca, where in 1559

Liantonio, 1981) 57-73.
5. Benedetto Croce, *Isabella di Morra e Diego Sandoval de Castro* (Bari: Laterza, 1929). The story of the fratricide appears in Marco Antonio di Morra, *Familiae nobilissimae de Morra historia* (Naples: Roncalioli, 1629) 80-84.
6. *Rime* (Venice, 1556) VII.

Lodovico Domenichi published the thirteen poems we have today in another collection of women's poetry.[7] In the seventeenth century the Neapolitan Antonio Bulifon included di Morra's lyrics in the two collections of women's lyrics he edited.[8] Other poems were included in later anthologies, but no edition of di Morra's thirteen extant lyrics appeared until De Gubernatis, Croce and Toffanin made available their studies on her life and poetry to the twentieth-century literary public.[9]

These scholars evaluate di Morra's poetry differently, although they all take into consideration her tragic life. Angelo De Gubernatis valued di Morra's work as a reflection of her sorrowful life and anticipation of her tragic death.[10] Benedetto Croce retold Isabella di Morra's life story and praised her poetry for its "passionate immediacy" and "abandonment of feelings," very different from the prevailing poetry of that time, which he considered "precious and artificial."[11] Giuseppe Toffanin, on the other hand, viewed her lyrics as a cold and empty document of her "too beautiful" tragic life.[12]

In 1975 several scholars held a conference on Isabella di Morra at her birthplace. The essays included in the proceedings—published in 1981—examine different aspects of her verse as well as her literary and personal relationships to her region.[13] Most of them reaffirm Croce's positive aesthetic appreciation of di Morra although tainted by a vision of the poet as a tragic figure. They also embrace Croce's view of her writings as naive and simple, lacking formalistic rigour.

In this study I argue that di Morra's verse is simple on the surface, and that it contains a rich and complex subtext which often contradicts a literal reading of her poetry. In the analysis of some of her lyrics, I will show how she uses this hidden mode to express her frustration, escape her plight and especially her

---

7. *Rime diverse di alcune nobilissime e virtuosissime donne* (Lucca: Busdrago, 1559).
8. *Rime delle Signore Lucrezia Marinella, Veronica Gambara ed Isabella della Morra* (Naples, 1693); *Rime di Cinquanta Illustri Poetesse* (Naples, 1695).
9. Bergalli, *Componimenti poetici delle piu' illustri rimatrici di ogni secolo* (Venice, 1726); *Gemme o collezione di poetesse italiane antiche e moderne dal 1290 al 1855* (Naples, 1855).
10. Angelo De Gubernatis, *Isabella Morra. Le rime* (Naples: D'Andrea, 1922).
11. Croce 1929. I have used Croce's edition as the most accurate and complete of Isabella's collection of extant poems.
12. Giuseppe Toffanin, *Le più belle pagine di Gaspara Stampa, Vittoria Colonna, Veronica Gambara e Isabella Morra* (Milan: Treves, 1935).
13. *Isabella di Morra e la Basilicata*, ed. Giovanni B. Bronzini (Matera: Liantonio, 1981).

hope and ambition to achieve recognition and fame. She reveals this ambition in most of her writings: in her passionate recriminations against Fortuna and against her homeland; in her ardent hopes for a change in her life through marriage or help from abroad; in her warm and envious praise for her fellow poet Alamanni, in her invocation to the Muses and her expressions of confidence in her poetic skills.

Isabella di Morra's lyrics reflect the geographical reality of her native province. They owe their existence, however, to the writer's deep need to transcend the limited confines of her bleak surroundings. Isabella di Morra lived and wrote in a geographical environment which differed significantly from the typical setting of Renaissance poetry on the casuistry of love.[14] Rather than an urban world of ladies and gentlemen, of *cortigiane* and men of letters engaged in elegant conversations, Isabella di Morra lived in a primitive agricultural society, in which the peasants were so poor that at times they ate grass and acorns to survive[15]. Her greatest desire was to belong to the elegant world of the cities. Only with great reluctance does she accept the totally different environment in which fate, or *Fortuna*, has placed her. The conflict between her existential reality and her aspirations — described by the poet as her "internal illness"[16] (IX, 5) — becomes the main underlying motif of her lyric production. As di Morra herself writes in one of her sonnets, she is compelled to "scream" her claim to poetic existence in her "rude ink."

---

14. "The geographic situation of the province of Basilicata was, as it is today, strangely unique. It has only a few yards of coastline, almost unapproachable;on the other hand, it has a larger surface than any other province; and because of its mountains, its unsafe woods, its high cliffs and its broken or unstable roads on cretaceous soil it is the steepest, the least accessible province, most cut off from any commerce..." (Giacomo Racioppi, *Storia dei popoli della Lucania e della Basilicata*. Bologna: Forni, 1970, rpt. Rome, 1902, 362; my translation).

15. Pietro de Toledo "Il Regno di Napoli in una relazione vicereale (1540)" in Tommaso Pedio, *Napoli e Spagna nella prima metà del Cinquecento* (Bari: Cacucci, 1971) 483. Toledo writes: "Vostra Maestà ha da credere fermamente ch'in questo suo regno corre al presente una penuria et fame universale et tanto grande che la magior parte dei soi naturali mangiano herbe et gliande come animali bruti." ("Your Highness must firmly believe that in this kingdom of Yours there is presently such a state of great and universal poverty and hunger that most inhabitants resort to eating grass and acorns like wild animals.")

16. "l'interno male." All the translations from the Italian in this paper are mine. Future citations will be followed by their translation and the number of the sonnet as indicated in Croce's edition of Isabella di Morra's lyrics.

The wish to communicate with the outside world through personal writings assumes the existence of an audience. As this invisible presence influences di Morra's lyrics, we need to examine the poet's relationship with her imagined readers. "The context and the audience must be the starting points for any understanding of sixteenth-century writing,"[17] argues Jones in her concluding remarks on the attempts made by Renaissance women writers to circumvent society's imposition to silence.

It is to a predominantly male audience that di Morra — consciously or not — addresses herself. Men, in fact, composed the overwhelming majority of readers, as well as writers, of sixteenth-century Italy. They also constituted the modern equivalent of publishers, editors, critics and translators; the "professional readers" who delivered the edited text to the "secondary readers" or lay audience.[18] The hidden presence of this male audience infuses di Morra's verse with particular tension and ambivalence towards the real and mythical men and women inhabiting her poetic world.

Man, in his multiform appearances of brother, father, the King of France, the poet Luigi Alamanni, as well as Christ, embodies for di Morra not just authority, power and salvation, but also the legitimate right to fame, potential and actualized. Woman, manifest in di Morra's poems as her own mother, the Muses, the goddesses Juno and Fortuna and a Lady Rose, incarnates, on the other hand, an image of contrasting or ambiguous attitudes and behaviors. It is, however, in relation to the women she depicts that di Morra best shows her originality in her pursuit of glory.

While she repeatedly berates the goddess Fortuna and almost totally ignores her mother, Isabella di Morra praises a certain Lady Rosa's intervention in her favor, invokes the Muses' help and Juno's guidance and, in her last sonnets, lauds the Virgin Mary. The poet reviles Fortuna because the cruel and unjust goddess displays traits antithetical to feminine attitudes. Socially and intellectually isolated, di Morra chooses *Fortuna* as an adversarial alter ego and a target of verbal abuses in her poetic world.[19] She addresses complaints and recriminations concerning her miserable life to the volatile goddess. She accuses her

---

17. Jones, 93.
18. Susan Schibanoff "Early Women Writers: Inscribing, or, Reading the Fine Print," *Women's Studies International Forum* 6. 5 (1983): 475.
19. According to Edward Patch, *The Goddess Fortuna in medieval Literature* (Cambridge: Cambridge U.P., 1927) 25-26, the belief in this capricious goddess enjoyed a new vigour during the Renaissance, especially as a personal tutelary force. Di Morra presents Fortuna as a hostile personal enemy, who has cruelly predetermined her endless suffering.

of having placed her in an uncivilized land: "fra questi dumi / fra questi aspri costumi / di gente irrazional, priva d'ingegno" (IX, 6-8). In one of her tirades against Fortuna, di Morra expresses her yearning for the privileges and honors bestowed on women in more civilized places:

> Qui non provo io di donna il proprio stato
> per te, che posta m'hai in sì ria sorte
> che dolce vita mi saria la morte. (IX, 34-36)

As a consequence of Fortuna's cruelty and capriciousness, the poet berates all women:

> E donna son, contra le donne dico:
> che tu, Fortuna, avendo il nome nostro,
> ogni ben nato core hai per nemico. (VI, 9-11)

In suggesting that Fortuna betrays womanhood in her display of men's most evil traits of cruelty towards her, Isabella di Morra implicitly condemns a world in which force and violence prevail over other values and norms of conduct.

In her verse, Isabella di Morra assigns the role of wicked stepmother to Fortuna, whose evil presence is felt in most of her lyrics, yet she barely mentions her real mother. The poet refers to her just once in a direct reproach to her brothers, who fail to come to their mother's help in her old age: "The sons should have been the cane of my unlucky mother's frail old age" ("Bastone i figli de la fral vecchiezza / esser doveano di mia misera madre") (IX, 56-57). In these two verses di Morra presents her mother's frailty and ill fortune as symbols of a woman's dependent condition in society. Yet the poet rebels against this role her society imposes on women. In affirming other values besides those of authority, force and control and in evoking powerful feminine figures, di Morra creates in her work what Coppelia Kahn calls the "maternal subtext."[20] The poet expresses her longing for a life of happiness through friendship and family ties in her lyrics to lady Rosa and her beloved brother and father. In an unconventional way she links her desire for happiness with her

---

20. Coppelia Kahn opposes the hidden maternal subtext to the visible patriarchal structures of many texts in "The Absent Mother in *King Lear*," in *Rewriting the Renaissance*, ed. Ferguson, Quilligan & Vickers (Chicago: University of Chicago Press, 1986) 35.

aspiration to worldly fame and assigns the power to bestow both mortal happiness and eternal renown to the feminine characters she evokes in her poems.

Two of di Morra's poems mention a planned marriage which never materialized. In them the poet undermines even the most conventional discourse as she expresses the hope of freeing herself from her brothers' harsh tutelage through an acceptable escape. In one of these poems she celebrates lady Rosa, the likely intermediary of such a union. In this lyric — one of di Morra's most cheerful — she envisions a change in her social status and the beginning of a happier existence as her life of sorrow ends. The poem highlights the lady's quasi supernatural power to dispel the bitter destiny that the "sour and cruel goddess"--Fortuna — has assigned to the young woman. The hyperbolic praise of the lady's beauty and generosity ends with an ambivalent prediction. Upon complimenting the "red rose" and the "sacred golden lilies" of marriage, Isabella concludes the sonnet with an expression of gratitude to the lady and a glimpse of her future "married" life:

> Non men l'odor de la vermiglia Rosa
> di dolce aura vital nodrisce l'alma
> che sogliono farsi i sagri Gigli d'oro.
> Sarà per lei la vita mia gioiosa
> de' gravi affanni deporrò la salma,
> e queste chiome cingerò d'alloro. (IV, 9-11)

In a seemingly innocent way the poet blends here elements from different domains. Whereas the rose and the lilies constitute literary and popular symbols of love, sex and marriage,[21] the laurel — significantly mentioned at the end of the sonnet — belongs to the realm of poetry and glory. In this poem Isabella envisions married life as a personal rebirth in which she will be able to pursue both happiness and worldly renown.

Di Morra reinforces the lyric's themes of creativity and fertility, associated both with marriage and poetry, when she introduces the image of a river. She praises her beloved Siri ("Siri mio amato"), since it touches the land in which the benevolent lady Rosa lives. Water, earth, flowers, presented as life-and joy-

---

21. Still today Italian children sing this song at weddings: "Viva il giglio, viva la rosa, viva . . . con la sua sposa!" ("Long live the lily, long live the rose, long live [name of bridegroom] with his bride!")

giving elements, culminate in a celebration of the poet wearing the laurel crown. Although the main theme of the poem is the celebration of the lady planning her marriage, di Morra subtly leads the flow of her lyric to the final image of herself wearing the symbol of the highest poetic distinction. Her dream for the future harmoniously combines a woman's traditional role of wife with the status of poet laureate, thus defying society's expectations. Text and subtext here identify only in appearance: in reality what the latter suggests utterly subverts the affirmations of the former.

In the other poem on her hopes to marry, di Morra addresses herself to another benevolent female figure — the goddess Juno — in her tutelary role over the nuptial rites. In her invocation to the goddess di Morra asks for "holy ardours" which will make her days and years "chiari e felici." While the meaning of the adjective "felici" is clear as "happy," "chiari" holds the double meaning of "light" or "famous." As in the preceding poem, here di Morra only appears to abide by a discourse suitable to a woman. Although she expresses the desire to assume the conventional role of wife with its implicit references to subservience to men, she subtly articulates her aspiration to eternal fame. In so doing she radically subverts her conventional discourse by demanding the very thing that patriarchy is most reluctant to grant her.

Although living in a sociey in which men retained absolute powers over the women of their household, di Morra felt intellectually superior to the uneducated brothers who were to kill her. Aware that they would never read her poems nor understand them if they did, she dares complain of their uncouth manners in her lyrics: "da chi non son per ignoranza intesa / i' son, lassa, ripresa" (IX, 52-53). Isabella di Morra makes other reference to her frustration with the world in which she lives in complete oblivion ("in cieco oblio") (IX, 11). Unable to change this situation, she compares her written recriminations to a scream, short-lived and therefore almost unheard: "e spesso grido col mio rozzo inchiostro" (VI, 12). She also realizes that her "rough style" differentiates her lyrics from the conventional poems of her time, which consist mainly of artful elaborations on literary topoi and established images. Di Morra perceives herself removed from poetic distinction both as an inhabitant of a region distant from the centers which dispense civility and fame and as a woman writing in a male-dominated poetic tradition. Isabella di Morra believed that her only chance to change her way of life and live "in town" would come from her father. Her "dear parent" left her when she was still a child and his political activities made it impossible for him to return home: "O cosa non più udita / privare il padre di giovare la figlia!" (IX, 18-19). In her poems to and about her father, di Morra subtly reiterates her refusal to accept her destiny and leave this world without leaving traces of her self. In one of these sonnets she initiates an imaginary dialogue with her absent father and depicts herself searching the sea in the hope of spotting his returning ship. While awaiting news of her father, di Morra sends him words of love mixed with despair. These verses clearly textualize the names of the two characters and insist on their kinship, daughter-father, and on their separateness, I-you:

> D'un alto monte onde si scorge il mare
> miro sovente io, tua figlia Isabella,
> s'alcun legno spalmato in quello appare,
> che di te, padre, a me doni novella. (III, 1-4)

The poet suggests her ambivalent feelings towards her father in the tone of the poem and the insistance on the personal pronouns and possessive adjectives. As she depicts herself staring at the empty sea, di Morra expresses reproach as well as expectation. She seems in fact to be accusing her father of not wanting to come to her aid. In signing and addressing her message, di Morra immortalizes both sender and addressee: the former in her posture of waiting intensely but in vain, for help, the latter in his failure to come to her rescue.

In a lyric in which she contemplates her death, di Morra prepares a message to her father as well as her readers. She instructs the river Siri to communicate her death through its waters swollen by her tears and to welcome her father with a ferocious storm. The storm symbolizes both her message of sorrow and death and the potential inherent in her verse to upset poetic orthodoxy:

> Inqueta l'onda con crudel procella,
> e di': M'accrebber sì, mentre fu viva,
> non gli occhi no, ma i fiumi d'Isabella. (VIII, 12-14)

In this lyric di Morra uses the Petrarchan metaphors of the storm and the tears and adapts them to her particular situation. Her tears become symbols of her poems which express her overt scorn over her "harsh fate" ("aspra fortuna") and "miserable destiny" ("fato avaro") (VIII, 6) and could trouble the quiet waters of poetic conventionality.

Di Morra presents the river as a metaphor for the hostile outside world — personal and literary — surrounding her and her work. Nonetheless she forces her tears into the river in the same way as she imposes her lyrics onto the poetic stream. She also compels the river to act as messenger to her father just as her poem transmits her message to the readers. As she inscribes her name in the river, she seems aware of her extraordinary situation:

> e, con esempio miserando e raro,
> nome infelice a le tue onde io serbo. (VIII, 7-8)

Just as the father, through his love, will be able to decode the message of her death inscribed in the river, in the same way the attentive readers will understand and appreciate her verse.

Isabella di Morra believed that the return of her father would have changed her life. She yearned to leave her ignorant brothers and reside in France, which she defines as "più felici rive" (I, 11). In her lyrics she expresses also her admiration for King Francis I, "l'alto re." Isabella di Morra entertained the hope — shared by other Southern Italians — that the French monarch would conquer the southern regions of Italy, thus ending the tyrannical domination of the Spaniards. After initial military successes, the hopes of Italian Francophiles were shattered as King Francis I suffered serious military defeats and left Italy altogether. Besides a poem blaming Fortuna for the French debacle, di Morra makes other reference to the King of France in the lyrics expressing her desire to be remembered after death.

In the sonnet which Croce places as first in his collection of di Morra's lyrics, the poet describes her hopes that a king "of this world" might want to place her corpse in a marble tomb.

> Questa spoglia, dove or mi trovo involta,
> forse tale alto re nel mondo vive,
> che 'n saldi marmi la terrà sepolta. (I, 12-14)

In dreaming of being the object of royal favor and placed in a marble grave, Isabella gives further evidence of her confidence in her poetic ability and of her almost obsessive wish to be honored as a great poet.

Fame, elusive to her while alive, smiled profusely at the Florentine poet Luigi Alamanni, whom she celebrates in another poem.[22] In her praise of Alamanni, di Morra mentions the laurel adorning his head as the symbol of his poetic excellence as well as his well-polished style which she implicitly compares to her rough style. In this poem di Morra lauds both the writer and the subject of his lyrics, the French King:

---

22. Luigi Alamanni was born in Florence in 1495 and went in exile for political reasons to France where Francis I granted him his protection. Back in Italy he became Florence's ambassador to Genoa, Rome and Naples, but he spent the last years of his life in France. In 1532 he dedicated his poetic work *Opere Toscane* to Francis I. Isabella di Morra is probably alluding to this work in her poem. He died in 1556.

> Non solo il Ciel vi fu largo e cortese,
> caro Luigi, onor del secol nostro,
> del raro stil, del ben purgato inchiostro,
> ma del nobil soggetto, onde v'accese. (V, 1-4)
> . . . .
> Francesco è l'arco de la vostra lira,
> per lui se oggi a null'altro secondo,
> e potete col suon rompere i marmi. (V, 12-14)

Why would an obscure young woman from the deep south write a eulogy to a popular and honored poet who lived in the major courts of Italy and France? Di Morra realized that Alamanni enjoyed everything she herself sought in life: freedom, power, and poetic distinction in the courts of France and Italy. Did she hope that he would answer her and in his turn celebrate her poetry if the poem reached him? Poets knew that the tradition of exchanging laudatory verse served to build their fame. Aware that "the famous poet is socially constituted, invented through . . . the commentary, the assessment of others,"[23] di Morra seeks to enter the field of poetic exchange by ingratiating herself with one of the most influential poets of her time.

Isabella di Morra obtained neither a response from Alamanni nor poetic fame during her short lifetime. In a lyric considered to be one of her last, di Morra condemns her "blind mistake" ("cieco errore"), namely her pursuit of mundane glory and promises to mend her ways. In looking back critically at her poems and comdemning their motive, she follows the example of Petrarch and many of his imitators. In this sonnet, addressed to a "fratello" — perhaps her beloved brother Scipione — di Morra denounces her past writings:

> Scrissi con stile amaro, aspro e dolente
> un tempo, come sai, contro Fortuna,
> . . . .
> Or del suo cieco error l'alma si pente,
> che 'n tai doti non scorge gloria alcuna. (XI, 1-2, 5-6)

Henceforth the poet will write about subjects which assure a different kind of glory, namely eternal salvation.

Is this abrupt shift in tone and subject believable in the poetic world that Isabella di Morra created? Are we to believe that this change springs from a

---

23. Jones 92.

religious conversion, rather than from the desire to achieve another and surer type of glory? Di Morra herself has difficulties in proving in her verse the superiority of eternal salvation over secular fame. The poet credits eternal salvation for its immunity from human fickleness and for its duration:

> nè tempo o morte il bel tesoro eterno,
> nè predatrice e violenta mano
> ce lo torrà davanti al Re del cielo. (XI, 9-11)

Yet the frozen immobility of sanctity is hardly in accord with the poetic persona manifest in most of her lyrics. Di Morra herself recognizes that she seeks the gifts of God's love because her soul is deprived of the benefits of human glory:

> e se dei beni suoi vive digiuna
> spera arricchirsi in Dio chiara e lucente. (XI, 7-8)

To underscore the ambivalence of her position, Isabella employs in these verses the adjective "chiara", to evoke the same ambiguity that appears in her depiction of a happier future through marriage.

In denying her ambition, di Morra confirms, rather than negate, her deep yearning to be remembered. By following the poetic tradition that dictates that lyric poets address and sumbit to their religious feelings, di Morra masks her difference vis-à-vis the other poets of her time and hopes to be accepted among them.

Only after her tragic death and the dispersion of her lyrics to the cultural centers of Northern Italy did Isabella di Morra achieve some recognition. Her posthumous repute fulfills both her prophecy and her wishes. As she became aware of the limitations and constraints that her specific situation and society imposed upon her, di Morra realized that only after her death could she be heard and read. At that time both her sex and place of origin would have lost their distinctiveness and possible threat:

> Degno il sepolcro, se fu vil la cuna,
> vo procacciando con le Muse amate,
> e spero ritrovar qualche pietate
> malgrado de la cieca aspra importuna. (I, 5-8)

The conviction that fame was possible for her only posthumously informs her poetry with a tone of frankness that might have been absent if her chances to become famous while alive were greater. Di Morra refused to remain speechless as everyone expected from a woman. In her poetry she created a persona who vents her anger at the unjustness in the world, expresses her hopes for a different life and articulates in a subtle manner her ambition for poetic repute. With an eye to her future readers, di Morra succeeds in conveying her strong desire for public acclaim while pretending modesty and effacement.

To conclude we can affirm that Isabella di Morra's extant verse constitutes an hymn to herself as a poet and establishes her aspiration to secular glory as one of its most important motifs. She expresses her deep ambition in different ways: through her ambiguous use of language, by juxtaposing or conciliating the poetic with the domestic, by evoking human and mythical figures with the power to grant her fame and finally by expressing confidence in her poetic skill.

When they undertook to write, the women writers of the Renaissance went against the ideology of their time. They overtly defied public opinion when they claimed immortal praise for their writings. In the "half-said, the quickly withdrawn, the manipulation of masculine rituals of self-eternalization,"[24] di Morra and her contemporary women poets expressed their deep desire for public recognition. In her isolation and abandonment, di Morra saw poetry as a means to live beyond her miserable and limited life. She masked her anger and frustration at her personal situation in her berating of Fortuna; she timidly enunciated her desire for glory in her evocation of the Muses. The aim of this study is both to give her voice back to Isabella di Morra and to speak about her in order to bestow on her some of the immortality she wanted and deserved.

Colorado State University

---

24. Jones 92.

ROBERT J. RODINI

"... Talking of Michelangelo": Is That Michelangelo Talking? (Observations on Translating Michelangelo's Poetry)*

> In the room the women come and go
> Talking of Michelangelo
> (T. S. Eliot, "The Love Song of J. Alfred Prufrock")

> Marry, I cannot show it in rhyme; I have tried: I can find out no rhyme to 'lady' but 'baby,' an innocent rhyme; for 'scorn,' 'horn,' a hard rhyme; for 'school,' 'fool,' a babbling rhyme; very ominous endings: no, I was not born under a rhyming planet, nor I cannot woo in festival terms.
> (Shakespeare, *Much Ado About Nothing*, V II)

I begin this essay with two epigraphs. One illustrates the kind of problem which constantly arises to frustrate the translator. The second voices that frustration when a level of experience fails to translate itself easily into the medium of words. T. S. Eliot is challenging the translator, while Shakespeare's Benedick is expressing the anxiety which the challenge engenders. In Eliot's "The Love Song of J. Alfred Prufrock," we have an example of off-rhyme: "In the room the women come and go / Talking of Michelangelo." André Lefevere has glossed off-rhymes as follows: "...off-rhymes frequently pair words from two different linguistic registers (or two spheres of experience as they are expressed in language) to achieve a comic or ironic effect," and "the sound sequences underlying both words are so dissimilar that they exclude the very idea of rhyme" (42). In this instance the off-rhyme, pairing "women come and go" and

---

* This essay was originally presented at a symposium on literary translation at the University of Michigan, Ann Arbor, April 11-12, 1994.

The Flight of Ulysses, edited by Augustus Mastri

"Michelangelo," sets up a type of cultural oxymoron which is iterated twice in the poem to underscore societal malaise and moral disjuncture.[1] Whatever Eliot's *intention* in pairing "women come and go" with "Michelangelo," the effect is that of a cultural dichotomy between the society ladies' rather inconsequential chatter and the cultural weight of the name "Michelangelo." One notices, in fact, the association of "women [coming] and [going]," that is to say, movement, and to what end?, expressed in a rather sing-song chain of words, with the ponderous "Michelangelo," *one word*, summing up all that the society of Prufrock is not.

In the second epigraph, Benedick complains of his difficulties in writing a poem to his beloved Beatrice, lamenting that the only rhyme he can find for "lady" is "baby," and that it is an "innocent rhyme." For Benedick, "baby" is hardly an appropriate rhyme for his "lady" Beatrice, and we are amused and share his frustration in not succeeding in translating one reality into another. He was not "born under a rhyming planet," and so, although "I have tried," he says, "Marry, I cannot show [my loving] in rhyme." His frustration has to do with his inability to translate an emotional reality into the realm of verbal signs.

I chose the first epigraph to illustrate some of the complexities involved in the act of translation: how does one convey all that Eliot intended and accomplished — his "luminous melancholy," to quote Yves Bonnefoy,[2] — when putting into another language those lines from "Prufrock"? And I chose the second epigraph to convey the constraints placed upon expression and the possible violation of the sense of the sentiment if certain structures are forced: Benedick is reduced to a babbling of confusion and his *real* feelings cannot be articulated if he remains slave to poetic commonplaces. How would one tackle, then, that two-line stanza of Eliot's if faced with translating it into another language, and what are the elements, if any, which would have to be sacrificed? And how free is one to abandon certain conventions and still convey the sentiments, of a Benedick, for example. To return to André Lefevere and to rephrase slightly his own observation, translation is the art of compromise (6).

My intention here is not to discuss the problems inherent in translating poetry or to address statements such as Yves Bonnefoy's that "You can't translate a poem," or that translation is "merely poetry re-begun" ("Translating

---

1. As do perhaps two other examples of off-rhyme, one toward the beginning and one toward the end of the poem: "Should I, after tea and cakes and ices/ Have the strength to force the moment to its crisis?" and then, "I grow old . . . I grow old . . . / I shall wear the bottoms of my trousers rolled."
2. "Translating Poetry," in Schulte and Biguenet 191.

Poetry," 187; 189). Rather, I wish to consider some of the problems which my epigraphs suggest in relation specifically to one sonnet of Michelangelo, using it as exemplary. Therefore, however circumscribed my considerations, they will inevitably touch upon the enterprise of translating the entire corpus of Michelangelo's verse and of translating certain types of Renaissance poetry in general. In short, the "idiolect," or the personal register (Lefevere 67), of this particular sonnet and the problems that idiolect presents are not unique to the sonnet I have chosen.

My interest in the problematic of translating Michelangelo stems from three specific situations: first, my growing familiarity with the recent translation of all of Michelangelo's lyric poetry by James M. Saslow, whose text I have used extensively in my own recent work on transgressive discourse in lyric poetry, medieval to modern; second, my participation in an NEH Institute on translation held at the University of California, Santa Cruz, in 1988, where I worked on a translation of the sonnets of Michelangelo's contemporary, Vittoria Colonna, and confronted the problems of developing strategies for translating sixteenth-century lyric poetry; and third, my encounter with and appreciation for Benjamin Britten's song cycle based on seven of Michelangelo's sonnets, perfect examples of what Roman Jakobson has called intersemiotic translation, or an "interpretation of verbal signs by means of signs of nonverbal sign systems."[3]

In an essay written in 1985, the Dutch linguist Henry Schogt noted that "literary translation requires the analysis of the idiolect of the source text, not only from a semantic point of view but also with respect to all the intentional and non-intentional indices that are deemed important in that text."[4] The question that arises for translators of Michelangelo are the components of that particular idiolect, the individualized use he makes of language, and the nature of what Schogt has called the "intentional" and the "non-intentional indices" of the text. What I wish to do is try to establish some of those components, especially as they relate to the sonnet under consideration, and then to consider the strategies which several translators of the sonnet have adopted in order to render the idiolect of the source text into the target language, i.e., Italian into English. (See Appendix for translations considered in this essay.) Obviously my considerations cannot be exhaustive on any of these matters.

Initially, the translator of Michelangelo is faced with acculturation, which André Lefevere has identified as the first phase of the translation process as he or she moves from the macro to the micro level (13), or from the level of

---

3. "On Linguistic Aspects of Translation," in Schulte and Biguenet 145.
4. "Semantic Theory and Translation Theory," in Schulte and Biguenet 202.

culture to that of semiology. For the translator of Michelangelo, this means not just familiarity with the strains of Neoplatonic and Petrarchan discourse which inform so much sixteenth-century lyric poetry but with the disjunctures between traditional lyric discourse and Michelangelo's aesthetic. What I have in mind, specifically, is a necessary familiarity on the part of the translator with the ways in which Michelangelo negotiates the highly refined Petrarchan tradition made canonical by Pietro Bembo for greater acoustical and tactile immediacy.[5] If the Petrarchan sonnet sublimates emotional tension into a pattern of sounds of extraordinary grace, Michelangelo violates the process for his own appeal to the senses in a unique way.

The French poet Paul Valéry, in an essay on translating Virgil's Eclogues, addressed the particular issue of the "audible shape" of a poem: in Valéry's words, poetry "is an art of continuously constraining language to interest the ear directly . . . at least as much as it does the mind. A line is both a succession of syllables and a combination of words; and just as the latter ought to form a probable meaning, so the succession of syllables ought to form for the ear a kind of *audible shape* . . . " (final emphasis mine).[6] The acoustical is strong in Michelangelo and the translator must then understand how the poet's idiolect both accedes to the Petrarchan tradition, negotiates it, and rejects it. In short, it might be appropriate to call the poetics of Michelangelo a poetics of rupture. And the very term, rupture, suggests the types of images, acoustical effects, and startling juxtapositions which characterize his verse. In "rewriting" Michelangelo, the translator must find strategies to mark these breaks from lyric tradition.

In his series of poems addressed to his Roman patron Tommaso Cavalieri, the series which most interests me here, another component of the idiolect of poetic discourse becomes important. Specifically, the male voice addressing an object of desire who is also male, as well as a male voice which positions itself as active at one moment and passive at another.[7] The erotic tension in the verse is often palpable, as the clichéd weapons of Eros, penetrating the beloved, take on an ambiguity which, if not rendered in the translation, betrays the sense of the poem. Paul Valéry might have argued, in fact, that a translator not of the same gender as the author of the source text or one who has not experienced the same homoerotic drives expressed in the source text could not effectively "rewrite" the poem. I don't mean to ascribe to Valéry notions on translation "obstacles" which are not his, but he does note, for example, that in translating

---

5. See the observations of Lauter 153-57.
6. "Variations on the Eclogues," in Schulte and Biguenet 113.
7. See Rodini, "Michelangelo's *Rime*" and "Post-Petrarchism."

Virgil's Eclogues, two essential differences between him and Virgil intensify the difficulty of rendering the source text into his own language, French: that Virgil was a young man when the text was composed and Valéry would have to convey in his rewriting the impetuousness of youth; and that the Eclogues reflect a cultural conditioning, a "pastoralism," which was alien to Valéry, born in a port city, far from fresh water and whose acquaintance with cows was limited to those dangling from hoists to be loaded on transport ships.[8] In other words, mind sets can be significant factors in rewriting the source text into another language; gender difference or sexual orientation, I would argue, might be significant factors, too.

The sonnet which I have chosen to focus on plays the sense of Neoplatonic unity, the ultimate non-distinction between the lover and the *summum bonum*, against the demonstration of a union between Michelangelo and the object of desire in terms of extreme physicality, including the bearing of each other's weight. The physicality is expressed onomatopoeically with the repetition of harsh consonantal sounds, particularly "z"s and "d"s which, in order to convey the full audible shape of the poem, the translator would have to negotiate in the target language.

>   Veggio co' be' vostr'occhi un dolce lume
> che co' mie ciechi già veder non posso;
> porto co' vostri piedi un pondo addosso,
> che de' mie zoppi non è già costume.
>   Volo con le vostr'ale senza piume;
> col vostro ingegno al ciel sempre son mosso;
> dal vostro arbitrio son pallido e rosso,
> freddo al sol, caldo alle più fredde brume.
>   Nel voler vostro è sol la voglia mia,
> i miei pensier nel vostro cor si fanno,
> nel vostro fiato son le mie parole.
>   Come luna da sé sol par ch'io sia,
> ché gli occhi nostri in ciel veder non sanno
> se non quel tanto che n'accende il sole. [Saslow edition, 89]

I have identified a number of poetic fields in the sonnet which are especially characteristic of Michelangelo's lyric poetry on the illocutionary level, that is to say, on the level of language used for effect rather than for conveying meaning (Lefevere 17ff.) And I have considered a number of translations of the sonnet

---

8. See his comments in "Variations on the Eclogues," in Schulte and Biguenet 113-26.

into English with these poetic fields in mind, keeping before me the question as to whether in the translations we hear Michelangelo speaking. So, essentially the question has to do with the "qualities" of Michelangelo's voice and the efficacy with which these qualities are conveyed in the target language, English. I am not really intent on coming to any conclusions but rather to articulate problems in the Michelangelo text and the kinds of strategies which have been employed by his translators.

The initial decision in rendering a sonnet into another language is whether to maintain or to abandon rhyme. In the samples which I have used, the translators have either opted for rhyme (Jennings, Symonds, Tusiani), partial rhyme (Gilbert) or have abandoned it all together (Mayer/Pears, Saslow). If rhyme is maintained, constraints are put upon the rewriting which often results in violating the sense or sacrificing elements of the poetic texture, the illocutionary dimension, which might be of more significance than rhyme which, after all, is a convention for which no strong argument can be made in a translation unless, as Lefevere has noted, the ideology of the translator's culture requires honoring such a convention (Lefevere, esp. 71-72). This was obviously the case with John Addington Symonds, who translated Michelangelo for a Victorian audience which expected sonnet rhyme and it was not the case of James Saslow, for whom other considerations were more important.

The particular qualities of the illocutionary level of Michelangelo's poetry, although beholden to the Petrarchan and Bembian canon to a certain degree, articulate a rupture with the tightly controlled line of its antecedents. So while maintaining and exploiting paradox, for example, Michelangelo gives particular relief to consonantal alliteration, returning to the Dantean *petrose* for creating a different audible form from Petrarch: a form which is highly acoustical and tactile. Consonantal alliteration is essential at the illocutionary level of this sonnet, and translations have been more or less attentive to its demands, with Tusiani at times entirely abandoning what seems to me to be essential to the poem's audible shape. In the first quatrain the poet puts into relief a series of strong consonantal iterations so that "v's," hard "c's," "p's" and "d's," seem to climax in the hard "z" of the last verse: *zoppi*. Tusiani's quatrain completely ignores this essential acoustical charge, *without proposing a compensatory strategy:*

> Through your beautiful eyes I see a sun
> Which, through my own, I could not ever find;
> I carry on your feet, and do not mind,
> What my own, limping still, could not have done.

It is as if the "dolce lume" which concludes Michelangelo's first verse — "Veggio co' be' vostr'occhi un dolce lume" — were controlling the illocution of Tusiani's version, whereas the "dolce lume," in my reading, is intended with its vocalic luster to stand in relief to the surrounding consonantal clusters. Symonds, Gilbert, and then Saslow all work to capture acoustically the sense of the quatrain by repetition of the consonantal "b":

"stayed by your feet the burden I sustain" (Symonds)
"With your feet, on my back can bear a burden" (Gilbert)
"I bear, with your feet, a burden upon me" (Saslow)

This has to suffice, unable as they are to find an appropriate English rendering of *zoppi* with its double consonantal impact: Gilbert comes closest with *crippled*, even to the mimicking of the double "p" introduced by an effective *cr* to echo Michelangelo's *z*, whereas the variations on "lame" and "limp" in the other versions fall short, "lamely," as it were.

If the target language does not allow for certain illocutionary elements essential to the source text, the effective translation sets up compensatory strategies. An example of a compensatory strategy would be Saslow's way of dealing with the richness of consonantal repetition in the sonnet *not* by trying to vie with its frequency but by using a "transfer" system whereby consonantal alliteration has a counterpart in the iteration of the personal pronoun "I," which, in variation, is repeated seven times. This has both the effect of setting up a rhythmic pattern which mimics the original and of suitably capturing the ego-focussed idiolect of the original with its first-person verbs and possessives. Compensatory strategies of this sort are one of the most effective ways of creating a parallel illocutionary expressiveness.

A second field of consideration for the translator is antithesis and paradox, two major elements in the creation of lyric tension inherited from the Petrarchan tradition. All the major translations of Michelangelo's *rime* exploit these devices, with Gilbert signaling their importance by the use of a "polar" oxymoronic espression, "Cold in the sun, at the cold solstice hot," and Tusiani most effectively, to my ear, using paradox and antithesis, combined with onomatopoeia: "[consigned] To flames I freeze; in ice, I die of sun." Unintentionally, perhaps, Tusiani also introduces the baroque topos of expiring and its equivalency with sexual climax, subsuming in one verse major aspects of the poem's texture, idiolect, and erotic charge.

A third field of interest to me in this sonnet might be categorized generally under the rubric: meter or rhythm. Lefevere has cautioned against attempting to reproduce a given cadence unless one is certain of doing it well without compromising "syntactic elegance, balance, and economy of information" (71). The second quatrain presents a particularly interesting challenge in this regard as the original plays what I will call the "spinto" effect of the Neoplatonic second verse against the descending closure in the fourth verse. Michelangelo is, like so many of his contemporaries, juxtaposing ascent and descent, regeneration and fall, light and darkness: "al ciel sempre son mosso" vs. "alle più fredde brume." The "s's" create a push and the "d's" and "b's" a falling effect. Symonds effectively reproduces the former: "heavenward your spirit stirreth me to strain," at least in the iteration of "s," if not in the infelicitous rendering of *mosso* by *strain*. The other translations, perhaps wisely, Lefevere would say, avoid attempting Symond's courageous move.

Quoting T. S. Eliot again, I might say that "In my beginning is my end" ("East Coker") because I want to return to my title, "Is That Michelangelo Talking?" For the most part, I really don't think that it is Michelangelo's voice which comes through in these several translations, and that might just be in the nature of rewriting a poetry which seems to be trying to break the constraints of words, of syntax, of tradition: that is, poetry as rupture.[9]

I conclude by referring to what I consider one of the most effective translations of Michelangelo's *rime*. 1941 is the date of Benjamin Britten's Song Cycle based on seven sonnets of Michelangelo, including the one which has been the focus of my discussion.[10] Britten, who intended to use the series of compositions to express various phases of the erotic experience, succeeds in reproducing Michelangelo's idiolect in a way which few verse translations have succeeded in doing. And perhaps it is due to the fact that Britten, like Michelangelo, is working with harmonics, changes of pitch, marked rhythms, volume change, texture — in short, devices of considerable acoustical dimension and sensible immediacy. Britten is able to "translate" effects from the poetry into music so that in the last of the seven songs, "Spirto ben nato, in cu' si specchia e vede" (Saslow, 41), for example, the play of the piano accompaniment *against* the sung line sets up a dynamic which perfectly captures Michelangelo's fondness for opposition and resulting tension. In Britten's setting of the particular poem which I have considered in this paper, the sense of weightiness, "pondo addosso," the sense of lightness or "floating" of the ascending "piume," the spinto effect of "son mosso" and the descending tone

---

9. See Di Tommaso 10 on this point.
10. For their assistance with Britten's score, I would like to thank George R. McTyre and especially Stephen M. Dembski, whose insights made me appreciate even more the composer's "translation" of Michelangelo's verse.

of "fredde brume," the half-step pitch change in the first tercet from the first musical statement of "vostro" to the third, and the highest note of the song marking the word "ciel" in the last tercet, bring the sonnet to life, as does the transition from a forte to a pianissimo (f/ ppp) between the quatrains and tercet, conveying the almost pious immersion of the spirits of the two men, Michelangelo and Tommaso Cavalieri. Perhaps it is no coincidence either that Britten, whose music was often inspired by homosexual love, could be so effective in "reading" Michelangelo.

University of Wisconin-Madison

WORKS CITED

Buonarotti, Michelangelo. *The Poetry of Michelangelo*. An Annotated Translation. Trans. and ed. by James M. Saslow. New Haven and London: Yale University Press, 1991.

Di Tommaso, Andrea. "Introduction" to *Amorum Libri: The Lyric Poems of Matteo Maria Boiardo*. Translated with an Introduction and Notes by Andrea di Tommaso. Binghamton, NY: Medieval & Renaissance Texts & Studies, 1993. 1-26.

Lauter, Martina. "Stone Imagery and the Sonnet Form: Petrarch, Michelangelo, Baudelaire, Rilke." *Comparative Literature* 45 (1993): 146-74.

Lefevere, André. *Translating Literature: Practice and Theory in a Comparative Literature Context*. New York: The Modern Language Association, 1992.

Rodini, Robert J. "Michelangelo's *Rime* and the Problematics of the Gaze." *Essays in Honor of Nicolas J. Perella (Italiana VI)*. Ed. Victoria J. T. DeMara and Anthony Julian Tamburri. West Lafayette, IN: Bordighera, Inc. (1994): 68-81.

_____. "Post-Petrarchism and Language(s) of Desire." *Gendered Contexts: New Perspectives in Italian Cultural Studies*. Ed. Laura Benedetti, Julia L. Hairston, and Silvia M. Ross. New York: Peter Lang, 1996. 69-77.

Schulte, Rainer and John Biguenet. *Theories of Translation: An Anthology of Essays from Dryden to Derrida*. Chicago and London: The University of Chicago Press, 1992.

APPENDIX

I see, with your beautiful eyes, a sweet light
that with my blind ones I could never see;
I bear, with your feet, a burden upon me
to which my lame ones are no longer accustomed.
I fly, though lacking feathers, with your wings;
with your mind I'm constantly impelled toward heaven;
depending on your whim, I'm pale or red,
cold in the sun, hot in winter's coldest depths.
Within your will alone is my desire,
my thoughts are created in your heart,
and within your breath are my own words.
Alone, I seem as the moon is by itself;
for our eyes are only able to see in heaven
as much of it as the sun illuminates.

James Saslow (1991)

This glorious light I see with your own eyes
Since mine are blind and will not let me see.
Your feet lend me their own security
To carry burdens far beyond my size.

Supported by your wings I now am sped,
And by your spirit to heaven I am borne.
According to your will, I'm pale or red—
Hot in the harshest winter, cold in the sun.

All my own longings wait upon your will,
Within your heart my thoughts find formulation,
Upon your breath alone my words find speech.

Just as the moon owes its illumination
To the sun's light, so I am blind until
To every part of heaven your rays will reach.

Elizabeth Jennings (1969)

"... Talking of Michelangelo"

I with your beautiful eyes see gentle light,
  While mine are so blind I never can;
With your feet, on my back can bear a burden,
  While mine are crippled, and have no such habit;

Having no feathers, on your wings my flight,
By your keen wits forever drawn toward Heaven,
  As you decide it I am flushed and wan,
  Cold in the sun, at the cold solstice hot.

My wishes are within your will alone,
  Within your heart are my ideas shaped,
When you have taken breath, then I can speak.

It seems that I am like the lonely moon,
Which our eyes fail to see in Heaven, except
  The fraction of it that the sun may strike.

Creighton Gilbert (1963)

Through your beautiful eyes I see a sun
Which, through my own, I could not ever find;
  I carry on your feet, and do not mind,
What my own, limping still, could not have done.
I, wingless, with your wings can more than run.
My mind can soar to heaven with your mind.
Your wish can make me pale, or blush; consigned
  To flames, I freeze; in ice, I die of sun.

  My only will is in your will alone,
My very thoughts are born within your heart,
And only in your breath my words can be.
  If left alone, I am just like the moon:
Of all its light, our eyes can see a part—
Only that much the sun grants us to see.

Joseph Tusiani (1960)

With your lovely eyes I see a sweet light
that yet with my blind ones I cannot see;
with your feet I carry a weight on my back
which with my lame ones I cannot;
with your wings I, wingless fly;
with your spirit I move forever heavenward;
at your wish I blush or turn pale, cold
in the sunshine, or hot in the coldest winter.
My will is in your will alone,
my thoughts are born in your heart,
my words are on your breath.
Alone, I am like the moon in the sky
which our eyes cannot see
save that part which the sun illumines.

Elizabeth Mayer and Peter Pears (1943)

With your fair eyes a charming light I see,
for which my own blind eyes would peer in vain;
stayed by your feet the burden I sustain
which my lame feet find all too strong for me;

wingless upon your pinions forth I fly;
heavenward your spirit stirreth me to strain;
e'en as you will I blush and blanch again,
freeze in the sun, burn 'neath a frosty sky.

Your will includes and is the lord of mine;
life to my thoughts within your heart is given;
my words begin to breathe upon your breath:
like to the moon am I, that cannot shine
alone; for lo! our eyes see nought in heaven
save what the living sun illumineth.

John Addington Symonds (1899)

Franco Fido

Tempo della città, tempo del teatro

I. Vorrei premettere alle osservazioni che sto per fare sul tempo nel teatro di Goldoni qualche riflessione più generale, e forse ovvia, ma spero non del tutto inutile.

In una narrazione scritta destinata alla lettura i tempi sono dislocati in una relazione che ammette poche eccezioni. C'è il presente dell'enunciazione, della voce di chi sta narrando, non importa se alla prima o alla terza persona; c'è il passato degli eventi narrati, che di solito sono già accaduti per essere, ora, narrabili; e c'è il futuro di tutte le letture possibili, che i destinatari, o come oggi si dice narratari, faranno del testo, dai venticinque lettori di Manzoni a quelli non ancora nati ai quali si rivolgevano Petrarca e Stendhal: futuro che tornerà soggettivamente presente per ogni lettore.

A teatro le cose vanno altrimenti. È sparita la voce narrante, e al passato dell'enunciato come al futuro della recezione si sostituisce un doppio presente: dei personaggi che parlano e agiscono sulla scena, e del pubblico che li guarda e ascolta: una effimera ma perfetta sincronia, tanto reale quanto sono convenzionali le sue premesse rituali o culturali, per cui le parole pronunciate, mettiamo, da Cesare e Cleopatra sono recepite dagli spettatori nello stesso istante, e lo scambio di battute e l'ascolto hanno esattamente la stessa durata.

Ma parlare di due presenti certe volte non basta: è quello che succede con un autore dallo straordinario mestiere come Goldoni, capace di esercitare il più minuto e redditizio controllo su tutti gli elementi della comunicazione teatrale. In varie sue commedie al presente della favola che si svolge sulla scena e a quello del pubblico che, dentro il teatro, vi assiste, occorre aggiungere un terzo presente, quello della città fuori del teatro, dove stanno avvenendo o *sono già avvenute* storie simili a quella presentata sul palcoscenico, e dove gli spettatori *torneranno* alla fine della rappresentazione: e se badiamo ai tempi dei verbi che ho appena usato e sottolineato, vediamo che quest'altro presente possiede, per dir così, un suo passato e un suo futuro.

Questo può aiutarci a distinguere la posizione di Goldoni sia da quella dei rigidi osservatori delle unità aristoteliche di tempo e luogo sulla base della "verosimiglianza," sia da quella dei seguaci di Shakespeare, che già nel Settecento, prima dei romantici e del Manzoni, invocavano una assoluta libertà

The Flight of Ulysses, edited by Augustus Mastri

dalle regole in nome di una "sospensione dell'incredulità" (per usare una formula moderna) operata dall'immaginazione: perché, come scrive il dottor Johnson, "di tutti i modi di esistenza, il più pieghevole all'immaginazione è il tempo; un salto di anni è concepíto tanto agevolmente quanto il passaggio di alcune ore. Come, nella contemplazione, possiamo facilmente contrarre il tempo di azioni reali, così ammettiamo volentieri la stessa contrazione del tempo quando assistiamo all'imitazione di quelle azioni."[1]

In Goldoni l'evidenza che assume sulla scena il referente—una giornata più o meno come le altre nella vita di personaggi che somigliano agli spettatori, in interni borghesi come quelli che questi hanno appena lasciato—è così forte da permettere una specie di presente mobile: sempre tale di momento in momento per i personaggi, ma allargato, rispetto alla serata che il pubblico sta passando a teatro, a un immediato passato prossimo e a un immediato futuro: grosso modo la mattinata e la notte di quella stessa serata.

Dell'ampia "fenomenologia del tempo" presentata dal teatro goldoniano mi limiterò per ragioni di spazio a considerare due aspetti: 1, la funzione delle precise indicazioni temporali date al pubblico subito dopo l'alzarsi del sipario all'inizio del primo atto; 2, l'integrazione (spesso ancora nelle prime scene) del tempo della giornata e dell'orologio con altre determinazioni temporali e spaziali: la stagione, il luogo in cui l'azione si svolge, e la densità del rapporto che così si stabilisce fra la situazione dei personaggi e l'ambiente, o se si vuole fra la psicologia e la cronaca.

II. Il momento del giorno preferito di gran lunga a tutti gli altri negli attacchi delle commedie è l'alba o la mattina non troppo inoltrata. Ben inteso, non si tratta solo di "cominciare dal principio," facendo coincidere durata della favola e durata della giornata; l'accenno all'ora ha sempre altre funzioni: caratterizzare un ambiente, criticare un costume, annunciare un clima psicologico. Ecco un'empirica tassonomia di questo cospicuo indicatore temporale:

---

1. "Time is, of all modes of existence, most obsequious to the imagination; a lapse of years is as easily conceived as a passage of hours. In contemplation we easily contract the time of real actions, and therefore willingly permit it to be contracted when we only see their imitation." Si veda *Preface to Shakespeare*, in *The Yale Edition of the Works of Samuel Johnson*, vol. VII: *Johnson on Shakespeare*, edited by Arthur Sherbo (New Haven and London: Yale University Press, 1968) 76-78. E per l'influenza diretta di queste pagine sul Baretti si veda un passo del suo *Discours sur Shakespeare et sur monsieur de Voltaire*, con le mie osservazioni in nota, in G. Baretti, *Opere*, a cura di F. Fido (Milano: Rizzoli, 1976) 784-87.

1. La menzione dell'ora mattutina prepara l'ingresso in scena ritardato del protagonista:

   1.1. TRAPPOLA: Signori, il padrone non è ancora alzato, e non è solito alzarsi così per tempo (*Il prodigo*, I, 1).[2] [dove è sottolineata l'incongruenza di abitare in campagna per poi sciupare a letto le ore migliori: si veda per un contrasto l'attacco della *Castalda*:
   "CORALLINA: Animo, animo, mangiate e bevete [. . .]
   ARLECCHINO: [. . .]: sti bocconcini la mattina per el fresco i me tocca el cuor," col pronto adattamento di due servi cittadini ai vantaggi della villa]

   1.2. CONTE LASCA [della virtuosa recentemente arrivata alla locanda]: Si potrebbe farle una visita?
   BELTRAME: Ella sta lì in quella camera, ma è troppo di buon'ora.
   LASCA: Dorme ancora?
   BELTRAME: Ho sentito che è desta, ma vi vorran due ore innanzi che sia in stato di ricever visite.   (*L'impresario delle Smirne*, I, 1)
   [dove l'attesa è correlativa al laborioso restauro mattutino cui la virtuosa deve sottoporre la propria bellezza]

   1.3. VALENTINA: Zitto, parlate piano.
   BALDISSERA: Dorme ancora il padrone?
   VALENTINA: Ei dorme, e fin che dorme, facciam conversazione.
                       (*La donna di governo*, I, 1)
   [dove il sonno del vecchio Fabrizio è una metafora oggettivata della sua abdicazione dal ruolo di padron di casa nelle mani dell'astuta e avida governante]

   1.4. ANGÉLIQUE [dello zio Géronte a Marton]: Il ne sort jamais si matin.   (*Le bourru bienfaisant*, I, 1)
   [dove l'uscita ritardata del burbero dalle proprie stanze sembra voler rinviare il momento in cui per lui, vittima del proprio buon cuore e del proprio caratteraccio, ricomincerà il tormento di trattare con gli altri].

2. La scena mattinale d'apertura prelude alla giornata esemplare:

   2.1. del gentiluomo illuminato:

---

2. Per le citazioni mi servo dell'edizione curata da Giuseppe Ortolani, *Tutte le opere* (Milano: Mondadori, 1935-56).

IL CONTE OTTAVIO *in veste da camera e parrucca, sedendo a un tavolino, leggendo un libro* [le *Lettere diverse* di Gasparo Gozzi]: [. . .] Ma il sole principia a riscaldare la terra. Or ora verranno visite; non voglio lasciarmi trovare in quest'abito di confidenza (*Il Cavaliere di buon gusto*, I, 1).

2.2. delle piccole borghesi laboriose e caritatevoli: tutta la prima scena della *Buona famiglia* si svolge all'alba ed è occupata dai discorsi fra Costanza, sua figlia Isabella e la loro domestica Lisetta sull'abitudine della ragazza di alzarsi prestissimo per filare ("Da noi non si fa come dalla signor'Angela, che dormono sino a mezza mattina [. . .] Per me, quando è giorno non ci starei nel letto, si mi legassero"), sulla fatica che spesso fa la cameriera per alzarsi anche lei ("Qualche volta, per dir il vero, m'alzo per compiacerla, che sono ancor cascante di sonno"), e sulla moderazione predicata dalla padrona (" . . . la natura vuole il suo riposo. Quando le notti son lunghe, va bene il levarsi col sole; ma quando son corte, conviene starci qualche ora di più, se qualche volta è assonnata . . . ").

2.3. dei contadini, anzi dei rappresentanti della Communità di Montefosco, presi fra i doveri della loro carica e le occupazioni campestri:
NARDO: Sono due ore di sole, e i sindaci non si vedono.
CECCO: Pasqualotto è andato colla carretta a portare del vino al medico.
MENGONE: E Marcone l'ho veduto io a raccogliere delle rape [. . .].
CECCO: Io, per venir qui stamattina ho tralasciato d'andare a caccia.
MENGONE: Ed io ho mandato uno in luogo mio a vendere la legna.
(*Il Feudatario*, I, 1)

3. L'infrazione della routine introduce una situazione di tensione e di malessere:

3.1. DONNA AURORA [al cameriere Berto]: Dimmi, hai fatto quel che occorre in cucina, hai preparato il bisognevole per il desinare?
BERTO: Niente affatto, signora [. . .] Perché il padrone questa mattina non ha quattrini da darmi. (*L'avventuriere onorato*, I, 1)

3.2. MARCOLINA [alla cameriera Cecilia] E cussì? Ghe xe caso che possa bever el caffè stamattina? (*Sior Todero brontolon*, I, 1)

4. Un'incipiente crisi domestica

4.1 è annunciata dal risveglio differito dei padroni:
MARTORINO [cameriere della contessa Ermelinda]:
Oh signor capitano, venuto è di buon'ora!
CAPITANO: La padrona è levata?
MARTORINO: Non ha chiamato ancora.
CAPITANO: Ier sera è andata a letto più tardi dell'usato?
MARTORINO: Anzi vi andò prestissimo. Non ha nemmen cenato.
(*La donna bizzara*, I, 1)

4.2.1. DON RICCARDO [al suo cameriere]:
Dal cielo sparita è ancor l'aurora?
CECCHINO: No, mio signore, il sole non è ben sorto ancora.
RICCARDO: Che hai, che sonnacchioso mi sembri oltre il costume?
T'avvezzai da bambino a sorgere col lume [. . .]
CECCHINO: Con voi di buon mattino sorger, signor, non peno,
Bastami che la notte possa dormire almeno.
(*La donna stravagante*, I, 1: è la nipote di Riccardo, la bisbetica donna Livia, che obbliga Cecchino a vegliare).

4.2.2. DONNA BARBARA: È svegliato Mariano?
LISETTA: Credo di sì, signora.
L'ho chiamato due volte.
BARBARA: E non si vede ancora?
LISETTA: Chi sa che di bel nuovo non si sia addormentato?
Tre ore non saranno, che a riposare è andato.
L'alba ancor non si vede. Davver lo compatisco.
[. . .]
Propriamente dal sonno sento ch'io dormo e parlo.
(*La sposa sagace*, I, 1)

III. Negli esempi appena considerati la determinazione temporale si lega a una particolare situazione familiare, ai rapporti fra i componenti di uno stesso nucleo domestico o professionale: genitori e figli, padroni e servitori, colleghi di lavoro. Altre volte, allargando l'orizzonte, il tempo quotidiano scorre nel duplice quadro di un tempo più lungo (per esempio quello delle stagioni, o della moda) e di un luogo determinato, e concorre efficacemente all'evocazione di un ambiente. Si pensi alla prima scena della *Bottega del caffè*, troppo nota perché ci sia bisogno di citarla, con le massime del virtuoso caffettiere Ridolfo (aprire il negozio di buon'ora, servire sempre caffè appena fatto, ecc.), le sue osservazioni sul riflettersi della moda fin nell'uso delle bevande (una volta acquavite, ora caffè), i suoi rilievi sulla campionatura sociale della clientela mattutina: lavoranti, barcaruoli, marinai, facchini, e un graduale scivolare dell'attenzione dal tempo allo spazio, per cui il caffè diventa punto di osservazione privilegiato non solo per la elementare, interessata sociologia di Ridolfo, ma per la malevola curiosità di Don Marzio, o ancora, col passare delle ore e in altre commedie, luogo di oziose letture per il Conte di Rocca Marina nel *Ventaglio*, e forse (passando dalla funzione di osservatorio a quella di oggetto osservato) emblema di una insufficienza culturale del mondo veneziano, di un'occasione di civiltà mancata, se confrontiamo le chiacchiere e i pettegolezzi dei clienti di Ridolfo e di Limoncino con le istruttive conversazioni e letture che si facevano nei caffè di Londra (come nel goldoniano *Filosofo inglese*), di Parigi o di Milano, dove circolavano giornali ben informati e libri di filosofia e di economia (come nella bottega di Demetrio elevata a istituto di cultura moderna nel *Caffè* dei fratelli Verri).[3]

La stessa suggestiva convergenza di tempo e spazio (e la stessa tentazione per noi di applicare a questi felici attacchi goldoniani la nozione moderna di "cronotopo") si manifesta nelle commedie di fine di carnevale, dove per esempio, all'alba di una fredda giornata invernale, il *décor* di una piazzetta o di un campiello delimitato da modeste architetture praticabili si popola a poco a poco di serve ancora assonnate, di ragazzi e ragazze alzati da poco e impazienti di vivere.

Così nelle prime due scene delle *Massere* Momolo forner viene a prendere gli ordini delle domestiche per infornare ("ROSEGA: Che ora xe? MOMOLO: No vedeu? l'alba che spunta fora"), tutti si lamentano del freddo senza troppo drammatizzare ("MOMOLO: Col vento e colla brosa no gh'ho gnente de gusto [. . .] ZANETTA: Oh che freddo che xe"), e Agnese sta cercando di farsi

---

3. Sui caffè goldoniani si vedano due interessanti contributi recenti nel numero speciale *Goldoni* di *Annali d'Italianistica* 11 (1993): Jackson I. Cope, "Honor among the Denizens of Goldoni's 'botteghe da caffè,'" 159-72, e Ilaria Crotti, "Il 'mondo niovo' del caffè," 139-58. Non mi sento di condividere fino in fondo la lettura "neo-gotica" di Cope, che identifica nei caffè di Goldoni il luogo di un diffuso malessere, in cui si celebrano i riti più o meno perversi dell'ipocrisia sociale. Ma essa rappresenta un utile correttivo all'ottimismo della Crotti, che sulla base di un'ampia bibliografia (ma soprattutto Alessandro Fontana e Jean Louis Fournel, "Piazza, Corte, Salotto, Caffè," in *Letteratura italiana*, diretta da Alberto Asor Rosa, vol. V, *Le questioni*, (Torino, Einaudi, 1986) 635-86), vede anche nei caffè di Goldoni e di Gasparo Gozzi, come in quelli di Parigi e di Londra, degli spazi in cui "mentre si conversa si possono anche sfogliare gazzette e nello stesso tempo in cui si sorbisce la bevanda risulta possibile aderire al sapere collettivo ed orale che circola all'interno di quei luoghi: il caffè è organico al giornale come, viceversa, il giornale risulta in simbiosi col caffè; segnati da una tipologia informativa quotidiana ed effimera essi postulano un progetto conoscitivo basato sulla duttilità e sul *mouvement*" (146-47).

prestare un secchio d'acqua. Del carnevale del 1755, in cui furono rappresentate *Le massere*, scrive Ortolani:

> L'inverno era stato rigido: le maschere si divertivano a scivolare sul ghiaccio della laguna da Venezia a Marghera; per i canali della città, come ricorda un vecchio diarista, giravano le barche per la vendita dell'acqua dolce 'a tre bezzi al secchio,' perché dall'ottobre non pioveva.[4]

Del carnevale in Goldoni si è occupata spesso la critica recente, e non c'è bisogno di insistervi.[5] Si ricordino comunque, per quel che riguarda l'osservato potere di evocazione di certe aperture, le prime battute di due commedie famose:

LUCIETTA: Siora madre.
MARGARITA: Fia mia.
LUCIETTA: Debotto xe fenio carneval.
MARGARITA: Cossa diseu, che bei spassi che avemo abuo . . .
               (*I rusteghi*)
ZAMARIA: Putti, vegnì qua. Stassera ve dago festa. Semo in ti ultimi zorni de carneval. . . .   (*Una delle ultime sere di carnovale*)

IV. Di un altro caso in cui situazione esistenziale dei personaggi e tempo della favola si fondono in un perfetto momento teatrale mi sono pure occupato diffusamente altrove: l'attesa, non più mattutina, bensì notturna, al lume di lampade e candele, di un domani incerto, che i militari della *Guerra* ingannano bevendo, flirtando e soprattutto giocando: con la geniale intuizione e rappresentazione da parte dell'autore del nesso al tempo stesso metonimico e metaforico fra due occupazioni rischiose, alienanti ed eccitanti, il gioco d'azzardo, faraone o

---

4. *Tutte le opere* V, 1388.
5. Si vedano per esempio, fra i vari interventi di Franca Angelini sull'argomento, "Le strutture del carnevale in Goldoni," in AA. VV., *L'interpretazione goldoniana. Critica e messinscena*, a cura di N. Borsellino (Roma: Officina Edizioni, 1982) 68-78, e "Anzoletto in Moscovia," in AA. VV., *Istituzioni culturali e sceniche nell'età delle riforme*, a cura di Guido Nicastro (Milano: Franco Angeli, 1986) 87-100; Jacques Joly, "La festa nelle commedie goldoniane di chiusura del carnevale," in *L'altro Goldoni* (Pisa: ETS Editrice, 1989) 11-56; F. Fido, "Il tempo del calendario e le occasioni del carnevale," in *Guida a Goldoni* (Torino: Einaudi, 1993) 139-61, e "Nobili, popolane, borghesi in maschera: (ancora) sul carnevale goldoniano," in *Le inquietudini di Goldoni. Studi e letture* (Genova: Costa e Nolan, 1995).

bassetta, *nella* vita dei soldati, professionisti della guerra; la guerra *come* gioco abituale dei soldati.[6]

V. Per tornare al nesso di cui mi sto occupando fra tempo e spazio, esso si complica ancora in quelle commedie in cui l'azione cade all'altezza di uno spostamento, appena avvenuto come nella *Casa nova*, o sul punto di cominciare come nelle *Smanie per la villeggiatura*, o consumato e rientrato, come nel *Ritorno dalla villeggiatura*. Qui la precisa localizzazione della favola in un calendario e in una geografia familiari agli spettatori si carica di implicazioni più sottili. Messi davanti al declino dell'antico regime, e senza la lucidità e l'energia necessarie per partecipare alla preparazione dei tempi nuovi, i borghesi goldoniani in crisi si abbandonano per un momento all'illusione che cambiando luogo, e traslocando nel costoso e mai completamente arredato appartamento nuovo, o lasciando per le effimere mondanità della villa la *routine* della città, troveranno la soluzione dei problemi che impediscono loro di essere felici, o almeno, come dicono i francesi, "de se sentir bien dans leur peau."

Significativamente, la piena maturità dell'arte goldoniana si manifesta anche in un impiego sempre più raffinato di quelli che ho chiamato cronotopi: la nuova casa di Cecilia e Anzoletto vive sulla scena al ritmo dei cambiamenti e degli inutili lavori che il capriccio dei locatari impone via via ai decoratori e agli operai non ancora pagati:

> SGUALDO tappezziere: Fenimo sta camera zà che ghe semo. Questa ha da esser la camera da recever; e el paron el vòl che la sia all'ordene avanti sera. Intanto che i fenisse de far la masseria, el vòl sta camera destrigada. Da bravo, sior Onofrio, fenì de dar i chiariscuri a quei sfrisi. Vu, mistro Prospero, mettè quei caenazzetti a quela porta e vu, mistro Lauro, insoazè quell'erta, e destrighemose, se se pòl (*La casa nova*, I, 1);

e nelle tre *Villeggiature* al tempo naturale e ciclico della campagna, che i padroni ignorano e che si riflette invece nelle occupazioni e negli svaghi dei servitori (BRIGIDA: [. . .] Ho fatto una buona passeggiata in giardino, ho raccolto i miei gelsomini, e ho goduto il maggior piacere di questo mondo": *Le avventure della villeggiatura*, I, 1) si sovrappone da un lato il tempo gratuito ed effimero della moda, che si rapprende nell'ineffabile simulacro del *mariage*, dall'altro quello lineare e implacabile delle scadenze pecuniarie, dei debiti da pagare al ritorno in città.

---

6. Cfr. "La guerra e i militari sulla scena," in *Le inquietudini di Goldoni*, cit., 55-56.

VI. Basterà un accenno, al termine di questa sommaria rassegna, alle prime scene delle *Baruffe chiozzotte*, l'ultima e la più originale delle *poissardes* carnevalesche di Goldoni.

Le donne che lavorano ai loro merletti aspettando il ritorno dalla pesca dei mariti, fratelli o innamorati, e si preoccupano del tempo che fa (I, 1); l'allegria del presente al ritorno da una buona pesca, che allontana il ricordo delle fatiche e dei pericoli trascorsi (I, 6); l'incerto avvenire matrimoniale delle ragazze, convinte che a Chioggia ci siano troppe donne nubili per i giovani disponibili (II, 2): qui, ovviamente, come già nella *Guerra*, l'immediato passato prossimo e l'immediato futuro della favola e dei suoi giovani personaggi *non sono* assimilabili, come nelle commedie della borghesia veneziana, a quelli degli spettatori. E allora l'autore, tematizzando la differenza, punta sulla forza iconica di un linguaggio al tempo stesso familiare ed esotico, trasparente e spaesante, che permea le domande più innocenti:

> ORSETTA: Che ordene xélo? [. . .] Xélo bon da vegnire da sottovento? (I, 1);
> LUCIETTA: [. . .] Te mettistu in donzelon? (I, 1).

come le proclamazioni più enfatiche:

> CHECCA: [. . .] me voggio maridare, se credesse da aver da tiòre un de quei squartai che va a granzi (I, 1).

e le più truci minacce:

> TITTA NANE: a mi, lassè far a mi; se lo trovo, lo taggio in fette co fa l'asiao (I, 9).

Questa volta, in altre parole, la scena non può e non intende esibire una continuità fra tempo della città e tempo del teatro, perché quest'ultimo, per restare vicino alla *natura*, deve allontanarsi dalla *storia*, anche da quella modesta storia che la cronaca veneziana poteva rappresentare.

La reciproca, comica impenetrabilità fra l'idioletto forense del cogitor Isidoro e l'idioletto domestico, marino e alieutico dei locutori chioggiotti (che ha le sue punte nella simulata sordità delle donne e nel farfugliare di paron Fortunato) riflette una effettiva profonda diversità culturale: in questo senso il giovane Isidoro, rappresentante della giustizia e della *pax* veneziana, ma anche ostaggio civile provvisoriamente impigliato nell'esplosione di vitalità dei chioggiotti, favorisce il divertimento ma sottolinea il carattere illusorio della sintonia fra i due "tempi" di cui parlavo, tempi che la stessa protagonista della commedia, Lucietta, tiene ben distinti nella prima e nell'ultima battuta, e cioè rispettivamente nella domanda al presente rivolta in apertura alle compagne: "Creature, cossa diseu de sto tempo?", e nel commiato (che è un'ingiunzione per il futuro) al cogitor Isidoro: "[. . .] me despiase che el xè foresto, e col va via de sto liogo, no vorave che el parlasse de nu . . . "

In realtà, potremmo concludere, il *tempo* dei chioggiotti, è anfibologico, riguarda i venti e le nuvole, le maree e le tempeste, quanto e più che le ore dell'orologio e i giorni del calendario. Non sarà un caso che, come poi in un grandioso ciclo narrativo del nostro secolo, il discorso di Goldoni nelle *Baruffe* prenda le mosse proprio dalla parola chiave: "cossa diseu *de sto tempo*" . . .

Harvard University

PATRIZIO ROSSI

Goethe a Napoli

Nel suo articolo "Volfango Goethe a Napoli," Benedetto Croce ci dà una vasta e dettagliata descrizione del soggiorno napoletano del famoso poeta tedesco.[1] Croce ci parla dei posti ove Goethe abitò, delle persone che conobbe, delle sue impressioni sulla capitale del Regno delle due Sicilie, sul popolo e sull'ambiente napoletano come esse sono riferite nella sua opera, *Italienische Reise*. La predilezione per il particolare, per la specificazione e la chiarificazione storica che il filosofo napoletano ha per questo genere di scritti, ci offrono tutte quelle informazioni che non ci vengono dall'opera di Volfango Goethe e che pertanto danno una dimensione ulteriore e ancor più interessante alla narrazione del poeta tedesco.

L'interesse del Croce per Goethe non si limitò a questo saggio di carattere storiografico. In uno scritto più impegnativo, *Goethe*, egli ci dà un'interpretazione critica dell'opera dello scrittore. Questa analisi è piena di significative osservazioni sulla poetica e sull'evoluzione artistica dell'autore del *Faust*, e il Croce ci fa notare, in maniera specifica, quanto l'esperienza italiana abbia contribuito ai cambiamenti che seguirono nell'arte e nel pensiero gothiano.

L'*Italienische Reise* è un'opera che, nonostante le sue caratteristiche di "Tagebuch," di diario, quindi di semplice narrazione delle esperienze di viaggio, presenta delle notevoli complessità di struttura e di intenzioni. Composta quasi dopo trent'anni dall'avvenuta impresa e quindi dopo che la maggior parte della produzione letteraria del Goethe era stata compiuta, non poteva essere semplicemente la descrizione di quell'avventura ma, piuttosto, una sua interpretazione ed una spiegazione di come essa avesse contribuito alla trasformazione del pensiero artistico del poeta. La permanenza sul suolo italiano era stata infatti, secondo le frequenti asserzioni dell'autore stesso, una vera e propria rinascita (Wiedergeburt); egli era alla ricerca della sua perfezione intellettuale ed artistica e l'aveva trovata proprio qui. I lontani ricordi dell'Italia dovevano quindi acquistare la

---

1. Croce, *Aneddoti* 16-58. Si veda anche nelle stessa opera: "I 'Lazzari'" 198-205 e "Dalle memorie del pittore Tischbein" 212-228.

The Flight of Ulysses, edited by Augustus Mastri

forma di una relazione premeditata che giustificasse la sua forza di persuasione interna e la metamorfosi subita dalla sua personalità.[2]

L'opera ha pertanto una caratteristica ben particolare. La prima parte descrive il viaggio che da Karlsbad portò Goethe a Roma, e questa narrazione è ricostruita sostanzialmente sulla corrispondenza intercorsa con Charlotte von Stein ed alcuni intimi amici. La relazione stretta ed affettuosa con questi confidenti fa sì che la descrizione del viaggio e delle sue esperienze assuma la particolarità di monologo interiore in cui palesemente si percepisce il disagio esistenziale del poeta, sia sul piano artistico che personale, e in cui l'Italia appare come il luogo predestinato perché questa sofferenza si risolva nella maniera più soddisfacente e meno traumatica (Fertonani xii-xiv). Questa ricerca introspettiva si conclude — in un secondo momento — con la sua visita all'Italia meridionale, Napoli e la Sicilia, ove, venuto più direttamente in contatto con l'ambiente locale, il poeta si rende conto che la prospettiva classica, che collega senza soluzione di continuità l'antico con l'attuale è viva e presente nella popolazione locale ed egli può senza alcuna fatica riconoscerla. Sembra infatti che a Napoli Goethe si sia completamente liberato dalle riserve con cui si era avvicinato all'ambiente italiano: s'immerge nella vita del paese, cerca di vederne veramente da vicino l'effettivo valore, ne apprezza l'originalità e comincia ad avvertire intimamente gli effetti che questa diversa prospettiva di vita sta operando nel suo modo di sentire. La terza parte, il ritorno a Roma ove il poeta si fermò ancora per quasi un anno, è caratterizzata da una narrazione meno consistente, quasi aneddotica, degli avvenimenti. È questo un momento riflessivo in cui l'autore sembra preoccupato di valorizzare nella sua mente il significato delle esperienze finora vissute. Circondato da un fitto gruppo di amici tedeschi, artisti e scrittori, che vivevano a Roma, egli lavora, scrive, completa manoscritti che si era portato dalla Germania e ci dà sporadiche descrizioni di eventi nella capitale, come il carnevale romano, che hanno l'aspetto di bozzetti piuttosto che di narrazioni di esperienze di vita.

Se il viaggio in Italia era stato di importanza capitale per la comprensione della vita e dell'arte, quali sono le tracce più evidenti di questa trasformazione, che chiaramente possiamo trovare nell'opera? Naturalmente la presa di coscienza di una nuova realtà non è paragonabile a quella di San Paolo sulla via di Damasco. Anche il Croce ci cautela a questo proposito. Si deve parlare, nel caso di Goethe, di un lento processo di sviluppo, conseguenza di una profonda analisi interiore che lo portò ad una intuizione più universale dei valori della sua arte e dell'arte in generale (Croce, *Goethe* 11-13). Senza dubbio, e come già si è

---

2. Fertonani, in Goethe, *Viaggio* xii-xiii.

accennato, anche per ammissione dello stesso scrittore, fu in Italia che egli maturò in maniera più cosciente il desiderio di un profondo e sostanziale cambiamento nella sua vita e nella sua arte. Di qui il suo immergersi nel pensiero classico per cercare di acquistarne l'equilibrio, il senso di purezza e la capacità di vedere la vita come l'armonia di tutti gli infiniti contrappunti che la compongono.

Non c'è tuttavia nell'*Italienische Reise* la dichiarazione specifica che indichi nell'esperienza italiana la conferma di questa nuova visione. Né i critici né i contemporanei di Goethe pensarono che l'apprezzamento e l'interesse che il poeta aveva per l'arte italiana e quella classica seguisse uno schema speciale o preordinato. Ad eccezione dei frequenti riferimenti agli studi del Winkelmann [3] o all'opera del Volkmann,[4] che egli usava come una specie di guida-vademecum, non c'è nella sua narrazione un progredire di scoperte e di constatazioni che lo portino ad una nuova percezione e maturità del suo pensiero artistico.

Giungiamo a ben diverse conclusioni se, invece di cercare nell'opera del Goethe una progressiva e ponderata valutazione dell'arte classica e di quella italiana, seguiamo il poeta nelle esperienze che egli ebbe nei contatti diretti con gli abitanti del luogo nelle loro differenti manifestazioni di vita, di comportamento e di pensiero. In fondo — sembra essere il convincimento dello scrittore — è proprio il popolo il più diretto erede di quel mondo classico e, nonostante i grandi cambiamenti avvenuti nella storia del Paese, qualche traccia dell'antica gloria deve pur essere presente in esso. Infatti è interessante notare che, nel racconto, le esperienze con il popolo sono sovente ravvicinate o messe in contrasto con riferimenti, vedute o monumenti del mondo classico. Tuttavia, si deve pur dire che i primi contatti del poeta tedesco con gli italiani non furono estremamente felici o positivi. Anzi, come si vedrà dagli esempi riportati, in alcuni di questi incontri, talvolta scontri, ci furono dei veri e propri momenti drammatici.

L'autore è appena entrato in Italia ed è affascinato dalla vista del Garda: "Stasera avrei potuto raggiungere Verona," ci dice estasiato, "ma mi sarei lasciato sfuggire una meraviglia della natura, uno spettacolo incantevole, il lago di Garda" (26).[5] Giunto al piccolo paese di Torbole, situato proprio sul lago, decide di passare lì la notte. Lo spettacolo del lago è straordinario. In quel

---

3. Goethe fa frequenti riferimenti all'opera e alle ricerche di Johann Joachim Winckelmann; specialmente a *Geschichte des Kunst des Altertums* (*Storia dell'arte antica*).
4. J. J. Volkmann, *Historisch-Kritische Nachrichten*. Fu l'opera più frequentemente consultata dal Goethe durante il suo viaggio in Italia.
5. Riferimenti in parentesi sono da J.W. Goethe, *Viaggio in Italia*.

momento gli viene in mente che il Volkmann, autore della guida dell'Italia che gli era particolarmente cara, gli ricorda che quel lago si chiamava Benacus, e cita un verso di Virgilio: "Fluctibus et fremitu resonans Benace marino" (27). Questo è il primo verso latino il cui contenuto gli stia vivo davanti agli occhi! Nella sera esce per una passeggiata, "è proprio un paese nuovo, un ambiente affatto diverso quello in cui mi trovo adesso" (27), sono le sue prime impressioni. La gente vive una vita tranquilla senza preoccupazioni: in primo luogo non ci sono serrature alle porte e l'oste gli assicura che nessuno avrebbe toccato il suo bagaglio anche se fosse consistito di diamanti. Fin qui tutto bene. La locanda non ha però vetri alle finestre, sostituiti da carta oleata ed "infine, commenta l'autore, manca una comodità molto importante, di modo ché si è abbastanza prossimi allo stato di natura. Quando chiesi al servo come soddisfare una certa necessità (il Goethe conosceva molto bene l'italiano), egli accennò al cortile di sotto: "Qui abbasso può servirsi!" Io gli domandai: "Dove?" "Da per tutto, dove vuol" è la cortese risposta. Il giudizio del poeta tedesco è determinante: "In ogni cosa si manifesta qui la massima trascuratezza. . . ." (28). Per il momento l'ispirazione ed il fascino del mondo classico e l'immediatezza della realtà italiana si manterranno separate.

Questa frattura si accentua ancora di più nell'esperienza che seguì, a Malcesine, un porto sul Garda. Essa fu, a detta dell'autore, "un'avventura pericolosa," che tuttavia sopportò "di buon umore" e che nel ricordo del tempo apparve "divertente" (29). C'era nella cittadina di Malcesine un vecchio castello medioevale abbandonato che attirò l'attenzione di Goethe per il suo aspetto caratteristico e romantico e del quale egli voleva farne un disegno. Goethe era un bozzettista piuttosto bravo, ma per lui l'arte del disegno, più che essere fine a se stessa era un modo per entrare nella realtà che lo circondava. Non era lì da molto tempo che ben presto si trovò attorniato da un gruppo di curiosi che prese ad osservarlo. Egli tuttavia proseguì indisturbato. "Alla fine," ci racconta, "un uomo dall'aspetto non molto rassicurante" (29) si aprì il varco fino all'artista e gli chiese che cosa stesse facendo. Dice Goethe:

> Gli risposi che ritraevo la vecchia torre per conservare un ricordo di Malcesine. Lui replicò che non era permesso e che me ne andassi. Poiché aveva parlato in un rozzo vernacolo veneto, quasi incomprensibile per me, gli risposi che non avevo inteso. Allora, *con flemma tutta italiana* egli afferrò il mio foglio, lo strappò poi lo rimise sul cartone. (29)

Le cose si complicano per il Nostro: il pubblico è d'accordo con l'interlocutore veneto. Si fa intervenire il podestà, che viene accompagnato dall'attuario. Si insinua che Goethe sia una spia ed in particolare una spia dell'imperatore Giuseppe — un sovrano poco pacifico — che senza dubbio macchinava qualche brutto tiro contro la Repubblica di Venezia. Ma il poeta replica che "ben lungi dall'essere soggetto all'imperatore" (32) era cittadino di una repubblica come quella di Venezia, infatti egli era nativo di Francoforte sul Meno. "'Di Francoforte sul Meno!' esclamò una graziosa giovane donna. 'Tutto può essere chiarito immediatamente. Si faccia venire Gregorio, che è stato per molto tempo a servizio laggiù, e lui saprà risolvere la questione meglio di tutti'" (33). Gregorio viene; la conversazione con Goethe è affabile: a Francoforte hanno amici in comune e tutto si chiarisce. "Signor podestà, dice infine Gregorio, sono sicuro che questo è un brav'uomo, un artista, una brava persona ben educata, che viaggia per istruirsi" (33). La tensione cala, la pace torna, la gente incomincia ad allontanarsi commentando favorevolmente il fatto che uno straniero ed un artista così importante voglia immortalare Malcesine con la sua opera. Questo potrà in futuro portare molti altri turisti stranieri a quel posto con indubbio vantaggio per la città e la sua popolazione. Ancora una volta il mondo dell'arte e la gente che dovrebbe custodire ed essere forse anche l'estensione di quel mondo, rimangono nelle considerazioni del Goethe come due cose ben separate e differenti.

Continuando il suo viaggio verso Roma non manca di venire in contatto, più intimo e ravvicinato, con altri italiani. Questa volta si tratta di un ufficiale papalino, ma l'esperienza non è molto diversa dalle precedenti. "Se oggi mi sia strappato io stesso da Bologna o ne sia stato cacciato, non saprei dire. Sta di fatto che ho afferrato con entusiasmo l'occasione di una partenza anticipata. Ora mi trovo qui in una misera locanda, insieme con un ufficiale papalino ch'è in viaggio per Perugia, sua città natale" (121). È una carrozza a due posti. Goethe vuol fare sentire a suo agio il compagno di viaggio ed intavola una conversazione d'occasione. Gli fa piacere viaggiare con un ufficiale dell' esercito, perché come tedesco è abituato a cose militari e ad avere rapporti con soldati. Ma l'ufficiale dello Stato pontificio mette subito le cose in chiaro con un qualunquismo ridimensionatorio:

> Non se n'abbia a male, rispose, è ben possibile ch'ella provi simpatia per la vita militare, giacché, a quanto so, di militari in Germania ce n'è dappertutto ma per ciò che mi riguarda, anche se il nostro servizio non è affatto rigido e a Bologna, ove sto di guarnigione, posso fare completamente i miei comodi, non chiederei di meglio che potermi liberare di questa giubba per andare ad amministrare la piccola proprietà di mio padre. Ma sono figlio cadetto, e bisogna che mi rassegni. (121)

Il carattere del capitano (e degli italiani, commenterà Goethe) si rivelerà ancora di più con il proseguire del cammino e quando i due sono in maggiore confidenza. Dopo che si sono lasciati, Goethe si lascia andare a riflessioni sulla sua esperienza di viaggio.

> È uno schietto rappresentante di molti suoi conterranei. Ecco un particolare che lo definisce bene: vedendomi spesso silenzioso e soprappensiero, mi disse una volta: 'Che pensa! Non deve mai pensare l'uomo, pensando s'invecchia.' E dopo, 'Non deve fermarsi l'uomo in una sola cosa, perché allora divien matto, bisogna avere mille cose, una confusione nella testa'."

A queste spontanee espressioni dell'ufficiale segue pesante il commento goethiano.

> Il brav'uomo non poteva certamente sapere che me ne stavo zitto e soprappensiero proprio perché mi turbinavano pel capo una confusione di cose vecchie e nuove. La mentalità d'un italiano di questo tipo risulterà ancora meglio da quanto segue: essendosi accorto che ero protestante, dopo qualche preambolo mi chiese se poteva pormi alcune domande, poiché su noi protestanti aveva sentito tante stranezze, che desiderava avere finalmente le idee chiare in proposito. 'A voi è permesso,' chiese, 'vivere in buona amicizia con una bella ragazza, anche senza averla sposata? . . . Lo ammettono i vostri preti?' 'I nostri preti,' risposi, 'sono gente avveduta e non s'immischiano di codeste piccolezze. Naturalmente, se gliene chiedessimo licenza non la concederebbero.' 'Non avete dunque bisogno di chiedergliela?' esclamò. 'Beati voi! E dato che non vi confessate, essi non vengono a saperlo.' A questo punto si diede a imprecare e a recriminare contro i suoi preti e a cantare le lodi della nostra beata libertà. (125)

Il viaggio prosegue e, giunti a Perugia, l'ufficiale, dopo avere effusivamente salutato il Goethe, scende. A conclusione di un'esperienza del genere il poeta tedesco sente il profondo bisogno di rituffarsi nella classicità. Dal Palladio e dal Volkmann sapeva che ad Assisi si trovava un magnifico tempio di Minerva, costruito all'epoca di Augusto e ben conservato. Non perde tempo e, lasciato il vetturino, s'inerpica su verso Assisi. Lascia a sinistra "con antipatia" le enormi costruzioni "della babelica sovrapposizione di chiese in cui riposa san Francesco" e, mentre s'inerpica su pel colle, pensa che là dentro quella chiesa venivano impresse le teste simili a quelle del suo capitano. Giunto alla città, chiede "a un bel ragazzo dove si trovasse S. Maria della Minerva" (127). Dopo un po' di strada arriva al tempio. La visione è magnifica ed entusiasmante. È la prima costruzione antica compiuta che appaia ai suoi occhi. Un tempio di modeste proporzioni, come si conveniva ad una modesta città, "e tuttavia così perfetto, così ben ideato, da essere ammirevole ovunque si sia" (128). Non si sarebbe mai staccato da quella piacevole visione, ma si sta facendo sera e deve lasciare quel luogo. I pensieri che la contemplazione di quell'opera suscitano in lui sono inesprimibili. Nel tramonto "dolcissimo, con l'animo calmo e disposto al bello" scende la via romana, quando ad un tratto è sorpassato da quattro sbirri, di cui due armati di schioppo, dall'aria poco rassicurante. Presto costoro si fermano e lo circondano. Vogliono saper chi è e se è stato al gran convento. La risposta è negativa è stato ad una chiesa, sì, ma è quella di S. Maria della Minerva. Il fatto che non avesse onorato il Santo insospettisce ancora di più gli sbirri che pensano addirittura che lo straniero sia un contrabbandiere. Le cose si stanno mettendo male, ma la fermezza di Goethe e l'invito che egli fa di andare dal podestà a sbrogliare la faccenda fa comprendere che forse c'è un errore. Dopo avere brontolato un po' gli sbirri si allontanano, diretti verso la città. "Io li seguii con lo sguardo," ci dice il Goethe, "vedevo vicino a me allontanarsi quei brutti ceffi mentre laggiù la gentile Minerva, ridente e consolante, mi faceva ancora cenno a distanza" (130). Poi rivolge lo sguardo a sinistra ed è confrontato dalla tetra basilica di S. Francesco. Ancora un'esperienza spiacevole ed il mondo spirituale e culturale italiano sembra ora essere o sotto l'egida del tetro culto di S. Francesco o quello della consolante Minerva.

Il viaggio verso Roma procede veloce senza ulteriori incidenti od avventure. L'emozione di trovarsi nella città eterna è incontenibile:

> Sì, finalmente mi trovo in questa capitale del mondo! . . . Ho pressoché sorvolato le montagne tirolesi; ho visitato bene Verona, Vicenza, Padova e Venezia, di sfuggita Ferrara, Cento e Bologna, e Firenze, si può dire, non l'ho veduta. L'ansia di giungere a Roma era così grande, aumentava tanto di momento in momento, che non avevo tregua, e sostai a Firenze solo tre ore. Eccomi qui adesso tranquillo e, a quanto pare, placato per tutta la vita. Giacché si può dire che abbia inizio una nuova vita quando si vedono con i propri occhi tante cose che in parte già si conoscevano in spirito. (138)

L'entusiasmo è tale che lo induce anche a rivedere il suo giudizio sul popolo con cui ha preso di recente contatto e non sempre in una relazione di rispetto ed amore:

> E quanto mi è moralmente salutare vivere in mezzo a un popolo vero e concreto, del quale si è detto e scritto tanto, e che ogni straniero giudica secondo il criterio che porta con sé! Perdono a tutti quelli che lo biasimano e lo denigrano; è una gente troppo lontana da noi, e il rapporto dello straniero con essa costa fatica e sacrificio. (139)

L'ordine pubblico a Roma lascia però molto a desiderare. Omicidi, aggressioni e furti, delitti sono quanto mai comuni e la giustizia non è adeguatamente preparata per prevenirli. Durante il primo periodo in cui risiede nella capitale, un giovane artista svizzero viene assassinato nella strada. Il poeta tedesco di fronte a questo fatto così grave dimentica improvvisamente tutta la tolleranza e la benignità con cui si era espresso, poco prima, nei riguardi degli italiani:

> Null'altro saprei dire di questo popolo se non che è gente allo stato di natura, gente che, in mezzo agli splendori e alle solennità della religione e dell'arte non si scosta di un capello da quel che sarebbe se vivesse nelle grotte e nei boschi. Ciò che fa colpo su tutti gli stranieri, e che attualmente è oggetto dei discorsi (ma solo dei discorsi) dell'intera città, è la frequenza con cui si commettono gli omicidi. In queste tre settimane già quattro persone sono state uccise nel nostro quartiere. Oggi Schwendimann, un bravo artista svizzero... è perito in un'aggressione, tal quale Winckelmann. L'assassino, con cui s'era accapigliato, gli vibrò una ventina di pugnalate, e al momento in cui giunsero le guardie lo scellerato si suicidò. Qui di solito le cose vanno altrimenti: l'omicida si rifugia in una chiesa e a questo modo si salva la pelle. (158)

Questo è invero il momento più basso e più critico delle relazioni e dei sentimenti di Goethe nei riguardi degli italiani, gente difficile da comprendere e da stimare anche se veri eredi di quella classicità che tanto affascinava gli stranieri. Di fronte alla criminalità romana, egli vede in essi gente allo stato brado, fiere che dovrebbero vivere nelle foreste e in grotte e che invece, per ironia della sorte, dimorano attorniati dalla solennità della religione e dell'arte senza averne la minima comprensione o riceverne alcun beneficio morale. Per fortuna ulteriori avvenimenti porteranno il poeta tedesco a nuovi luoghi e panorami, in una città ove, inaspettatamente, la bellezza del paesaggio, il prestigio dell'arte e della religione e il sentimento di vita della popolazione si muoveranno armoniosamente sulla stessa onda di intendimento, dando così al famoso scrittore una visione di quello che veramente aveva dovuto essere il mondo classico nella sua espressione più completa, viva ed osservabile. Questo luogo sarà, inopinatamente, Napoli.

Un'eruzione del Vesuvio aveva messo in agitazione quasi tutti gli stranieri. "Bisognava farsi forza per non lasciarsi trascinare" (159). Infatti, un fenomeno di natura ha veramente "qualcosa del serpente a sonagli: attira gli uomini in maniera irresistibile." Tutt'a un tratto pare che i tesori d'arte di Roma siano scomparsi: i forestieri interrompono i loro pellegrinaggi artistici e si precipitano a Napoli. Per un momento, Goethe vuole resistere, ma il fascino è troppo grande, e in men che non si dica è sulla via della capitale partenopea.

"Alla locanda del Sgr. Moriconi al Largo del Castello," ci dice Goethe in italiano, "è questo l'indirizzo, non meno pomposo che accogliente, al quale potrebbero ora essere recapitate lettere dalle quattro parti del mondo" (204). E il Croce conferma la notorietà dell'albergo al quale soggiornarono, in differenti momenti storici, diversi personaggi importanti e famosi (Croce, *Aneddoti* 16-25).

L'impazienza di conoscere il posto è estrema. Appena si è rimesso dalla stanchezza per il viaggio vuole visitare la città. "Ieri ho riposato tutto il giorno . . . ma oggi ci siamo dati alla pazza gioia e abbiamo dedicato il nostro tempo a contemplare meravigliose bellezze" (205). L'aspetto della città e del paesaggio è al di sopra di ogni descrizione. "Si dica o racconti o dipinga quel che si vuole, ma qui ogni attesa è superata, osserva lo scrittore. Queste rive, golfi, insenature, il Vesuvio, la città con i suoi dintorni, i castelli le ville!" Al tramonto Goethe e i suoi amici vanno a visitare la grotta di Posillipo, nel momento in cui dall'altro lato entravano i raggi del sole declinante. "Siano perdonati tutti coloro che a Napoli escono di senno!" (esclama il poeta estatico) (205). Ma non è solo il paesaggio, anche la gente è interessante e di tutte le specie. Insomma tante sono le meraviglie che il Goethe, ormai impadronitosi delle espressioni più locali ci dice: "Della posizione della città e delle sue meraviglie tanto spesso descritte e decantate, non farò motto. 'Vedi Napoli e poi muori!' dicono qui" (209). Ed infatti nessun napoletano vuole andarsene dalla sua città, "Se i poeti locali celebrano in grandiose iperboli l'incanto di questi siti, non si può fargliene carico, vi fossero anche due o tre Vesuvi nelle vicinanze" (209), commenta ancora lo scrittore. A questo punto egli ritiene necessario un confronto con Roma, e naturalmente tutto a scapito della città eterna. "Qui non si riesce davvero a rimpiangere Roma; confrontata con questa grande apertura di cielo la capitale del mondo nella bassura del Tevere appare come un vecchio convento in posizione sfavorevole" (209).

A Napoli è ancora attorniato da un nutrito gruppo di artisti tedeschi, tra i quali Tischbein è quello che gli è più vicino, ma ci sono anche diversi contatti con gli uomini di cultura della nobiltà partenopea. Tra di essi c'è "il cavalier Filangieri, noto per il suo libro sulle legislazioni. Egli fa parte di quei giovani degni di stima che hanno di mira la felicità degli uomini non disgiunta da un'onorevole libertà" (212). Il Filangieri, autore della *Scienza della legislazione*, abitava nell'avito palazzo omonimo (oggi palazzo Monaco al Largo Arianello, fa notare il Croce), e fu l'unico importante illuminista italiano con cui il Goethe venne a contatto. Questa opportunità fu forse favorita dal fatto che entrambi appartenevano alla Massoneria, ma c'è anche da considerare che la moglie del Filangieri era la contessa Karolina Fremdel di Presburgo, che era stata inviata da Maria Teresa alla Corte di Napoli come istitutrice.

Gli incontri con il Filangieri portano a colte conversazioni sulla cultura del tempo. Si parla della politica e delle condizioni del regno di Napoli, e si discorre con piacere di Beccaria, di Montesquieu ed anche di Giovan Battista Vico, che viene presentato a Goethe come un autore superiore a Montesquieu. Ma il sodalizio del Goethe con Gaetano Filangieri ci porta anche ad uno degli episodi più piacevoli e significativi del soggiorno napoletano dell'autore. È difatti in casa Filangeri che Goethe fa la conoscenza di quella che egli indica come la *Principessina*, che noi sappiamo, sempre tramite le ricerche del Croce, essere la sorella del Filangieri e la moglie dell'anziano principe di Satriano (Croce, *Aneddoti* 23-25). Questo originale e freschissimo personaggio, che costantemente ostenta un insolito individualismo ed un'insofferenza per il formalismo della corte e gli abusi del clero è, secondo la critica, una delle più moderne e più affascinanti figure femminili incontrate dal Goethe in Italia. Racconta il poeta:

> Verso sera, di ritorno da Capodimonte feci ancora una visita in casa Filangieri, e vi trovai, seduta sul canapè accanto alla padrona di casa (la contessa Karoline Fremdel), una signora il cui aspetto esteriore non mi parve del tutto confacente ai modi confidenziali cui si lasciava andare senza alcuna soggezione. . . . La padrona di casa volendo farmi partecipe della conversazione, si mise a parlare dello splendido sito di Capodimonte e dei tesori che v'erano racchiusi. Ma la vivace donnina si levò di colpo; stando in piedi appariva più che mai deliziosa. Si accomiatò, si affrettò verso la porta e passandomi vicino disse: 'I Filangieri pranzeranno da me uno di questi giorni spero di vedere anche lei!' E prima che potessi aprire bocca era già scomparsa. (218)

Il Goethe accetta con piacere e la sera prestabilita si presenta al magnifico palazzo Satriano. Al pranzo la principessina dà al poeta il posto d'onore e lo fa sedere accanto a sé, "Si sieda a tavola vicino a me," essa gli dice in maniera briosa, "voglio che i migliori bocconi siano per lei" (224). Accanto a lui, dall'altra parte della tavola, ci sono i Filangieri, e tutto il gruppo è attorniato da diversi frati benedettini, rappresentanti del clero, che erano stati invitati al pranzo secondo l'etichetta nobiliare. Ma, sfortunatamente per loro, durante quasi tutto il pranzo essi diventano l'oggetto delle acerrime frecciate polemiche della principessa che, come spiega, non può sopportarli. ". . . debbo punzecchiare i preti, confessa al suo autorevole vicino. "Non posso soffrirli, quei tipi; ogni giorno vengono qui ad alleggerirci di qualche cosa. La nostra roba dovremmo potercela godere con gli amici!" (225). Per tutta la durata del pranzo la malizia della principessa non lascia in pace gli ecclesiastici. Quando si giunge al *dessert*, e Goethe teme che la messa in berlina dei frati continui, inaspettatamente il comportamento della principessa cambia, si paca del tutto e rivoltasi al poeta, con grande calma e serenità gli dice: "Parliamo un po' fra noi, piuttosto, da persone ragionevoli!" (225). Vuol sapere di che cosa ha conversato con il fratello; conosce assai bene i suoi ideali e, naturalmente, ella ha delle opinioni quanto mai differenti in materia. "Si può sapere che cosa vi siete detti con Filangieri? Gran brav'uomo quello, ma va in cerca di grattacapi! Quante volte l'ho ammonito: 'Se fate nuove leggi, ci procurate nuove preoccupazioni: dovremo escogitare il modo di trasgredire anche quelle, dopo che ci siamo sbarazzati delle vecchie'" (225). È l'avere senso per la vita che può portare alla felicità, non la ragionevolezza delle leggi. E soggiunge ancora: "Suvvia, guardi com'è bella Napoli! La gente vive spensierata ed allegra da tanti anni, e basta che di tanto in tanto se n'impicchi uno perché tutto riprenda a marciare a meraviglia"(226). Lo sforzo illuminista del Filangieri è encomiabile, ma vano. Nel suo profondo Goethe lo sa, ma è la principessa, con la sua spontaneità ed intuizione, che fa salire alla superficie questa consapevolezza e lo rende cosciente di una percezione più profonda della vita. Questa spiritosa definizione delle leggi, ci informa il Croce, non rimase unicamente a livello di aneddoto divertente da essere riportato come parte delle esperienze napoletane del Goethe. Il concetto fu trascritto su una scheda che poi fu inclusa, per sbaglio, in un' opera del poeta, *Kunst und Alterthum*, che è una raccolta di pensieri vari (Croce, *Aneddoti* 28). L'autore si rese ben presto conto di non poterne o di non volerne assumere la paternità, ed in una nota all'opera ne chiarisce l'origine. Di solito questa massima è considerata dalla critica, incluso il Croce, come una specie di originalità, di bravata o meglio di ingegnoso e grazioso scherzo da parte di una donna (ed è ancora il Croce che parla) "di moltissimo ingegno e spirito, ma di poca cultura, come generalmente allora (erano) le donne" (Croce, *Aneddoti* 35). Se, tuttavia, colleghiamo questa prima comprensione dello spirito napoletano con quello che il Goethe dirà in seguito parlando del popolo ed in particolare dei *lazzaroni*, allora si vedrà come la narrazione di questo episodio abbia una definitiva importanza nella cognizione di un concetto di vita che era nuovo per l'autore tedesco e che era inoltre la verifica di ciò che egli intendeva per essenza classica dell'esistenza e che fino a quel momento certamente non aveva riscontrato nel popolo italiano.

Dopo un'avventurosa visita alla Sicilia, l'autore ritorna a Napoli e la sua narrazione si fa più riflessiva. La vita della città gli riesce piacevole ed interessante e vuole scoprirne il perché. Sia il prediletto Volkmann, che altri viaggiatori, hanno sempre dato una relazione molto negativa delle condizioni di vita nella città e dell'operosità del popolo. Il Goethe non è assolutamente d'accordo con queste deleterie considerazioni e vuole darcene il proprio giudizio basato sulla osservazione diretta del vivere napoletano:

L'ottimo e utilissimo Volkmann mi costringe di tanto in tanto a divergere dalle sue opinioni. Dice per esempio che a Napoli vi sarebbero da trenta a quaranta mila fannulloni: e quanti lo ripetono! Dopo aver acquisito qualche conoscenza delle condizioni di vita del Sud, non tardai a sospettare che, il ritenere fannullone chiunque non s'ammazzi di fatica da mane a sera, fosse un criterio tipicamente nordico. (368)

Sulla gravità e l'estensione del problema sociale costituito dai *lazzaroni* pare che il Volkmann, come pure tutti i relatori del tempo, avesse ampiamente ragione. Anche nuovi studi storici certamente confermano la presenza di un enorme numero di diseredati che dimorava nelle vie cittadine senza nessuna apparente fonte di sostegno. Napoli, recentemente divenuta capitale del nuovo regno delle Due Sicilie, aveva ereditato questa piaga dalle precedenti amministrazioni dello stato. Essendo la città non propriamente un centro commerciale o industriale, come altre città-capitali italiane, quali Firenze, Venezia, Milano, Genova ecc., ed essendo i reggenti interessati ad avere una capitale popolosa che desse maggior lustro ed una più grande importanza sia alla corte che al regno, essi avevano fatto particolari concessioni sulle tasse e sul costo del vitto a coloro che vivevano o volessero vivere entro i confini della città. Questo aveva creato un grande afflusso di popolazione dalla campagna che poi, naturalmente, faticava a trovare lavori stabili ed adeguati, ma che aveva fatto di Napoli, con i suoi centocinquanta, centosessantamila abitanti, una delle città più popolose d'Italia.

Goethe, contestando il Volkmann, inizia una precisa e dettagliata descrizione della gente che affolla le strade e delle loro attività. "Cominciai, in quella baraonda a prendere familiarità con i diversi tipi, a giudicarli, a classificarli secondo il loro aspetto, le loro vesti, i comportamenti e le occupazioni" (369). Ne risulta che in effetti nessuno è realmente sfaccendato. I facchini, che in diversi punti hanno i loro posti riservati, aspettano soltanto che qualcuno ricorra a loro. I vetturali accanto ai loro calessi, governano i loro cavalli, pronti ad accorrere al primo cenno. I barcaioli o i pescatori che se ne stanno sdraiati al sole sul molo, fanno così perché probabilmente il mare è troppo agitato per andare a pescare. Vi è, sì, molta gente nelle strade, ma tutti, o quasi, portano il segno di un'attività. Quanto ai mendicanti, non se ne vedono, se non vecchioni, storpi o gente inabile a qualsiasi lavoro. È vero che non si fa un passo senza incontrare gente che è mal vestita e cenciosa, ma non per questo si può parlare di scioperati. Si potrebbe allora concludere che il così detto "lazzarone" non è per nulla più "infingardo delle altre classi, ma altresì constatare che tutti, in un certo senso, non lavorano semplicemente per vivere ma piuttosto per godere, e anche quando lavorano vogliono vivere in allegria" (374).

A questo punto, Goethe deve fare un paragone con la maggiore operosità dei popoli nordici, che è un fatto innegabile, e a questo proposito si rivolge alle solite giustificazioni che allora, come sovente oggi, vengono date. Le condizioni climatiche al nord sono così differenti e severe che non è possibile pensare solo ed unicamente all'oggi, ma bisogna provvedere per il futuro e quindi durante l'estate pensare all'inverno. Per mesi e mesi bisogna evitare di stare all'aperto e ci si ripara in casa per proteggersi dalla pioggia, dalla neve e dal vento. Le stagioni si susseguono inarrestabili e "l'uomo, se non vuole finire malamente deve per forza diventare casalingo" (373). Non si tratta di sapere se vuole fare delle rinunzie: "non gli è consentito di volerlo, non può materialmente volerlo, dato che non può rinunciare; è la natura che lo costringe ad adoperarsi, a premunirsi" (373).

Naturalmente, Goethe conviene che influenze naturali, che "rimangono immutate per millenni" (Goethe 373), hanno improntato il carattere delle nazioni in relazione alla loro posizione geografica. La gente del nord però, secondo Goethe, ha applicato queste nozioni troppo rigidamente nei riguardi di coloro che hanno il beneficio di vivere in terre in cui il cielo s'è dimostrato tanto benigno. Questa, tuttavia, non è l'unica giustificazione, o per lo meno non è una ragione sufficiente. Riferendosi ad un'opera di von Pauw,[6] Goethe fa notare che, nella parte consacrata ai filosofi cinici, si suggerisce l'idea che l'attitudine a far meno non è esclusivamente dovuta alle favorevoli condizioni climatiche, quanto a una comprensione più profonda della vita, che sarà per noi tanto più facile e soddisfacente quanto più impareremo a liberarci di tutte quelle cose che non ci sono strettamente necessarie, per cui quando riusciamo a soddisfare le più urgenti ed immediate esigenze, ci sarà possibile godere il mondo in un modo migliore e sentirci consoni all'armonia ed al flusso della vita. E questo era nella sua essenza il pensiero suggerito dalla dispettosa Principessina: non orpelli intellettuali più sofisticati avrebbero fatto felice l'uomo, ma il lasciarlo seguire intuitivamente il corso più facile e semplice della vita che l'animo potentemente gli suggerisce in armonia con l'ambiente che lo circonda.

D'altronde, rammenta ancora Goethe, il concetto dell'eccezionalità della regione è già presente nella *Storia naturale* di Plinio. In quest'opera l'autore latino concede solo alla Campania una descrizione più estesa della sua natura e del suo popolo:

> Quelle terre sono così felici, amene e beate che vi si riconosce evidente l'opera prediletta della natura. . . . Su questo paese i Greci, popolo che aveva

---

6. Cornelius von Pauw, *Recherches sur les Grecs* (Berlino, 1799).

una smisurata opinione di sé, hanno espresso il più lusinghiero giudizio dando a una sua parte il nome di Magna Graecia. (375)

Così il miracolo è avvenuto. La classicità non esiste unicamente negli imponenti ruderi e negli eterni magnifici paesaggi, ma è finalmente rinvenuta anche nella parte più viva della sua realtà: nel popolo di quella terra fortunata che è la "Campania fœlix," un titolo onorifico che quella regione porta da secoli. "Napoli è un paradiso dove ciascuno vive in una sorta d'ebbrezza obliosa," ci dice in uno dei suoi momenti più ponderati il Goethe. Così è per me: non so riconoscermi, mi par d'essere un altro. Ieri pensavo: 'O eri matto prima, oppure lo sei adesso'." . . .

"Se a Roma si studia volentieri, qui si desidera soltanto vivere. Ci si scorda del mondo, e l'aver rapporti solo con chi è dedito al godimento mi dà una curiosa sensazione" (230).

È quasi giunto il momento di lasciare Napoli, e, quindi di trarre delle conclusioni da questa sua meravigliosa esperienza. Ha veduto molto e ancor più riflettuto: il mondo gli si rivela sempre di più, ed anche quello che conosceva da molto tempo, soltanto adesso diventa realmente suo. Ciò che sempre aveva atteso è avvenuto in realtà: "Solo in questo paese ho potuto comprendere e investigare certi fenomeni naturali, certe confusioni delle idee. . . . Mieto a piene mani in ogni direzione e molto riporterò con me" (233). Se non fosse per l'influsso dell'indole tedesca e per il desiderio d'imparare e di fare, più che di godere, vorrebbe attardarsi ancora per un po' a quella scuola di vita facile e lieta e giovarsene.

Ma il richiamo della *Heimat*, l'amore per la propria terra e il gusto di vivere con pochi amici, si fa più insistente. L'esperienza italiana è stata determinante per il suo spirito e per il suo lavoro. Stranamente, nel periodo in cui è a Napoli, un amico gli ricorda il *Wilhelm Meister* e lo spinge a continuarlo. La sua reazione e questo invito e le riflessioni che ne seguono racchiudono e sintetizzano il valore e l'importanza di tutto il viaggio in Italia. "No, non credo che sotto questo cielo vi riuscirei," soggiunge pensosamente, "ma forse qualcosa dell'etere che qui mi circonda potrebb'essere trasfuso negli ultimi libri" (242). Poi, molto poeticamente, esprime la speranza che il destino gli permetta di trasfondere nelle sue opere quello che ha appreso, tutta l'essenza di quel che ha così straordinariamente afferrato, poiché se non fosse così non varrebbe la pena ritornare. "Possa la mia esistenza prolungarsi quanto occorra, possa lo stelo crescere in altezza e i fiori sbocciare più prosperi e più belli. Sì, meglio sarebbe che non tornassi affatto, se il ritorno non volesse dire rinascita." (242).

University of California San Diego

Opere consultate

Andreas, Willy. "Goethes Flucht nacht Italien." *Deutsche Vierteljahrsschrift für Literaturwissenschaft und Geistesgeschichte* 35 (1961): 344-362.
Atkins, Stuart. "*Italienische Reise* and Goethian classicism." *Aspeckte der Goethezeit*. Gotingen, 1977.
Auden, Wystan Hugh. *Italian Journey*. London, 1962.
Chiusano, I. A. *Vita di Goethe*. Milano: Mondadori, 1981.
_____. "Perché a Roma? ovvero Goethe 'romeo ideale.' *Roma dei grandi viaggiatori*, a cura di F. Paloscia. Roma: Abete, 1987. 13-25.
Croce, Benedetto. *Aneddoti di letteratura varia*. Bari: Laterza, 1954.
_____. *Goethe*. Bari: Laterza, 1921.
_____. *Storia del Regno di Napoli*. Bari: Laterza, 1933.
_____. *I teatri di Napoli*. Bari: Laterza, 1966.
De Ruggero, N. "Ambiente e figure italiane viste dal Goethe." *Annali dell'Istituto Universitario Orientale di Napoli. Sezione germanica* I (1958): 107-13.
Doria, Gino. *Storia di una capitale*. Milano: Ricciardi, 1968.
Einaudi, Luigi. "Goethe, la leggenda del lazzarone napoletano." *La riforma sociale* 25 (1918): 198-202.
Fancelli, M. "Goethes *Italienische Reise*." *Impulse* 5 (1982): 192-207.
Ghirelli, Antonio. *Storia di Napoli*. Torino: Einaudi, 1973.
Gnoli, D. "Wolfango Goethe a Roma." *La nuova Antologia* 10. 28 (1875): 277-304.
Goethe, J. W. *Italienische Reise*. Frankfurt am Main, 1976.
_____. *Viaggio in Italia*. Prefazione di Roberto Fertonani. Milano: Mondadori, 1990.
_____. *Italian Journey*. New York: Schoken Book, 1968.
Golz, J. "Goethe und Italie." *Impulse* 5 (1982): 208-228.
Klenze, Camillo von. *The Interpretation of Italy During the Last Two Centuries*. Chicago, 1907.
Paoli, R. "Sul viaggio in Italia di Goethe." *Letterature moderne* 2. 3 (1951).
Porzio, Antonio. "Goethe in Campania." *Goethe e i suoi interlocutori*. Napoli, 1983. 13-30.
Volkmann, Johann Jacob. *Historisch-Kritische Nachrichten von Italien*. 3 vol. Leipzig: C. Fritsch, 1777-1778.
Werner, H. G. "Goethes Reise durch Italien als soziale Erkundung," in *Goethe Jahrbuch* 105 (1988): 27-41.
Winckelmann, Johann Joachim. *Geschichte des Kunst des Altertums*. Baden-Baden, Strasbourg: Heitz, 1966.

GUSTAVO COSTA

Giambattista Vico Between Pre- and Postmodernity[*]

In his article on "The Study of Vico Worldwide and the Future of Vico Studies,"[1] Giorgio Tagliacozzo laments "the silence on, or inadequate treatment of, Vico in histories of philosophy" and suggests "to introduce into the histories of philosophy a final chapter possibly titled: 'Post-modern Philosophy and Vico'" Tagliacozzo asserts that he leaves to "the individual authors" the task "to elaborate on the contents and organization of such a chapter."[2] I guess we are among the individual authors mentioned by Tagliacozzo, and must, therefore, study the feasibility of such an audacious project. Since I have worked mainly on Vico's sources, I will elaborate on what Tagliacozzo calls "the extent of Vico's historical background and the wealth and variety of his sources," keeping in mind the indisputable fact that Vico used his sources "as mere pegs, feeling free to transfigure them to fit his theoretical needs."[3]

First of all, I would like to observe that Vico had an astonishing familiarity with the classical, medieval, Renaissance and pre-modern, major and minor texts of Western civilization. Having dedicated more than three decades of my life to read the authors explicitly or implicitly quoted by Vico, I can safely say that we have explored only a small fraction of his sources. However, what we know is sufficient to convince me that Vico was not a shoddy scholar. In some cases, I have reached the conclusion that what appeared a blunder on the part of Vico, was actually a misinterpretation of the culture of Vico's time, handed down from one modern interpreter to another. In other words, Vico was correct, while his commentators were groping in the dark. In other cases, I have noted that alleged

---

[*] This paper was partially read at the conference on "Vico and Postmodernity," sponsored by the Istituto Italiano di Cultura, Toronto, Canada (1991).

1. G. Tagliacozzo, "The Study of Vico Worldwide and the Future of Vico Studies," *New Vico Studies* VIII (1990): 35.
2. Tagliacozzo 35.
3. Tagliacozzo 36.

The Flight of Ulysses, edited by Augustus Mastri

inconsistencies on the part of Vico resulted from arbitrary assumptions of his interpreters.

The latter case involves what I would call red herrings, namely fictitious sources. A typical example of this kind of fallacy is the recent attempt to demonstrate that Baltasar Gracián, allegedly a postmodern critic, was a precursor of Vichian philosophy. It was a Spanish scholar, Emilio Hidalgo-Serna, who started this trend of Vico studies. In a paper submitted to an Italian symposium, Hidalgo-Serna asserted that Gracián's *concepto*, should be considered as a turning point in the history of logic, inasmuch as the *agudeza* or *ingenio*, which produce the *concepto* enable us to view individual objects in their mutual relation, and are, therefore, an original way of knowing the world — a way alternative to, and independent from, the Aristotelian *logos* or reason.[4] This paper wetted the appetite of Vico specialists who eagerly sought Hidalgo-Serna's volume on which his contribution to the Italian symposium was based.[5] The book in question was translated into Italian by Stefano Benassi, who, in its preface, made a generic parallel between Gracián and Vico: "L'esemplificazione non è dunque una semplice necessità dell'ingegno di dare forma sensibile alle relazioni che, mediante l'arte, sono state svelate: è il modo stesso del configurarsi del pensiero ingegnoso — si pensi a Vico — che, pur traendo origine e motivi dalla mitologia, appare adeguatamente cogliere il senso della realtà naturale e il processo storico che contraddistingue la società umana."[6] This statement does not shed any light on Vico. Is it because the translator is simply anticipating what the author explains in his work? Alas, this is not the case. Hidalgo-Serna makes four references to Vico. All of them are inconclusive.

The first allusion to Vico occurs in the third chapter, where Hidalgo-Serna states that Gracián's *El Discreto* (1646) and Vico's *De Italorum sapientia* (1710) are both founded on the same idea of genius and ingenuity of mother wit: "Gracián aveva assicurato ne *El Discreto* che tanto il *genio* come anche l'*ingegno* sono prodotti della natura e sono risvegliati a nuova vita grazie all'arte. Per i latini, l'*ingenium* era nel suo primo significato un sinonimo di *natura*, come scrive Giambattista Vico nel *De antiquissima Italorum sapientia*."[7] Obviously, Hidalgo-

---

4. E. Hidalgo-Serna, "Baltasar Gracián: dal Barocco al Postmoderno," *Aesthetica Pre-print* 18 (December 1987): 9-23.

5. E. Hidalgo-Serna, *Das ingeniöse Denken bei Baltasar Gracián: Der "concepto" und seine logische Funktion* (Munich: Fink, 1985).

6. E. Hidalgo-Serna, *Baltasar Gracián: La logica dell'ingegno*, tr. S. Benassi (Bologna: Nuova Alfa, 1989) 15.

7. Hidalgo-Serna, *Baltasar Gracián* 98.

Serna refers to the *De Italorum sapientia*, VII. 4. Let us therefore look closely at the textual evidence. Gracián initiates *El Discreto* with a flamboyant eulogy of genius and ingenuity or mother wit: "Estos dos son los ejes del lucimiento discreto; la naturaleza los alterna y el arte los realza . . . Es el hombre aquel célebre microcosmo, y el alma, su firmamento . . . Plausible fué siempre lo entendido, pero infeliz sin el realce de una agradable genial inclinación; y al contrario, la misma especiosidad del genio hace más censurable la falta del ingenio."[8] These considerations are not radically different from Emanuele Tesauro's eloquent praise of the *argutezza* in his *Cannocchiale aristotelico* (1654), which was considered a source of the *New Science* by Benedetto Croce and Andrea Sorrentino: "Un divin parto dell'ingegno . . . fu in ogni secolo e appresso tutti gli uomini in tanta ammirazione che . . . come un pellegrino miracolo, da quegli stessi che nol conoscono, con somma festa e applauso è ricevuto. Questa è l'argutezza, gran madre d'ogni 'ngegnoso concetto . . . ultimo sforzo dell'intelletto; vestigio della divinità nell'animo umano."[9] According to Tesauro, the ingenuity is divine, because God himself is the source of the *argutezze*: "quanto ha il mondo d'ingegnoso, o è Iddio o è da Dio."[10] Ingenuity is also natural, since Nature herself is a kind of Baroque poet: "se la vivezza dell'umano ingegno ne' motti arguti è dono della natura più che dell'arte, com'esser può che così dotta insegnatrice non sappia ciò ch'ella insegna?"[11] Why should we consider Gracián rather than Tesauro as a source of Vico? Hidalgo-Serna is silent on this capital point.

Moreover, Hidalgo-Serna does not seem to be aware of the fact that Vico paradoxically imparts a Cartesian character to ingenuity or mother wit by stressing its affinity with geometry: "*Ingenium* is the faculty that connects disparate and diverse things. The Latins called it acute or obtuse, both terms being derived from geometry."[12] Indeed, Vico goes so far as to declare that "geometry and arithmetic . . . are the most certain of sciences" and both of them are produced by ingenuity, since those "who excel in their application we Italians call *ingegneri*."[13] Since he is unable to view the Cartesian side of Vichian mother

---

8. B. Gracián, *El Héroe; El Discreto* (Madrid: Espasa-Calpe, 1958) 45.
9. E. Tesauro, *Il Cannocchiale aristotelico*, ed. E. Raimondi (Turin: Einaudi, 1978) 13.
10. Tesauro 18.
11. Tesauro 20.
12. G. B. Vico, *On the Most Ancient Wisdom of the Italians, Unearthed from the Origins of the Latin Language*, tr. L. M. Palmer (Ithaca-London: Cornell U. P., 1988) 96-97.
13. Vico, *On the Most Ancient Wisdom* 97.

wit, Hidalgo-Serna does not realize how difficult it is to reconcile Vico's *De Italorum sapientia* and Ernesto Grassi's *Humanismus und Marxismus* (1973). This is the reason why Hidalgo-Serna makes a second reference to Vico by asserting that Grassi's book "rende attuale la problematica filosofica dell'umanesimo italiano, poichè egli critica la scienza e il pensiero aprioristico e — nel confronto con la concezione marxista del lavoro — chiarisce la funzione della fantasia nel pensiero di Giambattista Vico."[14]

A third reference to Vico is to be found in the fifth chapter, where Hidalgo-Serna sides with Grassi's interpretation of Vico's *sensus communis* in polemic with Gadamer's dismissal of it together with Gracián's *buen gusto*: "Nel caso concreto del 'sensus communis' nell'opera di Vico o del termine 'buen gusto' in Gracián il filosofo tedesco ritiene che essi in nessun modo oltrepassino i limiti della 'tradizione morale' . . . Di contro Ernesto Grassi ha mostrato in parecchi dei suoi lavori l'attualità e la funzione logica del 'sensus communis' in Vico e il suo ruolo preminente nella concezione del lavoro e in generale di ogni attività creativa dell'uomo"[15] Since Hidalgo-Serna does not elaborate on this important point concerning Vichian philosophy, one does not understand why Grassi's opinion should be preferred to Gadamer's.

In his fourth and last reference to Vico, Hidalgo-Serna is more vague than before. He traces a rather loose and problematic connection between Calderón's *La vida es sueño* and Vico's *New Science*, stressing that both works have a temporal dimension: "La visione del mondo di Calderón circa l'impronta temporale e storica della vita umana si differenzia dall'astratta uniformità razionalistica e corrisponde alla concezione della storia, che anche successivamente ci ha lasciato in eredità per sempre Vico."[16] This parallel between Calderón and Vico is rather stretched. One might as well say that both writers concentrated on the problem of free will, since the *New Science* announces the very same "triunfo del libre albedrío," which is proclaimed in *La vida es sueño*.[17] But this would be tantamount to saying what everybody already knows, namely that both Calderón and Vico were Roman Catholics.

I would like to add one consideration which, in my opinion, shows how shaky is any attempt to demonstrate Vico's postmodernity by means of his alleged dependence on the supposedly postmodern Gracián. In his *Vita*, Vico mentions

---

14. Hidalgo-Serna, *Baltasar Gracián* 163, note 22.
15. Hidalgo-Serna, *Baltasar Gracián* 182, note 33.
16. Hidalgo-Serna, *Baltasar Gracián* 211.
17. See Calderón de la Barca, *La vida es sueño; El alcalde de Zalamea*, ed. A. Cortina (Madrid: Espasa-Calpe, 1971) XXV-XXXII.

Giacomo Lubrano (1631-1693), a Jesuit, who was also a distinguished Baroque poet (some of his lyrics appeared in Croce's influential anthology of Italian Baroque poetry, first published in 1910).[18] Vico alludes to Lubrano's poem "Rosa caduca" in a passage of his autobiography, in which Baroque poetry is viewed as a youthful aberration: "One day when Vico called upon him for an opinion of his progress in poetry and submitted for his correction a canzone on the rose, the father, a generous and kindly spirit, was so pleased that although he was advanced in years and had attained great fame as a sacred orator, he did not hesitate to recite to this youth he had never seen before an idyll of his own on the same subject."[19] Lubrano's poem on the rose is easily accessible thanks to a recent edition of his *Scintille poetiche* (1690): "Al rigor d'un freddo cielo / germogliar vidi una rosa, / che parea, così vezzosa, / vivo foco in mezzo al gielo."[20] It is a poetic composition in Gabriello Chiabrera's style, not too bad for a writer such as Lubrano who, in his most celebrated sonnet, describes bushes and trees as "Rustiche frenesie, sogni fioriti, / delirii vegetabili odorosi."[21]

This sonnet was composed under the influence of Marino's *Adone*, VI, 148-149, where Lubrano could find a similar description of ingeniously pruned bushes and trees: "Qui di nobil pavon superba imago / il crespo bosso in ampio testo ordiva / . . . / Quivi il lentisco di terribil drago / l'effigie ritraea verace e viva."[22] As Giovanni Pozzi duly observes in his commentary, "questi bizzarri monumenti vegetali derivano dall'*Hypnerotomachia*,"[23] namely the *Dream of Polyphilus* (1499), a philosophical romance by Francesco Colonna (certainly not a postmodern author). And Gracián was an admirer of Marino whom he defines "El Góngora de la Italia" in the *Agudeza* (1648), Discurso XVI.[24] One cannot take exception with this admiration for Marino, a writer who is presently enjoying a revival of interest.[25] However, one can be reluctant to view Gracián's typically Baroque

---

18. *Lirici marinisti*, ed. B. Croce (Bari: Laterza, 1968) 460-468.
19. G. B. Vico, *The Autobiography*, transl. by M. H. Fisch and T. G. Bergin (Ithaca-London: Cornell U. P., 1975) 118.
20. G. Lubrano, *Scintille poetiche*, ed. M. Pieri (Ravenna: Longo, 1982) 155.
21. Lubrano 73.
22. *Tutte le opere di Giovan Battista Marino*, 2 vols., *L'Adone*, ed. G. Pozzi (Milan: Mondadori, 1976) 1, 342.
23. *Tutte le opere* 2, 349.
24. B. Gracián, *Agudeza y arte de ingenio* (Madrid: Espasa-Calpe, 1957) 110.
25. See, for instance, F. Guardiani, *La meravigliosa retorica dell' "Adone" di G. B. Marino* (Florence: Olschki, 1989).

taste as a proof of his contribution to Postmodernity. Should we consider Chapelain as a postmodern critic, because he wrote a eulogy of Marino's *Adone*?[26]

In his *Vita*, Vico disparages Baroque poetry as a youthful error: "he abandoned himself to the most corrupt styles of modern poetry, which finds its only pleasure in vagaries and falsehood" (but the original is much stronger: "spampinava nelle maniere più corrotte del poetare moderno, che con altro non diletta che coi trascorsi e col falso").[27] According to Vico, the Baroque style is only suitable for immature and inexperienced persons: "Vico had taken up this sort of poetry as an exercise of the mind in feats of wit, which affords pleasure only through falsehood so extravagantly presented as to surprise the right expectation of its hearers."[28] It is evident that for Vico, who was under the spell of the Arcadian movement, the Baroque kind of mother wit is diametrically opposed to the ingenuity of the *ingegneri*, which is based on geometry and arithmetic. If we maintain that the Baroque sensibility and Gracián are postmodern, by what convoluted reasoning could we assert at the same time that Vico, who cordially disliked Baroque poetry, is also postmodern?

If we move from the sphere of aesthetic taste to the sphere of scientific knowledge, we find it even more difficult to enroll Vico among the forerunners of postmodernity. Everybody knows that Vico was interested in medicine, a science which was still founded on alchemic premises. Yet, inadequate attention has been paid to Vico's involvement in alchemic studies, despite the fact that repeated allusions to nitrous salts are to be found in key passages of the *Universal Law* and the *New Science*. What strikes the reader of these books is Vico's consistency in using Latin or Italian terms corresponding to nitrous salts (*nitri sales* or *sali nitri*) in passages dealing with the formation of giants. In the *De Constantia Iurisprudentis* (1721), the transformation of men into giants is explained on the basis of two natural causes, derived from observation ("Historia sive observatio physica"): 1) the fear of teachers which mortifies the vitality of children, repressing their capacity to grow ("quicquid in iis est ad adulescendum generosius"): 2) nitrous salts, greatly abundant in urine, which are endowed with an exceptional vivacity as appears from salammoniac ("nitros sales, quibus urinae

---

26. See "Lettre ou Discours de M. Chapelain à Monsieur Faveraù, Conseiller du Roy en sa Cour des Aydes, portant son opinion sur le poëme d'Adonis du Chevalier Marino," in *Tutte le opere* 1, 11-45.
27. Vico, *The Autobiography* 117; Vico, *Opere*, ed. F. Nicolini (Milan-Naples: Ricciardi, 1953) 9-10.
28. Vico, *The Autobiography* 118.

plurimum abundant, plurimum vivacitatis habere, ut in spiritu salis ammoniaci spectare est").[29]

It is evident that these two natural causes are interrelated: children, abandoned to themselves, were not trained to discharge their bowels in a civilized way, so that they were constantly dirty. Such a circumstance favored their growth, inasmuch as their bodies could absorb the nitrous salts contained in their own excrements. Bodily waste is notoriously an excellent fertilizer, a fact confirmed by the extremely rich crops yielded by farmlands where armies made their encampments ("Campos autem stercoratos feliciter frugescere rustici norunt, et tamen parum prae iis quos exercitus armati insedere, qui per plures annos reddunt laetissimas segetes").[30] Here Vico, believing that such a way of life can also account for the gigantic stature attributed to the inhabitants of the southern end of the American continent, conjectures that giants continue to exist in that part of the New World because of their filth and leaves to travellers the task to verify the truth of his guessing ("Qui terrarum orbem itineribus lustrant, quaeso explorent an haec nostra vera sit coniectura").[31]

In the first edition of the *New Science* (1725), Vico confirms that the existence of giants is ultimately founded on scientific proofs ("pruove con *fisiche Dimostrazioni*"): it is perfectly natural to suppose that people of gigantic stature roamed the earth after the Flood, since we know that the ancient Germans, according to the descriptions of Caesar and Tacitus, were exceptionally tall, and that giants continue to be generated in the austral part of the Americas ("oggi i *Giganti* pur tuttavia nascono *nel piè dell'America*").[32] In all these cases, the abnormal growth can be explained on the basis of the beastly upbringing of primitive children (*"ferina educazione de' Fanciulli"*), which consisted in letting their naked bodies turn in their own excrements ("lasciargli rotolar nudi nelle loro propie lordure"), without interfering with their physical exertions ("lasciargli in lor balia ad esercitarsi nelle forze del corpo").[33] Vico does not mention nitrous salts in this context, but continues to have them in mind, since in another section of his book he attributes the gigantic size of primitive children to the nitrous salts contained

---

29. G. B. Vico, *Opere giuridiche: Il Diritto universale*, ed. P. Crostofolini (Florence: Sansoni, 1974) 438-39.
30. Vico, *Opere giuridiche* 438-39.
31. Vico, *Opere giuridiche* 438-39.
32. G. B. Vico, *Principj di una scienza nuova intorno alla natura delle nazioni: Ristampa anastatica dell'edizione Napoli, 1725*, ed. T. Gregory (Rome: Ateneo & Bizzarri, 1979) 76.
33. Vico, *Principj* 76.

in their bodily waste ("con dilatare i diametri de' muscoli in altre parti, per restrignerli in altre, tra essi sforzi prendevano più alimenti le carni *da' nitri delle fecce*, tra le quali si rotolavano, onde provenivano *giganti*").[34]

This primitivistic picture is substantially maintained in the second and third editions (1730; 1744) of the New Science, paragraph 369, where the scientific explanation is further developed. Mothers just nourished their sucklings, without cleaning them ("le madri, come bestie, dovettero lattare solamente i bambini e lasciarli nudi rotolar dentro le fecce lor propie"), and, as soon as their offspring were weaned, they were abandoned to themselves, so that primitive children, all besmeared with bodily waste, were obliged to flex their muscles in order to survive, thus absorbing the copious niter contained in their excrements ("onde i sali nitri in maggior copia s'insinuavano ne' loro corpi").[35] Since no fear of gods, fathers or educators thwarted their beastly freedom, their bodies, taking in through their pores strong doses of nitrous salts, reached gigantic proportions ("dovettero a dismisura ingrandire la carni e l'ossa, e crescere vigorosamente robusti, e sì provenire giganti").[36]

As I mentioned before, Vico appeared as a poor scholar and a credulous man, because of our ignorance of the culture of his own times. A case in point is the inadequate way in which Fausto Nicolini commented on paragraph 369 of the New Science. According to Nicolini, Vico was under the influence of a popular belief, widespread in Naples: "il V[ico]s'ispira qui a un pregiudizio ancor oggi diffuso nel popolino napoletano, vale a dire che abbia grande efficacia sullo sviluppo fisico dei lattanti il lasciarli a lungo bagnati nelle fasce."[37] Nicolini's attempt to explain Vico's infatuation with nitrous salts on the basis of Neapolitan folklore does not do justice to the scientific preparation of the author of the New Science. Instead of blindly accepting a superstitious legend, Vico was following the teaching of the most qualified physicians of the seventeenth and early eighteenth centuries.[38]

---

34. Vico, *Principj* 219.
35. G. B. Vico, *La Scienza Nuova, giusta l'edizione del 1744, con le varianti dell'edizione del 1730 e di due redazioni intermedie inedite*, ed. F. Nicolini (Bari: Laterza, 1928) 1, 141.
36. Vico, *La Scienza Nuova* 1, 141-142.
37. G. B. Vico, *La Scienza Nuova*, ed. F. Nicolini (Bari: Laterza, 1911-1916) 1, 205n. See also F. Nicolini, *Commento storico alla seconda Scienza Nuova* (Rome: Edizioni di Storia e Letteratura, 1949-1950) 1, 127.
38. For the following considerations see G. Costa, "Vico e l'Alchimia," in *L'Europa nel XVIII secolo: Studi in onore di Paolo Alatri* 1, eds. V. I. Comparato, E. Di Rienzo and S. Grassi (Naples: Edizioni Scientifiche Italiane, 1991) 19-41; "Vico's *Sali Nitri* and

A good description of niter or saltpeter is given by Daniel Sennert (1572-1637), a professor of Medicine at the University of Wittemberg who made a serious effort to reconcile Galen with Paracelsus. According to Sennert, niter or saltpeter, is of a wonderful nature. It is a kind of objectified oxymoron, since it is white and cold, but also contains a spirit which is red, hot and extremely inflammable. Niter is the basic component of gunpowder, but it can also be used, if properly refined, as a remedy for the cure of burning fevers or tongue and throat inflammations. Michael Ettmüller (1644-1683), another Paracelsian whose works were popular in Italy, called attention to the fact that air contains a kind of nitrous salt, which is the occult food of life and is called the Spirit of the World. Such a salt, in Ettmüller's view, is closely related to the volatile salt which can be distilled from all parts of the animal kingdom, including the most abject ones, such as excrements and urine. But, if salt is the universal dispenser of life, any matter rich in salts must have a theurapetic power. This is the reason why an impressive array of pharmacologists did not hesitate to recommend the use of excrements or medicines based on excrements in order to fight various kinds of illnesses.

Abraham Zacutus (1576-1642) had read in Galen that human and canine feces cure throat swelling. Zacutus also knew that the same Galen, Dioscorides and Aetius maintained that fecal matter is an effective medicine for colds and tonsil inflammation. Zacutus was also aware of the fact that Avicenna advised people suffering from spleen problems to drink their own urine. According to Zacutus, these claims of the ancient physicians can be substantiated by natural experience. Human excrements are an excellent antidote to poisons, since people bitten by a reptile called *gaurit* can be restored to health only by eating their own feces or those of other human beings. Lazare Rivière (1589-1655) was informed by a physician that, during the plague of 1630, three adult persons fell ill but recovered by drinking an emetic made of their own feces diluted with their own urine. Both Zacutus and Rivière were quoted by Ettmüller in order to support his view that human excrements are an excellent remedy for abscesses and buboes.

Experience was the main argument in favor of the widespread belief in the efficacy of coprological remedies. Yet we must note here a convergence between science and literary theory. The apparent paradox of benefits coming from fecal matter captured the Baroque imagination, highly receptive to the antitheses and oxymora not only in literary style but also in nature, as appears from Tesauro's considerations on the "simboliche arguzie della natura."[39] This can be gathered

the Origins of Pagan Civilization: The Alchemical Dimension of the *New Science*," *Rivista di Studi Italiani* X. 1 (June 1992): 1-11.
39. Tesauro, *Il Cannocchiale* 20.

from Johann Jacob Hoffmann's *Lexicon Universale* (1698), a basic reference work, familiar to Vico. It was only after Vico's death that the myth of coprological pharmacy was exploded, as appears from the sixth volume (1756) of the *Encyclopédie*.

The *New Science* is built upon an alchemical theory of niter, which is intended as the underpinning not only of the transformation of men into beasts but also of the opposite transformation of beasts into men. According to Sennert, lightning is composed of sulphur and niter, and is produced by dry exhalations. This view was adopted by Vico in the *New Science*, paragraph 377, where he described how "il cielo finalmente folgorò, tuonò con folgori e tuoni spaventosissimi."[40] The wonderful nature of niter, which allowed the gentiles to survive in a hostile environment, caused also the lightning, which started the civilization process by suggesting to the giants the myth of Jove.

I hope that this excursion into the still unchartered background of Vichian thought can help us clarify how far Vico was pre-modern, clearing the way for those who are going to assess his problematic postmodernity. For my part, I find it difficult to reconcile Vico's metaphysical thought and nihilism, the very core of postmodernity. Gianni Vattimo views Western history in terms of three successive ages: the ancient one, "governed by a cyclical and naturalistic vision of the course of events in the world"; the modern age, which "gives ontological weight to history and a determining sense of our position within it;" the postmodern age, which is "a dissolution of the category of the new . . . as an experience of 'the end of history'."[41] Judging from this viewpoint, Vico clearly belongs to the transition from the ancient to the modern age. No sleight of hand can make the author of the *New Science* appear to be a forerunner of postmodernity.

University of California, Berkeley

---

40. Vico, *La Scienza Nuova* (1928) 1, 147.
41. G. Vattimo, *The End of Modernity: Nihilism and Hermeneutics in Postmodern Culture*, transl. J. R. Snyder (Baltimore: Johns Hopkins University Press, 1988) 3-4.

ALDO SCAGLIONE

Kierkegaard's *Either/Or*: Another Case of Emergence of the Interior 'I'

I have spoken elsewhere of the possibility of viewing the work of Petrarca as a major early step in the discovery of the self both inside and outside the formal literary genre of autobiography.[1] I shall now add a more modern exemplary case in the literary evolution of self analysis in the form of discovery of the most intimate recesses of the conscious and semi-conscious self. This other case will be clearly outside the genre of autobiography.

I shall start with some connecting links that move the theme from Italy to France and modern European literature. Leon Battista Alberti (his brief autobiography was probably written in 1438) and Benvenuto Cellini (*Vita*, 1558-1568) provide a bridge of sorts between Petrarca, the last Augustinian Christian autobiographer, and Montaigne, the master of modern secular introspection. Montaigne's new genre, the essay, gave form to the close yet detached observation of the writing subject in the act of feeling, thinking and doing on the everyday plane.

Soon Montaigne's countrymen were to take a direction that marks the most striking achievement of French literary writing, that is, the development of the psychological novel and of introspective analysis in other genres. Of course, from our vantage point the French psychological novel, which lies in the background of that other peak of modern European prose, the Russian psychological novel, with Dostoevsky and Tolstoy, is in turn only one manifestation of that splendid French tradition of psychological introspection whose highest achievements can be seen in Pascal's *Pensées* and then Rousseau's *Confessions*. Yet, if we think genetically it seems in order to acknowledge that the French psychological novel of the seventeenth and eighteenth

---

[1]. See my "Classical Heritage and Petrarchan Self-Consciousness in the Literary Emergence of the Interior 'I'," *Altro Polo* 7 (1984): 23-34, reprinted in Harold Bloom, ed., *Modern Critical Views: Petrarch* (New York-Philadelphia: Chelsea Press, 1989) 125-137.

The Flight of Ulysses, edited by Augustus Mastri

centuries owes something to the distant, yet cogent model of Petrarca, precisely for the extent to which he introduced introspection as the very center of cultural and literary activity.

Since I cannot presume to trace the history of the psychological novel, I may be allowed to present a landmark in that genre, broadly taken, as a sort of ideal point of arrival for its conclusiveness, even if it came relatively early. I intend to turn to the best known literary work of that master of modern existentialism, Søren Kierkegaard, namely his powerfully original and strangely idiosyncratic philosophical essay *Either/Or* (*Aut-Aut*, 1843).

Just as Dante realized that his theological, philosophical, and scientific ideas could not be adequately expressed except in poetry, and as Petrarca felt that only the poetic form or the platonic essay, rather than the dry Aristotelian tractate, could effectively present the case for important moral issues, so did Kierkegaard feel compelled to choose the narrative mode in order to express his stand against Hegel's dominant philosophy. He saw narrative as an effective rhetorical mode of presentation, through its particular effect on the reader. In Kierkegaard's narrative writings it is up to the reader to decide who is the hero in each dialectical situation, and in which way and by what (implied) arguments. The reader also perceives a change of intellectual position from *Either/Or* (1843) to *Stages on Life's Way* (1845). Then the *Postscript* of 1846 claimed that Hegel had tried to systematize the whole of existence, which is in constant motion, inherently incomplete, ambiguous, and uncertain, hence not amenable to sure decision. The necessity for a literary representation of truth ensues from the realization that reason must fail. Truth (the later existentialists would speak of "authenticity") is living a passionate existence in an uncertain search for truth itself; but the search is destined to end in bafflement (*échec*).

Kierkegaard's *Either/Or* is rather loosely organized as a sequence of segments in the form of essays with recurring leitmotifs, and it contains among others a marvelous, deeply moving section entitled "Shadowgraphs." This section relates the activities of a secret club whose members indulge in the sympathetic study of human sorrows by trying to interpret the inner sufferings of individuals they encounter in the city streets or by accident. They do this mainly by painstaking observation of their physiognomies and behavior. A member of the club delivers a stirring oration in which he delineates delicate portraits, like silhouettes or shadowgraphs, of famous literary female characters afflicted by unhappy loves, deception and exploitation. The samples include Marie Beaumarchais in Goethe's *Clavigo*, Doña Elvira in Molière's and Mozart's *Don Juan*, and Marguerite in *Faust*. Critics of modern literature don't often care to go very far back in time, but this essay of Kierkegaard has deep roots in the literary genre of Ovid's *Heroides*, with the eminent intermediary of Boccaccio's *Elegy of Madonna Fiammetta*. The unhappy feminine characters are silent sufferers who are seen and understood almost entirely from within. The action is all internal, emotional and mental. The dialogue is between the characters and their own souls.

This method of analysis, indeed this way of life, is carried to its ultimate fruition in the core story of *Either/Or*, the striking "Diary of a Seducer," in which a sort of Don Juan, Faust, and Rashkolnikov all in one writes the rather uneventful but typically intense story of a seduction conducted with no other purpose than its self-fulfillment as a work of art, somewhat like De Quincey's murders, but with the perverse psychological twist of observing, studying and demonstrating the machiavellian gifts of the protagonist. Here again, somewhat like with Beatrice and Laura, the object of love or passion is practically without detailed concrete personality and is only a pretext or a prop for the performance of the hero's inner potential. The seducer is not even interested in the ultimate physical act: once the woman has fallen totally under his spell, he is practically satisfied, since he has completed his mission. Anything more would be merely a vulgar and inessential, external manifestation of what has already happened within the psyche. The victim, however, must seem to act of her own will, and she is very slowly, subtly induced into a predicament where she feels like the guilty party, who finally breaks off the relationship in order to terminate her guilt toward the seducer, thus placing herself in a position in which the man, who has directed everything, can be blamed for nothing.

Kierkegaard's work is, to its date, a sort of paradoxical culmination of the French psychological novel outside the country of origin, but where can we locate the roots of that genre? One is understandably tempted to go back to the medieval courtly romance. Chrétien de Troyes undoubtedly marks a decisive turning point in medieval poetry, which he bent to focus on subtle and deep questions of social and personal ethics as well as on the meandering ways and character-shaping secrets of the psyche. Without him and the unparalleled breadth of psychological analysis that was embedded in the *Roman de la Rose*, the best-seller of medieval French literature, Chaucer himself could hardly have existed and be understood. Alongside these great masters, Marie de France had produced in lyrical form the most sophisticated and charmingly delicate revelations of psychological subtleness that Western literature had yet known. But even though such monuments attest to what we might regard as timeless French national propensities in the directions that concern us here, it would be a mistake to assume as obvious a direct line of derivation between such twelfth and thirteenth-century poets and the novelists of the seventeenth and eighteenth centuries. For between the two there occurred one of those characteristic breaks symptomatically exemplified in one of Voltaire's laconic dicta. As if to justify his own failure in that genre, Voltaire sententiously affirmed that, after all, *les Français n'ont pas la tête épique* — the French have no gift for the epic.[2] Of course, Voltaire had forgotten about the *Chanson de Roland*, the brightest gem of the European medieval epic. The French public had collectively forgotten about that text, as it had forgotten just about all of its medieval literature (by and large, of all French medieval literature, only the *Roman de la Rose* continued to be read through the sixteenth century, but not beyond).

How could that most literate of nations be so unfair to its most glorious past as to relegate to the attic of mere antiquarian scholarship that splendid medieval literature that had established the land of *la douce France* as the center of verse and prose? Even the Florentine Brunetto Latini had written his own *Tresor* in French because it was *la langue la plus commune et las plus délitable*, the most widespread and the most pleasing. To answer the question one has to understand the very nature of French cultural behavior throughout the centuries.

Italians have been among the most conservative people of Europe in their language and literature, never forgetting nor ceasing to put to intensive use their earliest great masters, Dante, Petrarca, and Boccaccio. They made them operative, mandatory and canonical models, and their language can still be understood today even by an uneducated peasant, whereas Chaucer is unapproachable to today's undergraduates except in translation, and Shakespeare, who lived two-and-a-half to three centuries later than the Three Crowns of Florence, sounds archaic to a modern speaker of English. On the contrary, the French are a radical people in culture as well as sometimes in social politics; they have always been intensely preoccupied with the new and the up-to-date. Italy has been essentially a country with a past, France, one with a future. The French have regularly felt that they could afford the luxury to destroy in order to rebuild, to be relatively oblivious of their past in order to be true to their future. From one period to the other they have clearly forgotten much that had gone before, or earnestly tried to (human nature and archetypal memory not allowing total amnesia). In the sixteenth century they ceased to read anything written before 1494, they turned instead to Italy for past models: it was the Renaissance. In the seventeenth century, after the new break when *enfin Malherbe vint*, they ceased again to read even their sixteenth century authors, except Montaigne. After 1680 they hardly read anything from the generation of Corneille except Descartes, and then after the Romantic revolution they did

---

2. See Voltaire's *Essai sur la poésie épique*, referring to his reasons for turning to *La Pucelle d'Orléans* after trying his hand at the epic in the *Henriade* (1723/28).

their valiant best to throw overboard everything before Rousseau. Today French students read perhaps less of their literature before 1500 than any other nation that had a literature before that date.

Yet forgetting is somehow contagious. When the French stopped reading Chrétien, and this happened as early as the composition of the prose versions of his romances, starting in the early thirteenth century, foreign readers stopped, too. It is doubtful that even Dante, a good reader who was familiar with some of the French *trouvères*, was acquainted with the texts of any of Chrétien's romances. His procession of biblical characters in the Earthly Paradise at the end of the *Purgatorio* may, as has been suggested, echo some features of the procession of the Grail, but the Perceval must have reached him only in the late prose versions, and the text he specifically mentions, the *Lancelot* (for Francesca da Rimini's episode), definitely refers to the prose romance *Lancelot du lac*.

Since I have adduced the example of Kierkegaard, I am perhaps entitled to point out another ideal analogy that contributes to the closing of my circle, namely the analogy between Dante's treatment of Beatrice by a total inward-oriented psychologizing of the love relationship and Kierkegaard's seducer's perception of a perfect seduction that needs no reward from the beloved except pure psychic yielding. Of course, the circle is closed in a modern, perverse way, since what Dante had achieved was supreme virtue, a kind of secular sainthood, whereas Kierkegaard's hero is admittedly nothing less than a paradigmatic solipsistic sinner.[3]

New York University

BIBLIOGRAPHY

Bertung, Birgit, ed. *Kierkegaard Poet of Existence*. København: Reizel, 1989.
Clark, Lorraine. *Blake, Kierkegaard, and the Specter of Dialectic*. Cambridge: Cambridge University Press, 1991.
Fido, Franco. *Le Muse perdute e ritrovate. Il divenire dei generi letterari fra Sette e*

---

3. Attempts to discover significant stages in the development of consciousness have produced a large literature. Just anecdotically, I wish to mention here, for the use of formal literary features, Paul Oppenheimer, *The Birth of the Modern Mind: Self, Consciousness, and the Invention of the Sonnet* (New York-Oxford: Oxford UP, 1989), which, however, may strike us as a rather unconvincing attribution of modern ways of thinking to the sonnet as form. See V. Louise Katainen's review, *Italica* 68 (1991): 505-507.

Ottocento. Firenze: Vallecchi, 1989. 161-178.
Guglielminetti, Marziano. *Memoria e scrittura. L'autobiografia da Dante a Cellini.* Torino: Einaudi, 1977.
Hartshorne, M. Holmes. *Kierkegaard. Godly Deceiver.* New York: Columbia University Press, 1990.
Jens, Walter. *Literature and Religion: Pascal, . . . Kierkegaard*, trans. Peter Heinegg. New York: Paragon House, 1991.
Kierkegaard, Søren. *Eighteen Upbuilding Discourses*, eds. and trans. Howard V. and Edna H. Hong. Princeton: Princeton University Press, c1990, 1992.
_____. *For Self-Examination*; *Judge for Yourself*, eds. and trans. Howard V. and Edna H. Hong. Princeton: Princeton University Press, c1990, 1991.
_____. *Fear and Trembling and The Sickness unto Death*, trans. Walter Lowrie. Princeton: Princeton University Press, 1973.
Oden, Thomas C., ed. *Parables of Kierkegaard.* Princeton: Princeton University Press, 1978.

Olga Ragusa

Manzoni, Verga e il problema della lingua

Non è nelle mie intenzioni riaprire, seppure da un'angolazione alquanto insolita, l'annoso problema della "questione della lingua" in termini storici o teorici nel' accettazione tradizionale del termine. Nè è mia intenzione soffermarmi in modo particolare sui vari aspetti del dibattito linguistico nell'Ottocento, anche se i due "maggiori" su cui s'impernia il discorso, collocati quasi simmetricamente agli inizi e alla fine del secolo, potrebbero indurre a tale conclusione. Di lingua si tratta, ma non tanto di "questione della lingua" in generale (di lingua come finisce con il venir registrata nel vocabolario) quanto di "questione della lingua" nel senso molto particolare di "come uno scrittore abbia di volta in volta concretamente risolto il problema in chiave personale."[1] Infatti, l'associazione tra Manzoni e Verga, come viene posta qui, mi si presentò non programmaticamente ma fortuitamente in un corso sul romanzo italiano che avrebbe potuto avere — come infatti ebbe in vari altri momenti della mia attività didattica — uno svolgimento tutto diverso. I documenti, come anche le sistemazioni critiche che da essi ricevono impulso, sostengono prospettive diverse. Molti sono i modi con cui ci si può avvicinare, in termini di storia letteraria, al romanzo italiano, per spiegarlo e caratterizzarlo nel contesto del romanzo europeo come per cercare di fissarlo nella sua — nelle sue — particolarità. Tengo presente qui l'avvertimento di Gian Luigi Beccaria: "La letteratura non si libra autonoma nel cielo dell'estetica, ma è un *poiêin*, un fare, un lavorare sul linguaggio"[2] — formulazione, però, che non avevo messo in cima a questa presentazione ma *trovata* alla fine, quando cioè, era già chiaro l'esito dell'esame di alcuni dei documenti che si sogliono tener presenti nella ricostruzione della genesi di un'opera e del contesto entro il quale si venne formando la sua recezione: uno dei metodi, appunto, riconosciuto valido nell'approccio a un' opera letteraria.

* * *

---

1. Gian Luigi Beccaria, Concetto Del Popolo, Claudio Marazzini, *L'Italiano letterario. Profilo storico* (Torino: UTET Libreria, 1989) vii.
2. Beccaria viii.

The Flight of Ulysses, edited by Augustus Mastri

Un'esposizione volutamente tentativa e perfino riduttiva, ma non per questo grosso modo contraria ai fatti, che si legge nel contributo di Albert Maquet al volume, *Manzoni: "L'eterno lavoro,"* può servire da avvìo al discorso:

> Il problema della lingua si sarebbe posto ed imposto a Manzoni, si dice, quando egli, avendo progettato di scrivere un romanzo storico con l'intento particolare di farvi figurare protagonisti umili popolani — gente di nessuno, "delle più basse sfere" —, si urtò nell' impossibilità di usare la lingua letteraria tradizionale della quale si era servito fino ad allora in quanto autore di liriche e di tragedie. Avrebbe dovuto quindi ammettere l'inesistenza in Italia di una lingua "viva e vera", per cui si sentiva pervaso da un profondo senso di smarrimento.[3]

Il critico ripercorre con estrema concisione il cammino che portò Manzoni dall'ideazione dei *Promessi sposi* alla "correzione" del '40 e oltre, restringendosi ad un solo punto, l'insufficienza della lingua letteraria per rendere il dialogare di parte dei personaggi del romanzo. La soluzione trovata dal Manzoni viene spiegata assennatamente, in termini di buonsenso, alla portata di tutti, con appena un accenno alla dimensione psicologica di un lungo processo di pensiero.

Ma data la molteplicità e la complessità dei problemi incontrati dalla facoltà filosofica totalizzante della mente manzoniana, il "romanzo del romanzo"[4] continua a trascinare lo studioso — e di riflesso l'insegnante — nel vortice delle infinite sollecitazioni alla razionalizzazione, alla sistematizzazione dell'accaduto. Le idee di Manzoni e della sua età, intimamente connesse, che confluirono in una compatta unità difficile a districare, ci sono giunte in due tipi di documenti, esterni ed interni (particolarità non trascurabile) al romanzo. Documenti che ci permettono di entrare nel laboratorio, nello scrittoio dell'autore — lo spazio contenuto ma aperto alle sollecitazioni che giungevano da fuori — dove, su testimonianza del genero Giorgini, almeno all'inizio Manzoni godette di un caratteristico piacere d'autore nell'ambito realista, il piacere di vedere i suoi

---

3. Albert Maquet, "Alienazione ed estraneità nel travaglio linguistico di Manzoni." *Manzoni. "L'eterno lavoro."* Atti del Congresso Internazionale della lingua e del dialetto nell'opera e negli studi del Manzoni (Milano: Casa del Manzoni, Centro Nazionale Studi Manzoniani, 1987) 445.
4. "Romanzo di un romanzo" è il titolo delle pagine introduttive di Lanfranco Caretti all'edizione in due volumi dei *Promessi sposi* nelle due edizioni del 1840 e del 1825-27, e la *Storia della Colonna infame* (Torino: Einaudi, 1971).

personaggi recitare le loro parti, come prese da un canovaccio di commedia dell'arte, "all'improvviso":

> Alzarsi ogni mattina . . . con le immagini vive del giorno innanzi davanti alla mente, scendere nello studio, tirar fuori dal cassetto dello scrittoio qualcuno di questi soliti personaggi, disporli davanti a me come tanti burattini, osservarne le mosse, ascoltarne i discorsi, poi mettere in carta e rileggere, era per me un godimento così vivo come quello di una curiosità soddisfatta.[5]

Nell'epistolario (documenti esterni) come nelle successive introduzioni (documenti interni) a quel racconto, quella storia, che divenne *I promessi sposi*, l'autore comunica direttamente, parlando prevalentemente in prima persona. Ma non, come è stato acutamente rilevato da Giovanni Amoretti, per "espandere narcisisticamente l'io" quanto per "incontrare l'*altro*,"[6] il destinatario, e per mediazione di esso tutta una comunità di persone, coinvolta come lui, in un'operazione culturale eterogenea e faticosa, di cui faceva parte anche la creazione di una nuova lingua.

* * *

Tralasciando testimonianze anteriori — come, per esempio, la lettera a Fauriel del 9 febbraio 1806 dove già si pone il contrasto fra le condizioni linguistico-letterarie dell'Italia e quelle della Francia (sprone che rimarrà vivo nel pensiero manzoniano fino alla lettera al della Valle di Casanova che è del 1871) — e sorvolando su tutto ciò che i documenti interpellati contribuiscono alla conoscenza di altri aspetti della genesi, della messa a punto e dell'elaborazione del romanzo, nonchè ciò che ha attinenza (altro punto fondamentale per il programma linguistico del Manzoni) all'alta serietà morale di tutta l'opera manzoniana, all'impegno formativo, educativo inteso al miglioramento e all'innalzamento dell'uomo — si può entrare direttamente in materia con la lettera, sempre al Fauriel, del 3 novembre 1821, scritta poco più di sei mesi dopo l'inizio del romanzo. È fra le lettere più lunghe e si avvicina all'epistola, che dalla *Lettre à M. Chauvet* in poi fu il genere privilegiato (sospeso fra

---

5. Citato in *Tutte le opere di Alessandro Manzoni*, a cura di Alberto Chiari e Fausto Ghisalberti (Milano: Mondadori, 1964) II, iii, 757.
6. Alessandro Manzoni, *Lettere sui "Promessi Sposi,"* a cura di Giovanni G. Amoretti (Milano: Garzanti, 1985) xiv.

Classicismo e Romanticismo) della riflessione critica manzoniana. Commenta Michele Dell'Aquila:

> ... non è un caso che la prima lettera che affronti esplicitamente il problema del romanzo (storia contro poesia, verosimile, romanzesco, etc.), anzi che ne dia il primo annunzio sia anche quella in cui il discorso s'incentri prevalentemente sulle difficoltà di lingua: un problema non nuovo per il Manzoni poeta e scrittore; ma che in questa sede si presenta con nuova urgenza ed in amplificata dimensione, senza possibilità di elisioni e di accomodamenti.[7]

Per l'acuta e sofferta precisione con la quale il problema della lingua nell'atto stesso dello scrivere — nel *fare* il romanzo — vien posta qui, vale la pena di citare un po' ampiamente e in traduzione italiana, piuttosto che parafrasare o rimandare al testo pubblicato altrove.[8]

Manzoni entra in argomento dopo aver parlato della varietà dei soggetti inerenti al romanzo storico in quanto genere letterario, composizione di elementi disparati, che richiedono usi linguistici secondo registri diversi:

> Quanto alle difficoltà che presenta la lingua italiana nel trattare questi soggetti, sono — ne convengo — reali e grandi; ma penso che derivino da un fatto generale, che sfortunatamente tocca ogni genere di composizione. Questo fatto e (mi guardo attorno per vedere che nessuno mi ascolti), questo triste fatto è, a mio avviso, la povertà della lingua italiana.

Essendosi assicurato, per così dire, che è lecito, che ciò che seguirà è conoscenza acquisita, accettata — anche se non dagli avversari della Scuola Romantica i quali in quegli stessi anni ammonivano gli italiani "a studiare ne' propri classici, e ne' latini e ne' greci" e di non "proseguire a cercare le cose oltremontane",[9] — Manzoni continua, ritornando con ampiezza al confronto fra

---

7. Michele Dell'Aquila, *Manzoni. La ricerca della lingua nella testimonianza dell'epistolario ed altri saggi linguistici* (Bari: Adriatica Editrice, 1984) 99.
8. Cito la lettera nella traduzione anonima in italiano, che "in funzione di ausilio interpretativo" (ahimè! c'era un tempo, e nemmeno tanto lontano quando il francese di Manzoni lo si leggeva in francese) accompagna la silloge *Lettere sui "Promessi Sposi,"* cit. — traduzione in ogni caso preferibile a quella oltremodo pedestre a sempre anonima che si legge nell'edizione delle *Lettere*, a cura di Ugo Dotti (Milano: Biblioteca Universale Rizzoli, 1985).
9. Pietro Giordano, "Sul discorso di Madama di Staël," *Biblioteca Italiana* II (aprile 1816).

situazione francese e situazione italiana già accennato di sfuggita nella primissima lettera a Fauriel:

> Quando un francese cerca di rendere il suo pensiero nel modo migliore, vedete quale abbondanza e quale varietà di modi trova nella lingua che ha sempre parlato, in questa lingua che si evolve da tanto tempo e giorno dopo giorno. In tanti libri, conversazioni, dibattiti di ogni genere. Perciò egli possiede una regola per la scelta delle espressioni, e questa regola si trova nella sua memoria, nelle sue abitudini, che gli conferiscono un sentimento quasi certo della conformità del suo stile allo spirito generale della lingua; non deve consultare il dizionario per vedere se una parola sembrerà strana o se passerà; si chiede se è francese o no, ed è quasi certo della sua risposta. La varietà di locuzioni e l'abitudine a usarle gli dà il mezzo di inventarne a proprio uso con una certa sicurezza . . .; così può esprimere quel che di nuovo e originale c'è nelle sue idee con formulazioni molto vicine all'uso comune; e può distinguere quasi con esattezza il limite tra l'ardimento e la stravaganza.

La situazione descritta e qui apposta a un generico scrittore francese rappresenta in effetti il desiderio, l'ideale di certezza linguistica — comune, penso, a ogni individuo afflitto (o arricchito?) da bilinguismo — che permette di superare il blocco, l'impaccio, nato da un'insufficiente padronanza della lingua, per raggiungere la scorrevolezza e allo stesso tempo la disinvoltura necessaria per plasmare, estendere senza cadere in esagerazioni, la lingua ricevuta in modo che possa esprimere idee nuove e originali, senza per questo imbastardirla. Uso corretto e padronanza della lingua ricevuta non corrispondono ad arretratezza e stasi ma promuovono novità e invenzione.

Nel passare ora al risvolto della medaglia, Manzoni traccia con uguale abbondanza di dettagli l'antitesi della situazione francese:

> Immaginatevi invece un italiano che scrive, se non è toscano, in una lingua che non ha quasi mai parlato, e che (anche se è nato nella regione privilegiata) scrive in una lingua che è parlata da un piccolo numero di abitanti d'Italia, una lingua nella quale le opere relative alle scienze morali sono molto rare, e distanti l'una dall'altra, una lingua (che se si presta fede a chi ne parla di più) è stata corrotta e sfigurata proprio dagli scrittori che hanno trattato le materie più importanti negli ultimi tempi, cosicchè non vi sarebbe per le buone idee moderne un modello generale di espressione riconoscibile in ciò che è stato fatto fin'ora in Italia. Manca completamente a questo povero scrittore il sentimento, per così dire, di comunione con il lettore, la certezza di maneggiare uno strumento egualmente conosciuto da entrambi.
>
> Si chieda pure se la frase che ha appena scritto sia italiana: come si potrebbe dare una risposta sicura a una domanda che non è precisa? Infatti cosa

significa *italiano* in questo senso? Secondo alcuni ciò che è registrato nella Crusca, secondo altri ciò che è capito in tutta Italia, o dalle classi colte; i più non attribuiscono a questa parola alcuna idea precisa.

È ovvio come il discorso nell'avanzare della situazione francese a quella italiana si sia incupito, accentuando l'irreversibilità dello stato della lingua italiana che è percepita pressoché inesistente, a brandelli, incomunicante. Ma è proprio da questa negatività, da questa assenza, che sta per partire l'"eterno lavoro" non solo sulla prosa del romanzo — in fondo, un libro, che può anche sparire dall'esperienza dei lettori o venir tradotto in film, in fumetto, o, ciò che pare incredibile, in "lingua moderna" — ma anche sul ben più complesso problema della lingua: uno strumento di cui gli uomini in quanto uomini non possono fare a meno finchè vivono in una moderna società civile. In questa lettera a Fauriel siamo ben lungi da considerazioni che sarebbero nate dall'"impossibilità di usare la lingua letteraria tradizionale" per protagonisti "umili popolani." Manzoni parla di "grandi questioni," di "opere relative alle scienze morali," delle "materie più importanti trattate negli ultimi tempi," dell'assenza di "un modello generale riconoscibile" per trattare "le buone idee moderne." Si profila il romanzo proteiforme, il romanzo saggio, non il racconto, non la favola: un libro da meditare e non semplicemente da leggere. E si esterna il conglobarsi della questione della lingua come prepotente preoccupazione di scrittore entro la questione della lingua come formazione di un mezzo di comunicazione unitario a livello nazionale.

Il problema tutto particolare del dialetto, a cui si è soliti limitare la discussione della "questione della lingua" nelle storie letterarie e a cui Manzoni ha fatto solo una brevissima allusione nell'inciso, "un italiano che scrive, se non è toscano," viene abbordato nella Seconda Introduzione a *Fermo e Lucia* (1823), rifacimento della Prima, che era stata stesa immediatamente dopo i primi due capitoli del romanzo. Tutte le versioni dell'Introduzione iniziano con la ben nota citazione dal manoscritto secentesco — parte integrale della strategia narrativa — e si possono considerare commenti alle ambiguità che essa pone. Me se la Prima mette a fuoco ironicamente, entro i termini del dibattito romantico, il problema del romanzo: "genere proscritto nella letteratura italiana moderna, la quale ha la gloria di non averne o pochissimi . . . genere falso e frivolo, quanto vero e importante era ed è il romanzo cavalleresco"[10] — la Seconda muove da un'osservazione generale circa le differenze rettoriche e stilistiche nelle varie epoche della storia letteraria e quelle linguistiche nelle varie parti d'Italia: la

---

10. *Tutte le opere di Alessandro Manzoni* II, iii, 5.

coesistenza, cioè, "in ciascuno Stato e principalmente in ciascuna città capitale" (la precisazione per distinzioni è capillare come sempre in Manzoni) di due maniere, quella generale e "una sotto-maniera modificazione di questa [che] ne riteneva alcuni caratteri e ne aveva altri suoi propri."[11]

Ancora una volta, non sono le origini del fenomeno che interessano Manzoni quanto autobiograficamente gli effetti di esso su chi scrive, su chi giudica l'opera scritta, e di rimando di nuovo su chi scrive: l'agente motore che più di ogni altro soffre della situazione, rischiando di restarne schiacciato, ridotto al silenzio. In un'analisi minuta, che ricorda quasi punto per punto quella fatta dell'Italiano che scrive in confronto al Francese, Manzoni descrive il processo per cui il dialetto "s'impadronisce" di colui che parlando "abitualmente un dialetto si pone a scrivere in una lingua." Non è solo la correttezza che è in pericolo ma le idee stesse, a cui viene imposta una data espressione, familiare per essere stata adoperata "nelle occasioni più attive della vita," ma non per questo necessariamente idonea a riflettere con esattezza idee nuove: ". . . non è cosa tanto facile prescindere da quelle formole alle quali sono unite per abito tutte le memorie, tutti i sentimenti, tutta la vita intellettuale. Non è cosa facile certamente; e non è pur certo se questo sia un mezzo di far buoni libri."

In quanto al caso concreto, immediato, di come volgere in uno stile accettabile il linguaggio rozzo e sguaiato del Secentesco, l'autore accoglie la critica che lui stesso ha messo in bocca all'immaginario interlocutore antagonista apparso sul momento, fratello del più famoso "personaggio ideale" della Digressione del secondo tomo del *Fermo e Lucia*: "tutta questa vostra dicitura è un composto indigesto di frasi un po' lombarde, un po' toscane, un po' francesi, un po' anche latine . . . dimodochè non si potrà forse nemmeno dire dove specialmente pecchi questa lingua che adoperate, e non si può dire se non che è cattiva lingua." La risposta dell'autore sembra un'evasione, la giustificazione una burla: "non posso rispondere . . . le ragioni son troppe . . . ci bisognerebbe un libro." Ma col senno di poi, a guardarci bene, la risposta è già un progetto: "scrivo male a mio dispetto; e se conoscessi il modo di scrivere bene, non lascerei certo di porlo in opera. I doni dell'ingegno non si acquistano, come lo indica il nome stesso; ma tutto ciò che lo studio, che la diligenza possono dare, non istarebbe certamente per me ch'io non lo acquistassi."

Così questo groviglio — questo *gnommero* gaddiano — che abbiamo rievocato in base a ormai notissimi documenti, diventa oggetto di uno studio quarantennale che si espande da problemi di prassi scrittoria a problemi di linguistica generale, di linguistica applicata, di lessografia, di stilistica, di

---

11. *Tutte le opere di Alessandro Manzoni* II, iii, 11.

sociolinguistica e di semiotica. I lavori in questo campo spaziano dall'incompiuto trattato *Della lingua italiana* al famoso "libro d'avanzo" sparito nel falò di "una gran mole di carta sulla questione della lingua secondo il vecchio sistema,"[12] coevo cioè alla revisione della prima versione del romanzo tra il '23 e il '27. Sono consultabili ora, grazie alla pubblicazione del Tomo Secondo degli *Scritti linguistici*,[13] anche i molti appunti e abbozzi; gli interminabili spogli, intrapresi in parte dagli amici, sul *Vocabolario della Crusca* e altri vocabolari; e su autori dal Berni al Lasca, dal Magalotti al Cellini, dal Boccaccio al Machiavelli, al Mazzucchelli, al Monti, al Botta della *Storia della guerra d'indipendenza degli Stati Uniti*, al *Don Chisciotte*; nonchè il saggio *Una nomenclatura botanica*; il materiale raccolto per la risposta del Grossi alle osservazioni fattegli sul *Marco Visconti*; la Lettera a Giacinto Carena *Sulla lingua italiana*; e la Relazione al Ministro della Pubblica Istruzione (Emilio Broglio), *Dell'unità della lingua e dei mezzi di diffonderla*, con gli scritti ad essa connessi.

* * *

Chi si occupa dei *Promessi sposi* ha spesso — e per buonissime ragioni, avvalorate dalla mole or ora ricordata dei lavori avviati e spesso interrotti — una conoscenza solo parziale dell'attività linguistica del Manzoni. "Manzoni interessa come scrittore in cerca di una lingua propria," ha scritto di recente Giovanni Nencioni,[14] "e la sua riflessione teorica viene confinata nella esperienza periferica di un sopravvissuto all'esperienza artistica." Non c'è chi non abbia cognizione della *risciacquatura in Arno*, pur non conoscendone nè necessariamente interessandosi ai dettagli del processo di revisione linguistica che essa rappresentò; e non si è ancora cessato di fantasticare intorno al "silenzio" manzoniano dopo il successo dei *Promessi sposi*, *bestseller* del 1827. Manzoni gentiluomo letterato, di interessi enciclopedici, sperimentalista, nelle parole di Francesco Sabatini "il più rivoluzionario dei nostri scrittori dell'Ottocento,"[15]

---

12. Citato in Luca Toschi, *La sala rossa. Biografia dei "Promessi Sposi"* (Torino: Bollati Boringhieri, 1989) 42.
13. *Tutte le opere di Alessandro Manzoni* V, i, a cura di Luigi Poma e Angelo Stella (1974). V, ii, a cura di Angelo Stella e Luca Danzi (1990). Si veda anche Alessandro Manzoni, *Scritti linguistici*, a cura di Maurizio Vitale (Torino: UTET, 1990).
14. Giovanni Nencioni, "Manzoni e il problema della lingua tra due centenari (1973-1985)" in *Manzoni. "L'eterno lavoro"* 25.
15. Francesco Sabatini, "Questioni di lingua e non di stile. Considerazioni a distanza sulla morfosintassi nei *Promessi sposi*," in *Manzoni. "L'eterno lavoro"* 158.

non corrisponde all'immagine dello scrittore professionista odierno che vive del reddito della ripetizione di fortunate formule che gli hanno conquistato un pubblico di massa. Ci troviamo in un contesto diverso: un contesto in cui oggi il linguista più del critico letterario ci può forse essere di ausilio.

> Il linguista, nei confronti del critico letterario, dà forse, per vizio professionale, una maggiore garanzia di obbiettività: si preoccupa anzitutto di approntare materiali e strumenti necessari a un giudizio pienamente motivato, d'inserire gli elementi individuali in un contesto più ampio, di dare al Manzoni linguista la parte che gli compete, di ricostruire insomma l'unità che stringeva le diverse operazioni di una mente decisa a tutto sacrificare, perfino la propria creazione artistica, alla coerenza che le apparisse verità. Il senso storico . . . e cooperativo . . . che oggi prevale nella ricerca dei linguisti, va orientando anche la critica a rimotivare, secondo una rete di accertamenti più fitta e quindi più sicura, il pensiero di Manzoni anzichè proiettarlo nel poi e sottoporlo a verdetti preposteranti

— così scrive ancora Giovanni Nencioni (25-26) a proposito del contributo che l'orientamento suggerito in queste pagine può portare alla risoluzione di problemi storico-letterari nella critica manzoniana.

Parlare dello stato attuale degli studi sull'argomento vuol dire anche dare un'occhiata retrospettiva alla corrente anti-manzoniana che si manifestò innanzitutto nella forte reazione al fiorentinismo anche prima che questo si fosse rivelato sempre più incongruo per l'uso nazionale della lingua in una realtà culturale, sociale, e quindi linguistica molto più fluida di quella prevista dal Manzoni. Lasciamo pure da parte accenni che mostrano come nella famiglia stessa dello scrittore il fiorentinismo a oltranza avesse finito per rappresentare un peso. Ammoniva Teresa Borri il figlio Stefano: "Osserva che papà dice *novamente* e non già *nuovamente* che hai passione di dir tu coll'*u*; dici sempre *buonissimo viaggio* per esempio che è proprio sconveniente. . . . L'abbiamo notato e imparato dalla Signora Luti con tante altre belle cose."[16] E riduciamo entro i limiti una canzonatura come quella indimenticabile di Carlo Cattaneo il quale, prendendo di mira una moda che aveva del ridicolo, si scagliava contro chi "come se la lingua non vi fosse ancora, prende il bastone da pellegrino, e va ramingo per Toscana a far abbaiare i cani delle cascine per ragrannellare atomi novelli da far lingua."[17] Ci sono altre ragioni, di maggior peso e che i linguisti (fra cui Francesco Sabatini, 158-9) appunto suggeriscono, per cui a

---

16. Citato in Dell'Aquila 198.
17. Citato in Dell'Aquila 400 n.

partire dagli ultimi anni dell'Ottocento il pensiero di Manzoni sulla lingua in generale e su quella italiana in particolare non ebbe più credito nel dibattito teorico: "Al più rivoluzionario dei nostri scrittori dell'Ottocento restò solo il generico riconoscimento di aver disaccademizzato la nostra prosa spingendola verso 'un modo di scrivere più semplice e svelto, più generalmente italiano, più prossimo alla vita', specialmente nelle opere 'di carattere didascalico, pratico e politico, e altresì nel giornalismo'." E con questo richiamo a Croce e, tramite lui, a Schiaffini, Devoto e Migliorini siamo all'altroieri da cui si sta appena appena distanziando l'oggi.

* * *

Verga nacque nel 1840. È l'anno che vide l'edizione definitiva dei *Promessi sposi*, intorno alla quale si aprì un periodo nuovo nella critica al romanzo, quello dei confronti linguistici, degli schieramenti pro e contro la revisione, testi stampati alla mano, a cui chiunque poteva riferirsi.

Discussioni linguistiche, non limitate a Manzoni, s'intende, occupavano anche i cenacoli intellettuali di Palermo e Catania come degli altri "capivalle" siciliani. Ma nel "disorganizzato *milieu* siciliano," con una debolissima tradizione socio-accademica, scrive Gabriella Alfieri in uno dei rari lavori sulla questione della lingua nella Sicilia risorgimentale, non ci si poteva certo aspettare il fervere di incontri e interventi stimolati nel Nord dalla Crusca e altre istituzioni culturali: "Nè Palermo nè Catania possedevano insomma degli "Orti Oricellari" dove la questione della lingua potesse elaborarsi con sufficiente attinenza alla realtà socio-culturale, nè tantomeno vi spirava il fecondo 'rovaio' di bembiana memoria."[18]

Se l'ambiente, il *Fussboden*, era diverso, non meno diversi erano i protagonisti. Manzoni aveva le sue radici nella civiltà del Settecento europeo; Verga e Capuana — la diade è inevitabile — nel "mondo a sè" della Sicilia in quanto isola ed eternità immobile, proiezione fuori dello spazio e del tempo,[19] anche se questo sfondo mitico sbiadiva poi nella quotidianità dell'orientamento borghese-progressista che prevale nella metà orientale dell'isola. Sia Verga sia Capuana interruppero gli studi universitari, nelle colorite parole di Gino Raya così vicine allo stile degli interessati, "per la brama del successo letterario che

---

18. Gabriella Alfieri, "Polemica e realtà linguistica nella Sicilia risorgimentale," in *I romanzi catanesi di Giovanni Verga* (Catania: Biblioteca della Fondazione Verga, 1981) 192.
19. Sergio Campailla, *Anatomie verghiane* (Bologna: Patrón Editore, 1978) 110.

nel loro linguaggio si chiama Arte, con la maiuscola anche quando adoperano la minuscola."[20] Questo concetto dell'arte, questo divinizzare della facoltà creativa, è completamente alieno al Manzoni, che per arte intendeva piuttosto attività tecnica, artigianale: "un grande studio, una grand'arte, di gran parole, metteva quel signore nel maneggio d'un'affare."[21] Il problema della lingua in Verga sarà dunque subordinato a quello artistico della "forma," l'espressività anteposta alla comunicabilità.

Nella critica verghiana però il problema si pose come problema dialettale. Luigi Russo, infatti, attribuiva una delle ragioni, e forse la più forte, dello scarso successo di Verga tra lettori e critici italiani al fatto che in Italia, "una specie di terra santa del problema della lingua e della grammatica, la prosa del Verga appariva, nel suo fondo, di tipo dialettale, e non era certo un saggio di bello scrivere."[22]

* * *

L'epistolario e i pochi altri luoghi in cui Verga ebbe a riflettere sulla sua arte, sulla sua prassi scrittoria, non hanno certo lo spessore delle testimonianze manzoniane. La cultura di Verga, secondo la formulazione di Gino Raya, non era "una cultura di estensione": "Libri di filosofia, di storia, di scienza, di astronomia, di botanica, di occultismo non passarono che per caso sotto i suoi occhi... Nello stesso terreno specificamente letterario, che era il suo, non risultano orme di conoscenza delle letterature antiche, slave, anglo-americane, e persino della letteratura italiana anteriore all'Ottocento, fuori dei classici più celebrati."[23] In quanto alla lingua del Verga, "vista in superficie, è non meno povera della sua cultura: povera nel formulario patriottico dell'adolescenza, erotico della giovinezza, dialettaleggiante della maturità." (14) Tanto che non sorprende leggere un giudizio come questo del Cesareo, che nel 1899 scriveva: "... la parola è sempre impropria ... la frase è oscura e affannosamente contorta ... non che la grammatica, difetta anche talora il senso comune."[24]

---

20. Giovanni Verga, Luigi Capuana, *Carteggio*, a cura di Gino Raya (Roma: Edizioni dell'Ateneo, 1984).
21. *Tutte le opere di Alessandro Manzoni* II, i, 331.
22. Luigi Russo, *Giovanni Verga* (Bari: Editori Laterza, 1959) 16. Ma il capitolo da cui è presa la frase fu scritto nel 1919 e riprodotto qui "quasi senza mutamenti" (27).
23. Gino Raya, *La lingua di Verga* (Firenze: Felice Le Monnier, 1962) 11-12.
24. G.A. Cesareo, *Conversazioni letterarie* (Catania: Giannotta, 1899) 56-60.

Non è mio progetto qui di risalire la corrente, di rifare la *pars construens* — che altri hanno fatta — di mostrare come alla mancanza di "una cultura in estensione" doveva supplire "una cultura in profondità" che portò il Verga, "meditando sulla psicologia primitiva, rimuginando le proprie esperienze vissute e quelle affini, scavando soprattutto nel linguaggio popolare,"[25] alla sua inimitabile originalità: "a colare la lingua comune e il dialetto isolano in un cavo straordinariamente lavorato."[26]

Vorrei bensì riportare l'attenzione — come ho fatto per Manzoni — su alcuni testi. Data la reticenza dell'autoriflessione verghiana, la sua insofferenza per tutto ciò che è mettersi in mostra: "Lo scrivere e il parlare di me mi sono antipatici addirittura"[27] — questi testi sono pochissimi e perciò stesso assai frequentati. Ad essi bisogna accostare altri testi, anch'essi scarsi e ultracitati, dei pochissimi sostenitori che al di là della simpatia per il programma letterario verista avevano riconosciuto, come Verga scriveva a Francesco Torraca, "codesto primo tentativo, che in Italia può passare per disperato, di far parlare [quegli uomini primitivi nei *Malavoglia*] con la loro lingua inintelligibile a gran parte degli Italiani, almeno da dare la fisonomia del loro intelletto alla lingua che essi parlano."[28] Giudizi, affermazioni e dichiarazioni a cui mancavano la specifica riflessione disciplinare sui problemi della lingua e dello stile e la terminologia tecnica di un ben determinato campo di studi filologici — ciò che Pirandello partiva per studiare a Bonn proprio in quegli anni, e specialisti come Werner Günther e Giulio Herczeg dovevano applicare in anni successivi all'analisi dello stile indiretto libero[29] — con la conseguente indeterminatezza nell'espressione di Verga e dei suoi commentatori coevi che rende difficile districare e isolare le idee sulla lingua da altre idee su problemi attigui ma differenti.

* * *

25. Raya 13.
26. Luigi Capuana, *Scritti critici* a cura di Ermanno Scuderi (Catania: Niccolò Giannotta Editore, 197) 40.
27. Citato in Russo 9.
28. Enrico Ghidetti, *Verga. Guida storico-critica* (Roma: Editori Riuniti, 1979) 86
29. Werner Günther, *Probleme der Rededarstellung. Untersuchungen zur direkten, indirekten und "erlebten" Rede im Deutschen, Französischen und Italienischen.* Marburg a.d. Lahn: *Die Neueren Sprachen*, Beiheft Nr. 13, 1928. Herczeg, Giulio. *Lo stile indiretto libero in italiano* (Firenze: Sansoni, 1963).

Cominciamo pure dalla testimonianza del Capuana nello scritto *Per l'arte*, 1885, a più di vent'anni dall'inizio della sua carriera come di quella del Verga. *Per l'arte* è la risposta polemica ad un aggregato di critiche rivolte a "voi altri produttori," cioè voi altri scrittori moderni, orgogliosi del vostro operato e difensori delle vostre innovazioni realistiche. La parola "produttori" è insolita, sorprendentemente tardo-novecentesca nell'allusione ad un mercato della letteratura, delle cui leggi economiche e sociali gli scrittori dell'epoca erano consapevoli: situazione diversa da quella in cui lavorava il Manzoni. Per questi "produttori" Capuana risponde, ma essenzialmente parla per sè e per Verga:

> Prima di metterci a scrivere guardammo intorno, avanti, addietro a noi. Che vedemmo? Vedemmo il romanzo moderno già grande, già colossale in Francia, col Balzac, e neppur in germe in Italia. Sotto il piedestallo del monumento che Balzac si è rizzato da sè . . . vedemmo una schiera di scrittori di primo ordine che ha lavorato a ripulire, a migliorare, a perfezionare la forma lasciata a mezzo dal maestro, il Flaubert, i De Goncourt, lo Zola, il Daudet, e dicemmo risolutamente: bisogna addentellarsi con costoro! [30]

Il contrasto fra la situazione letteraria francese e quella italiana e il ruolo che questo contrasto ebbe nella motivazione dello scrittore o degli scrittori sembrerebbero echeggiare ciò che si legge in Manzoni. Ma non è così. Manzoni non ha studiato — dico studiato, non letto — i romanzi storici precedenti prima di mettersi a scrivere il suo, nè si è mai sognato di dar avvio con il suo lavoro a una schiera di imitatori. Manzoni ha ragionato sulle sue scelte, per *I promessi sposi* esattamente come per il *Carmagnola* e l'*Adelchi*, nei due casi — romanzo e dramma — opere di rottura, sperimentali. La genesi dell'idea del progetto, in altre parole, è presentata da Capuana diversamente che non in Manzoni. Inoltre, nel passo citato, Capuana parla non di lingua ma di letteratura, di un tipo di letteratura, di 'forma,' cioè di arte. Di lingua parlerà subito dopo, e non si tratterà affatto come in Manzoni del contrasto tra la situazione linguistica francese e quella italiana, ma più ristrettamente di prosa italiana moderna in contrasto a prosa italiana antiquata. Non tutta la lingua è in ballo, non la lingua in quanto strumento di comunicazione in una data società, ma all'interno della stessa unità linguistica, di una parte sola, dello strumento necessario a questi particolari scrittori per il loro particolare scopo espressivo. Verga, a quanto io sappia, non si è mai posto il problema di dove precisamente stesse la lingua italiana. Sapeva dove stava la lingua di cui aveva bisogno lui, ma non sempre

---

30. Capuana 128

è riuscito a trovarla — e il problema del *suo* "silenzio" dopo *Mastro-don Gesualdo* permane. In quanto alla "questione della lingua" essa è scesa di un gradino dalla generalità settecentesca; si presenta ora ben più strumentalizzata. In *Per l'arte* Capuana rifà le tappe dell'estenuante processo che tra tentativi, ripensamenti, conquiste e disappunti sfocio nel desiderato esito, almeno per ciò che riguarda *I Malavoglia*, perchè sappiamo — quel che Capuana nel 1885 non poteva sapere — che il processo rimase incompiuto, la ricerca di un linguaggio diverso per ogni ambiente e livello sociale (una sorta di *polilalìa* artistica, per usare la parola rara riesumata da Luigi Russo[31]) un'utopia:

> Pel nostro lavoro avevamo bisogno di una prosa viva, efficace, adatta a rendere tutte le quasi impercettibili sfumature del pensiero moderno, e i nostri maestri non sapevano consigliarci altro: *studiate i trecentisti*! Avevamo bisogno d'un dialogo spigliato, vigoroso, drammatico, e i nostri maestri rispondevano: studiate i comici del cinquecento! . . . Fu forza decidersi a cercare qualcosa da noi . . . quella prosa moderna, quel dialogo moderno bisognava, insomma, inventarlo di sana pianta. I toscani, che avrebbero potuto darci il gran soccorso della loro lingua, non facevano nulla; covavano Dino Compagni e la Crusca. . . . Dovevamo rimanere colle mani in mano, aspettando la prosa nuova di là da venire? E ne abbiamo imbastita una pur che sia, mezza francese, mezza regionale, mezza *confusionale*, come tutte le cose messe su in fretta. I futuri vocabolaristi non la citeranno . . . ma gli scrittori che verranno dietro a noi ci accenderanno qualche cero, se non per altro, per l'esempio di *aver parlato* scrivendo. (128-129)

Parlando scrivendo o scrivere parlando. È difficile non lasciarsi suggestionare dalla combinazione di queste parole e, abbandonando per un momento la questione della lingua, ricordare il famoso aneddoto che mostra Pirandello intento al lavoro, picchiando veloce i tasti della macchina da scrivere, mentre fuori dalla finestra sull'impalcatura della casa accanto in costruzione gli operai se ne fanno beffa, osservandolo che gesticolava e parlava mentre metteva in carta i gesti e le parole dei suoi personaggi. "Azione parlata" doveva essere per lui il dialogo drammatico. E non lasciamoci ingannare dal contesto teatrale che altro non è se non l'impersonalità verista, l'opera fatta da sè, l'oscillare tra teatro e narrativa nel tentativo di non lasciar traccia della pur inevitabile "messa in scena" da parte dello scrittore che non è necessariamente drammaturgo.

---

31. Citato in Giovanni Nencioni, "La lingua dei *Malavoglia*," in *I Malavoglia* (Catania: Biblioteca della Fondazione Verga, 1982) 450. (*Polilalìa*=loquacità eccessiva, patologica).

Parlare scrivendo. Cercare la lingua non sui libri — dove Alfieri, altro scrittore italiano afflitto da bilinguismo ma questa volta poeta, aveva trovato la sua — quanto nell'uso delle relazioni sociali, come aveva fatto Manzoni, trasferendosi a Firenze per correggere quella che gli era nata spontanea insieme al racconto dei suoi personaggi. Alla domanda postagli da Ugo Ojetti in una famosa intervista del 1894, "Crede ella che per il completo sviluppo della letteratura nostra, la lingua, quale è scritta e quale potrebbe scriversi oggi, basti?"[32] Verga diede una risposta categoricamente positiva: "Certamente, la lingua italiana è uno strumento perfettissimo." Ma per aggiungere subito dopo che "Tutta la perspicacia dello scrittore deve aiutarlo a non rinchiudersi in un frasario scelto che non è il frasario vero, in nessun senso. Il predicato studio del vocabolario è falso, perchè il valore d'uso non vi si può imparare. Ascoltando, ascoltando s'impara a scrivere." Dove *ascoltare—scrivere* è indubbiamente l'equivalente di *parlare—scrivere* in personalità diverse.

Un ulteriore tassello, sempre sulla questione della lingua all'interno della questione dell'Arte, come si è posta a Verga e Capuana che partivano dall'ambiente siciliano, tanto lontano da quello toscano ma anche più da quello lombardo, isolano e isolante quello siciliano, integrato ed europeo quello lombardo, uniti solo da una tradizione linguistica letteraria nazionale che era appunto quella toscana. Lo Scarfoglio, noto direttore della *Cronaca bizantina*, da una parte, e Alessio Di Giovanni, poeta e novelliere in dialetto nato a Valplatani (Agrigento), dall'altra, sostenevano il primo che Verga avrebbe dovuto far parlare in siciliano i siciliani delle sue novelle, il secondo che avrebbe dovuto addirittura scrivere in puro siciliano *I Malavoglia* e gran parte delle *Novelle rusticane*.[33] Una risposta Verga la diede molti anni dopo, segno che il problema era ancora attuale. E infatti Capuana si era lasciato prendere dalla "passione funesta" di difendere il teatro in dialetto della famiglia Grasso, quei "pupari", come li chiamava con disprezzo la moglie di Capuana, Ada Bernardini. La lettera del Verga al Capuana, fine dicembre 1911, è una delle più citate perchè svela il nesso fra *pensare* e *scrivere* per chi vuole scrivere — badiamo bene — non in italiano (come Manzoni) ma in dialetto (come appunto Capuana). ". . . [I]l pensiero nasce in italiano nella nostra mente *malata di letteratura* . . .," scrive Verga negando il passaggio dal dialetto parlato all'italiano scritto e sostituendovi quello dall'italiano pensato al dialetto scritto, "e nessuno di noi, nè voi, nè io, nè il Patriarca San Giuseppe riesce a tradurre

---

32. Ghidetti 104
33. Nencioni, "La lingua dei *Malavoglia*" 486.

in schietto dialetto la frase nata schietta in altra forma. . ."[34] Ma interessa ugualmente il paragrafo che segue: a che scopo *tradurre* in dialetto? E ormai bisogna ben usare la parola *tradurre* al posto di *scrivere*, ma si tratta di passare dall'italiano al dialetto e non più dal dialetto all'italiano. Al livello di *pensare*, per gli scrittori l'unificazione è avvenuta. E infatti Verga continua: "Per impicciolirci e dividerci da noi stessi? Per diminuirci in conclusione? Vedi se il Porta, ch'e il Porta, vale il Parini fuori di Milano. Il colore e il sapore locale sì, in certi casi, come hai fatto tu da *maestru* ed anch'io da *sculareddu*; ma pel resto i polmoni larghi." Ed è proprio la parola *colore* che permette a Nencioni, sulle tracce di De Mauro, di tirare le somme:

> . . . Verga profittò genialmente della situazione linguistica italiana. Sentì la spinta all'unificazione linguistica su un livello democratico, e dimostrò di comprendere l'esempio di Manzoni . . . ma non divenne manzonista . . . egli avvertì con un'intuizione prodigiosamente acuita dalla sua nuova poetica,il più modesto ma più concreto processo di unificazione che era in atto nelle singole regioni italiane: la formazione, per allora ristretta ai ceti alti, di un italiano regionale, espressione di culture parzialmente diverse, nel quale il siciliano colto poteva trovarsi a suo agio. . .[35]

* * *

Nel caso di Verga come in quello di Manzoni le ricerche linguistiche sulla lingua letteraria possono contribuire se non altro a rimuovere fastidiosi fraintendimenti. Spostando l'attenzione su perduranti questioni controverse a livello storico e culturale, tali equivoci ostacolano spesso una giusta comprensione di opere chiave nella storia della letteratura italiana, come d'altronde resero travagliato il compito che si erano scelto i loro autori. Una di queste questioni è senza dubbio quella della lingua. Per cui vorrei citare in fondo lo spassoso commento di Guido Mazzoni, che chiude il capitolo sul "bello scrivere in prosa," della sua monumentale opera sulla letteratura italiana dell'Ottocento.[36] Nelle parole del Mazzoni, non per nulla studioso di nascita e formazione toscana, si coglie l'eco di giudizi (come quello di Russo a proposito di Verga) spesso ricordati. Ma vi si coglie anche nella forma aneddotica dell' esposizione

---

34. Verga - Capuana, *Carteggio* 407.
35. Nencioni, "La lingua dei *Malavoglia*" 487-88. Per il valore suggestivo della parola *colore* in questo contesto, vedi anche Roberto Bigazzi, *I colori del vero. Vent'anni di narrativa: 1860-1880* (Pisa: Nistri-Lischi, 1969).
36. Guido Mazzoni, *L'Ottocento* (Milano: Vallardi, 1956) 501.

il benevole sorriso di chi ha infinita tolleranza per ciò che altri hanno considerato un vizio:

> E sia pur vero, come è, che attraverso la lingua, può studiarsi l'anima e la civiltà d'un popolo, e che tali studi intorno alla lingua sono anch'essi nobilissimi; non però aveva men ragione il Leopardi quando derideva gl'Italiani sempre infervorati in quelle loro questioni e pronti per esse a svillaneggiarsi e azzuffarsi. Li derideva parafrasando un luogo della battagliera *Iliade*: che il cuore sente alla fine sazietà del sonno, della danza, dell'amore, piaceri più cari del parlare, "ma sazietà di lingua il cuor non sente." Motteggerà poi anche il Carducci sopra l'Italia, malata immaginaria, la quale non si stanca mai di guardarsi, allo specchio, la lingua.

Columbia University

AUGUSTUS PALLOTTA

The First British Translator of *I Promessi Sposi* and the Politics of Literature

In theory, the translation of literary texts should temper nationalism and cultural chauvinism. For literary translation is, by nature, an intercultural activity whose ultimate objective is to broaden the availability of texts — and, with them, the mind of the readers — on the basis of their intrinsic interest and prospective audience. Translation should counter provincialism by fostering a broader appreciation of other literatures. But the appearance of translated texts in a given culture may also force introspection and self-assessment which, in turn, can activate nationalist consciousness and thus be counterproductive to the progressive character of translation. With the invention of the printing press, translation acquired enormous importance in the transmission of knowledge. It moved from the monasteries and select centers of learning to the market place created by the printing industry. Since the latter part of the fifteenth century, the proliferation of bookstores and printing presses engendered a remarkable crossfertilization of culture and ideas in European countries. If one examines the evolution of the printing industry in a city such as Venice, which at the outset was the most important center of the book trade, what stands out, next to the printer, is the central role of the translator and his self-consciousness as agent and mediator in the process of promoting knowledge. There is no question that the craft of translation practiced through the ages often by struggling writers manqué has yielded immense benefits. It is, however, equally true that the sense of egotism and self-importance shown by sixteenth-century translators has continued to our day together with a vast range of abuses against the integrity of the original texts.

The first British translation of *I Promessi Sposi*, published in 1828 as *The Betrothed Lovers*, carries the vestiges of abusive translation found in numerous texts of all literatures. What makes this particular version of Manzoni's novel worthy of study is the fact that rendering *I Promessi Sposi* into English was not simply an operation of linguistic conversion; it represented a singular effort entailing social, political, and cultural perceptions of Italy — perceptions often veined with prejudice shared by many, if not most, Englishmen in the early part

The Flight of Ulysses, edited by Augustus Mastri

of the nineteenth century. The translator's approach to a foreign novel alien in so many ways to British culture bears witness to the movements and dynamics that shape distorted images of another culture. More often than not, such images arise from and are sustained by a magnified, and equally distorted, consciousness of nationalist ideas informing English society.

First, a few words about the translator, Charles Swan, writer, Anglican minister, and self-avowed "true born Englishman." We don't know much about his life; what we know, we owe it to Carlo Dionisotti whose pioneering work is marked by a sociological orientation and an abiding interest in Italian-British relations.[1] From Dionisotti we learn that Swan graduated from Cambridge in 1817 with a degree in Divinity. After his ordination, he divided his time between writing poetry, religious sermons, and translation, all of which he sought to publish. In 1827 he held the post of military chaplain aboard the *Cambrian*, a British warship assigned to patrol the waters of the Aegean Sea as Greece fought for her independence from Turkey. On 20 October 1827, the *Cambrian* was sunk by the Turks; Swan repaired to the mainland and finally to Athens. Here he came in contact with count Luigi Porro, a contributor to *Il Conciliatore* and a friend of Manzoni. Exiled by the Austrians, Porro had joined Greece's struggle for independence; at the time he met Swan, he held an important position in the Greek provisional government. In his second letter to Manzoni dated 11 January 1828, Swan relates that Porro spoke of Manzoni "with great esteem" and he singled out the play *Adelchi*, which he was reading at the time. Honoring the well-established tradition cultivated by English artists and literati, Swan decided to enjoy an extended stay in Italy on his way back to England. He stopped in Rome for a few days and arrived in Pisa in late November 1827. Mindful perhaps of Porro's suggestion, in Pisa Swan bought a copy of *I Promessi Sposi*. He was taken by the work and decided immediately to translate it into English, relying on the Italian studied at Cambridge and the advantage of finding himself *in situ*. No doubt he was encouraged in his decision by a new acquaintance: the publisher and bookseller Giovanni Rosini, known in the city as professor of rhetoric at the University of Pisa. To protect his identity, Rosini named his publishing house after the shop manager, Niccolò Capurro; hence the books he printed carried the designation "Niccolò Capurro, editore e libraio in Lung'Arno." Swan must have decided to entrust the publication of his translation to Rosini once he learned that his publishing house had issued several English works in the original, among them Shelley's *Adonais. An Elegy on the Death of John Keats* (1821), and in Italian,

---

1. Carlo Dionisotti, "Manzoni e la cultura inglese," in his *Appunti sui moderni. Foscolo, Leopardi, Manzoni ed altri* (Bologna: Il Mulino, 1988) 311-12.

such works as Sterne's *A Sentimental Journey* (1813), translated by Foscolo, and William Roscoe's *The Life Lorenzo de' Medici* (1816). No less important, Capurro published *The Ausonian, or Monthly Journal of Italian Literature*, which, at one point, competed with the short-lived *The Tuscan Atheneum*, published in Florence.[2] Both journals were read mainly by the sizable colony of British subjects living in Florence, Pisa, Rome, and other Italian cities. The colony consisted of artists, writers, aristocrats, wealthy individuals, and retired people of some means drawn to Italy by the temperate climate and the works of art. Swan saw this and the larger audience in England as the prospective readers of his translation.

A word now about Swan's translation. The instruction received at Cambridge served Swan well in that he understood the formal structure of Italian and was able to offer, in that regard, a reasonably competent version of the original. On the other hand, the translation fails repeatedly in rendering accurately the idiomatic texture of the language.[3] Here are a few examples: Don Abbondio's cautious words to Perpetua: "Non mi fate pettegolezzi, non mi fate schiamazzi" (Ch. I) are rendered "Do not force me to babble, do not make me scold you"[4] — exactly the opposite of what is intended in the original. In the same episode, the maid's advice to the priest to inform the cardinal, who "per sostenere un curato, ei c'ingrassa," becomes "in order to support a priest who fattens us" (I, 35); Don Abbondio's hesitant steps after his encounter with Don Rodrigo's henchmen, "mettendo a stento una gamba dopo l'altra, che gli parevano ingranchite," acquires comic flavor: "He drew one leg after the other, crab fashion" (I, 20). Lastly, to use a word dear to Manzoni, the most conspicuous *strafalcione* of the translation is found in the description of the humble but festive decorations assorted in Renzo's village to honor the Cardinal's arrival; such decorations, the text tells us, consisted of "coltri e lenzuola distese, fasce di bambini disposte a drappelloni" (Ch. XXV). Swan offers his readers what follows: "From the stonework of every window, hung quilts and sheets, infants in swaddling clothes disposed like church tapestry" (III, 71).

As a man of the cloth, Swan found many parts of *I Promessi Sposi* praiseworthy. He begins his Preface with this straightforward remark: "One of

---

2. On this matter, see G. Artom Treves, "The Tuscan Athenaeum," *Atti dell'Accademia lucchese di Scienze, Lettere ed Arti* 8 (1953): 303-11.
3. For a fuller account of Swan's translation, see my study, "British and American Translations of *I Promessi Sposi*," *Italica* 50 (1973): 485-7.
4. Alessandro Manzoni, *The Betrothed Lovers, a Milanese Tale of the XVII*. 3 vols. (Pisa: Niccolò Capurro, 1828) I, 33. Further references to the translation and the Preface are to this edition.

the most prominent merits of the present work is that, without bigotry, it inculcates religion, and [. . .] no opportunity is lost of enforcing its necessity or of displaying its worth" (i). Elsewhere in the Preface, Swan writes: "I never read, perhaps never shall read, a novel in which Religion looks so beautiful" (v). And the highest praise is reserved for religious figures: "The character of father Christopher is exquisite. There is an energy and simplicity about it, a freshness and vigour that bear in every trace the stamp of originality" (ii); Cardinal Borromeo "is also a magnificent portrait" (iii). There are other insightful and noteworthy comments: "Events follow each other in rapid succession" and physical descriptions are drawn "with a hand at once glowing and masterly"(i). The translator also singles out the acumen of Manzoni's observations regarding not only religion but human affairs and individual conduct: "Those passages in which graver sentiments are dwelt on are probably the most beautiful parts of the story" (ii).

Deemed admirable on moral and religious grounds, *I Promessi Sposi* is subjected to intense scrutiny in matters that relate to distinctive traits of Italian life. In other words, Swan shifts from textual criticism to cultural analysis even as he seemingly stays attuned to the novel. The shift brings to the fore a new avenue of discourse no longer restricted to Manzoni's novel and Italian culture, but one in which these matters are juxtaposed and compared to British culture. The first sign of this strategy appears in the reference to Fra Cristoforo who, as we have seen, is said "to bear in every trace the stamp of originality"; yet, in the same breath, Swan adds that "the friar in *Romeo and Juliet may* have been the prototype" of Manzoni's character (ii; italics in the original). This seemingly minor detail takes on significance when one realizes that the figure of Shakespeare dominates much of the Preface. In the forum provided by the Preface, Swan seeks to establish that a country's greatness is also measured by the importance of its literature and that a national literature, in turn, is defined by and identified with great writers.

But let us proceed in order and look at the genesis of the Manzoni-Shakespeare matter. It issues from a parenthetical remark in Ch. VII of the novel in which the Bard is called, ironically, "un barbaro che non era privo d'ingegno." The remark was intended by Manzoni as a sarcastic reiteration of Voltaire's opinion of Shakespeare. On 11 January 1828, Swan writes a nasty letter to Manzoni regarding his treatment of Shakespeare contained in what is called "a vituperative passage." "I had hoped," writes the English reverend, "that it was confined to Voltaire and to the French to dispraise what they can not understand."[5] Swan

---

5. The letter is published in its entirety in Roberto Pertici, "Sulla prima traduzione inglese

scolds the novelist for "having dealt hardly with the idol of all true born Englishmen [..] the bard of nature, the child of fancy, and of impassioned feeling," a writer worthy of greater appreciation owing to "his strength and his superiority." (462)

Idol, strength, and superiority. In the context on hand, these are word-images betraying a mental process of symbolical transference. In Swan's nationalist mind, Shakespeare — also called in the Preface "the King of Bards" — is the analogue, in the realm of literature, of what England and the British empire represented in the nineteenth century. In fact, the letter offers the key to understand Swan's self-consciousness as a British subject and, by extension, his disposition toward Manzoni and Italian culture. In the early nineteenth century, literature is an integral part of British consciousness; it is the most vigorous expression of national culture; literature and culture are unified, reflected images of the British empire. In this light, Shakespeare, the literary sun — as he is called obliquely in Swan's letter — carries the same symbolical significance as John Wilson's dictum in his *Noctes Ambrosianae* (1829): "The sun never sets on His Majesty's dominions."[6] The corollary that unfolds from the thrust of Swan's assertions in the Preface and his letters to Manzoni is the following: There is no nation greater than Great Britain, no greater writer than Shakespeare, no civilization greater than that of Great Britain. Such is the socially transmitted consciousness of British culture that permeates Swan's prefatory remarks, a proud consciousness which is offended by Manzoni's naive allusion to Shakespeare as a barbarian. It did not matter to Swan that, in reply to his letter on 25 January 1828, Manzoni assured him of his love for Shakespeare: "Ne sono così caldo ammiratore che quasi ci patisco se altri pretende esserlo più di me."[7] It mattered little that, as proof, Manzoni

---

dei *Promessi Sposi*: Pisa, Niccolo Capurro, 1828," *Rivista di letteratura italiana* 7 (1989): 462-3. Pertici does not discuss the literary aspects of Swan's translation, but offers a full account of Swan's undertaking in the context of cultural life in Pisa at the time. More importantly, Pertici publishes, for the first time, several letters written by Swan during his stay in Italy in 1828, including two letters to Manzoni which have proven valuable to the draft of this article. Page reference involving Swan's correspondence with Manzoni are to Pertici's study.

6. The phrase is attributed more often to Philip II of Spain, who is said to have boasted: "The sun never sets on my empire." One of the earlier literary sources is Battista Guarini who, in his *Pastor Fido*, calls Catherine of Austria, daughter of Philip II, "Altera figlia di quel monarcha a cui / Neanco, quando annotta, il Sol tramonta." However, the same phrase, with variations, was used in antiquity and is found in Virgil, Ovid, and Claudian. See Burton Stevenson, *The Home Book of Quotations*, 5th ed. (New York: Dodd & Mead 1947) 1896.

7. Alessandro Manzoni, *Lettere*, ed. Cesare Arieti (Milan: Mondadori, 1970) I, 480.

directed the Reverend's attention to his thoughts on Shakespeare contained in the *Lettre à M. Chauvet*. It did not matter that Manzoni sought to reassure Swan of his intent to ridicule Voltaire's view of Shakespeare: "E appunto contro quel sentimento di Voltaire [. . .] io me la son voluta prendere con quella frase ironica."[8] In dealing lightly with Shakespeare, Manzoni is deemed guilty of pride, a prerogative reserved for the powerful. Swan understood quite well that the recognition of a country's culture is nearly always a function of its socio-political and economic power. And, as regards the use of irony, Swan's letter, dated 18 February 1828, stripped of its obsequious niceties, states quite bluntly that, as an Italian writer, Manzoni should have had second thoughts about using irony so freely. The letter implies that irony is a literary device in which only English writers excel. "We have an English proverb," Swan tells Manzoni, "which says that 'It is dangerous playing with sharp-edged tools.' One of these trenchant instruments is *Irony*" (462; capital and italics in the letter). Swan, who initially asked for and received Manzoni's permission to omit the reference to Shakespeare in his translation, decides to "punish" the novelist by including it and thus subject him to the wrath of his countrymen. "I was struck," Swan tells his readers in the Preface, "with the parenthetical remark in which the author styles the King of Bards 'a barbarian not entirely destitute of talent'" (ix). He goes on to say that he sought an explanation from the author, which he included, in the original Italian, in the Preface. Yet Swan not only chose not to render the letter in English, he cast doubt on Manzoni's sincerity: "He *alleges*, as will be seen, that the passage is ironical, but I will not spoil the defense by garbling it" (ix-x; my emphasis).

From Swan's February 1928 letter to Manzoni one can also infer that the culture of a powerful country is not only entitled to exhibit pride, it can demand respect from the cultures of subordinate countries. The British translator is disturbed by the fact that the author of *I Promessi Sposi* made no effort to neutralize the sting English readers would feel in seeing Shakespeare labeled a barbarian: "Not even a note of admiration (!) which sometimes does indifferently well" (462; exclamation mark in the original). The same displeasure is reiterated verbatim in the Preface.

Swan's supercilious disposition, found in the Preface, also invests his work as a translator. He does indeed deem Manzoni's novel worthy of an English audience, but the translation will materialize on his terms, bearing the heavy imprint of mediation, reservations, and abridgments. The final product will be an appropriated, denaturalized text, rendered so by the exponent of a perceived superior culture who assumes the right to decide what form an interesting Italian

---

8. Manzoni, *Lettere* 481.

novel should take when it is offered to British readers. Take the mutilations of the text. What is revealing about Swan's *modus operandi* are not the parts omitted but the tone justifying such omissions:

1. "I omit the whole introduction as unworthy of the great abilities of our author." (Advertisement)
2. "The historical notice of the life of Cardinal Frederic Borromeo, I thought uncalled, since the narrative amply illustrates his admirable character." (vii)
3. "The long detail of events touching the famine, and the descent of foreign armies, I have abridged." (vii)
4. "I have totally omitted two historical chapters referring to the plague as irrelevant to the story and too familiar to require illustration." (vii)
5. "I felt disposed to shorten the account of Gertrude not as uninteresting, but as occupying too much space for the part allotted to her." (viii)

Even the religious aspects of the novel, blessed with warm praise at the start, are subjected to cultural revision in the course of the Preface. Swan finds it necessary to alert English readers at the outset (hence the strategic importance of the Preface) that *I Promessi Sposi* is a Catholic work by an Italian writer. Further, as translator and cultural mediator, he will use the authority of his religious office to guide the readers. For instance, he points to Lucia's vow to remain a virgin by foregoing her marriage to Renzo if she escapes unharmed from the clutches of the Innominato. To the Reverend, this is "a perverted sense of religion which occasions evils even in the most upright" (iv). In the same vein, he expresses uneasiness with the name of Mary invoked by Lucia and other characters: "I could have wished too that the name of Christ be substituted for the Virgin, but the persons of the drama were Catholics" (v). The strong intimation of dichotomy between Catholicism and the Church of England is brought into sharper focus in Swan's comment on Fra Cristoforo's intervention on Lucia's behalf: "I must express my wish that the author had not rested the dispensation of Lucia's vows on the authority of the Church, rather on what God, and conscience, and reason require [. . .] Unreasonable vows annul themselves, those that are rational, just and holy remain between man and his Creator" (iv-v).

Swan's reservations were not lost on successive translators. In 1844, the prefatory note to the second British translation cautioned readers to not "hold up for imitation or admiration every practice or doctrine implied in the work."[9] Three years later, a literary critic attacked what he called Manzoni's pietism on the grounds that, taken seriously, it would lead "mankind to walk on all four like

---

9. Alessandro Manzoni, *The Betrothed*. A New Translation (London: Burns, 1844).

beasts of burden."[10] As late as 1873, the author of a lengthy essay in a prominent London review affirmed his conviction, notwithstanding Manzoni's work, that one day most Italians would turn to "the light and liberty" of the Protestant Church.[11]

Catholicism was no doubt a major barrier to a wider and critically richer appreciation of *I Promessi Sposi* in England. Again, the main posts of such barrier are found in Swan's Preface, where Lucia's vow is characterized as "a perverted sense of religion" issuing from "superstition and ignorance" (iv). The transition from the religious plane to cultural sociology was anticipated by previous assertions made by the translator, most of which, examined closely, point to a low regard of Italians not uncommon among eighteenth and nineteenth-century English travellers to Italy. And with prejudice, one comes across the inevitable double standard in cultural matters involving, again, Shakespeare and the unkind remarks on *Hamlet* published by an Italian translator. In his second letter to Manzoni, Swan retorts that some seemingly strange aspects of the work "were built upon popular superstition, long revered and accredited" (461). So much for coherence and consistency.

The Preface begins with an admiring note regarding Manzoni, but at the end Swan is unable to contain his low regard for Italians. In a revealing gesture, he urges the reader to bear in mind two apparently popular lines by a British writer: "Let him add, in the language of one among the consummate masters of irony that England has had to boast: 'To statesmen when we give a wipe, / We print it in *Italic type*'" (x; Swan's emphasis).[12]

Let me conclude with a brief observation on another, equally revealing assertion in Swan's Preface: " . . . but the persons of the drama were Catholics" (v). The conjunction *but* seeks to underscore the progressive character of the Anglican Church, and much more; it is truly an adversative word/sword, dividing Catholics and Protestants, Italians and Englishmen along religious and cultural lines. It stands out as the ultimate qualifier and the defining element of Swan's translation, corroborating the perception that foreign literary works can at best assume significance as a single railroad track; the two tracks — that is to say, the native culture and manifestations in society of other cultures — may run side

---

10. L. Mariotti, "Manzoni," *New Monthly Magazine* 81 (1847): 11.
11. "*Opere complete di Alessandro Manzoni*," *London Quarterly Review* 41 (1873): 366. The study is a review of Manzoni's complete works published in Milan in 1872.
12. I have been unable to trace the authorship of these lines even with the assistance of several colleagues in the English Department at Syracuse University, who feel confident that, in all likelihood, the author is Alexander Pope.

by side, cross each other, but they never converge; they may distract and amuse, even educate, but not to the point of altering the native readers' fixed perceptions of their own heritage and institutions. In short, Swan is safeguarding that all-important, reassuring sense of stability which nurtures and perpetuatuates national myths.

Syracuse University

EGIDIO LUNARDI

Correlating Literary Insights and Translations: The Case of Giovanni Pascoli

English speaking scholars wishing to read the work of Italian poet Giovanni Pascoli will soon realize they are facing a major problem. The problem stems from a definite lack of adequate English translations of his works. This is a surprising lacuna, indeed, in view of Pascoli's stature in the field of Italian poetry. Let it suffice to recall that, within days of his death in 1912, another great Italian poet, Gabriele D'Annunzio, called Pascoli the greatest and most original poet to appear in Italy after Francesco Petrarca (D'Annunzio's generous statement and tribute to Pascoli appeared in the Rome newspaper *Giornale d'Italia.*) Yet, up to date, only three book form English translations of Pascoli's poetry exist and, of the three, two were published in the 1920's. The first, published in 1923 by the Yale University Press, is a selection of poems freely rendered into English verse by Evaleen Stein and is only 72 pages long. The second, published in 1927 by H. Vinal, New York, is a selection of poems translated by Arletta Maria Abbott and it is 108 pages long. More recently, Joseph Tusiani translated two single poems by Giovanni Pascoli. One, "Paolo Uccello," was published by *Forum Italicum* in 1975. The other, a fairly lengthy poem entitled "Italy," appeared in the 1979 Spring-Summer issue of *Italian Americana.* Also in 1979 appeared part I of Giovanni Pascoli's *Poemi Conviviali*, an English translation with introduction and critical notes by Egidio Lunardi and Robert Nugent, published by the Lake Erie College Press. Part II of the same project appeared in 1982.

As co-author of this English translation of *Poemi Conviviali*, the only collection to be translated in its entirety, I have often wondered why other important collections of Pascoli have not been rendered into English. Among the many possible answers to this question, one that is certainly plausible is the number and level of difficulties that Pascoli's poetry presents to prospective translators. I will always remember fighting temptation, on several occasions, to abandon my translation project. That temptation was the result of a rational fear of not being up to the task. We all know that translation involves interpretation. Misreading the text, remaining too literal or becoming too

The Flight of Ulysses, edited by Augustus Mastri

loose, makes the translator the proverbial "traitor." Pascoli's scholars know how elusive and suggestive his language can be. All translators know that when the original is cryptic, subtle or elusive, a translator is tempted to overexplicate. How does one find the happy medium? I now think, in retrospective, that when my colleague and I decided to translate the title *Poemi Conviviali* into *Convivial Poems*, we remained too literal and probably misled the English reader. *The American Heritage Dictionary* of the English language defines "convivial" as "fond of feasting, drinking, and good company; sociable; jovial . . . relating to or of the nature of a feast; festive." But the *Melzi*, a dictionary put together by a contemporary of Giovanni Pascoli, under the entry "convivio" mentions Dante and the allegorical meaning of intellectual banquet, or meeting of the minds. Actually, the immediate source of Pascoli's *Poemi Conviviali* was the title of a literary review called *Il Convito* sponsored by Adolfo De Bosis. In this journal Pascoli had published poems that were included in the *Poemi Conviviali*. De Bosis, in fact, had been responsible for publishing volumes in which Beauty was exalted and the polemical nature of verse denied. The title of the collection, however, has deeper significance than that of a program of poetry. In its preface Pascoli quotes the opening hemistich of Virgil's fourth eclogue: "non omnes arbusta iuvant" or "humble themes do not suit everyone." Pascoli now wishes to address himself to those elevated minds which are capable of appreciating and understanding the values of the classical world. These values become apparent in the Greek concept of the banquet, the "convivio." From this concept Pascoli derives the fundamental tone and subject matter of the *Poemi Conviviali*. "Solon," the first poem of the collection, gives the reader the immediate surroundings of the banquet, with its idealism of friendship and of the enduring nature of poetry. The contextual meaning of "conviviali" now begins to shape up. It becomes clear after a slow, whispered reading of the first stanza of "Solon:"

> Sad is a banquet without song, sad as
> a temple without the gold of votive gifts;
> for this is pleasing: to attend upon the singer
> whose voice carries an echo of the Unknown.
> Oh! nothing do I hold more pleasing than to hear
> a good singer as we sit placidly
> one next to another, at tables filled
> with golden bread and steaming meats,
> while the boy draws wine from the krater,
> brings and pours it into the goblets;
> nothing more pleasing than to speak meantime
> some jesting speech while the zither lifts up

> its sacred hymn; else to enjoy the plaintive
> flautist's weeping, as when his sorrow
> turns to delight within our hearts.

If the meaning is now clear, still the question remains: how does a translator do justice to the title *Poemi Conviviali* without overexplicating? In the process of translation there are no conclusive answers but only attempts at plausible solutions.

Even when literary criticism, scholarship and educated interpretation have taken place, translators must always remain alert to possible interrelationships that work like webs within the text. I will try to illustrate my point with a reference to the title of the first two poems of "L'Ultimo Viaggio" (One Last Voyage), longest and most ambitious of *Poemi Conviviali*. The two poems describe Odysseus, Homer's hero, about to fulfill Teiresia's prophecy of a journey on foot, through the mountains. There, he will mistake the oar that Odysseus carries for a treshing tool. Hence the first title, "La pala," a metaphor for treshing tool. In answering the farmer, Odysseus identifies the tool he carries as an "ala" or "wing," another metaphor suggestive of the ship that flies across the sea. Both graphically and phonetically the words "pala" and "ala" are alike. In fact, the second is contained in the first. The two emphasize the resemblance of the objects they symbolize, the treshing tool and the oar. A translation of the two will be less than satisfactory unless it retains this graphic/phonetic detail. In our translation we tried to retain it by using "swingle" for "pala" and "wing" for "ala." "Swingle, as defined by *The American Heritage Dictionary*," is a wooden instrument for beating hemp. The voice is archaic, but so is the Italian "pala" in this particular sense. As a matter of practice, Pascoli always chooses the most archaic of those words describing the same object.

Attention to graphic and phonetic detail is seldom more important than in the verses that describe Calypso's wonderment as she addresses rooks and owls in the last of the *Conviviali*:

> . . . O che vedete, o gufi
> dagli occhi tondi, e garrule cornacchie?
>
> (. . . Oh what do you see,
> oh owls, with round eyes, garrulous rooks?)

Here the alliteration of the vowel *o* provides a vivid picture of the owls with round eyes. Meantime, luckily, the adjective "garrulo" that sets up the onomatopoeia of the rooks finds a perfect equivalent in English. Graphic details, however, are sometimes very subtle, therefore difficult to detect, and often difficult to retain in the target language. Let us focus again on the "Last Voyage," second poem, "L'ala," where Odysseus describes his voyage by sea, under the clear night sky. In the metaphor he sees the constellation Bootes, the mythological herdsman, or Wain's driver, move forward on his chariot while Odysseus watches:

> . . . l'auree rote lievi sbalzar sulla
> tremola ghiaia della strada azzurra
>
> (. . . the golden wheels bounce gently
> on the twinkling gravel of the blue road)

Here is a voyage forwards, on *golden wheels* over a *blue road*. On the return voyage, however, in almost identical verses, the position of two key adjectives is reverted to suggest the opposite direction of the voyage:

> vide ancora le rote auree del Carro
> sopra la ghiaia dell'azzurra strada
>
> (he saw the wheels of the Wain, golden,
> bounce on the gravel of the road, sea blue).

We have now *wheels* . . . that are *gold*, over a *road* that is *blue*.

If graphic or visual devices present a tough challenge for Pascoli's translators, so do phonic or onomatopoeic devices. Pascoli's scholars know they are occasionally dealing with italianized Greek words that do not even appear in an Italian dictionary. That is the case, for example, of the word "clatro" which we find at the end of "Le Memnonidi" (The Memnonian Stiltbirds.) It is, of course, the Greek noun klethra, Latin clatra, meaning iron gates. Most phonic devices result from daring juxtapositions which are irreconcilable with each other, such as the "grufolare fragile di verri" (fragile rooting of boars, - from "Il Sonno di Odisseo"); the "salsa musica del mare" (briny music of the sea, - from "Il Cieco di Chio.") Sometimes we find a great number of images or analogies in a single situation, as in the following verses from "Il Cieco di Chio":

> Così scoppiò nel tremulo meriggio
> il vario squillo d'un'aerea rissa

> (So suddenly burst in the quivering noon
> a varied pealing of aerial affray)

The idea of "peal," in the sense of loud burst, as of bells or chirpings, is suggested by the novel use of the verb "scoppiare" (to explode); the rest of the image, the "tremulo meriggio," or "tremulous noon," conveys the quivering of the light and the vibration of sharp, brief sounds in the air. Similarly, in the same poem, we read:

> . . . e sentii come il frusciare in tanto
> di mille cetre, che piovea nell' ombra
>
> (. . . I heard a thousand zithers
> rustle like rain in the shade).

And again, in "Le Memnonidi" (The Memnonian Stiltbirds) we read

> un aureo stelo con in cima un astro
> (a golden stalk with a star atip).

Yet, the challenges we encounter in rendering the various melodic and graphic devices of *Poemi Conviviali* are not as troublesome as others we find in Pascoli's earlier collections of poetry. I am talking mostly about *Myricae* and *Canti di Castelvecchio* (Songs of Castelvecchio), where Pascoli's Italian language is mixed with dialectal elements typical of Garfagnana, province of Lucca, where he lived. It is a language of humble farmers and young children and it is aimed at capturing the local color. Pascoli was aware of the problems that this dialect was going to present for the average reader. Therefore, at the end of the second edition of *Canti di Castelvecchio*, August 1903, he introduced a partial list of local words and their meanings. The list of approximately two hundred words is preceded by the following explanation, in Italian:

> There are little words difficult to understand. That is true. They are, indeed, typical of the farmer, and people who are not farmers do not know them. They are still alive, after so many centuries, on these isolated mountains; and people who have not been on these mountains think they are dead words brought back just to make people uncomfortable. But that is not the case, that is not the reason why I bring them up. The real reason is I use them out of love for truth and for the sake of brevity. That is how my farmers and mountain people speak, and by speaking that way they often speak better than we, especially when their words are shorter, and the stresses fall on the roots of the words, so that one can

understand them even from afar, from hill to hill, and they are clear even without the help of adjectives and adverbs . . .

Similarly, Pascoli gives a verbal life to swallows, blackcaps, robins and other birds. It is a language that is somewhat sugary, reaching onomatopoeias that occasionally made critics talk of abuses and easy rhymes. So the "canapina," a bird of the sparrow family, goes "ce ce ce"; the English sparrow, "tellterelltellteretelltell"; goldfinches go "rererere"; stonechats, "siccecce siccecce." Among other inhabitants of the country, the cricket's voice sounds "tri tri" and the frog's "gre gre." Along with local color, we are now dealing with atmosphere. The really difficult question for translators, therefore, relates to how does one find solutions that come close to the atmosphere of the situations.

I realize that I have raised questions for which, unfortunately, I have fewer answers than anybody in the field of translations. Therefore, I hope not to sound presumptuous if I dare to contribute a small suggestion to future translators of Pascoli. The idea comes from Pascoli himself, the author of many Italian translations from the classics, as well as from modern authors, including some English ones: William Wordsworth, Percy Bysshe Shelley, Alfred Tennyson. In a lecture given in 1905 to a group of education students at the University of Bologna, Pascoli stated that:

> Spencer . . . analyzes English language from many points of view and says that by stressing the root of words one enables brains to comprehend with a minimum of effort. Consequently, in the English language the short words are the more poetic ones, and when they are combined together they give a better rendering of the concept the author wants to represent. In fact, Saxon words re almost monosyllabic while Norman words, deriving from the French, have a long ending and are unpoetic. The shorter words are, even in Italian, the better they suit the needs of the writer . . . [1]

It is this lesson by the master that I would like to emphasize, confident that it would be of great value to all future translators of his works.

Lake Erie College

---

1. Quoted by Maurizio Perugi 188-89.

Works Cited

Abbot, Arletta M. *Giovanni Pascoli, Poems.* New York: H Vinal, 1972.
Lunardi, Egidio and Nugent, Robert. *Giovanni Pascoli, Convivial Poems I.* Painesville: Lake Erie College Press, 1979.
———. *Giovanni Pascoli, Convivial Poems II.* Painesville: Lake Erie College Press, 1982.
Pascoli, Giovanni. *Poesie.* Verona: Mondadori, 1969.
Perugi, Maurizio. *Convegno Internazionale di Studi Pascoliani*, Barga: Gasperetti, 1983.
Stein, Evaleen. *Poems of Giovanni Pascoli.* New Haven: Yale University Press, 1923.
Tusiani, Joseph. "Paolo Uccello." *Forum Italicum* 9 (1975): 428-35.
———. "Italy." *Italian Americana* 5 (Spring-Summer 1979): 141-59.

Tullio Pagano

L'Assommoir e *I Malavoglia*

Chiunque si occupi dell'opera letteraria di Giovanni Verga non può non prendere in esame i suoi rapporti con il romanzo e le teorie di Emile Zola e degli scrittori realisti francesi che lo hanno preceduto.[1] Nonostante l'innegabile importanza assunta dal caposcuola del romanzo naturalista francese nello sviluppo delle tecniche narrative e delle tematiche del Verismo, la stragrande maggioranza dei critici italiani che hanno toccato questo nesso problematico hanno invariabilmente descritto la tecnica narrativa dello scrittore siciliano e quella del caposcuola naturalista in termini antitetici. Da una parte avremmo un Verga "puro artista," che si immedesima con il destino e la forma mentis dei suoi personaggi; dall'altra, Zola, l'osservatore distaccato, lo scrittore "engagé" il cui punto di vista rimane sempre rigorosamente esterno al narrato.[2] Solo di recente è stata avanzata da Romano Luperini una diversa ipotesi sul metodo di lavoro di Verga, e in particolare sulla costruzione del capolavoro che è oggetto del saggio, che ne propone una lettura in chiave "sperimentale," secondo la quale Zola ed in particolare *L'Assommoir* verrebbero ad assumere una grande importanza per il Verga, che attraversava, al momento della pubblicazione dell' *Assommoir*, un importante momento di transizione nella sua carriera di scrittore, sia dal punto di vista delle tecniche narrative che da quello dell'ideologia.[3]

---

1. Tra gli studi più interessanti su questo argomento, segnaliamo il contributo di Nicolosi, da cui citiamo: "L'incontro con le dottrine del naturalismo francese (. . .) contribuì in maniera decisiva a chiarire all'artista i termini della crisi che lo agitava da tempo e gli diede quello strumento di certezza teorica che egli cercava." (Nicolosi 64). Purtroppo, lo studio di Nicolosi si limita a sottolineare le concordanze a livello di poetica, senza esaminare i testi narrativi dei due autori.
2. La definizione di Verga "puro artista" è di Baldi, che aggiunge: "La tecnica verghiana appare dunque diversissima da quella di Zola. Nei romanzi dello scrittore francese la 'voce' che racconta è sempre quella dell'autore, del borghese colto, che guarda dall'esterno la materia trattata" (Baldi, *Verga e il Verismo* 31)
3. Vedi "Sulla costruzione dei *Malavoglia*: nuove ipotesi di lavoro" in Luperini, *Verga*.

The Flight of Ulysses, edited by Augustus Mastri

La nostra intenzione in questo saggio, tuttavia, non è tanto quella di studiare "l'influenza" esercitata da Zola sullo scrittore siciliano,[4] quanto piuttosto di mettere in luce le convergenze che si riscontrano a livello di tecnica narrativa e di temi trattati, mettendole quindi in relazione con i contesti socio-culturali in cui tali testi si collocano e con le ideologie che li caratterizzano.

L'Assommoir viene pubblicato nel 1877, ed è accolto subito da un enorme successo di pubblico. La critica non è tuttavia unanime nel giudicare il romanzo zoliano, che viene condannato da più parti sia per il contenuto altamente immorale sia per la forma della narrazione. Come vedremo, i due problemi sono intimamente collegati, in quanto il linguaggio narrativo usato da Zola rende ambiguo il messaggio di carattere moraleggiante che lo scrittore afferma di voler comunicare attraverso la sua opera. Ci basti ricordare, tra i giudizi favorevoli sull'opera di Zola, quelli espressi da Flaubert e Mallarmé, due autori ideologicamente lontani dal modello di letteratura impegnata proposta da Zola, eppure estremamente sensibili a tutto ciò che rappresentava un'innovazione nel campo letterario.[5]

Verga, che in quegli anni vive e lavora a Milano, dove si stanno formando le prime avanguardie artistiche italiane, in compagnia di critici militanti quali Capuana e Cameroni, grandi ammiratori e divulgatori delle teorie naturaliste, abbandona il progetto di un "bozzetto marinaresco" intitolato "Padron 'Ntoni" e comincia a dare forma al romanzo *I Malavoglia*.[6]

Quasi contemporaneamente, abbiamo la pubblicazione dei saggi di De Sanctis su Zola, importantissimi per capire l'itinerario teorico del grande critico napoletano, in cui si sottolinea, in aperta polemica con coloro che rifiutavano, in Italia come in Francia, la letteratura naturalistica come "oscena," la profonda moralità del realismo zoliano. Scrive De Sanctis:

> Quella corruzione senza velo e senza pudore e senza impressioni spaventa la tua immaginazione, offende in te tutto quello che ti è rimasto di umano,

---

4. Oltre al già citato Nicolosi, rimandiamo ai lavori di Mahler, Ternois, e Testa, riportati tra le opere consultate per la stesura di questo saggio.

5. Vedi lo studio critico di Henri Mitterand contenuto nell'edizione dei *Rougon-Macquart* da lui curata. Tutte le citazioni dall'*Assommoir* sono tratte dalla suddetta edizione.

6. Per quanto riguarda la posizione di Verga nei confronti del romanzo naturalista e di Zola in particolare, dalla famosa lettera a Cameroni, riportata da Ghidetti, emerge una grande ammirazione per lo "scrittore" naturalista, mentre si diffida della validità delle "teorie" da lui propagandate. "[Zola] insegnerà meglio con due pagine della sua *Miseria* che con dieci volumi di critica" (Ghidetti 80).

sveglia, spoltrisce il tuo senso morale (. . .) Quei quadri di Zola crudi e turpi riescono altamente morali, e più laido è il quadro, più si rivolta e reagisce la coscienza dell'uomo, l'ideale. (De Sanctis III 259)

Mentre De Sanctis proponeva una lettura in chiave idealistica del Naturalismo zoliano, la recensione di Capuana, critico militante e accanito difensore in quegli anni della poetica del Naturalismo, offre un'interpretazione molto più interessante, poiché ci permette di capire come veniva letto *L'Assommoir* dalle avanguardie artistiche italiane, con cui Verga si trovava in stretto contatto durante i suoi anni milanesi.

I principi positivistici su cui si fonda la narrativa zoliana vengono senz'altro accettati, se non esaltati, da Capuana. Mentre De Sanctis afferma che "se vogliamo comprendere e gustare Zola, dobbiamo dimenticare la sua idea (. . .) spogliandola di quelle forme particolari sotto le quali è apparsa a Zola" (De Sanctis III 251), Capuana rileva che "non è possibile tagliare in due un'opera d'arte e mettere da un canto la forma e dall'altro il contenuto, specie poi in un lavoro grandioso e complesso dove la creazione artistica, per decisa volontà dell'autore, è perfettamente subordinata al concetto fisiologico dell'*eredità naturale*" (Capuana 37). Capuana in altre parole rifiuta la nozione, peraltro assai diffusa ancor oggi tra i critici, di Zola grande artista "nonostante" le sue teorie. Al contrario, la teoria per Capuana è ciò che consente a Zola l'elaborazione di quella complessa macchina narrativa che sono i *Rougon-Macquart*, senza la quale non si dà creazione artistica.

Tuttavia, al di là della polemica che pare a tratti emergere dal saggio di Capuana proprio nei confronti del suo maestro, quello che più ci interessa nella sua recensione sono le sue osservazioni sulla "forma" dell'*Assommoir*, poiché ci permettono di vedere come la scrittura di Zola diventasse un modello da seguire, e forse anche da superare, per gli scrittori italiani dell'area naturalista. Scrive Capuana a proposito dell'*Assommoir*:

> Egli ha studiato così profondamente il suo soggetto, si è talmente connaturato coi pensieri, colle passioni, col linguaggio dei suoi operai, ch'anche quando parla per conto proprio continua a usare la parlata vivace, espressiva, insolente becera, diremmo noi, e fino alla sguaiataggine, e fino all'indecenza. (Capuana 29)

Con queste parole Capuana ci offre una chiave di lettura dell'*Assommoir* che permette di metterlo in relazione al capolavoro verghiano. Che cos'è infatti quel "connaturarsi coi pensieri, colle passioni e col linguaggio dei propri operai" se non un tipo di realismo "a parte obiecti" (il termine è di Luperini), in cui il narratore, attraverso un "artificio della regressione" (è il titolo di un importante libro di Guido Baldi sulla tecnica narrativa verghiana, che potrebbe essere applicato anche all' *Assommoir*) si mette "sotto la pelle dei personaggi" per rappresentare *dal di dentro* la loro visione del mondo? Ed anche se questo significa sovvertire tutta una serie di comode antitesi che permettono di distinguere il verismo, come fenomeno esclusivamente italiano, dal naturalismo francese, è lecito andare ad esplorare qual era l'atteggiamento con cui Zola si poneva il problema della creazione letteraria al momento di scrivere *L'Assommoir*.

Va prima di tutto sottolineato che l'ambiente descritto da Zola, che è quello dei *faubourgs* parigini, non è un mileu che l'autore doveva andarsi a studiare, come spesso accadde per altri romanzi del suo grande ciclo narrativo, perché vi aveva vissuto, durante i suoi primi anni a Parigi, quando era attanagliato anche lui dalla miseria. Pertanto, come scrive Marcel Girard, citato da Mitterand nel saggio che correda l'edizione critica del romanzo, questo progetto narrativo "est restée pendant des années dans la pensée du romancier et c'est nourri de toutes ses experiences d'homme et d'ecrivain" (Zola II 1535). Ideologicamente, Zola ha avuto quindi la possibilità, come sottolinea Henri Mitterand, il più autorevole tra gli studiosi dell'opera zoliana, di "particiter de deux mondes à la fois" (Zola II 1543), e questo sdoppiamento si ripercuote sulla struttura narrativa del romanzo, in cui osserviamo un processo di "contaminazione" del discorso dell'autore, che è spesso, anche se non completamente, messo a tacere dal narratore popolare creato da Zola. Afferma ancora il Mitterand che la scrittura di Zola dà l'impressione che *L'Assommoir* sia "entièrement pensé dans le parler du peuple, et comme redigé par la voix collective du quartier de la Goutte d'Or" (Zola II 1555). È doveroso sottolineare che tra la "voce collettiva" del quartiere della Goutte D'Or e il coro popolare del villaggio di Aci Trezza, di cui tanti critici verghiani hanno parlato a proposito dei *Malavoglia*, le similarità appaiono evidenti.

Una volta terminati gli studi preliminari del romanzo, che comprendono anche la lettura di opere di carattere sociologico sulla classe operaia parigina, Zola confessa ad un amico: "Reste le style, qui sera dur à trouver" (Zola II 1543). Anche per Zola dunque lo stile, come per Verga, restava il problema principale da risolvere. Uno stile che implica delle innovazioni tanto radicali che l'autore si trova costretto a difendere le sue scelte di fronte all'editore con queste parole:

> Vous me concedez que je puis donner à mes personnages leur langue accoutumée. Faites encore un effort, comprenez que des raisons d'équilibre et

d'harmonie génerale m'ont seul decidé à adopter un style uniforme. (Zola II 1556)

L'argot del proletariato parigino, in altre parole, non poteva essere limitato esclusivamente ai discorsi diretti, ma doveva "contaminare" appunto anche la narrazione stessa, fino a confondere la distinzione tra narratore e personaggi.

Le più aspre critiche rivolte contro *L'Assommoir* al tempo della sua pubblicazione derivano infatti dalla sua forma, caratterizzata da un uso "eccessivo" del discorso libero indiretto. Ma, a guardar bene, queste critiche sono in realtà tutt'altro che "formali." Una tale tecnica narrativa vieta infatti la possibilità di distinguere il discorso dell'autore, e quindi la sua posizione ideologica, da quella dei personaggi. Come nota Jacques Dubois, il libero indiretto sperimentato da Zola è "un discours affranchi de la tutelle d'auteur" (Dubois 134), che rende problematica la domanda "Chi sta parlando in questo momento?" Quando l'autore dell'*Assommoir* delega il discorso ad un narratore popolare, attraverso l'uso di un linguaggio che idealmente si identifica con l'argot della classe lavoratice parigina, mette in questione anche i presupposti "moralizzanti" che, come vedremo, caratterizzano sia il romanzo di Verga come quello di Zola. Da qui la difficoltà che sorge se si cerca di dare un significato "ultimo" in senso ideologico ai due romanzi, come ci insegna la tanto travagliata storia della ricezione critica di questi due capolavori.

La decisione di rendere uniforme la struttura linguistica del romanzo, che è intenzione comune ai due autori, implica anche scelte di punto di vista, cioè di ideologia, in quanto non c'è linguaggio che non sia portatore, al tempo stesso, di un determinato contenuto ideologico.[7] In entrambi i casi, la visione della società contemporanea dovrà essere in qualche modo distorta, poiché ristretta all'interno di un luogo ben definito sia geograficamente che culturalmente nel quale gli eventi storici e la vita sociale in generale vengono percepiti in un modo completamente diverso da quello a cui i lettori borghesi dei romanzi di Verga e Zola erano abituati.

Il mondo dell'*Assommoir* è, come quello di Aci Trezza, al di fuori della Storia. Il quartiere della "Goutte d'Or" dove si svolge il dramma di Gervaise e della sua famiglia è infatti un ghetto che funziona anche come nido, all'interno del quale gli individui, per lo più immigranti venuti alla grande metropoli spinti, direbbe Verga, dalla "bramosia dell'ignoto,"[8] si sforzano di ritrovare un senso

---

7. Vedi, su questo soggetto, il primo capitolo del volume di Volosinov, che secondo molti critici andrebbe attribuito a Bahktin.
8. Vedi la famosa prefazione ai *Malavoglia*.

di identità.[9] Al di fuori del quartiere-nido c'è, come per *I Malavoglia*, anche se in un contesto sociale assai diverso, il mondo moderno, la terra di nessuno dei grandi boulevards parigini, che venivano edificati a quel tempo dal barone Hassmann, cancellando così la vecchia Parigi, un dedalo di stradine dove i lavoratori avevano costruito le barricate del '48 e che erano quindi giudicate, dal punto di vista dell'ordine pubblico, pericolose.

I boulevards sono un luogo "mitico," di perdizione e di morte. Come nei *Malavoglia*, anche nel romanzo di Zola chi si allontana dal quartiere-villaggio è destinato a perdersi. Come si perderà letteralmente Gervaise, nel penultimo capitolo, quando, in preda alla disperazione, cercherà invano di prostituirsi, confusa tra la folla che ritorna dal lavoro, tra le tante donne che attendono pazientemente un cliente, immobili, intirizzite dal freddo, come i magri platani dei boulevards.

È in questo mondo "altro" che Nana, figlia di Gervaise Macquart, comincia, nella seconda parte del romanzo, la sua carriera di prostituta di alto rango, nelle sale da ballo piene di luce e di gente elegante, carriera che poi continuerà nell'altro romanzo del ciclo che prenderà il suo nome. Ciò che sta al di fuori del quartiere rappresenta un pericolo, perché segna l'alienazione dell'individuo dalla sua comunità, ma è pur sempre una tentazione, a cui è difficile resistere.

I lettori dei *Malavoglia* ricorderanno che le uniche persone che lasciano il villaggio di Aci Trezza trovano la morte, come accade a Luca e a suo padre Bastianazzo, o la degradazione morale, nel caso di Mara e 'Ntoni Malavoglia. Naturalmente, la vita di comunità all'interno della Goutte d'Or è ben più precaria che quella del villaggio di Aci Trezza. Nel paesino siciliano, uno ha alle spalle una cultura secolare e una struttura familiare che, per quanto sia ormai in via di decadenza (come si vede già dall'incipit del romanzo), rimangono tuttavia ancora solide, e garantiscono all'individuo un senso di protezione e sicurezza indispensabili alla crescita e alla formazione della personalità. Gli ideali di padron 'Ntoni hanno ben altra forza morale che quelli di Gervaise, la quale cerca di dare un senso alla sua vita ricostruendo un'unità familiare in un ambiente essenzialmente ostile, dove la famiglia di tipo tradizionale costituisce, si può dire, quasi un'eccezione.

Nei *Malavoglia* come nell'*Assommoir* si narra la storia della "decadenza fatale" di un nucleo familiare. L'enfasi cade in entrambi i casi sulla "fatalità" del declino, una volta che l'unità del nucleo familiare si è incrinata. Come gli

---

9. Su questo soggetto, vedi le pagine illuminanti di Gaillard sulla condizione operaia e il problema dell'immigrazione dalla provincia verso Parigi ai tempi dell'*Assommoir*.

studi di Jacques Donzelot hanno dimostrato, la famiglia era a quel tempo, in Francia come in Italia, l'istituzione sociale sulla quale si incentrava maggiormente l'attenzione delle classi dirigenti alle prese, in tutti i paesi in rapida via di industrializzazione, con la disgregazione del tradizionale tessuto familiare.[10] Ma mentre nel romanzo di Zola non esiste nessuna speranza di salvezza per la famiglia (Gervaise e il marito Coupeau finiscono vittime dell'alcool contro cui avevano invano cercato di lottare), Verga, con il "miracoloso"[11] recupero in extremis da parte di Alessi e Nunziata della casa del nespolo, dimostra di avere ancora fede nella possibilità di rifondare la famiglia patriarcale, che resiste alla tragedia della morte di alcuni dei suoi membri e si rafforza con l'allontanamento di Mara e 'Ntoni, colpevoli di aver trasgredito alle sue leggi.

L'ideale di Gervaise, dichiarato apertamente nel secondo capitolo e ripreso più volte nel corso del romanzo (uno studio comparativo sull'uso delle ripetizioni nei due romanzi resta ancora da fare), tanto da diventare una sorta di liet motiv, è di lavorare tranquillamente, di avere sempre del pane a tavola, un alloggio modesto ma dignitoso in cui vivere, e infine, molto importante per un raffronto critico con *I Malavoglia*: "le désir de mourir dans son lit. . . Moi, après avoir bien trimé toute ma vie, je mourrais volontier dans mon lit, chez moi" (*Zola* II 410). Il motivo del "trou à soi," del nido in cui rifugiarsi, è assai caro a padron 'Ntoni, che se ne serve più volte per persuadere il nipote a rimanere al paese: "Vedrai cos'è quando non potrai più dormire nel tuo letto (. . .) e guardati dall'andar a dormire lontano dai tuoi sassi che ti conoscono" (174). In tutt'e due i romanzi, comunque, i protagonisti non riusciranno a vedere esaudito il loro desiderio di morire nel proprio letto. Le ragioni di questo fallimento sono molteplici, ma tra queste spiccano la "fatalità" e il desiderio di migliorare la propria condizione sociale attraverso il commercio.

I Malavoglia erano una "famigliola relativamente felice" finché il patriarca non decide di intraprendere, con il famoso "negozio dei lupini," la nuova attività di commerciante, che sarà la causa della morte del figlio maggiore Bastianazzo. Nell'*Assommoir* il passaggio di Gervaise da semplice lavandaia a piccola imprenditrice con una lavanderia in proprio, per quanto effettuato, come nei *Malavoglia*, per ovviare a concrete difficoltà economiche, sarà anch'esso il primo passo verso la rovina. Per quanto l'attività di Gervaise abbia inizialmente successo, essa consente a Coupeau di scoprire, per la prima volta in vita sua,

---

10. Nel volume di Jacques Donzelot, vedi soprattutto il capitolo intitolato "Government Through the Family."
11. Sul "miracoloso" finale del romanzo di Verga ha scritto in modo ammirevole Spinazzola nel saggio dedicato ai *Malavoglia*, raccolto in *Verismo e Positivismo*.

il piacere dell'ozio, che lo condurrà inevitabilmente all'alcool, in cui finirà per coinvolgere anche Gervaise. 'Ntoni nel romanzo di Verga segue un itinerario simile a quello di Coupeau: dopo aver scoperto l'ozio durante il servizio militare, non riesce più ad adattarsi alla vita di un tempo, fatta di duro lavoro e di privazioni. Come Coupeau, preferisce passare le sue giornate all'osteria in compagnia degli amici anziché sulla barca di Padron 'Ntoni. Tanto nei *Malavoglia* come nell'*Assommoir* il traviamento dei due giovani è facilitato da due sinistri personaggi, don Franco e Lantier, grottesche caricature di rivoluzionari — attraverso cui traspare l'orientamento ideologico, decisamente contrario a scelte politiche radicali, di entrambi gli autori — che contribuiscono decisamente alla rovina dei loro discepoli grazie alle loro idee utopiche e sconclusionate.

Per quanto riguarda la fatalità, dobbiamo dire che Verga non pare seguire nei *Malavoglia* (come farà invece in seguito nel *Mastro*) l'insegnamento zoliano, che aveva fatto del concetto di ereditarietà uno dei pilastri centrali del suo ciclo narrativo. La fatalità per Verga non pare collegata in alcun modo al concetto di causalità che l'ereditarietà contiene in modo esplicito, ma va intesa invece nel senso che alla parola davano gli antichi, cioè di qualcosa che non si può indagare, poiché la sua dinamica sfugge alla comprensione umana. L'atteggiamento dei due autori, per quanto incentrato in entrambi i casi sul "fato," diverge qui in modo netto. Zola si rivela più positivista di Verga, in quanto per il romanziere francese gli eventi sono tutti riconducibili ad una serie di cause che possono e devono essere investigate sistematicamente, mentre per Verga il destino degli individui non può essere spiegato nell'ambito ristretto del determinismo d'ispirazione scientifica. Se su Gervaise pesa in modo "determinante" la tara dell'alcoolismo ereditato dai suoi genitori, nel caso di 'Ntoni le ragioni che lo portano all'ozio e al vino non sono affatto legate al concetto di ereditarietà, ma sono semmai più di ordine sociale e psicologico.

La dimensione mitica nei due romanzi viene sviluppata soprattutto attraverso le figure epico-leggendarie di Padron 'Ntoni e di Goujet. Anche Goujet, come il capo dei Malavoglia, appare estremamente ingenuo, ed è proprio l'ingenuità che fa risaltare in loro la purezza dei sentimenti. Goujet, giovane fabbro di gigantesca statura e notevole forza che vive da solo con la madre, si innamora segretamente della bella Gervaise e rimane legato a lei da un amore platonico fino alla fine. Per Gervaise, Goujet rappresenta un ideale di purezza, forza e innocenza, e per questo rifiuterà di avere una relazione con lui, quando se ne presenta l'occasione, poiché sa bene che realizzare il sogno significherebbe anche distruggerlo.

La casa di Goujet assume tutte le caratteristiche del tempio, devotamente custodito dalla madre di Goujet, come la casa del nespolo nei *Malavoglia*. La sacralità del tempio familiare è sottolineata negli ultimi capitoli dei due romanzi, quando Gervaise e 'Ntoni tornano per l'ultima volta alla casa-tempio. La sequenza e il simbolismo dei due episodi sono gli stessi. I due eroi, travagliati da mille vicissitudini, compiono la visita finale alle dimore dove un tempo erano stati felici; vi giungono affamati, cambiati fino al punto che solo a stento possono essere riconosciuti, sono sfamati dai "custodi" del tempio e poi tristemente si allontanano. Rimanere significherebbe, in entrambi i casi, profanare la sacralità del luogo, che deve rimanere tale almeno nel ricordo, unico appiglio che rimane ai due personaggi alla deriva nel mondo ostile che si estende al di là dei confini del quartiere-villaggio.

La dimensione sociale del dramma tende a diventare, in entrambi i romanzi, vicenda intima, grazie proprio all'isolamento del quartiere-villaggio dal contesto storico sociale che lo circonda e in un certo senso lo determina. La Storia resta al di fuori, o meglio ai margini dei testi, visibile solo a tratti, in trasparenza, costituendone così il "non detto," la causa assente, se vogliamo adoperare la terminologia marxista di Pierre Macherey.[12] Non si menzionano affatto nel libro di Zola, ambientato in un quartiere operaio parigino alla fine degli anni sessanta, i fermenti rivoluzionari che dovettero precedere un avvenimento di portata storica come la comune di Parigi. I personaggi conoscono solo il luogo di lavoro, la casa e l'*assommoir*, cioè l'osteria.

Nel romanzo siciliano emergono solo pochi riferimenti marginali, distorti sempre attraverso il parlato degli abitanti di Aci Trezza, alle ragioni "strutturali" che determinano la proletarizzazione della famiglia Malavoglia: l'impatto che i pescherecci di grande stazza hanno sulla piccola pesca, la leva obbligatoria, il treno che rende certamente anacronistica la navigazione di piccolo cabotaggio praticata dai Malavoglia per trasportare i loro lupini, e pochi altri. Tuttavia, questi riferimenti sono importanti perché impediscono, crediamo, una lettura in chiave unicamente "mitico-simbolica" del romanzo, che non è mai completamente immerso del mondo del mito, ma oscilla continuamente tra il tempo chiuso e circolare del villaggio e quello aperto ai cambiamenti, anche drammatici, della storia, che vengono a turbare la vita sempre uguale del paese.[13]

Benché, come abbiamo visto, tutt'e due i romanzi siano portatori di un messaggio di tipo moralizzante, incentrato soprattutto sui valori della famiglia,

---

12. Il lavoro di Macherey risente molto dell'influenza del filosofo francese Louis Althusser, la cui opera è stata determinante per lo sviluppo degli studi marxisti sulla letteratura degli ultimi venticinque anni.
13. Su questo argomento, rimandiamo ancora a Luperini, *Simbolo*. Nel capitolo sui *Malavoglia* si distingue tra un tempo "etnologico" e un tempo "storico."

della casa e dell'attaccamento al lavoro, grazie alla tecnica del libero indiretto di cui si è parlato, codesto messaggio appare ambiguo o perlomeno indebolito. Sia Zola che Verga rifiutano infatti di fare dichiarazioni esplicite di carattere ideologico, che orientino il lettore nell'interpretazione, intervenendo in modo esplicito nella narrazione. Pertanto, le vicende dei vinti più "nobili," che sono poi quelli che rifiutano di conformarsi all'etica borghese del lavoro e del risparmio, per quanto condannati all'esilio (nel caso di 'Ntoni) e alla morte nell'emarginazione più totale (Gervasie) sono tuttavia narrate "dal di dentro" con un notevole grado di empatia da parte degli autori, che dimostrano di condividerne, anche se solo in parte, il desiderio genuinamente utopico di felicità e l'istintivo spirito di ribellione che ne consegue.

Zola e Verga si rendono tristemente conto che i puri ideali sono condannati a rimanere valori di altri tempi, schiacciati dall'avanzare del progresso, e dipingono quindi con un tono tra l'ironico e l'elegiaco quelli che tali ideali personificano più pienamente: il fabbro Goujet e il patriarca padron 'Ntoni. Nessuna pietà invece per coloro che cinicamente si adeguano allo "spirito dei tempi" ricavandone da una parte un relativo benessere economico, ma rinunciando inevitabilmente a quei valori di solidarietà tra gli individui che il nuovo sistema sociale che si sta rapidamente delineando all'orizzonte pare voler cancellare.

Nei *Malavoglia* abbiamo così, in contrapposizione alla famiglia patriarcale in sfacelo, baluardo di una legge dell'onore che va rapidamente scomparendo, una sfilata di personaggi grotteschi, un'umanità avvilita e deturpata (in senso sia fisico che morale), che si è piegata davanti ai disvalori del nuovo ordinamento sociale, ed esalta il profitto e il successo personale sopra ogni altro valore. Da zio Crocifisso alla Vespa, da don Silvestro a padrone Cipolla, tutti ugualmente assorti a combattersi l'un l'altro.

Nell'*Assommoir* basti ricordare la raffigurazione dei coniugi Lorilleux, la cui attività — che non possiamo più chiamare artigianale, perché ridotta ormai a pura ripetizione — consiste nell'intrecciare, nel lugubre appartamento trasformato in officina, una catena d'oro che pare non avere mai fine. La signora Lorilleux, sorella di Coupeau e principale rivale di Gervaise nel quartiere, racchiude in sé l'avarizia dello zio Crocifisso e la perfidia della Vespa. Mentre Gervaise spende quasi tutto il denaro che guadagna con la sua bottega organizzando cene a cui invita tutta la gente del quartiere, per i Lorilleux il denaro è visto solo in funzione dell'accumulazione, e ogni qualvolta ne spendono un poco per soddisfare la loro golosità, fanno di tutto per dissimularlo.[14]

---

14. Sul contrasto tra l'atteggiamento di Gervaise, volto allo spreco ("gaspillage") delle

Si vede quindi che entrambi i romanzi presi in esame presentano un panorama assai critico della società contemporanea. Nell'*Assommoir*, perfino l'ingenuo Goujet mostra di rendersi pienamente conto che il suo mestiere di fabbro, tutto basato sulla forza fisica e sull'abilità manuale, è destinato a perire di fronte all'incalzare delle nuove macchine. Impossibile un ritorno all'indietro, come anche impossibile è la possibilità di una fuga romantica, accarezzata brevemente dai due amanti, e poi subito abbandonata. Il movimento in avanti, il "progresso" a cui non si può sfuggire, è rappresentato dalla catena interminabile dei Lorilleux, fosco presagio di un lavoro ridotto sempre più a pura e insensata ripetizione, che finisce appunto per "avvolgere" fino al soffocamento chi lo pratica.

I Malavoglia, invece, si chiude con una nota decisamente più ottimistica, anche se il finale è caratterizzato da una profonda malinconia. Verga pare credere (o più esattamente voler farci credere) che una rifondazione della famiglia su basi che assicurino una continuità con il passato sia ancora possibile. La "fiumana del progresso" descritta dall'autore nella prefazione ai *Malavoglia* può essere ancora arginata, almeno per un poco. E lo stesso 'Ntoni, per quanto emarginato dal villaggio natale, in cui sa di non poter più restare, si allontana per andare incontro al mondo moderno con un atteggiamento diverso da quello dei Lorilleux, ridotti ormai ad automi. L'eroe di Verga è teso "malinconicamente" verso il nuovo, a cui si avvicina con uno spirito che non è più quello ingenuo che aveva all'inizio del romanzo, ma è invece essenzialmente critico e distaccato, di chi "sa" ("ora che so ogni cosa devo andarmene" ripete appunto il giovane 'Ntoni, nelle pagine finali del romanzo), perché lo ha vissuto direttamente sulla sua pelle, che cosa implica il passaggio — inevitabile — dalla società chiusa di Aci Trezza al mondo moderno.

In conclusione, seppure profondamente immersi nell'ideologia borghese del loro tempo, che portava gli autori a dare ai loro testi un orientamento ideologico in sintonia con la strategia portata avanti dalle classi egemoni, incentrata, come si è già detto, sulla moralizzazione delle classi lavoratrici ed il rinvigorimento del tessuto familiare, entrambi i romanzi mettono in luce anche i limiti e le contraddizioni di quella stessa ideologia, mostrando l'impossibilità della realizzazione degli obiettivi che essa si prefissava, in un contesto sociale

---

ricchezze acquisite al fine di aumentare il suo prestigio all'interno della comunità, e quello dei Lorilleux, improntato esclusivamente all'accumulazione, rimandiamo allo studio di Dubois sull'*Assommoir*, che interpreta la posizione di Gervaise alla luce delle teorie di George Bataille.

fondamentalmente ostile all'affermazione dell'individuo, tanto nella sfera pubblica come in quella privata.

Dickinson College

TESTI CONSULTATI

Baldi, Guido. *Verga e il verismo. Sperimentalismo formale e critica del progresso.* Bologna: Paravia, 1980.
_____. *L'artificio della regressione: tecnica narrativa e ideologia nel Verga verista.* Napoli: Liguori, 1980.
Capuana, Luigi. *Antologia degli studi critici*, a cura di Walter Mauro. Bologna: Calderini, 1971.
De Sanctis, Francesco. *Saggi critici*, ed. Luigi Russo. 3 volumi. Bari: Laterza, 1952.
Donzelot, Jacques. *The Policing of Families*, trans. Robert Hurley. New York: Pantheon, 1979.
Dubois, Jacques. *"L'Assommoir": discours, idéologie, societé.* Paris: Larousse, 1973.
Gaillard, Françoise. "Réalités ouvrières et réalisme dans *L'Assommoir*." *Les Cahiers Naturalistes* 52 (1978): 28-39.
Ghidetti, Enrico. *Verga. Guida storico-critica.* Roma: Editori Riuniti, 1979.
Luperini, Romano. Ed. *Verga: L'ideologia, le strutture narrative, il "caso" critico.* Lecce: Milella, 1982.
_____. *Simbolo e costruzione allegorica in Verga.* Bologna: Il Mulino, 1989.
Macherey, Pierre. *A Theory of Literary Production*, trans. Geoffrey Wall. New York: Routledge & Kegan Paul, 1978.
Mahler Schächter, Elizabeth. "Giovanni Verga and Emile Zola: A Question of Influence." *Journal of European Studies* 7 (1977): 266-77.
Nicolosi, Francesco. *Verga tra De Sanctis e Zola.* Bologna: Patron, 1986.
Spinazzola, Vittorio. *Verismo e positismo.* Mondadori: Milano, 1977.
Ternois, René. "Zola et Verga." *Les Cahiers Naturalistes* 14 (1960): 541-44.
_____. *Zola et ses amis italiens.* Paris: Les Belles Lettres, 1967.
Testa, J. H. M. "The Novels of Verga and Zola: Contrasts and Parallels." PhD Dissertation. University of Michigan, 1964.
Verga, Giovanni. *I Malavoglia.* Oscar classici. Milano: Mondadori, 1983.
Volosinov, V. N. *Marxism and the Philosophy of Language*, trans. Ladislav Mateijka and J. R. Titunik. Cambridge: Harvard University Press, 1986.
Zola, Emile. *Les Rougon Macquart.* Édition intégrale publiée sous la direction d'Armand Lanoux. Études, notes et variantes par Henri Mitterand. Bibliothèque de la Pléiade. 5 vols. Paris: Gallimard, 1961.

Mario Aste

Echoes of "verismo" in Deledda's *La chiesa della solitudine*

The second half of the nineteenth century produced in Italy narrative fiction inspired by and concerned with describing a reality of the immediate milieu of the author's native town and region. These works follow the unification of Italy. The authors describe life in the provinces and, out of genuine feeling for the backward social conditions of the people, write tales "documenting" and dramatizing the ills that for centuries had plagued the country (Pacifici, *From Verismo* 22). Realistic novels were written by Matilde Serao with devastating critique of Neapolitan life; Verga, with his projected series entitled "I vinti," *I Malavoglia* (*The House by the Medlar Tree*) and *Mastro Don Gesualdo* whose single theme was that of human beings' innate desire to improve their lot but doomed to ultimate failure; Ippolito Nievo, with *Le memorie di un ottuagenario* (*The Castle of Fralta*), De Roberto, with *I Vicerè* (*The Viceroys*), about the political transition experienced by the South of Italy; and Italo Svevo, with *Una vita* (*A Life*) and *Senilità* (*As a Man Grows Older*), dealing with the psychological life of Triestine bourgeoisie.

These novels depicted contemporary society with its ills and flaws by means of a representation possessing a closeness to "truth" and "reality," hence the name "verismo." This literary current had its own special qualities that emphasized human passions, often sexual, in a rather primitive way and issues, usually economic, of the exploited peasantry and working class. In practice, beyond Italian "verismo" and realism in general as a method, there was the vitality of new literary experiences and several authors who, through creative impulse and the invention of new expressive techniques, were able to create diverse worlds that subscribed to common assumptions.

This attempt to create a new narrative space, that would reflect several years of experience, was slowly modified by the passing of time till the later years of the second half of the 19th century, when it became the standard in the works of several authors through thematic and stylistic expressions. It is in this period that Grazia Deledda began to write her first novels. Her style, though, contained

---

The Flight of Ulysses, edited by Augustus Mastri

a strange mixture of "verismo" and romantic vicissitudes linking often love and death with a trace of singular and ideal form of autobiography (Dolfi 13). The youthful Deledda became a regular contributor of short stories to the magazine *Ultima Moda* and this activity led to the publication of her first novel, *Fior di Sardegna* (1882). In this period she collaborated also with De Gubernatis and published a study on the folkloric traditions of Nuoro in the short lived journal *Rivista di Letteratura Popolare* (1893-1895).

Deledda's literary journey was rooted in her desire to be acknowledged as a great writer. She was affected by the complex of "insularità," and openly manifested her resolve to be noticed and acclaimed. This personal quest was constantly present:

> È questa una impressione facile a ricavarsi esaminando la congerie di novelle, poesie, lettere inviate a direttori di riviste letterarie e di giornali della Sardegna e del continente. Sono lettere piene di grazia e di gentilezza che cercano un punto di sostegno, appoggi fermi, sì da smorzare (ed esaltare nello stesso tempo) ansie, aneliti, desideri di gloria. Ha bisogno di sentirsi seguita, protetta, incoraggiata. (Barbina 153)

There were roadblocks in the fulfillment of her desire because she knew very well that her educational preparation had several shortcomings, and that her prose was "scorretta e primitiva," as she later admitted in *Cosima* (1937). The big break came when Capuana published a review of her youthful novel *La via del male*. (1896). This review is of great importance in the fortunes of Deledda, the novelist. Capuana's insight was correct because Deledda soon became a well recognized author. He considered this first major novel:

> un assai bel lavoro . . . dal *Fior di Sardegna* alla *Via del male* il progresso è straordinario, e nessuno avrebbe potuto prognosticarlo dopo la lettura di quel primo lavoro . . . È già molto il veder persistere nella novella e nel romanzo regionale lei giovane e donna, e per ciò più facile ad essere suggestionata da certe correnti mistiche, simbolistiche, idealistiche che si vogliono dire, dalle quali si lasciano affascinare ingegni virili. Questa persistenza indica un senso artistico molto sviluppato ed equilibrato, un concetto giusto dell'arte narrativa che, innanzi tutto, è forma, cioè creazione di persone vive, studio di caratteri e di sentimenti non foggiati a capriccio o campati in aria, ma risultato di osservazione; quanto dire studio e creazione di personaggi, nei quali il carattere e la passione prendono determinazioni particolari non adattabili a tutti i tempi e a tutti i luoghi. (Barbina 154)

This critical appraisal of Capuana is of great relevance especially if Deledda's works are analyzed in a naturalistic key. The historical period of the Italian Post-Risorgimento in the third quarter of the 19th Century is favorable to the development of a literature based on social issues. The South of Italy, with its moral and social problems, is suddenly thrust into the national life of a new united Italy. Because of this new political reality, Deledda, by contributing a lengthy series of original creative works, shares in the establishment and development of a national literature with Verga and Capuana. Grazia Deledda, away from Sardinia, because of her marriage, discovers the people of her island through transfiguration and recollection of youthful memories in the same way as Verga and Capuana were able to explore the lives of Sicilian peasants through the world of literature, while away from their native Sicily (Della Terza 189).

Deledda's narrative works contain a precise and analitic observation of Sardinian life. She describes with acute sense the crisis of the family, the economical, political and social conflicts of the age while presenting her native island to the world. In her early novels she extolls her willingness to show the most intimate aspects of Sardinian life and culture by remaining firmly attached to naturalistic experiments while at the same time delving into a nuanced study of the passions and sentiments of her people. Starting with *Colombi e Sparvieri* (1912) her skills improve and the psychological changes of her characters come more to the foreground. Deledda reveals their state of misery and she accepts, as a "verista," the fatalism of their existence tinged with pessimism but, being sensitive to all forms of irregularity, she reaches out to them and, in a sympathetic understanding, embraces them.

This naturalistic conception of life coupled with a historical approach to facts is well documented in her last work, *Cosima*, where Deledda, depicting herself as a young author, vows to describe "l'eterna storia dell'errore e del castigo, e del dolore umano." The most compelling part of this world is found in the description of a closed, primitive and difficult society, analyzed by Deledda through her conscience and with a complex and disorderly literary experience. Aware of her paucity of literary preparation, but bursting with creative imagination, she looks upon the masters of the times and creates several of her characters to be similar to the ones of Verga: Pietro Bonu and Maria of *La via del male* (1896); Zia Gratia and Olì of *Cenere* (1903); Annesa and Paulu of *L'edera* (1908); Efix of *Canne al vento* (1913); and Maria Concezione and Aroldo of *La chiesa della solitudine* (1936). These characters, like many others, are, in a Verghian sense, "vinti." They are victims of passions and of life, especially when they are defeated by invisible "forces" over which they have no control, as Maria Concezione, in *La chiesa della solitudine*, affirms without any doubts: "Nessuno ha la colpa dei propri mali."

The narrative of *La chiesa della solitudine* introduces in a naturalistic key the fatalistic story of Maria Concezione, a local woman, and Aroldo, a young man from the mainland, born out of wedlock and orphaned by his mother. Maria Concezione falls in love with this "foreigner," but their love cannot be fulfilled, since she refuses to be with him after the discovery that her life is threatened by cancer. She sees the disease as a sign of "superstizioso fatalismo" in which the beliefs of her race are still rooted. The archaic traditions and laws regarding strangers and others are important and she sees herself as a victim of them. These laws forbid love and conjugal bliss between Maria Concezione, a member of the clan, and Aroldo, a non-member. Maria Concezione is not only affected by the instinctive fear of the other but also by her quasi-mystical religious experiences. She is constantly reminded of the shortness of her life, her illness, and her fatalistic love. Her anguished love for Aroldo is contrasted to the vulgar parade of pretenders to her hand, and, like Verga's Maria Capinera, she becomes unsettled and rejects the presence of all these characters who invade her private world.

A character sympathetic to Maria Concezione and able to fully understand her needs is Don Serafino, the priest. Their relationship is based on personal needs, spiritual kinship, and interpersonal support. Their kindred souls' forays into discussions about love and sacrifice emphasize the impossibility of romantic love on this earth. In fact, Maria Concezione "capiva benissimo che il suo male era, in rapporto all'amore, come un legame, un voto, un ostacolo simile a tanti altri: e che ella aveva da lottare coi sensi, coi sogni, con gli stessi istinti che l'ostacolo stesso destava: ma, come molta gente raffinata, provava, in fondo, la gioia, il gusto del dolore" (130).

The enlightened and lively discussions between the priest and Maria Concezione are centered on all the points of conflicts between herself and Aroldo. At the end of their discussions she accepts that her love for Aroldo could only be fulfilled vicariously and in other ways, just like with Don Gesualdo and Diodata of *Mastro Don Gesualdo*. Maria Concezione and Aroldo, like the two Verghian characters, must live their conflicts through the challenges of life. Their sufferings are strengthened by their choice of punishments, one at a time, in this world of pain where sorrow and lack of possibilities for their doomed love become "gli stessi segnali di possibilità inesplorate, gli stessi accenni a convolgimenti emotivi da parte dello scrittore, subito poi attenuati dalla convenzione tipicamente verghiana che il conflitto orizzontale di un personaggio con un altro non può e nè deve condizionare l'incontro di costui col proprio destino" (Della Terza 199).

The narrative progression of *La chiesa della solitudine* exposes, as in *Mastro Don Gesualdo,* a series of encounters of Maria Concezione with other characters. These encounters are needed for her spiritual growth. This growth is seen also as a determinant factor in an environment where passions may explode and suspicions may generate jealousy. Deledda, through the representation of vignettes that are related to local culture and environment, presents these factors in the life of the protagonists. At the end of the novel, Maria Concezione's ultimate sacrifice is confirmed in her stubborn decision to accept her destiny to be without love by sending away the man she truly loves, Aroldo. In her refusal to let romantic love regulate her future she underlines "il rapporto di dipendenza che lega i moti della coscienza privata al comportamento pubblico, con le sue concrete motivazioni economiche" (Spinazzola 274).

The spiritual, affective and economical values of Maria Concezione are presented by Deledda in a narrative dimension that shows her extraneousness to Aroldo. All the other characters, especially the countless number of pretenders, exist in the static way of life of a society that has been determined by centuries of repeated unchangeable social customs and judgments. Tradition and personal consciousness make Maria Concezione and Aroldo immovable and afraid of any type of change, thus denying them the most beautiful aspects of human life and destroying their desire to fulfill their dreams of reproduction of life. Maria Concezione, aware of this fact, decides to accept her denial of love by becoming a victim of her actions. Don Serafino, the priest, parallels her attitude and invites her to the ultimate sacrifice: to give up her life and to sublimate it for love.

— Ma neppure io posso sposarlo.
— Io non ti dico di sposarlo: di farlo partire. Tu sola puoi rianimare il suo coraggio, salvarlo dalla disperazione.
— Ella si torceva le mani, disperata più di Aroldo: infine si decise, poichè bisognava pur finirla e bere fino in fondo il calice amaro.
— Gli dirò che un male terrible mi separa da lui e da tutto il resto del mondo.
— I mali e i beni stanno in mano di Dio- riprese Serafino; ma adesso la voce si era abbassata, come una fiamma che si spegne. -Anche io ho un male terribile, eppure sono contento, poichè è una prova che Dio ha voluto mandarmi sulla terra. Adesso sto per entrare nel suo Regno, e sono contento. Così sarà di te, se farai il tuo dovere, se spargerai il bene intorno a te. Adesso si tratta di salvare un'anima. Va. (211-212)

The denial of the self for a higher spiritual calling is not only seen by Maria Concezione as her human need to change but also as a sublimation of her most intimate physical desires. Approaching in this way the lives of Maria Concezione and Aroldo, Deledda fuses history with meta-history. Convinced that the love between the two young people is doomed from the start, she observes that the creation of a family unity, as a demonstration of true authenticity of the self, is for them a contradiction of their primary end as humans. The passions and desires necessary to fulfill their physical needs are forever lost because of Maria Concezione's irreversible decision.

In the social understandings of things, Aroldo is aware, as a male, that he must separate and distinguish two issues: a) to establish a family, as a means to continue the human race, and b) to satisfy his sexual needs. Denied by Maria Concezione in his quest to find the fulfillment of his personal self and the satisfaction of his desires — "Senti, Aroldo, siamo entrambi due infelici, ma se tu hai la forza, possiamo vivere come fratello e sorella, come gli ucelli della stessa tribù, che sono troppo vecchi per accoppiarsi ancora," (156) — he finds solace in a life of drinking, easy living, lack of responsibility and debauchery with Maria Pasqua, the alleged half-sister of Maria Concezione, born out of wedlock, just like him. Maria Concezione sees in the non-authentic relationship of Aroldo and Maria Pasqua the most dangerous forms of spiritual illness and physical disease. Moved by her love for him, she encourages Aroldo to change his lifestyle and to search for the fulfillment of his dreams on higher spiritual grounds instead of the debauchery provided in the world of illicit sexual love. Maria Concezione believes that Aroldo must abandon his physical desire for her and go away for the good of all. She will become an old maid and only in this way their total sacrifice in the name of love will be fulfilled.

> — Tu, Aroldo, sei più malato di me; è la tua anima, che è malata; e bisogna salvarla. Tu devi andartene da questo paese, ma solo, senza più rivedere quella donna. C' è chi ti aiuterà a fuggire. E di me puoi stare tranquillo, perchè io penserò sempre a te. Come ad un fratello — aggiunse, per non riprendere la via delle illusioni.
> — Perchè devo fuggire? Da quella donna non tornerò più, ne puoi stare certa, ne lei verrà a portarmi via sulle sue spalle. Del resto, tu puoi averlo bene immaginato: il più grave dispetto che io potessi farti. Se fossi andato per amore non avrei fatto quello che ho fatto. E lei ne profittava, perchè nel cuore ha per te l'odio di Caino: e anche lei non ne ha colpa.
> — Nessuno ha colpa dei propri mali; ma è meglio evitare le tentazioni.
> Egli si battè un pugno sul ginocchio, e riprese, alzando la voce:
> — No, non me ne vado. Perchè ho commesso una debolezza devo essere sempre debole? S'impara più dai propri errori che dalle proprie virtù. . . Sono stato malato: adesso sto meglio: domani tornerò a prestarmi all'impresario e, se mi vuole, riprenderò il lavoro. E se no, cercherò altrove; tornerò a fare l'arrotino, se occorre, e penserò a mia madre come fosse ancora viva e ancora dovessi aiutarla; e questo, sì, davvero, mi salverà dalle tentazioni.
> — Anche Serafino desidera che tu te ne vada.

— No — egli grida; poi torna a piegarsi, come spaventato dalla sua voce. - Perchè devo andarmene? (215-216)

Through the existence of Aroldo's other woman, which is actually the spiritual opposite of Maria Concezione, Deledda introduces a series of pairings based on the doubling of Maria Concezione-Maria Pasqua, Don Serafino-Aroldo. The coupling of Maria Concezione-Don Serafino allows the protagonist to continue her resolve and to persevere in her acceptance of a victimized existence as a form of salvation. The second pairing, Aroldo-Maria Pasqua, instead presents a totally different form of existence in which the possibility of spiritual salvation is denied. Maria Pasqua's life is at the bottom of the social order and it drags Aroldo, the object of Maria Concezione's undying love, into the pit of self-destruction. The comparison of these two women sheds light or the eternal struggle between the two opposing forces of good and evil. Deledda, by using the stylistic creation of "doubles" also emphasizes the inner drama of the characters, who struggle with nature's primordial forces too often uncontrollable by the will and the power of the human being. These forces, hidden even in the most apparent normal people, control human life and events.

The pairings of characters allow Deledda to find a locus to discuss themes of love, marriage and sexual activities outside the norms sanctioned by society. These are recurring themes and can be found in several of Deledda's novels. Maria Pasqua and Aroldo recall famous pairings in other authors of "verismo," like Massaro Filippo who carries an affair with Santuzza and Donna Rosalina with Don Silvestro in Verga's *I Malavoglia*. Maria Pasqua, like Donna Rosalina, is also accused of flirting with several men in the village. The pairing of Maria Concezione and Serafino recalls Verga's "educated" pairings of two men in the community of Trezza: Don Giommaria, the reactionary priest, with Don Franco, the radical chemist, who used to come together for lenghty philosophical and political discussions.

In this novel, beneath the apparent simplicity of the plot, Deledda conveys a great deal of information about Sardinian customs, beliefs and traditions, relevant to the subsequent development of the story. Most of this information emerges from the scrutiny of the characters and of their relationships. The repeated references in the novel to Maria Concezione's ancestors constitute a relevance of great importance in the understanding of those primordial forces Maria Concezione continuously mentions. They are like a secret "forza del destino" that has become interchangeable among members of the family from generation to generation. Maria Concezione sees herself as the necessary victim who is chosen by destiny to expiate the evil committed by her ancestors. In the past her ancestors used the little church of Our Lady of Solitude, a sacred place, past her ancestors used the little church of Our Lady of Solitude, a sacred place, to commit a series of crimes against God and the human family. This church, so dear to Maria Concezione and her mother Giustina, had become in years past the gateway to secret caves and hiding places needed to stash away goods stolen by the members of her family from the people. Maria Concezione, aware of her family history, decides to victimize herself in order to allow the triumph of good over evil. Her sacrifice will make it possible for the community to reach wholeness.

Deledda's intuition in pairing characters and facts for the purpose of creating "doubles" is also reminiscent of Dostoyevsky and Russian realism but, in the context of her narrative, these pairings become dramatic embodiments of the ambivalence of her characters, who feel and experience two opposite emotions at the same time. The introduction of ambivalence produces also elements of incongruity into the characterization, thus relieving Deledda from the burden of consistency. In this context it is easy to understand Aroldo's position vis a vis Maria Concezione: while she has accepted her role of denial as a "fantasy link between knowledge and pain" (Foucault 1970), Aroldo, unable to cope with the new configuration of things, falls into the most critical and desperate form of degradation. Maria Concezione overcomes the patriarchal norm that associates femininity with disease by willingly accepting her role suggested by her heart, that is to free Aroldo from any sentimental ties with her since she is convinced that, because of her disease, she cannot any longer fulfill physically the most basic elements of an indissoluble and fruitful sexual union.

Aroldo must also overcome his passion for her since she has become an unreachable woman, but he is unable to do so. Deledda's characterization is consistent with Verga's "veristico" approach. Maria Concezione's refusal to extend love to Aroldo has led him to moral pain while she continues to live free in her sentiments that generate solitude. Aroldo too is forced into a form of mysterious solitude because of the contradictory passions, romantic love and physical possession that he feels for Maria Concezione. He wanted to elevate her to bourgeois respectability, but confronted by the new realities created by Maria Concezione he accepts the notion that she must be free, thus achieving the most desolate self-destruction in full knowledge of his powerlessness to fulfill, through marriage, his feelings of love for Maria Concezione.

The morality of the small Sardinian town and its people, anchored in a life of simple tastes and means, is challenged by the surging bourgeois ethic based on hard work and achievement. In this novel, Deledda presents the rise of the bourgeoisie in the personal conflicts of Aroldo with crystalline terms and abstract purity. Aroldo is unable to change a world in which he is, above all, a stranger, and in the end realizes that the perennial mold that informs the life of the village's agro-pastoral society is the undisputable winner in the face of change. He cannot create a new world and must accept the unrefined and primitive, but intensely human, drives and impulses of Sardinian peasants, shepherds and farmers. Aroldo offers Maria Concezione a new life and a new world away from Sardinia and nurtured by new socio-economic ideas based on a conception of the human being arbiter as of his own fortune, realized beyond the limiting power of the clan. His obsession for life, and his search for the fulfillment of his desires is blunted by the physical disease of Maria Concezione, resulting in their inability to reach a point of confluence in their lives.

In the final analysis both Maria Concezione and Aroldo come to realize the true worth of traditional values. Maria Concezione's retreat into her house sets a moral seal to her love story since it is a form of atonement for past errors. Aroldo, having learned how to find contentment without Maria Concezione's love, goes away to seek fortune for himself; his denial to love and to his own life's dreams coupled with his realization of their futility is symbolized by his last look at Maria Concezione's house as he goes away. They are both "vinti" because they fail. While they have enough awareness to see beyond the limits of their class and their world, they are too much members of their classes to escape them. They are burdened with the ignorance, pride and stubbornness of their station in life and are unable to escape their condition.

Deledda with this novel discovers the self in a somewhat liberating impulse through which she acquires a more direct vision of life and understands the joys and sorrows of the common person. Through the plot of *La chiesa della solitudine*, she conveys the struggle between Aroldo and Maria Concezione with a narrative intensity that enters into the most intimate recesses of the protagonists' world. With her descriptions filled with power and images she provides the necessary tools to understand Maria Concezione and Aroldo in their personal struggle as they are exposed to the issues of honor and justice. Honor and justice represent the truly moral canons which Maria Concezione must fulfill to the bitter end if the "raison d'être" of Sardinian civilization, to which she belongs, has to preserve its existential meaning.

La chiesa della solitudine, a novel written late in Deledda's life, emphasizes a narrative approach that imitates Verga and follows Capuana's advice, while presenting her characters in their interpersonal relationships frozen like "vinti," unable to overcome traditional customs, culture and sexual mores. Like all human beings, Deledda's characters in *La chiesa della solitudine* are simple and complex at the same time. The only way to perceive the full humanity of these characters, as the characters of any work of art, is to follow the continuous interplay of their action and aspirations, their drives and passions, their sorrows and their joys. What Deledda actually did in *La chiesa della solitudine* was to interpret her Sardinian world not in literary terms but in the terms that were ideally of that world itself.

University of Massachusetts, Lowell

WORKS CITED

Aste, Mario. *Grazia Deledda: Ethnic Novelist*. Potomac, MD: Scripta Humanistica, 1990.
Barbina, Alfredo. *Capuana inedito*. Bergamo: Minerva, 1974.
Della Terza, Dante. "Il verismo e la cultura meridionale: De Sanctis, Capuana, Verga." *Studi di italianistica in onore di Giovanni Cecchetti*, a cura di P. Cherchi e M. Picone. Ravenna: Longo, 1988.
Deledda, Grazia. *La chiesa della solitudine*. Milano: Mondadori, 1978.
Dolfi, Anna. *Grazia Deledda*. Milano: Mursia, 1979.
Foucault, Michel. *The Birth of the Clinic: An Archeology of Medical Perception*. A. M. Sheridan Smith, trans. New York: Pantheon, 1973.
Goodman, Theodore. *The Writing of Fiction*. New York: Collier Books, 1961.
Lepschy, Anna Laura. "*I Malavoglia*. Chapter II, Structure and Themes." *Stanford Italian Review* 1.1 (Spring 1979).
Lombardi, Olga. *Invito alla lettura di Grazia Deledda*. Milano: Mursia, 1979.
Lucente, Gregory. *The Narrative of Realism and Myth: Verga, Lawrence, Faulkner, Pavese*. Baltimore: John Hopkins University Press, 1981.
Luti, Giorgio. *Narratori italiani del primo Novecento*, 4 vols. Roma: La Nuova Italia Scientifica, 1985.
Pacifici, Sergio. *A Guide to Contemporary Italian Literature*. Cleveland: Meridian Books, 1962.
_____, ed. *From "Verismo" to Experimentalism*. Bloomington, IN: Indiana UP, 1969.
Petkanov, Ivan. "L'opera di Grazia Deledda." *Annuario dell'Università di Sofia* 44 (1948).
Spinazzola, Vittorio. *Verismo e Positivismo*. Milano: Garzanti, 1977.

GIUSEPPE BOLOGNESE

Per la genesi dei *Giganti* di Pirandello: Congettura del testo italiano de *Gli dei della montagna* di Dunsany

La sera del 2 aprile 1925 Pirandello inaugurava nella Sala Odescalchi gli spettacoli della Compagnia del Teatro d'Arte di Roma, meglio nota nei tre anni di attività come Compagnia di Luigi Pirandello. Andarono in scena due testi: *La Sagra del Signore della nave* e *Gli dei della montagna*, opera, quest'ultima, dell'eccentrico aristocratico anglo-irlandese Lord Dunsany.[1]

Sappiamo che Pirandello aveva visto a New York la commedia di Dunsany durante la sua prima visita alla metropoli (dicembre 1923 - gennaio 1924). Ne sarà rimasto entusiasta (abbiamo la testimonianza di Bontempelli), tanto da chiedere a Alessandro De Stefani di tradurgli il testo inglese: gli sarebbe servito per il lancio della nuova compagnia e, in definitiva, per la riforma del teatro in Italia. Tra i circa trecento spettatori della serata d'apertura (pochissimi i paganti) c'erano Mussolini e i principi di Casa Savoia. Atmosfera delle grandi occasioni, quindi, dopo la preparazione sofferta, la maratona di prove dei mesi precedenti.

---

1. Per una rapida introduzione a Lord Dunsany (Edward Plunkett, 1878-1957), per alcuni accostamenti puntuali tra *Gli dei* e *I giganti* e per qualche indicazione sull'ambiente culturale che accomuna i due autori, rinvio a due miei scritti: "Di dèi e giganti: Pirandello e Dunsany," in *Riflessi e Riflessioni* (Flinders University, 1992): 83-99; "Istanze politiche e genesi dei *Giganti*," in *Pirandello e la politica* (Milano: Mursia, 1992) 263-79. Altre presenze determinanti per lo studio del retroscena dei *Giganti* sono il Carlyle, Giordano Bruno, le letture sulla musica di Beethoven, l'avvento della tecnologia industriale, specialmente nel dibattito tra teatro, cinema muto e cinema sonoro. Anche per questi aspetti rimando semplicemente ad altri miei interventi: "Della *pietas* di Pirandello, specialmente nei miti," in *Pirandello e il teatro* (Milano: Mursia, 1993) 319-26; "Pirandello scopre Beethoven," in *Pirandello: Teatro e Musica* (Palermo: Palumbo, 1995) 255-63; "I *Giganti* industriali di Pirandello," in *Letteratura e Industria* (Firenze: Olschki, 1996) 129-38 e l'introduzione a L. Pirandello, *Chiose al "Paradiso" di Dante*. Edizione critica, intro. e note di G. Bolognese (Milano: San Paolo, 1996).

The Flight of Ulysses, edited by Augustus Mastri

Essendomi occupato altrove — e diffusamente — della contiguità tematica, stilistica e lessicale che interessa il testo di Dunsany e l'ultimo mito di Pirandello,[2] mi limito qui a proporre la versione italiana de *The Gods of the Mountain* che ho eseguito cercando di prescindere dalla conoscenza del testo dei *Giganti*. La traduzione eseguita da De Stefani, mai pubblicata, è andata smarrita, e i tentativi di ritrovamento degli addetti ai lavori non hanno dato frutto fino ad oggi. È evidente, comunque, che il testo di Dunsany è un antefatto fondamentale — io dico addirittura il punto di partenza — nella ricerca delle fonti dei *Giganti*. Ed è altrettanto evidente che Pirandello ha letto molto attentamente la traduzione di De Stefani, anche perché con quel testo ha tenuto a battesimo in Italia, per così dire, il teatro di Dunsany.

Gli echi testuali e le situazioni consimili che dai *Giganti* rimandano agli *Dei* sono rilevanti, e superano nettamente l'ambito dell'intertestualità. Esaminiamone qualcuno. Agmar inventa la realtà, nemmeno gli dei costituiscono un limite alla potenza della sua fantasia. Se rispetta gli dei lo fa perché è convinto della sua facoltà d'insidiarsi, di essere uno di loro. Agli occhi degli altri mendicanti, degli stessi abitanti della mitica città il velo tra fantasia e realtà è più o meno spesso: per i mendicanti lo spessore è proporzionale alla fiducia che hanno nella magia di Agmar; sennonché il mago strappa il velo. Quando, nel terzo atto, un altro rappresentante degli abitanti rivela a Agmar (dio da verificare) che due pellegrini si sono recati alla montagna dove sedevano gli dei di giada, il mago sentenzia:

> Ci hanno lasciati qui e sono andati a cercare gli dei? Un pesce una volta ha fatto un viaggio in un paese lontano per cercare il mare.

Similmente Cotrone domina incontrastato la brigata degli scalognati nella villa dei sogni, "al limite, fra la favola e la realtà." Anche lui ha dovuto scappare dal paese, a causa delle sue invenzioni:

> Ne inventai tante al paese, che me ne dovetti scappare, perseguitato dagli scandali.

Il servo di Agmar, Slag, dice di lui:

> Quando il mio padrone aveva dieci anni aveva dovuto già svignarsela di notte da due città.

---

2. Vedi, anche per la bibliografia, i primi due studi citati nella nota precedente; dal primo dei due traggo le considerazioni del paragrafo seguente.

Mara-Mara, la Scozzese, simula l'apparizione sul parapetto del ponticello, illuminata "da un riflettore verde che le dà un'aria spettrale." È solo un anticipo. Cotrone inizia con un saggio dei suoi giochi di luce per Ilse e per il conte. A un suo grido la facciata della villa s'illumina; poi indica col dito in tre punti diversi e lì appaiono tre sprazzi verdi "come di larve evanescenti." A un comando, "vaporano i fantasmi" dice Cotrone nella battuta seguente e, poco dopo, spiega:

> Le figure non sono inventate da noi; sono un desiderio dei nostri stessi occhi.

Anche gli dei di giada verde, scesi dalla montagna per la resa dei conti con i mendicanti e gli abitanti di Kongros, appaiono terribili, portatori di morte, nel deserto durante la notte. Ma Agmar spiega che le apparizioni sono semplicemente le paure degli uomini proiettate nel buio del deserto.

La compagnia di Agmar è una compagnia d'attori, che "danno corpo ai fantasmi perchè vivano." Ebbene quei fantasmi hanno spaventato gli abitanti, come spiega Agmar ai suoi:

> Siamo solo noi che li abbiamo spaventati e i loro timori li hanno resi sciocchi.

Gente sciocca: proprio quella a cui si riferisce Cotrone per spiegare le pirotecnia silenziosa (e la ricchezza) degli scalognati:

> ... La gente sciocca n'ha paura e si tiene lontana; e così noi restiamo qua padroni. Padroni di niente e di tutto.

La proiezioni di fantasmi nel buio accomunano Agmar e Cotrone nella odissea gnoseologica dell'uomo: il desiderio di conoscere, la ricerca della verità, ma anche la paura delle apparizioni sono adattamento scenico del mito platonico delle ombre nella caverna buia. È un accorgimento sancito, peraltro, dalla tecnica sia teatrale che cinematografica delle ombre proiettate e ingigantite. Le risposte vanno ricercate nell'intimo delle proprie passioni, non essendo possibile localizzare la fonte di luce per cui le ombre si stagliano sulle pareti. Ho detto "odissea gnoseologica" perché mi sembra che Cotrone e Agmar siano imparentati in linea ascendente con Ulisse, il "fandi fictor": l'Ulisse dantesco, in particolare, sa di rinunciare a molto, conosce i rischi dell'impresa, è persino disposto a travisarli pur di conoscere, scoprire il mondo, tradursi dal *Kaos* al *Logos*, del tutto incurante dei limiti precisi imposti dagli dei.

Si tratta dunque di avvicinarsi il più possibile al testo fruito da Pirandello, operazione che giustifica la congettura del testo che qui si propone (ma la traduzione è sempre congettura). Un esempio di trasposizione geografico-culturale, nell'azione del secondo atto, basterà ad illustrare le *cruces* di questo tipo di congettura, anche quando si tratta di aspetti del tutto secondari se non proprio trascurabili. Il cittadino Illanaun è convinto che nessun mendicante rifiuterebbe mai una coppa di vino di Woldery, libagione molto ambita da ciascuno dei mendicanti, come conferma l'azione susseguente.[3] Ho reso nel testo italiano con "vinauro," tenuto conto che la commedia venne rappresentata a Roma. Soluzione affatto ipotetica, s'intende, e che non si può verificare senza il riscontro con il testo smarrito: ciò non toglie che la congettura si ponga e che la ricerca continui.[4]

The Flinders University of South Australia

3. Va notato che la specialità non è stata riconosciuta da nessuna delle persone anziane, tutte anglofone anglocelte, cui ho posto la domanda.
4. Ringrazio Marie Reitano e Silvia Augello per la solerzia con cui hanno dattiloscritto la traduzione dopo aver constatato l'incompatibilità della memoria elettronica con il marchingegno a loro disposizione.

Lord Dunsany

Gli dèi della montagna

Personaggi

Mendicanti:
Agmar
Thahn
Oogno
Slag
Mlan
Ulf

Cittadini:
Illanaun
Oorander
Akmos

Un ladro
Dei, cittadini, cammellieri, donne

ATTO PRIMO

SCENA: *L'Oriente. Fuori delle mura d'una città. Tre mendicanti sono seduti a terra.*

OOGNO Tempi duri per i mendicanti.
THAHN Mi pare proprio di sì.
ULF Una sciagura ha colpito i ricchi di questa città. Non sono più avvezzi alla generosità ma sono diventati aspri e avari. Poveri loro! A volte sospiro per loro, quando ci penso.
OOGNO Poveri loro. Un cuore avaro deve essere una piaga dolorosa.
THAHN Proprio così, e nociva alla nostra vocazione.
OOGNO (*con tono riflessivo*) È da mesi che si comportano così. Che cosa mai gli è capitato?
THAHN Qualche cosa di malvagio.
ULF Ultimamente c'è stata una cometa che è venuta vicino alla terra, e la terra è diventata arida e afosa perciò gli dei sonnecchiano, ed è svanito tutto ciò che è divino nell'uomo, come la benevolenza, l'ubriachezza, la stravaganza e il canto, virtù spente che non sono state rifornite dagli dei.
OOGNO È stato proprio asfissiante.
THAHN Ho visto la cometa di notte.
ULF Gli dei sonnecchiano.
OOGNO Se non si svegliano presto per rendere questa città di nuovo degna di noi, io per primo lascio la vocazione, compro un negozio, mi siedo tranquillo all'ombra e baratto a fin di lucro.
THAHN Tu veramente aprirai un negozio?
   (*Entrano Agmar e Slag. Agmar, benché vestito male, è alto, imperioso e più vecchio di Ulf. Gli sta dietro Slag.*)

AGMAR Parla un mendicante?
OOGNO Sì, padrone, un povero mendicante.
AGMAR Da quanto tempo esiste la mendicità?
OOGNO Da quando fu costruita la prima città, padrone.
AGMAR E quando mai un mendicante ha imparato un mestiere? Quando mai ha mercanteggiato, si è dato al commercio, si è seduto in un negozio?
OOGNO Non ha mai fatto cose del genere.
AGMAR Sarai tu il primo a lasciare la vocazione?
OOGNO Sono tempi duri qui per noi mendicanti
THAHN Sono proprio duri.
AGMAR Quindi lascereste la vocazione?
OOGNO La città non è degna della nostra professione. Gli dei sonnecchiano e tutto quello che è divino nell'uomo è morto. (*Rivolto a Ulf*) Non sono assopiti gli dei?
ULF Sono assopiti lontano a Marma nelle loro montagne. I sette idoli verdi sono assopiti. Chi è costui che ci rimprovera?
THAHN Sei un qualche mercante famoso, padrone? Forse aiuteresti un povero affamato.
SLAG Il mio padrone mercante! No, no; non è mercante, il mio padrone non è mercante.
OOGNO Credo che sia qualche signore travestito. Gli dei si sono svegliati e hanno mandato lui a salvarci.
SLAG No, no, tu non conosci il mio padrone. Non lo conosci.
THAHN È il Sultano in persona, venuto a rimproverarci?
AGMAR (*con molto argoglio*) Sono mendicante, e un vecchio mendicante.
SLAG Non c'è nessuno uguale al mio padrone. Nessun viaggiatore ha mai conosciuto astuzia come la sua. Neanche quelli venuti dall'Etiopia.
ULF Benvenuti alla nostra città, sulla quale si è abbattuto un male, poichè i tempi sono duri per la mendicità.
AGMAR Non sia mai che chi ha conosciuto il mistero delle strade, o ha sentito il vento alzarsi nuovamente al mattino, o ha richiamato dall'animo dell'uomo la divina benevolenza, non sia mai che parli ancora di qualsiasi mestiere o dei miseri guadagni di negozi e di negozianti.
OOGNO Ho parlato senza riflettere perché sono tempi duri.
AGMAR I tempi li raddrizzo io.
SLAG Non c'è niente che il mio padrone non possa fare.
AGMAR (*a Slag*) Taci e bada a me. Non conosco questa città, sono venuto da lontano, dopo aver più o meno esaurito la città di Ackara.
SLAG Il mio padrone è stato buttato giù tre volte e ferito dai carri di quella città, una volta è stato ucciso e sette volte picchiato e derubato, e ogni volta è stato compensato generosamente. Ha avuto nove malattie, molte di queste mortali...
AGMAR Silenzio, Slag... Ci sono ladri tra di voi?
ULF Ce ne sono qui alcuni che noi chiamiamo ladri, padrone, ma questi certamente non parranno ladri a te. No sono buoni ladri.
AGMAR Avrò bisogno del miglior ladro che avete.
(*Entrano due cittadini vestiti sontuosamente, Illanaun e Oorander.*)

ILLANAUN Quindi manderemo galeoni a Ardaspes.
OORANDER Dritti a Ardaspes attraverso le porte d'argento.
(*Agmar trasferisce lo spesso manico del suo lungo bastone alla ascella sinistra, si affloscia su di esso che ora lo sostiene, lui non è più eretto. Il suo braccio destro pende fiacco e inutile. Si avvicina claudicante ai cittadini e implora l'elemosina.*)
ILLANAUN Mi dispiace, ma non posso. Ci sono stati troppi mendicanti qui, e dobbiamo rifiutare l'elemosina per il bene della città.
AGMAR (*seduto e in lagrime*) Sono venuto da lontano.
(*Illanaun ritorna subito e dà a Agmar una moneta. Esce Illanaun. Agmar di nuovo in piedi, ritorna agli altri.*)
AGMAR Avremo bisogno di indumenti belli. Il ladro deve mettersi all'opera subito. Meglio che gli indumenti siano verdi.
MENDICANTE Vado a prendere il ladro. (*esce*)
ULF Ci vestiremo da nobili e ingannererno la città.
OOGNO Sì, sì, diremo che siamo ambasciatori di una terra lontana.
ULF E mangeremo bene.
SLAG (*In tono sommesso a Ulf*) Ma tu non conosci il mio padrone. Adesso che tu hai suggerito che andremo da signori, lui farà una proposta migliore. Suggerirà che dovremmo andarci da re.
ULF (*incredulo*) Mendicanti da re!
SLAG Ma certo. Tu non conosci il mio padrone.
ULF (*a Agmar*) Che cosa comandi?
AGMAR Prima procuratevi indumenti belli come ho già detto.
ULF E dopo, padrone?
AGMAR Perdiana, dopo ci andremo da dei.
MENDICANTI Da dei?
AGMAR Da dei. Conoscete la terra attraverso la quale sono venuto ultimamente nei miei vagabondaggi? Marma, dove gli dei sono intagliati nella pietra verde delle montagne. Siedono tutti e sette contro le colline. Siedono là senza muoversi e i viaggiatori li adorano.
ULF Sì, sì; conosciamo quegli dei. Sono tanto venerati qui; ma sonnecchiano e non ci mandano niente di bello.
AGMAR Sono di giada verde. Siedono con le gambe incrociate, con il gomito destro posato nella mano sinistra, e con l'indice destro puntato in su. Noi arriveremo nella città travestiti, dalla direzione di Marma, e fingeremo di essere questi dei. Dobbiamo essere in sette come loro, e quando sediamo dobbiamo sedere con le gambe incrociate come fanno loro, con la mano destra alzata.
ULF È una brutta città per cadere nelle mani di oppressori, perché i giudici mancano di amabilità, proprio come i mercanti mancano di benevolenza da quando gli dei li hanno dimenticati.

AGMAR   Nella nostra antica vocazione un uomo può sedere a un angolo di strada per cinquanta anni facendo la stessa cosa, eppure può venire il giorno in cui è meglio che si alzi e faccia qualcos'altro, mentre il timoroso muore di fame.
ULF   Inoltre sarebbe bene non fare arrabbiare gli dei.
AGMAR   Non è tutta la vita una mendicità per gli dei? Non vedono loro tutti gli uomini che gli chiedono sempre l'elemosina, implorandoli, con incenso, con campane e meccanismi ingegnosi?
OOGNO   Sì, tutti gli uomini sono davvero mendicanti davanti agli dei.
AGMAR   Non siede spesso il possente Sultano accanto all'altare di agata nel suo tempio regale, come noi sediamo all'angolo di strada o accanto al portone di un palazzo?
ULF   Sì, è proprio così.
AGMAR   Allora gli dei saranno contenti quando noi seguiamo la divina chiamata con nuovi meccanismi e con finezza d'ingegno, come sono contenti quando i sacerdoti cantano un canto nuovo.
ULF   Tuttavia ho un timore.
AGMAR   (a Slag) Va in città prima di noi e pianta una profezia che dice che gli dei che sono scolpiti nella pietra verde delle montagne si alzeranno un giorno a Marma, e verranno qui sotto l'apparenza di uomini.
SLAG   Sì, padrone. Devo farla io la profezia? O deve essere trovata in qualche documento antico?
AGMAR   Dirai che è stata vista da qualcuno una volta in qualche documento raro. Se ne parli al mercato.
SLAG   Se ne parlerà, padrone.
   (Slag si trattiene. Entrano il ladro e Thahn.)
OOGNO   Ecco il nostro ladro.
AGMAR   (con tono incoraggiante) Ah, è un ladro veloce.
LADRO   Ho potuto procurarti soltanto tre indumenti verdi, padrone. La città non ne è ben fornita, ora; e in più, è una città molto sospettosa e senza scrupoli per la meschinità dei sospetti.
SLAG   (a un mendicante) Questo non è furto.
LADRO   Non ho potuto far di più, padrone. Non ho esercitato il furto per tutta la vita.
AGMAR   Qualcosa ti sei procurato; può servire al nostro scopo. Da quando sei ladro?
LADRO   Ho rubato per la prima volta quando avevo dieci anni.
SLAG   Quando aveva dieci anni!
AGMAR   Dobbiamo strapparli e dividerli tra noi sette.
(a Thahn) Portami un altro mendicante.
SLAG   Quando il mio padrone aveva dieci anni aveva dovuto già svignarsela di notte da due città.
OOGNO   (con ammirazione) Da due città!
SLAG   (accennando di sì) Nella sua città natale non sanno ora che ne sia stato della coppa d'oro che si trovava nel Tempio della Luna.
AGMAR   Sì, in sette pezzi.
ULF   Ciascuno di noi ne indosserà un pezzo sopra gli stracci.

Oogno Sì, sì; avremo un bell'aspetto.
Agmar Non è così che ci travestiremo.
Oogno Non coprire i nostri stracci?
Agmar No, no. Il primo a guardare da vicino direbbe: "Questi non sono altro che mendicanti. Si sono travestiti."
Ulf Che dobbiamo fare?
Agmar Ciascuno dei sette indosserà un pezzo di indumento verde sotto gli stracci. Per caso qua e là se ne vedrà un pochino; e la gente dirà: "Questi sette si sono travestiti da mendicanti. Ma non sappiamo chi siano."
Slag Ascoltate il mio saggio padrone.
Oogno (*con ammirazione*) Lui sì che è mendicante.
Ulf È mendicante vecchio.

[Tela]

ATTO SECONDO

SCENA: *La sala comunale della città di Kongres. Cittadini ecc. Entrano i sette mendicanti con seta verde sotto gli stracci.*

Oorander Chi siete e da dove venite?
Agmar Chi potrà dire quello che siamo e da dove veniamo?
Oorander Che sono questi mendicanti e perché vengono qui?
Agmar Chi te l'ha detto che siamo mendicanti?
Oorander Perché vengono qui questi uomini?
Agmar Chi te l'ha detto che siamo uomini?
Illanaun Ma per l'amor della luna!
Agmar Mia sorella.
Illanaun Come?
Agmar La mia sorellina.
Slag La luna; la nostra piccola sorella. Viene da noi la sera, lontano nelle montagne di Marma. Quando è giovane inciampa sulle montagne, quando è giovane e snella viene a ballare davanti a noi: e quando è vecchia e tozza, si allontana dalle colline zoppicando.
Agmar Eppure ritorna giovane e per sempre agile di gioventù: e ritorna ballando. Gli anni non possono frenarla e neanche portare capelli grigi ai suoi fratelli.
Oorander Questo è insolito.
Illanaun Non è conforme ai costumi.
Akmos Non è stato profetizzato.
Slag Viene da noi nuova e snella ricordandosi di vecchi amori.
Oorander Sarebbe meglio se i profeti venissero a parlarci.
Illanaun Questo non è mai successo nel passato. Vengano i profeti e ci parlino delle cose future.
(*I mendicanti si siedono sul pavimento alla maniera dei sette dei di Marma.*)

CITTADINO Ho sentito oggi certi uomini che parlavano al mercato. Parlavano di una profezia letta in qualche vecchio documento. Questa profezia dice che i sette dei verranno da Marma fingendosi uomini.
ILLANAUN È una profezia vera?
OORANDER È l'unica profezia che abbiamo. L'uomo senza profezia è come un marinaio che naviga di notte per mari sconosciuti. Non sa né dove siano gli scogli né dove siano i porti. Per chi è di guardia tutto ciò che gli sta davanti è nero e le stelle non lo guidano, perché non le conosce.
ILLANAUN Non dovremmo indagare su questa profezia?
OORANDER Accettiamola. È come la piccola luce incerta di una lanterna portata forse da un ubriaco, ma lungo la riva di qualche porto. Lasciamoci guidare.
AKMOS Forse sono soltanto dèi benevoli.
AGMAR Non c'è benevolenza più grande della nostra.
ILLANAUN Allora dobbiamo fare ben poco; non ci annunciano nessun pericolo.
AGMAR Non c'è rabbia più grande della nostra.
OORANDER Offriamogli un sacrificio, se sono dei.
AKMOS Vi adoriamo umilmente, se siete dei.
ILLANAUN (*in ginocchio anche lui*) Siete più potenti di tutti gli uomini e siete altolocati tra gli altri dei e siete signori di questa nostra città, e avete il tuono per trastullo e il vortice d'aria e l'eclissi e tutti i destini delle tribù umane . . . se siete dei.
AGMAR Che la pestilenza non si abbatta subito su questa città, come aveva programmato, che il terremoto non l'inghiottisca tutta immediatamente tra gli urli del tuono, che eserciti infuriati non travolgano quelli che scappano, se noi siamo dei.
LA PLEBE (*terrorizzata*) Se siamo dei!
OORANDER Su, offriamo qualche sacrificio.
ILLANAUN Portate agnelli.
AKMOS Presto. Presto. (*escono alcuni*)
SLAG (*con aria solenne*) Questo dio è molto divino.
THAHN Non è un dio comune.
MLAN Davvero ci ha creati.
UNA CITTADINA (*a Slag*) Non ci punirà, signore? Nessuno degli dei ci punirà? Offriremo un sacrificio, un buon sacrificio.
UN'ALTRA CITTADINA Sacrificheremo un agnello benedetto dai sacerdoti.
LA PRIMA CITTADINA Signore, non sei adirato con noi?
SLAG Chi può dire quali giudizi tenebrosi si avvolgono nella mente del più vecchio degli dei? Non è un dio comune come noialtri. Una volta un pastore gli è passato davanti sulle motagne e ha dubitato passando. Ha mandato una sorte funesta a quel pastore.
CITTADINO Signore, noi non abbiamo dubitato.
SLAG E la sorte funesta l'ha raggiunto sulle colline, di sera.
SECONDO CITTADINO Sarà un bel sacrificio, signore.

(*Rientrano con un agnello morto e con frutta. Offrono l'agnello su un altare dove c'è fuoco, e la frutta davanti all'altare.*)

THAHN (*Allunga la mano verso un agnello su un altare.*) Quel cosciotto non si cuoce affatto.
ILLANAUN È strano che gli dei possano essere tanto in ansia per la cottura di un cosciotto di agnello.
OORANDER È strano davvero.
ILLANAUN Stavo per dire che aveva parlato un uomo.
OORANDER (*Si stropiccia la barba e osserva il secondo mendicante.*) Strano. Strano davvero.
AGMAR È strano allora che agli dei piaccia la carne arrostita? Per questo tengono il fulmine. Quando il fulmine guizza intorno agli arti umani, arriva agli dei di Marma un odore piacevole, proprio un odore di arrosto. Qualche volta gli dei, essendo pacifici, si compiacciono che gli si arrostisca invece la carne di agnello. È la stessa cosa per gli dei; fermate l'arrosto.
OORANDER No, no, dei della montagna!
ALTRI No, no.
OORANDER Presto, offriamogli la carne. Se mangiano, va tutto bene
    (*Gliela offrono, i mendicanti la mangiano, tutti eccetto Agmar, il quale osserva.*)
ILLANAUN Un ignorante, uno che non sapesse, avrebbe detto che mangiano come uomini affamati.
ALTRI Zitto.
AKMOS Eppure sembra che non abbiano mangiato un pasto come questo da molto tempo.
OORANDER Sembrano affamati.
AGMAR (*che non ha mangiato*) Non mangio da quando il mondo era molto giovane e la carne degli uomini era molto più tenera che adesso. Questi dei più giovani hanno appreso dai leoni l'abitudine di mangiare.
OORANDER Oh divinità più antica, favorisci, favorisci.
AGMAR È disdicevole che uno del mio rango mangi. Mangiano solo le bestie e gli uomini e gli dei più giovani. Io, il Sole e la Luna e l'agile fulmine possiamo uccidere, possiamo far impazzire, ma non mangiamo.
AKMOS Se soltanto mangia la nostra offerta non può travolgerci.
TUTTI Oh antica divinità, favorisci, favorisci.
AGMAR Basta. È sufficiente che loro abbiano acconsdisceso a questa abitudine bestiale e umana.
ILLANAUN (*a Akmos*) Eppure lui non è dissimile da un mendicante che ho visto non molto tempo fa.
OORANDER Ma i mendicanti mangiano.
ILLANAUN Finora non ho conosciuto un mendicante che rifiutasse una coppa di vinauro.
AKMOS Questo non è un mendicante.
ILLANAUN Tuttavia offriamogli una coppa di vinauro.
AKMOS Fai male a dubitare di lui.
ILLANAUN Voglio solo dimostrare la sua divinità. Vado a prendere il vinauro. (*esce*)
AKMOS Non berrà. Eppure se beve non ci travolge. Offriamogli il vino.

(*Rientra Illanaun con un calice.*)
PRIMO MENDICANTE È il vinauro!
SECONDO MENDICANTE È il vinauro!
TERZO MENDICANTE Un calice di vinauro!
QUARTO MENDICANTE Oh giorno benedetto!
MLAN Oh tempi felici!
SLAG Oh mio saggio padrone!
(*Illanaun prende il calice. Tutti i mendicanti allungano la mano, Agmar incluso. Illanaun lo dà a Agmar. Agmar lo prende solennemente, e con molta cura lo versa a terra.*)
PRIMO MENDICANTE L'ha versato.
SECONDO MENDICANTE L'ha versato.
(*Agmar fiuta i vapori, poi parla.*)
AGMAR È una degna libagione. La nostra rabbia è in parte placata.
UN ALTRO MENDICANTE Ma era vinauro!
AKMOS (*inginocchiandosi, a Agmar*) Signore, sono senza figli, e io . . .
AGMAR Non disturbarci adesso. È l'ora in cui gli dei sono abituati a parlare tra loro nel loro linguaggio, e se l'Uomo li sentisse indovinerebbero la futilità del suo destino, che non farebbe bene all'Uomo. Vattene! Vattene!
(*Escono tutti eccetto uno, che si attarda.*)
UNO Signore . . .
AGMAR Vattene! (*Esce Uno.*)
(*Agmar prende un pezzo di carne e comincia a magiarlo: i mendicanti si alzano e si stiracchiano: ridono, ma Agmar mangia affamato.*)
OOGNO Ora sì che ci siamo.
THAHN Ora abbiamo l'elemosina.
SLAG Padrone! Mio saggio padrone!
ULF Questi sono i bei tempi, i bei tempi; eppure ho un timore.
SLAG Di che cosa hai paura? Non c'è niente da temere. Nessuno è saggio quanto il mio padrone.
ULF Temo gli dei che fingiamo di essere.
SLAG Gli dei?
AGMAR (*Piglia un pezzo di carne dalle proprie labbra.*) Vieni avanti, Slag.
SLAG (*Mentre va da lui.*) Sì, padrone.
AGMAR Guarda l'ingresso mentre mangio. (*Slag va all'entrata.*) Siediti con l'aria d'un dio. Avvertimi se qualcuno dei cittadini si avvicina.
(*Slag si siede all'ingresso nell'atteggiamento d'un dio, con le spalle agli spettatori.*)
OOGNO Ma, padrone, non berremo il vinauro?
AGMAR Tutto avremo solo se siamo cauti all'inizio per un pó.
THAHN Padrone, c'è qualcuno che sospetta di noi?
AGMAR Dobbiamo essere veramente saggi.
THAHN E se non lo siamo, padrone?

AGMAR Beh, allora ci aspetta la morte . . .
THAHN Oh, padrone!
AGMAR . . . piano.
  (*Tutti si agitano eccetto Slag, immobile all'ingresso.*)
OOGNO Credono a noi, padrone?
SLAG (*Gira un pó la testa.*) Arriva qualcuno.
  (*Slag si rimette in posizione.*)
AGMAR (*mentre mette da parte la carne*) Lo sapremo presto. (*Tutti si rimettono in posa. Entra Uno, parla.*)
UNO Signore, cerco il dio che non mangia.
AGMAR Sono io.
UNO Signore, mio figlio è stato morso alla gola da una vipera a mezzogiorno. Salvalo, signore: respira ancora, ma lentamente.
AGMAR È proprio tuo figlio?
UNO In verità lo è, signore.
AGMAR Eri abituato a impedirlo nel gioco, mentre era sano e forte?
UNO Non l'ho impedito mai, signore.
AGMAR A chi è figlia la Morte?
UNO La Morte è figlia degli dei.
AGMAR E tu che non hai mai impedito tuo figlio nel gioco, pretendi questo dagli dei?
UNO (*con orrore, poiché capisce l'intenzione di Agmar*) Signore!
AGMAR Non piangere. Tutte le case costruite dagli uomini sono i terreni di giuoco di questa figlia degli dei.
  (*L'uomo si allontana in silenzio, non piange.*)
OOGNO (*prende Thahn per il polso*) Ma questo è proprio un uomo?
AGMAR (*con rincrescimento*) Un uomo, un uomo sì e finora un uomo affamato.

[Tela]

ATTO TERZO

SCENA: *La stessa. Sono passati alcuni giorni. Sette troni a forma di rupi di montagna disposti in fondo alla scena. Su questi troni sono adagiati i mendicanti. Manca il Ladro.*

MLAN Non si erano mai divertiti tanto i mendicanti!
OOGNO Ah, la frutta e l'agnellino!
THAHN Il vinauro!
SLAG Era meglio vedere gli stratagemmi del mio padrone che avere frutta, agnello e vinauro.
MLAN Ah! Quando l'hanno spiato per vedere se avrebbe mangiato dopo che se ne fossero andati.
OOGNO Quando l'hanno interrogato sugli dei e l'Uomo!
THAHN Quando gli hanno domandato perché gli dei permettono il cancro!

SLAG Ah, il mio saggio padrone.
MLAN Quanto è riuscita bene la sua trama.
OOGNO Quanto è lontana la fame!
THAHN È come un sogno dell'anno scorso, il travaglio d'una breve notte di tanto tempo fa.
MLAN Oh, oh, oh, vederli implorarci!
AGMAR (*con tono severo*) Quando eravamo mendicanti non parlavamo da mendicanti? Non ci lagnavamo come loro? Non era da mendicanti il nostro portamento?
MLAN Eravamo l'orgoglio della nostra vocazione.
AGMAR (*severamente*) In tal caso adesso che siamo dei, dobbiamo comportarci da dei e non deridere i nostri adoratori.
ULF Io credo che gli dei deridono sì i loro devoti.
AGMAR Gli dei non hanno mai deriso noi. Noi siamo al di sopra di ogni vetta che abbiamo mai ammirato nei sogni.
ULF Credo che quando l'uomo è in alto gli dei lo deridono più del solito.
    (*Entra il Ladro.*)
LADRO Padrone, sono stato con quelli che vedono tutto e che sanno tutto, sono stato con i ladri, padrone. Mi conoscono come uno del mestiere, ma non mi conoscono come uno di noi.
AGMAR Bene, bene...
LADRO C'è pericolo, padrone, c'è un gran pericolo.
AGMAR Vuoi dire che sospettano che siamo uomini?
LADRO Lo sospettano da un pezzo, padrone. Voglio dire che lo sapranno, e allora siamo perduti.
AGMAR Allora non lo sanno?
LADRO Ancora non lo sanno, ma lo sapranno, e siamo perduti.
AGMAR Quando lo sapranno?
LADRO Tre giorni fa ci sospettavano.
AGMAR Più di quanti tu pensi ci hanno sospettato, ma qualcuno ha osato dirlo?
LADRO No, padrone.
AGMAR Allora non badare ai tuoi timori, ladro mio.
LADRO Tre giorni fa due cammellieri sono andati per vedere se gli dei erano ancora a Marma.
AGMAR Soo andati a Marma!
LADRO Sì, tre giorni fa.
OOGNO Siamo perduti.
AGMAR Sono andati tre giorni fa?
LADRO Sì, su dromedari.
AGMAR Dovrebbero tornare oggi.
OOGNO Siamo perduti.
THAHN Siamo perduti.
LADRO Devono aver visto gli idoli di giada verde che siedono appoggiati alle montagne. Diranno: "Gli dei sono ancora a Marma." E saremo bruciati.

SLAG Il mio padrone preparerà ancora un piano.
AGMAR (al Ladro) Senza farti notare, va a qualche posto elevato e guarda verso il deserto e vedi quanto tempo abbiamo per escogitare un piano.
SLAG Il mio padrone escogiterà un piano.
OOGNO Ci ha guidati in una trappola.
THAHN La sua saggezza è la nostra rovina.
SLAG Troverà ancora un piano saggio.
   (*Rientra il Ladro, parla.*)
LADRO È troppo tardi.
AGMAR È troppo tardi?
LADRO I cammellieri sono qui.
OOGNO Siamo perduti.
AGMAR Silenzio! Devo pensare.
   (*Nessuno si muove. Entrano cittadini e si prostrano. Agmar è seduto e pensa intensamente.*)
ILLANAUN (*a Agmar*) Due pellegrini santi sono andati ai vostri santuari, dove eravate seduti prima di lasciare la montagna. (*Agmar non dice niente.*) Stanno tornando or ora.
AGMAR Ci hanno lasciati qui e sono andati a cercare gli dei? Un pesce una volta ha fatto un viaggio in un paese lontano per cercare il mare.
ILLANAUN Altissima divinità, la loro devozione è tanto grande che sono andati ad adorare anche i vostri santuari.
AGMAR Consoco costoro che hanno grande devozione. Uomini come questi hanno spesso supplicato me, ma le loro preghiere non sono accette. Amano poco gli dei, la loro unica premura è la propria devozione. Conosco questi pii. Diranno che i sette dei erano ancora a Marma. E così parranno più pii a voi tutti, fingendo che soltanto loro hanno visto gli dei. Gli sciocchi gli crederanno e condivideranno la loro dannazione.
OORANDER (*a Illanaun*) Zitto. Fai arrabbiare gli dei.
ILLANAUN Non so bene chi faccio arrabbiare.
OORANDER Può darsi che loro sono gli dei.
ILLANAUN Dove sono questi uomini di Marma?
CITTADINO Ecco i cammellieri, stanno arrivando.
ILLANAUN (*a Agmar*) I pellegrini santi sono venuti dai vostri santuari per adorarvi.
AGMAR Costoro sono scettici. Oh come odiano gli dei questa parola! Il dubbio ha sempre contaminato la virtù. Fateli imprigionare, perché non sporchino la vostra purezza. (*Alzandosi*) Che non entrino qui.
ILLANAUN Ma, altissima divinità della montagna, anche noi dubitamo, o altissima divinità.
AGMAR Avete scelto. Avete scelto . . . Eppure non è troppo tardi. Pentitevi e buttate in prigione questi uomini e forse non è troppo tardi. *Gli dei non hanno mai pianto.* Eppure quando pensano alla dannazione e ai destini funesti che disseccano miriadi d'ossa, allora quasi, se non fossero divini, potrebbero piangere. Fate presto. Pentitevi del vostro dubbio.
ILLANAUN Veneratissima divinità, è un dubbio enorme.

CITTADINI *Niente l'ha ucciso! Non sono gli dei!*
SLAG (*a Agmar*) Hai qualche piano, padrone. Ce l'hai un piano?
AGMAR Non ancora, Slag.
   (*Entrano i Cammellieri.*)
ILLANAUN (*a Oorander*) Questi sono gli uomini che sono andati ai santuari di Marma.
OORANDER (*a voce alta, chiara*) Gli dei della montagna erano ancora seduti a Marma, o non c'erano?
   (*I mendicanti si alzano in fretta dai troni.*)
CAMMELLIERE Non c'erano.
ILLANAUN Non c'erano?
CAMMELLIERE I santuari erano vuoti.
OORANDER Ecco gli dei della montagna. (*Tutti si inchinano.*)
AKMOS Sono davvero venuti da Marma.
OORANDER Venite. Andiamo via a preparare un sacrificio. Un grande sacrificio per espiare i nostri dubbi. (*Escono.*)
SLAG Mio sapientissimo padrone!
AGMAR No, no, Slag. Non so che cosa è accaduto. Quando sono passato da Marma solo due settimane fa, gli idoli di giada verde erano ancora seduti lì.
OOGNO Ora siamo salvi.
THAHN Sì, siamo salvi.
AGMAR Siamo salvi, ma non so come.
OOGNO Non si erano mai divertiti tanto i mendicanti.
LADRO Vado fuori a sorvegliare. (*Esce furtivamente.*)
ULF Eppure ho un timore.
OOGNO Un timore? Ma se siamo salvi.
ULF Ieri notte ho sognato.
OOGNO Cosa hai sognato?
ULF Niente di speciale. Ho sognato che avevo sete o uno mi dava del vinauro; eppure c'era un timore nel signo.
THAHN Quando bevo il vinauro non ho paura di nulla.
   (*Rientra il Ladro.*)
LADRO Ci preparano un bel banchetto; ammazzano agnellini, e ci sono ragazze con la frutta, e ci sarà molto vinauro.
MLAN Non si erano mai divertiti tanto i mendicanti.
AGMAR Qualcuno dubita di noi adesso?
LADRO Non so.
MLAN Quando comincia il banchetto?
LADRO Quando appaiono le stelle.
OOGNO Ah, è già il tramonto. Mangeremo bene.
THAHN Vedremo entrare le ragazze con panieri sul capo.
OOGNO Panieri pieni di frutta.
THAHN Tutti i frutti della valle.
MLAN Ah, quanto tempo abbiamo vagato lungo le strade del mondo.

SLAG Ah, quant'erano aspre.
THAHN E quanto polverose.
OOGNO E quanto poco vino!
MLAN Abbiamo chiesto da tanto tempo, tante cose!
AGMAR Noi che ora riceviamo tutto, finalmente.
LADRO Temo di perdere la mano ora che arrivano le cose buone senza dover rubare.
AGMAR Non avrai più bisogno del tuo mestiere.
SLAG   La saggezza del mio padrone ci basterà per tutti i giorni nostri.
   (*Entra un Uomo spaventato. S'inginocchia davanti a* AGMAR *e inchina la fronte.*)
UOMO Signore, ti imploriamo, la gente ti supplica.
   (*Agmar e i mendicanti, in atteggiamento di dei, siedono in silenzio.*)
UOMO Signore, è terribile. (*I mendicanti restano zitti.*) È terribile quando vagate la sera. È terribile all'orlo del deserto la sera. I bambini muoiono quando vi vedono.
AGMAR Nel deserto? Quando ci hai visto?
UOMO Ieri sera, signore. Eravate terribili ieri sera. Eravate terribili al crepuscolo. Con le mani tese e incerte. Cercavate la città.
AGMAR Ieri sera, dici?
UOMO Eravate terribili al crepuscolo!
AGMAR Ci hai visto proprio tu?
UOMO Sì, signore, eravate terribili. Anche i bambini vi hanno visto e sono morti.
AGMAR Tu dici che ci hai visto?
UOMO Sì, signore. Non come siete ora, ma diversi. Vi imploriamo, signore, di non vagare la sera. Siete terribili al crepuscolo. Siete . . .
AGMAR Tu dici che siamo apparsi non come siamo ora. Come siamo apparsi a te?
UOMO Diversi, signore, diversi.
AGMAR Ma a te come siamo apparsi?
UOMO Eravate tutti verdi, signore, tutti verdi al crepuscolo, tutti nuovamente di pietra come eravate nelle montagne. Signore, possiamo guardarvi in carne e ossa come uomini, ma quando vediamo la roccia che cammina è terribile, è terribile.
AGMAR È così che vi siamo apparsi?
UOMO Sì, signore. La roccia non dovrebbe camminare. Quando la vedono i bambini non capiscono. La roccia non dovrebbe camminare la sera.
AGMAR Ultimamente alcuni hanno dubitato. Sono soddisfatti?
UOMO Signore, sono terrorizzati, risparmiateci, signore.
AGMAR Non è giusto dubitare. Va', e sii fedele.
   (*Esce l'Uomo.*)
SLAG Che hanno visto, padrone?
AGMAR Hanno visto i propri timori che ballavano nel deserto. Hanno visto qualcosa di verde dopo che se n'è andata la luce, e qualche bambino gli ha raccontato che eravamo noi. Non so che hanno visto. Che cosa avranno visto?
ULF Ha detto che qualche cosa veniva in questa direzione dal deserto.
SLAG Che dovrebbe venire dal deserto?

AGMAR È gente sciocca.
ULF Il volto bianco di quell'uomo ha visto qualche cosa di spaventoso.
SLAG Qualche cosa di spaventoso?
ULF Il volto bianco di quell'uomo è stato vicino a qualche cosa di spaventoso.
AGMAR Siamo solo noi che li abbiamo spaventati e i loro timori li hanno resi sciocchi.
(*Entra un assistente con una fiaccola o una lanterna che mette in un recipiente. Esce.*)
THAHN Adesso vedremo la faccia delle ragazze quando vengono al banchetto.
MLAN Non si erano mai divertiti tanto i mendicanti.
AGMAR Ascoltate! Vengono. Sento passi.
THAHN Le danzatrici. Arrivano.
LADRO Non c'è suono di flauti: hanno detto che sarebbero venute con la musica.
OOGNO Che calzature pesanti che hanno, come se avessero i piedi di pietra.
THAHN Non mi piace sentire il loro passo pesante; chi balla per noi deve avere il piede leggero.
AGMAR Non gli sorrido se non sono vivaci.
MLAN Vengono molto lentamente. Dovrebbero venire agili verso di noi.
THAHN Dovrebbero venire ballando. Ma il loro passo è come quello di granchi pesanti.
ULF (*a voce alta, quasi di canto*) Ho paura, una paura vecchia e un presagio! Abbiamo fatto male agli occhi dei sette dei; mendicanti eravamo e mendicanti avremmo dovuto rimanere. Abbiamo rinunciato alla nostra vocazione e siamo in vista della nostra rovina; non taccio più il mio timore. Correrà dappertutto gridando: uscirà da me gridando, come un cane uscito da una città distrutta; poichè il mio timore ha visto la calamità e ha conosciuto una cosa malvagia.
SLAG (*con voce rauca*) Padrone!
AGMAR (*alzandosi*) Vieni, vieni!
(*Ascoltano. Non parla nessuno. Arrivano le scarpe di pietra. Entra in fila indiana una processione di sette uomini verdi, anche le mani e la faccia sono verdi; portano sandali di pietra verde; camminano con le ginocchia molto divaricate, come se fossero stati seduti per secoli con le gambe incrociate; con il braccio destro e l'indice destro puntato in su, il gomito destro posato nella mano sinistra: si chinano in maniera grottesca. Passano davanti ai sette mendicanti, ora in atteggiamento terrorizzato, i sei di loro si siedono nella posa descritta, con le spalle agli spettatori. Il capo sta in piedi, ancora chino. Mentre vengono, Oogno grida:*)
OOGNO Gli dei della montagna!
AGMAR (*con voce rauca*) Fermo. Sono abbagliati dalla luce. Forse non ci vedono.
(*Il capo degli esseri verdi punta l'indice sulla lanterna — la fiamma diventa verde. Quando i sei sono seduti il capo indica uno alla volta i sette mendicanti, puntandogli il suo indice. Mentre lui fa questo ciascun mendicante a turno si raccoglie sul trono e incrocia le gambe. Il braccio destro scatta rigido in alto con l'indice eretto, e uno sguardo fisso di orrore gli entra negli occhi. I mendicanti siedono immobili in questa posa mentre una luce verde cala sui loro*)

volti. *Gli dei escono. Dopo un po' entrano i cittadini, e le danzatrici con provviste e frutta. Uno tocca il braccio di un mendicante e poi di un altro.*)
CITTADINO Sono freddi; sono diventati pietra.
(*Tutti si inchinano e toccano il pavimento con la fronte.*)
UNO Abbiamo dubitato di loro. Abbiamo dubitato di loro. Sono diventati pietra perché abbiamo dubitato di loro.
UN ALTRO Erano gli dei veri.
TUTTI Erano gli dei veri.

[TELA]

BARBARA ZACZEK

Guido Piovene's *Lettere di una novizia*: Misreading a Nun

Two major critics of Guido Piovene's works, Pietro Pancrazi, and Tibor Wlassics, place *Lettere di una novizia* within the eighteenth century epistolary tradition, notably, Richardson and Laclos.[1] Piovene's novel shares with its predecessors not only the use of letter as a narrative form but also the moral stance underlying the meditation on the human condition. It confronts "la malattia morale," and offers "l'anatomia di un delitto."[2] But while Piovene's literary forefathers professed a moral truth by inserting themselves between the narration and the reader, albeit unobtrusively, Piovene offers no such comfort. In his case "la ricerca della verità" seemingly leads nowhere, as the truth remains buried under layers and layers of narration equally inaccessible to the internal and external readers. Like peeling an onion, the act of reading Piovene's novel leaves the readers tearful, with discarded layers of narration lying around an empty center.

In Wlassics' words the novel constitutes "un guscio vuoto, una maschera senza un volto dietro di essa" (176). But it is precisely this shell and the process of its creation that attract Piovene, as he points out in his own comment: "il contenuto di quello che fanno [i personaggi] è dunque da biasimare; il metodo, direi la forma, è degno di riflessione."[3] The shell/form is the correspondence which involves Rita Passi, a young novice soon to become a nun, her mother, the mother superior, two priests, don Giuseppe Scarpa, and don Paolo Conti, and a young neighbor, Michele Sacco. Since the only access to truth lies in the letters that circulate among the protagonists, the task of both internal and external readers is to use letters as a means of solving the jigsaw

---

1. Tibor Wlassics, "Guido Piovene," in *Novecento. I contemporanei* (Milan: Marzorati, 1979) 5110-1545.
2. Tibor Wlassics, *Da Verga a Sanguineti, microcosmi critici* (Biblioteca Siciliana di cultura: Niccolò Giannotta Editore, 1976) 162.
3. Guido Piovene, *Lettere di una novizia* (Milan: Bompiani, 1941) 10. All further references are included parenthetically in the text.

The Flight of Ulysses, edited by Augustus Mastri

puzzle of Rita's personality and her life. The plot of the novel consists of actions/decisions which result from the acts of writing, reading, and interpreting letters.

The aim of Rita's correspondence with the priests is to enlist their help in leaving the convent. Her letters must create such a version of 'truth' which would persuade them to fulfil her wish. Don Scarpa remains unmoved to her pleas for assistance but don Conti yields to them and arranges her escape into a hiding place. Her brief stay in hiding ends in a tragedy. Frightened by the prospect of returning to the convent, Rita kills an elderly servant sent to bring her back, and dies in prison shortly after the trial for murder. Thus Don Conti's decision to accept Rita's letters as an expression of truth triggers the events that lead to a tragic ending. His decision signals both Rita's triumph as a skillful writer, capable of manipulating her reader's response, and don Conti's failure as a reader unable to decode the artifice of her texts. Michele Sacco, a young man who rushes to assist Rita when she tries escape the scene of her crime is another victim of the art of epistolary persuasion.

Lettere di una novizia then is a novel about an interpretative fiasco, a fiasco which, I argue, stems from the application of literary clichés to the reading and interpretation of Rita's letters. My reading of Piovene's novel will focus on the construction of Rita as a text/shell behind which there is no other referent than other texts and the readers' perceptions of them. Consequently, my analysis will substitute the moral problematics as the theme of the novel with the problematics of the text and will explore the meandering of a reading process rather than meandering of an evil mind.[4] I see Piovene's debt to the eighteenth century epistolary fiction not only in using the epistolary form but also in using the clichés that grew out of it, in particular, the literary clichés surrounding the figure of a nun and the female letter writer. There are two sets of clichés at work. The first revolves around the typical characteristics of a feminine letter, as defined by the law of genre. According to that law a woman's letter is a candid and spontaneous expression of sentiment and presents unembellished truth, since women lack talent and education to practice artifice.[5] Since the

---

4. Carlo de Matteis claims that "l'assenza di una demarcazione etica nei comportamenti coscienziali dà luogo ad una sorta di elogio della ambiguità, all'impossibilità cioè di cogliere i contorni della verità: il libro appare così come una lucida espolsione dei meandri del male nelle sue forme più autentiche e disperanti, in quanto qualità costitutive della natura umana" (*Il romanzo italiano del Novecento*. Florence: Scandicci, 1984, 206).

5. In *Performing Motherhood* (Hanover and London: University Press of New England, 1991), an excellent study of Mdme de Sévigné's stereotypes of letters by women, Michèle Longino Farrel offers an interesting discussion of the following comment by

seventeenth century until recently, that definition has become a filter indiscriminately applied to interpreting letters written by women both in epistolary novels as well as in the collections of real letters.[6] The second regards the figure of a nun and the connotations that image evokes in a reader acquainted with the classics of Italian literature, as we might assume in the case of don Scarpa, don Conti, and Michele Sacco. Ironically then a cliché, itself a literary artifact, becomes a tool that manipulates the acts of writing and reading texts, a tool which Rita uses effectively in creating herself as a text aimed at eliciting a specific response on the part of its readers. For critics of reader-response theory, the act of reading means the interaction between "the text and the reader."[7] The term "interaction" implies active participation in that act on the part of both the text and the reader. While it is relatively easy to imagine the willingness of the reader to be active in the reading process, it is more difficult

---

Jean de La Bruyère from *Les Caractères*: "I do not know if one will ever be able to put into letters more wit, more turns, more pleasure and more style than what one sees in Blazac and Voiture; theirs are void of sentiments that have reigned only since their time, and which owe their birth to women. This sex goes further than ours in this sort of writing. They find beneath their pen turns of phrase and expressions which often in us are only the effect of long work and tiresome research; they are fortunate in their choice of terms, which they place so well that, as familiar as they are, they have the charm of novelty, and seem to be made exclusively for the purpose to which they are put; only they have the ability to render an entire feeling through one word, and to express delicately a thought that is delicate; they have an inimitable mode of association, which follows naturally, and which is linked only by meaning. If women were always correct, I dare say that the letters of some of them would perhaps be what is best written in our language" (Longino's translation, 30). Longino analyzes linguistic aspects of his comment on women and letters, the choice of words, pronouns, etc. and concludes that his apparent praise is part of the strategy that tends to marginalize women as writers, turning them into truthful transcribers of the dictates of the heart, and thus unable to resort to wit or artifice (27-33).

6. The examples of such readings range from Richardson's *Clarissa*, the interpretation of Madame de Sévigné's letters as non-literary and truthful documents of her life, comments on the correspondence of Sibilla Aleramo and Vittoria Aganor, etc. For example, the letters of Madame de Sévigné are praised by an American scholar in the following way: "The advantages of a letter as an exponent of a woman's nature is that, it is, after all, only written conversation, the artless play of her mind, the candid utterance of her sentiment, designed to be interpreted by one she loves," quoted in *Writing the Female Voice*, ed. Elizabeth Goldsmith (Boston: Northeastern University Press, 1989) 53.

7. Wolfgang Iser, *The Act of Reading—A Theory of Aesthetic Response* (Baltimore: John Hopkins University Press, 1978) ix. All further references are included parenthetically in the text.

to perceive participation by the text. Umberto Eco explains it in the following way: "Un testo è una macchina pigra che esige dal lettore un fiero lavoro cooperativo per riempire spazi di non-detto o di già-detto rimasti per così dire in bianco, allora il testo non è che una macchina presupposizionale.[8] In order for that "lazy mechanism" to work, the author of the text, like any good strategist, must be able to predict the reactions of his adversary, the reader, and organize the textual strategies accordingly. The means at the author's disposal include: language, a given lexical and stylistic tradition, and literary and cultural background. Wolfgang Iser subsumes all these elements under one heading, "the repertoire" which "consists of all the familiar territory within the text; this may be in the form of references to earlier works, or to social and historical norms, or to the whole culture from which the text has emerged" (69).

Literary clichés constitute a significant part of the repertoire. Cliché is commonly understood as "a hackneyed phrase or idea." But the banal and repetitive character that turns a cliché into a derogatory term of common parlance accounts for its usefulness and indispensability in the act of reading and interpretation. The act of interpretation requires the reader to move among the mixture of new and old elements. A cliché, "with its déjà vu effect,"[9] provides the readers with the familiar ground, easily identifiable, thus enabling them "to meet the challenge of the new by reducing it to the old."[10] A cliché performs a number of functions in the reading process, as Ruth Amossy explains:

> It activates the reading process on the most varied levels. It plays an important part not only in an immediate deciphering, but also in reading operations such as the constructional and/or intellectual identification and critical reflection. As an automatized figure, the cliché insures an illusion of transparency, a passage through the discourse towards the 'referent'. As the bearer of a stereotyped meaning, it presents a picture conforming to the reader's conception of what is read. The cliché grounds discourse in truth and helps

---

8. Umberto Eco, *Lector in fabula* (Milan: Bompiani, 1979) 53. All further references are included parenthetically in the text. Eco returns to and elaborates these notions in his most recent work on the process of reading, *Six Walks in the Fictional Woods* (Cambridge, Massachusetts and London, England: Harvard University Press, 1994).
9. Ruth Amossy, "The Cliché in the Reading Process," *Sub-stance* 35 (1982): 34-45. All further references are included parenthetically in the text.
10. Pierre Maranda, "The Dialectic of Metaphor," in *The Reader in the Text*, ed. Susan R. Suleiman and Inge Crosman (Princeton, New Jersey: Princeton University Press, 1980) 183-204.

to persuade the addressee, bringing about an adherence or solidarity of the mind.[11]

Since a cliché belongs to earlier discourses, literary or social, continues Amossy, it is "a site of active intertextuality" (37). "Le cliché, comme la citation est toujours senti comme un emprunt: ils constituent tous deux la reprise d'un discours antérieur."[12] It appeals to the reader's memory requiring constant retrospection to locate recognizable models and identify them, and close attention to their handling by the text. A reader first lets himself be seduced by a cliché, but later on, there comes a moment of reflection, reexamination, and denunciation.[13] The moment of reflection and reexamination ruptures the sense of complicity established between the readers and the stereotyped image, and allows them to confront the cliché vis-à-vis the text, and to identify its purpose. Failure to do so will result in a faulty interpretation.

Rita Passi constructs herself as a mosaic of literary clichés hoping that their irresistible appeal will affect the reading and interpretation of her letters, and consequently, guarantee the success of her writing strategy. The image of a beautiful young girl, forced against her will to become a nun, and to suffer the constraints of life in a convent, brings to our minds a host of literary memories: Mariane from *Lettres portugaises*, Diderot's Susanne from *La religieuese*, the nun of Monza from Manzoni's *I Promessi Sposi*, and Verga's Maria in *Storia di una capinera*, to name only a few. In each case letters play an important role in the story. I propose to review briefly the stories of Manzoni's Gertrude and Verga's Maria since the popularity of both novels in Italy made them what Eco calls "sceneggiature-motivo, schemi abbastanza flessibili, del tipo 'la fanciulla perseguitata' dove si individuano certi attori (il seduttore, la fanciulla), certe sequenze di azioni (seduzione, tortura), certe cornici (il castello tenebroso)."[14] They became, in other words, literary stereotypes familiar to an Italian reader.

Gertrude, the nun of Monza, occupies two entire chapters of *I Promessi Sposi*. Born into a prince's family, Gertrude is destined from birth to become a nun in order to leave intact the whole property to her brother, heir to the family title. Frightened by the prospect of becoming a nun, Gertrude decides

---

11. Ruth Amossy, "The Cliché in the Reading Process," 36-37.
12. Ruth Amossy, Elisheva Rosen, *Les discours du cliché* (Paris: Société d'Edition d'Enseignement Supérieur, 1982) 16.
13. This happens, for example, in Agatha Christie's *Murder of Roger Ackroyd* where Christie uses the stereotyped image of a reliable narrator to lull the reader's suspicions and to direct his attention to anyone but the narrator-murderer.
14. Eco, *Lector in fabula* 83.

to write a letter to her father begging him to change his mind. Although her father never responds to it directly, Gertrude's letter prompts a cold and hostile treatment on the part of her family and makes her feel rejected and unloved. In need of affection, Gertrude writes a love-letter to a page who appears to be sympathetic to her predicament. Her father intercepts the letter which he uses so effectively against Gertrude that she has only one choice: to yield to her family's wishes. She expresses her total subjection to her father's will in the third letter which destroys forever her dreams of freedom and opens the door to the convent. Her passionate nature, however, needs an outlet: Gertrude becomes a mistress of a "scellerato," and his accomplice in the murder of a nun. Thus, a young, innocent girl turns into a ruthless, immoral woman whose beauty becomes "bellezza sbattuta, sfiorita, e direi quasi scomposta."[15] The iron will of Gertrude's father and a complete disregard of her own needs and preferences are thus responsible for her moral fall. The three letters that appear in the story play an important part. Each of them marks a significant change in Gertrude's life. The first letter in which Gertrude begs her father to let her leave the convent becomes the reason for her complete isolation and, in a way, sets in motion the sequence of events that lead to tragedy, since her loneliness prompts her to write the fatal love-letter to the page. Thus the first two letters become objects of manipulation in her father's hands and assist him in his cruel plans. The third one, which dutifully parrots her father's wishes, serves as a document to remind her that her decision is irrevocable. The narrator does not include the letters, he only reports their content. Gertrude, like Richardson's Clarissa commits "a sin of correspondence" which leads to a moral downfall precipitated by her family's refusal to respond to her plea for help.

Maria, the heroine of *Storia di una capinera,* shares Gertrude's fate in many respects. Like Gertrude, Maria is forced to enter the convent against her will. The decision is made by her stepmother who wants her own daughter to marry well and be rich. When Maria takes the veil, her stepsister marries Nino, the man with whom Maria has fallen in love. Her stepmother's cruelty, her father's indifference, and Nino's betrayal cause Maria so much pain that she dies of a broken heart. Maria's letters, long and spontaneous descriptions of her sufferings, have no other function than to tell her sorrowful tale. Like the songs of the bird in a cage, the "capinera" from Verga's preface to the novel, they remain a sound which is heard but unheeded. In both novels, then, we encounter the same recurring elements: beautiful, innocent girls turned into nuns

---

15. Alessandro Manzoni, *I Promessi Sposi* (Florence: Zanichelli, 1987) 188. All further references are included parenthetically in the text.

against their will, cruel parents, letters that tell the truth but achieve nothing, and tragic consequences of their unheeded cries for help.

Rita uses these stories and the definition of a feminine letter as a spontaneous expression of unadulterated truth as a literary and cultural background for her letters. We, the external readers, are invited to witness the response of the three internal readers, don Scarpa, don Conti, and Michele Sacca to her writing tactics. Don Scarpa becomes the first target of her missives/missiles. Rita initiates their correspondence by evoking a series of images which ground her text in truth:

> Vi chiedo che questa lettera e le vicende che vi espongo rimangano segrete come tra *penitente e confessore* . . . Vi farò perdere qualche ora di tempo; ma per voi forse non è tempo perduto; anzi è perduto solo quello che non impiegate ad assistere *un'anima che si smarrisce*. Ma dovrò invece esporvi, senza pietà per me stessa, anche i suoi aspetti più crudi, giacché sono ricorsa a voi come ad *un medico, a cui bisogna dire tutto*. (my emphasis, 13, 14, 34)

Rita establishes the relationships that depend on her absolute frankness and sincerity: penitent and confessor, a lost sheep and a caring pastor, a patient and a doctor.

Once she has put herself in a position which requires her to tell the truth and nothing but the truth, she proceeds to a series of images intended to convince the priest of her mother's ill-conduct towards herself. She describes her childhood spent with her paternal grandparents who, after the death of their son, cared for their granddaughter, and gave her all the affection and attention she needed. But, explains Rita, "[i nonni] mi consideravano una bambina maliconica per l'incuria materna" (15). The mother, continues Rita, was wrapped up in her amorous pursuits, and rarely spent time with her daughter: "la vedevo talvolta con gli occhi e i capelli aridi, la pelle opaca su cui trascorreva il rossore, in tutta la bruttezza della sofferenza amorosa" (15). But despite her own indifference towards her daughter, she looked with hatred upon anyone who showed affection to Rita. That hatred was a chief motive in her frequent interventions in Rita's life: "era assorbita dall'odio per quelli che mi accostavano, e che accusava di staccarmi da lei: tanto che spesso interveniva, allontanando un'amica, licenziando una governante, *sconvolgendo la trama della mia quieta e monotona vita* " (my emphasis, 15).

Rita's references to her childhood build up the image of a docile and highly sensitive child whose life was run by the whims of a despotic and egoistical mother. That image will accompany the reader towards the predictable resolution: Rita's arrival at the convent at her mother's instigation, and the separation from her beloved grandparents. Rita decides never to go back to the emptiness and misery of the life with her mother: "Perché in quei giorni avevo deliberato di non amare più nessuno al mondo dedicandomi a Dio . . . Crebbe in me a poco a poco la tenerezza fisica per l'astinenza, il desiderio di restare per sempre chiusa e senza contatto, l'inclinazione alla pulizia ed al silenzio" (37). Rita's writing strategy is intended to convince the reader that she has no real vocation to become a nun, that her willingness to stay in the convent is the choice of a lesser evil: "Cosí messa in sospetto, cominciai a meditare sugli avvenimenti trascorsi che mi hanno condotta alla soglia di monacazione, e i dubbi divennero molti" (39). The question she asks the priest "É genuina la mia vocazione?" implies the reply she expects from him: "no," since she was forced to enter the convent by her mother's conduct. Rita uses the key elements of the literary clichés: a cruel parent who disregards the child's preference, and the possible tragedy that may result. Rita does not state it openly, but alludes to the impending danger if no one heeds her call for help: "Ho la impressione del pericolo" (39).

But don Scarpa resists the seductive appeal of clichés. Before replying to her letter, he consults the mother superior to find out more about Rita and her relationship with her mother. His experience as an old priest and confessor prompts him to look for the unsaid parts in Rita's life, and the reasons behind her reluctance to reveal them: "Ho pesato la vostra lettera frase per frase; mi sono giovato di tutta l'esperienza che mi consentono i molti anni trascorsi ad assistere le anime degli incerti e dei sofferenti, per meglio intuire anche quello che la vostra penna taceva"(48). And he finds the confirmation of his suspicions in mother Giulietta's answer: "Rita è un'anima buona e ha taciuto scrivendovi i fatti piú scandalosi della sua vita familiare" (44). His reply consists of routine comments, used to resolve doubts concerning vocation: the infallibility of God's judgment, and the consolation of prayer. Don Scarpa thus replies to Rita's clichés by using another set of clichés from the religious repertoire (he advises her to read Saint Augustine and Saint Francis, two examples of doubts experienced and conquered).

Rita's failure to enlist don Scarpa's help does not discourage her from trying again, this time beginning a correspondence with the bishop's secretary, don Paolo Conti. Rita writes several letters to him, each of which reveals some new event in her life. Each letter begins with a promise of absolute truth and the presentation of reasons which made her hide certain parts of her story in previous letters. The motives are always honorable: unwillingness to involve her mother: "Per non essere creduta bugiarda dovrò rivelarvi una parte penosa della mia vita, e mostrarmi vendicativa contro una donna del mio sangue che preferirei perdonare" (73), or female modesty: "è avvenuto un fatto a cui noi donne diamo tanta importanza" (152). Each letter claims to be an objective reconstruction of facts, painfully torn away from her heart by don Paolo's insistence, almost against her will: "la mia ultima lettera fu una confessione penosa, mi venne strappata da voi" (127). Rita invokes the same cliché, confessor versus penitent, as before, only this time the confessor has an active part, that of an interrogator. Rita makes don Paolo an accomplice in the writing of her text, and thus more susceptible to accepting it at face value: "Devo mettere davanti a voi il mio peccato . . . Voi mi leggerete da oggi come se foste in confessione" (128).

Her letters abound in sordid details concerning her adolescence, the period of her life sketched hastily in the letters to don Scarpa. As before, Rita paints a grim picture of a young impressionable girl in the clutches of an egoistical mother, whose interests and affections revolve around herself and her numerous lovers. Rita plays only the role of a sympathetic ear, a shoulder to lean on in times of crisis, a role which she accepts to prove her propensity for sacrifice: "Sì, dicevo a me stessa, questa è la mia vera missione: assistere quella donna, che certo è debole, ma si sottopone a sua figlia; scoprivo in me una profonda propensione al sacrificio: mi pareva che la mia pelle emanasse luce" (81). But to the cliché "innocent girl," "cruel parent," Rita adds another dimension: an innocent girl experiencing her first true love and the mother wrapped up in her sordid love-affairs. Rita accentuates the contrast between the sensual nature of the amatory adventures of her mother, and the pure and ideal relation between herself and Giuliano:

> Il ritegno con cui mi trattava Giuliano mi faceva credere infatti che il nostro amore fosse l'opposto di quello a cui assistevo ormai con ostilità: un'alleanza di anime tenere e gravi e avverse alla passione . . . Il mio pensiero andò verso mia madre, e sentii tanta nausea di tutto quel suo amore, delle sue vicende d'amore. (100, 108)

Giuliano's death (accidental in Rita's version, a deliberate murder by Rita in her mother's version) destroys all the plans of living with "a pure heart." Her mother's hatred forces her to enter the convent and stay there forever. Rita uses this part of the story to present herself as a classical victim, "un innocente che non sa come scolparsi" (159). She is a typical victim of fate, with everything and everyone against her: "Cacciata dalla mia casa per capriccio, richiamata per un capriccio, gettata poi per capriccio tra gli avvenimenti piú strani, ora mi vedevo distrutta per un capriccio della sorte, che riassumeva tutti quelli della malvagità umana " (160). The reference to the "whim of fate" which governs her life, recalls the heroines of Manzoni and Verga, and the futility of any attempt to change their lives. Rita's words echo the words in which Nino, Maria's lover, sums up her life: "Voi siete una vittima . . . Voi siete la vittima della vostra posizione, della cattiveria della vostra matrigna, della debolezza di vostro padre, del destino" (40).

To the spectacular use of clichés, Rita adds a series of appeals to don Conti's moral obligations as a human being, and a priest, appeals which gradually become more and more intense and personal. First she appeals to his duty: "Ora aiutatemi perché ne ho bisogno e perché è vostro dovere" (67), then to pity: "Io sono stata franca: salvatemi per pietà" (112). The last appeal contains a veiled threat of suicide:

> È stato l'ultimo tentativo di un'anima, che voleva salvarsi senza macchiarsi di altre colpe. Anche questo è finito. So che, cercando ancora la mia libertà farei la vostra rovina. Smetto di scrivervi per sempre; forse vi è una via d'uscita, ma ho paura di nominarla. (161)

Rita plays here on the 'innocent victim' note, a victim willing to sacrifice one's own life rather than endanger someone else's. The 'innocent victim' cliché proves a successful means of persuasion. Don Paolo decides to help her escape from the convent because "è ingiusto che siate costretta a una vita che vi dà tanta ripugnanza" (163). The reference to "force" in his reply brings into the reader's mind the tragic consequences of forcing people to act against their will, as in the case of Manzoni's Gertrude or Verga's Maria. Don Conti's action is "un'azione rischiosa ma credo che il compierla sia in armonia col precetto, che ci obbliga a riparare i torti subiti dalle anime che sono ricorse a noi" (164). The generalizing allusion to "torti subiti" seems to be an echo of "the wrongs" suffered by Rita's literary predecessors: Gertrude and Maria.

Don Conti is not the only character in the novel who responds to Rita's plea for help. Michele Sacco, a young man who occupies the house opposite the one in which Rita is hiding after the escape from the convent, also becomes involved in her affairs. Rita notices the young man pass her house and writes him a letter. That letter is a composite of clichés, skillfully arranged to convey the dominant image, that of a damsel in distress. All the necessary elements are employed. There is a cruel mother who forced her to enter the convent: "Mia madre, unica parente che mi rimanga, mi cacciò fuori di casa a dodici anni come testimonia importuna della sua vita, per chiudermi nel Collegio delle **** a ****" (191). There is a priest of loose morals who, pretending to be her friend, arranged her escape from the convent and installed her in that house to give vent to his vile desires:

> Don Paolo Conti mi convinse a tacere e, un paio di giorni prima di monacazione, mi ordinò di fuggire e mi nascose nella casa accanto alla vostra sotto la guardia di una donna. Io l'ubbidii perché ritenevo che tutti i suoi consigli fossero diretti al bene perché pensavo a salvarmi dalla minaccia piú immediata.

> Ma appena cominciai a riavermi Don Paolo mi fece conoscere per quale scopo si era occupato di me e oggi mi annuncia una sua visita in una lettera piena di lusinghe colpevoli che mi ha riempito di ribrezzo. (192)

And, of course, besides the two villains of the scenario, there is Michele Sacco, the savior of the persecuted virgin, whose honor and chivalry are at stake, if he does not come to her assistance: "L'unica mia speranza è di trovare una persona che abbia compassione di me e che mi nasconda a tutti. Non oso chiedervi di essere quella persona; mi sono rivolta a voi perché ho visto voi solo e perché il vostro viso mi è parso quello di onesto" (193). Needless to say, like all damsels in distress, Rita is kept a prisoner "senza carta nè inchiostro" (192). Michele Sacco, like don Conti, cannot resist Rita's plea, and agrees to a meeting: "Riflettendo. ancora pensai che nulla poteva accadere di male se avessi dato un minuto di ascolto a una ragazza che aveva chiesto il mio aiuto" (204). Michele, like Conti, believes Rita to be a victim of fate.

But Rita is not a helpless victim of fate. As far as it is possible to piece together her portrait from the multitude of contradictory statements provided by herself and others, she is an opportunist, willing to use every means at her disposal to satisfy her own desires. Her manipulative skills, apparent in her use of letters, make others respond to her demands. The clash between the image of Rita, the victim, projected through her letters, and the ruthless Rita, who did not hesitate to murder an elderly servant to avoid returning to the convent, becomes evident in Michele's description of the scene which he witnessed himself:

> Quello che vidi poi mi è rimasto impresso e non potrò scordarlo fintanto vivo. Appoggiata di schiena al davanzale della finestra già aperta, gli occhi duri ed immobili, quasi che non si accorgesse nemmeno del nostro arrivo, la ragazza guardava in alto ed in disparte: credetti che fosse strabica; ma il suo era male ben peggiore. I capelli neri, un po' piatti, con riflessi rossastri pesavano scarmigliati sul suo volto paffuto. La contemplammo un attimo con orrore. Notai il vestito, lungo, accollato, antiquato, che non sembrava appartenerle. (205, 206)

Michele has obviously experienced the shock at the juxtaposition of the two Ritas: Rita, the persecuted virgin of her text (which implies physical beauty, fragility, softness of expression, and grace of movement), and Rita, the person he sees, heavy and unattractive, dressed in old-fashioned, ill-fitting clothes.

The confrontation of text with reality makes us ponder the reasons why don Conti and Michele Sacco failed as the readers of Rita's letters and what made them accept her texts at face value. Oddly enough, don Conti himself claims to be an attentive reader and the allusions to reading and interpretation appear frequently in his letters. For example, he refers to "la seconda lettura di quella lettera a don Scarpa" (64). And yet he allows Rita to draw him into a clandestine correspondence, and continues it against his better judgment. In what is to be his last letter to Rita, he admits that he failed to see through the artifice of her letters:

> Con le vostre abili e graduali menzogne avete già saputo condurmi a un rischio grave e immeritato. Respingo con orrore il tentativo della vostra ultima lettera, di associare anche me, come tacito complice, alla colpa commessa col segreto maneggio di questa corrispondenza . . . La mia colpa è stata soltanto di non capire ciò che ora mi pare evidente. Le vostre lettere erano sempre bugiarde. Restate in convento, o uscitene, ma non ricorrete al mio aiuto. Non scrivetemi piú. Questa è l'ultima lettera. (148, 149)

But, of course as we well know, he will relent once more, this time providing Rita with a means to escape and a hiding place, the decision which proves to lead to fatal consequences.

What then does his reading lack, if Rita manages always to get one step ahead of him? The answer to that question may lie in the analysis of the reading process and the role clichés play in it. In the first stage clichés dazzle and seduce the reader with their familiarity, offering the truth ready made for instant acceptance. The next stage, however, should involve a moment of reflection, a pause to "reexamine them, put them in perspective, and denounce them."[16]

Both don Conti and Michele Sacco never reach that stage. They impose/project Rita's letters onto the images/texts already preexisting in their minds and fail to see that Rita guides/controls their reading by providing them with only such elements which would create a story she wants them to read. There is no center of truth in the novel because Rita's text/shell skillfully shifts that center into the eye of the beholder/reader. The only truth is the one created in the reading process.

By presenting two kinds of readers, don Scarpa as an incredulous reader who resists the fascination with clichés, and don Conti and Michele Sacca as readers who give in to them, Piovene's novel offers a comment on reading and interpretation, in particular the tenacity of clichés, and the contorted ways in which they affect a text's perception. In her essay "Fiction as Interpretation/Interpretation as Fiction," Naomi Schor discusses the acts of reading and interpretation as "something that is done *in* fiction," rather than something

---

16. Ruth Amossy, "Cliché in the Reading Process," 43.

"done *to* fiction."[17] She distinguishes between "an interpreter," i.e. an interpreting critic, and "an interpretant," i.e. an interpreting character. The interpreter is the interpretant's "specular image" who "mirrors his confusions as well as triumphs" (168). "Via the interpretant," says Schor, "the author is trying to tell us something *about* interpretation and the interpreter would do well to listen and take note" (170). Isn't then don Conti's interpretative failure a pretext to pause and reflect on the vicious perfidy of texts which elude the reader in search for truth and render a 'correct' interpretation a difficult, if not an impossible, task?[18] Do we always get to the stage of reexamination and denunciation, or do we allow ourselves be seduced by a stereotyped image? If we read as ironic the term "scolaro" applied to don Conti (209), we also have to read as ironic Rita's statement in court: "Non calcolavo l'effetto delle mie lettere; supponevo soltanto che ne avessero uno; avevo grande fiducia che ne nascesse qualcosa di buono per me" (215). Rita's proclamation of spontaneity, the hallmark of feminine writing, and her claim that she never intended her letters to be manipulative, is, of course, one more cliché, this time an obvious eye-opener for both external and internal readers.

Clemson University

---

17. Naomi Schor, "Fiction as Interpretation/Interpretation as Fiction" in *The Reader in the Text* 165-182. All further references are included parenthetically in the text.

18. If Piovene's literary works invite a reflection on certain aspects of his life, as a number of critics suggests, one wanders to what extent Piovene's career as a literary censor during the fascist regime might have provoked his fascination with the deciphering of texts and the 'correctness' of their interpretation. Cf. Gabriele Catalano's essay on "Guido Piovene" in *Letteratura italiana. I contemporanei* (Milan: Marzorati, 1963) 2, 1429-1452. Giorgio Barberi-Squarotti sees in Piovene's works "un'autodifesa del proprio atteggiamento pubblico sotto il fascismo," in *La narrativa italiana del dopoguerra* (Rocca San Casciano: Capelli, 1979) 79-84. It is puzzling, however, that none of the critics actually mentions Piovene's career as a censor, they only allude vaguely to his dubious political reputation in the fascist period. A more direct approach to that aspect of his biography can be found in Giovanni Falaschi, "Interventi redazionali negli anni trenta," *Belfagor* 40 (1985): 497-528.

Gian-Paolo Biasin

Lassù sulle montagne

Maria Zef, l'unico romanzo di Paola Drigo, pubblicato da Treves nel 1936 e riproposto da Garzanti nel 1982,[1] colpisce subito per almeno tre motivi: l'estrema povertà dell'ambiente descritto, la qualità del discorso narrativo, e la struttura dell'opera. "Pochi romanzi hanno una compattezza di costruzione interna ed esterna come questo. Dove tutto è necessario," scriveva Manara Valgimigli, e "dove non c'è scena o figura, né pagina o parola che potrebbe non esserci in quel posto e a quel modo."[2] Pochi romanzi hanno un discorso narrativo di qualità simile, caratterizzato — uso le categorie proposte da Guido Baldi su uno spunto di Gérard Genette — da una "voce narrante" che espone oggettivamente fatti, personaggi e ambienti, qualche volta interviene con considerazioni di carattere generale o "esterne" al mondo narrato, e spesso, ma senza mai rivelarsi in prima persona, si immedesima col "punto di vista" della protagonista eponima.[3]

E pochi romanzi mettono in scena con altrettanta immediatezza l'estrema povertà dei protagonisti, la miserrima condizione dell'ambiente descritto, fin dalla prima scena, in cui una ragazza trascina un carretto "carico di mestoli, scodelle, *càndole* e *candolini*, e di altri oggetti di legno," "attaccata alle stanghe per mezzo d'una cinghia che le passava sotto le ascelle" (11). A questa presentazione concreta e oggettiva segue, dopo poche pagine, la reazione *a parte subiecti* della protagonista:

> Le pareva che se avesse potuto cantare tirando il carretto, non avrebbe sentito più nè stanchezza nè sonno; forse non avrebbe neppur sentito quell'atroce

---

1. Tutti i riferimenti sono a Paola Drigo, *Maria Zef* (Milano: Garzanti, 1982). La nota dell'editore, "Il ritorno di Maria Zef," dà alcune informazioni bio-bibliografiche essenziali.
2. Manara Valgimigli, *Uomini e scrittori del mio tempo* (Firenze: Sansoni, 1943) 210-11. La recensione era apparsa in *Nuova antologia* nel febbraio 1940.
3. Si veda Guido Baldi, "'Narratologia della storia' e 'narratologia del discorso': appunti per una rassegna e una discussione," in *Lettere italiane* 1 (1988): 112-39. Di Genette si veda *Figure III. Discorso del racconto*, tr. it. (Torino: Einaudi, 1976) 233-36.

male che le faceva la correggia passandole sotto le ascelle. Quanto male le faceva quell'orribile striscia di cuoio!. . . Tra le braccia e il piccolo seno, le aveva scavato un solco livido, che talvolta s'irritava e sanguinava. Ma nessuno lo sapeva: no, non bisogna dirlo a nessuno. Che la madre soprattutto non se ne accorgesse. . . Avrebbe voluto tirar lei il carretto, come prima, come una volta, quando Mariutine era troppo piccola per averne la forza, povera, povera madre! (17)

Ambiente miserrimo, patetismo, dedizione: la memoria intertestuale potrebbe quasi riandare ai miseri protagonisti della letteratura popolare ottocentesca, la piccola fiammiferaia o le due orfanelle o magari Oliver Twist, ma in realtà i precedenti che occorre richiamare sono gli umili di Manzoni o i poveri braccianti o pescatori di Verga, e non v'è dubbio che il naturalismo francese si sommi al nostro verismo come possibile modello culturale o eco di scrittura per Paola Drigo, senza dimenticare certe pagine di Matilde Serao e di Grazia Deledda, e il precedente letterario e geografico più diretto, Caterina Percoto (specie in *Lis Cidulis*).

La storia di *Maria Zef* è ambientata nella regione fra la Carnia e il Friuli, fra montanari poverissimi le cui donne scendono in pianura durante la bella stagione a vendere oggetti di legno per poter poi comprare le provviste necessarie a sopravvivere durante i lunghi inverni. La storia è raccontata con un ritmo narrativo incalzante, scandito in quattro parti che vorrei intitolare: la morte della madre, la vita in alta montagna e il ricovero di Rosùte, la festa in casa Agnul e la violenza nella baita, le rivelazioni e la retribuzione. Nella "compattezza di costruzione" di questa storia hanno un ruolo fondamentale la prolessi e il culmine (accumulazione di fatti apparentemente insignificanti, anticipazione di eventi, azione rivelatrice o risolutrice), ed è a questo aspetto della struttura romanzesca ("narratologia della storia"), insieme con i diversi registri della voce narrante e del punto di vista ("narratologia del discorso"), che vorrei dedicare qualche attenzione, omettendo per economia di trattazione, con rammarico, altri aspetti possibili e importanti del testo, come il realismo (gli oggetti, i cibi, i costumi, il fattore economico) o la caratterizzazione (si pensi solo allo splendido ritratto a tutto tondo, davvero indimenticabile, della protagonista eponima).[4]

---

4. Un'analisi particolare meriterebbe la precisione dei cibi umili e regionali che sono sparsi per tutta la narrazione (14, 39, 62, 66, 71, 89, 95, 102-103, 113, 115, 121, 132, 136, 147, 173, 184, 188): contribuiscono efficacemente all'effetto realtà del testo, alla caratterizzazione di Mariutine, e in qualche caso anche alla costruzione dell'intreccio. Analogamente, vale la pena menzionare almeno le fotografie del re e della regina che

Già nella prima parte la morte di Catine, madre di Mariùte e di Rosùte, è dovuta, con linguaggio diagnostico e clinico, a "pleurite bilaterale, aggravata da condizioni di generale esaurimento" (27), ma la certezza positivistica del referto è subito messa in questione dai pettegolezzi della gente, fra cui "il bene informato abbassando la voce" insinua che ella "aveva indosso" "anche qualche cos'altro, pare. . .": "Non so se mi spiego . . . Queste donne vagabonde, i cui uomini vanno a lavorare all'estero. . . Anche questa . . ." (28). E tale insinuazione, bisbigliata all'orecchio del vicino, resta come elemento di sospensione narrativa e non verrà né svelata né spiegata fino a romanzo inoltrato.

Anche "la ferita al piede" (14) che fa zoppicare Rosùte dietro il carretto fin dalle prime pagine è un particolare costruttivo, già rilevato da Valgimigli, di notevole importanza, su cui la voce narrante non insiste per nulla all'inizio. E un altro elemento ancora, che a prima vista sembra assolutamente periferico ma che si rivelerà fondamentale, viene dato nella presentazione di Barbe Zef, lo zio Giuseppe che va a prendere le due orfanelle all'ospizio di pianura dove sono provvisoriamente affidate alla carità un po' pelosa e ipocrita delle suore e delle ricche borghesi dopo la morte della madre:

> Era un uomo di pel rosso, dalla faccia coperta di lentiggini, dall'aspetto un po' ottuso. Una cicatrice gli tagliava il sopracciglio e la palpebra d'un occhio costringendolo a strizzarlo in modo che pareva sempre che ridesse: un ricordo dell'America, aveva detto, d'una sera in cui era un po' *bevuto*, dove però non le aveva date, ma prese: la sua fedina criminale era pulita. (37)

Mentre l'attenzione è tutta concentrata sull'aspetto fisico del personaggio e sul richiamo letterario e intertestuale a "l'uomo che ride" di Victor Hugo, il particolare che si rivelerà importante e decisivo è la spiegazione della cicacrice, la rissa fra ubriachi. Più che "un ricordo dell'America," in realtà, la cicatrice è il marchio indelebile e visibilissimo che segna l'abitudine all'alcool di Barbe Zef e il suo destino di sconfitto (l'emigrazione in America resta sullo sfondo sociologico del romanzo — un fallimento per i più anziani, una speranza o

---

Mariutine vede appese alla parete dell'osteria, accanto al quadro di soggetto "romantico": "Il re invece le piaceva un po' meno: era vestito come un uomo qualunque, appena con nastro a tracolla che non voleva dir nulla, e soprattutto le sembrava troppo vecchio, con quei capelli a spazzola, con quei baffoni" (105). Anche filtrate attraverso la percezione soggettiva e limitata del personaggio umile, le indicazioni sono preziose per identificare il re in Umberto I di Savoia, ucciso in un attentato nel 1900 — termine *ad quem* per la collocazione temporale dell'azione romanzesca.

addirittura un miraggio, comunque irrealizzati, per i più giovani, come Pieri e di conseguenza Mariutine).

Anche durante il lungo ritorno a piedi alla casupola sui monti Barbe Zef ha occasione di bere "un goccio di grappa" — "avidamente e asciugandosi la bocca col dorso della mano" (49): è la ricompensa per aver aiutato la mucca di un vicino a partorire, e l'episodio avrà altre conseguenze narrative. Poi, subito dopo l'arrivo, Mariùte ricorda "una scena che l'aveva profondamente impressionata" anni prima: "tornando dal viaggio, avevano trovato Barbe Zef ubbriaco fradicio: purtroppo ciò gli avveniva abbastanza spesso [. . .]: bestemmiava, sghignazzava, faceva lunghi discorsi senza capo né coda, rincorrendo di qua e di là Catine a braccia tese, coi capelli rossi arruffati, gli occhi lustri"; e all'ingiunzione di Catine, "Via di qua, porco!", invece di reagire violentemente come Mariùte temeva, "egli aveva smesso immediatamente ogni velleità di ribellione, si era alzato barcollando, e se n'era andato" (60) — a dormire nel misero sgabuzzino con le galline, invece che nel lettone delle donne da lui occupato durante la loro assenza. Ora Mariutine ricorda anche che, "fosse Barbe Zef ubbriaco o sano, la madre sembrava averlo in odio, non si sa perché" (62).

Non stupisce comunque che Mariutine, quando ispeziona i cassetti per rendersi conto delle provviste ("in casa non c'era nulla: nulla, se non un piccolo pezzo di lardo rancido, e quelle poche patate mezze marce sotto il letto, tra le quali, scegliendo, riuscì a trovarne sette od otto di sane"), scopra nel pagliericcio del letto "una mezza bottiglia d'acquavite" e la nasconda, avvolta in uno straccio, "in mezzo alle sue robe sperando che Barbe Zef se ne dimenticasse" (71). Occorrerà ricordare questa bottiglia, perché è uno di quegli oggetti, davvero funzionali, che contribuiscono in maniera determinante non tanto al realismo della storia, quanto allo sviluppo ed anzi alla conclusione dell'intreccio.

Ma subito dopo il ritorno Barbe Zef è stranamente di buon umore, come se "la scomparsa della mâri l'avesse alleggerito da una soggezione gravosa, da un incubo"; e d'altra parte, un certo comportamento della povera Catine resta pure inspiegato: negli ultimi anni, "era cambiata repentinamente a un tratto, era diventata chiusa e fredda anche con loro, ch'erano le sue creature; non le baciava più: dormendo, si rannicchiava sulla sponda del letto, il più lontano possibile, e non voleva essere toccata. Se Rosùte, piccina, si serrava contro di lei nel sonno, duramente la respingeva." (73)

Quando, dopo giorni e giorni di pioggia battente che attraverso il tetto sgangherato allaga lo sgabuzzino e lo stallotto, gli Zef sono costretti a ricoverare le pecore e le galline nella misera cucina, anche Barbe Zef trasporta il suo pagliericcio al riparo nella stanza da letto delle ragazze. Mariutine, che pure ricorda "il divieto materno" (87), accetta la nuova situazione con naturalezza e a poco a poco si abitua alla presenza notturna dello zio, col suo russare

Lassù sulle montagne 303

"continuo e profondo, che pareva il rantolo d'una grossa bestia" (88); e tuttavia lo osserva preoccupata quando lo sorprende a rovistare nei cassetti e perfino nel pagliericcio del letto, brontolando, di cattivo umore:

> "Cerca la bottiglia!" pensò Mariutine, e il sangue le diede un tuffo. Quella sera, mentre stava menando la polenta, sentì su di sé due o tre volte gli occhi di Barbe Zef, cattivi e pieni di rancore; si volse, e tosto quegli occhi la sfuggirono. (95)

Ma il destino pare accanirsi: l'infezione al piede che aveva finora tormentato Rosùte peggiora, per cui è necessario ricoverarla in ospedale, e cioè trasportarla a Forni Avoltri su una "improvvisata barella" con una marcia di "quattr'ore" nella neve (98). Durante il ritorno, Mariutine e lo zio si fermano prima all'osteria "Al Cavallino Bianco," dove si rifocillano con una "zuppa fumante, oleosa, che mandava un buon odore" (103), e la ragazza osserva preoccupata "il numero rilevante di bicchieri [di vino rosso] che tracannava l'un dietro l'altro Barbe Zef" (104); e poi nella casa calda e accogliente di Compare Agnul, "quello di cui Barbe Zef aveva salvato la vacca e il vitello" (111) — *tout se tient*, come si vede, in questa eccezionale costruzione romanzesca. Qui, Mariutine è fatta segno alle attenzioni interessate del padrone di casa, il gobbo Compar Guerrino, che, dopo averla fatta sedere accanto a sé alla tavola imbandita, "le metteva nel piatto i migliori bocconi e le riempiva continuamente il bicchiere d'un vinetto bianco frizzante che pareva fatto apposta per resuscitare i morti," cosicché Mariutine per la prima volta da tanto tempo si sfama veramente, e quasi se ne vergogna (120-21). La festa è veramente bella, è carnevale, c'è il *filò* nella stalla, Compar Guerrino fa ballare una veloce mazurca a Mariutine e le rivolge dei complimenti straordinari, guardandola "golosamente": "Indugiava cogli occhi sul suo seno un po' acerbo che ancora leggermente ansimava, sulle cosce che si indovinavano forti sotto la povera sottanella, sulla bocca rossa e carnosa" (120).

L'insistenza dello sguardo maschile sulle singole parti del corpo di Mariutine è il segno testuale della maturità della protagonista, che a quindici anni è già donna e inconsapevolmente suscita il desiderio sessuale degli altri. La voce narrante sottolinea inequivocabilmente, con la concretezza dei precisi riferimenti corporali — seno, cosce, bocca — la nuova situazione, suggerendo nello stesso tempo l'aggressività possessiva dell'uomo. Ma la svolta nel destino di Mariutine è ancor più complessa:

> Mariutine avvampò di rossore. Aveva soggezione del gobbo perché era anziano e perché era il padrone, ed anche se avesse saputo, non avrebbe osato

rispondere, ché la sua estrema povertà aveva foggiato in lei fin dall'infanzia un'abitudine di sommissione e quasi di servilità di fronte a coloro che avvicinava fuori della sua famiglia. Ma erano quelle le prime lodi, i primi complimenti che le giungessero brutalmente rivolti al suo fisico, e più che lusingarla le davano un profondo impaccio, come i discorsi e la famigliarità di Compar Guerrino, mentre la interessavano e la divertivano, suscitavano in lei un oscuro senso di disagio.

In quell'istante, alzando a un tratto gli occhi come chiamata da altri occhi, incontrò lo sguardo di Barbe Zef, che entrato inavvertitamente nella stalla ed accoccolato sulle calcagna accanto a un tavolo dove si giocava, dietro una siepe di gente, li sbirciava. All'incontrare lo sguardo della fanciulla, distolse rapido gli occhi e finse d'interessarsi al gioco. (131)

Questo brano è veramente cruciale, per parecchi motivi che occorre analizzare. La voce narrante raggiunge un grado intensissimo di immedesimazione col personaggio, ma nello stesso tempo se ne distacca, e mentre ne descrive le reazioni ("avvampò di rossore, aveva soggezione, impaccio, disagio") commenta e critica la situazione sociologica e psicologica: Mariutine si trova in una situazione di inferiorità perché è più giovane, più povera e più ignorante di Guerrino. Età, censo, mancanza di istruzione, e classe sociale sono gli elementi che in questa situazione giocano a sfavore della protagonista, aggravando la sua condizione di donna, ma la voce narrante fa capire con grande chiarezza che la sua "abitudine di sommissione" è assai diffusa, anche se non così nettamente definita, nell'Italia povera della fine del secolo scorso, e dunque rappresenta una netta denuncia della cultura patriarcale. La denuncia è rafforzata anche dall'avverbio "brutalmente": riferito ai complimenti "rivolti al suo fisico," esso esprime sia il sentimento soggettivo di Mariutine nel riceverli, sia il giudizio morale della voce narrante (dell'autore implicito) nel commentare il fatto. Del resto, per capire che l'abitudine di "sommissione" era una condizione femminile diffusa ben oltre le classi più umili basta rileggere una lettera di Caterina Percoto all'amico Gioacchino Pompilj del 1853, in cui la contessa scriveva:

Sono stata settant'anni in convento in compagnia di 44 ragazze che appartenevano alle prime famiglie del Friuli. Vorrei che vedeste tutti voi altri che amate il nostro paese, come si torca, si snaturi e si maltratti fino agli anni più teneri la povera donna; questa pianta dalla quale aspettate il frutto della futura civiltà. . . [. . .] Avrei anch'io (da raccontare) funesti abusi di forza e terribili ingiustizie. . . . e questo tra bianchi. . . . Oh, i schiavi non sono, no, nella sola America![5]

Ma ancor più importante per la struttura narrativa di *Maria Zef* è la seconda parte della citazione, in cui è messa in scena la *médiation* di cui parla René Girard in *Mensonge romantique et vérité romanesque*,[6] il "desiderio triangolare" suscitato in un soggetto dallo spettacolo del desiderio di un terzo, senza il quale l'oggetto del desiderio non avrebbe valore. Qui, attraverso la triangolazione degli sguardi, è Barbe Zef che coglie il desiderio sessuale di Compar Guerrino per Mariutine, e diventa consapevole, se ancora non lo era, della attrattività (desiderabilità) della ragazza su cui lui stesso ha autorità (anche legale) e che vive con lui sotto lo stesso tetto. Chiaramente, la *médiation* è qui condizionata dal fatto che si tratta di due sguardi maschili: e come dice Jeff Nunokawa a proposito di *Tess of the d'Urbervilles*, la visione delle donne "is a form of male power" e il luogo stesso della violenza maschile, per cui una donna che sia *oggetto* (davvero!) del desiderio, come Tess o come Mariutine, entra suo malgrado in quelli che il critico chiama efficacemente "the killing fields of vision."[7] Le conseguenze, tremende, non si faranno attendere molto.

Infatti, appena tornati alla loro casupola con i regali di Compar Guerrino ("un salame, alcune fette di prosciutto, una piccola forma di *çuc*, oltre al pane e ad un pezzo di pizza coi siccioli," e soprattutto "una grossa bottiglia di vetro verdastro" (136-37) piena non di acqua, come teme Barbe Zef per un possibile scherzo, ma di grappa), Barbe Zef spiega a Mariutine che il gobbo si è invaghito di lei, che per questo e non per generosità ha dato i regali, che è un famoso donnaiolo e libertino che ha avuto "tutte le *fantatis* che sono andate a servir da sua madre, poi tutte quelle di sue cognate" (141), e adesso vorrebbe Mariutine. Parlando e bevendo la grappa, Barbe Zef si ubriaca, Mariutine gli strappa la bottiglia per evitare che egli si ubriachi ancora di più, riceve uno schiaffo "duro e brutale" (143) e, cercando di sfuggire allo zio saltando sul tavolo nell'angusta

---

5. In Grazia Livi, *Da una stanza all'altra* (Milano: Garzanti, 1984) 118. Alla stessa pagina Livi commenta: "Allo stesso modo le varie istanze culturali, imposte dall'alto, sono cadute sopra un terreno docile, subito pronto ad adottarle. Hanno trovato [in Caterina Percoto] un temperamento disposto al consenso. Il consenso, in effetti, è la prima qualità insegnata alla donna."
6. Si veda Renè Girard, *Mensonge romantique et Vèritè romanesque* (Paris: Grasset, 1961).
7. Jeff Nunokawa, "*Tess*, Tourism, and the Spectacle of the Woman" in *Rewriting the Victorians. Theory, History and the Politics of Gender*, a cura di Linda M. Shires (New York e London: Routledge, 1992) 71-72.

cucina, cade, rompendo la preziosa bottiglia di grappa e la lampada. Nel silenzio e nel buio che seguono, Mariutine chiede perdono piangendo a Barbe Zef, la cui presenza "era sensibile come quella d'una grossa bestia" (145), e da cui non riceve risposta:

> Ed in quello due dure mani l'afferrarono alle cosce, una bocca anelante le cercò le mammelle, e Barbe Zef si abbatté su di lei, e violentemente la prese. (146)

Si tratta, chiaramente, di un culmine narrativo, sottolineato dallo spazio bianco che lo separa sulla pagina dal seguito della narrazione, e sapientemente preparato dalla voce narrante con l'accumulo di riferimenti all'abitudine all'ubriachezza di Barbe Zef, alla ristrettezza della coabitazione forzata nella casupola, e al desiderio suscitato dagli sguardi di Compar Guerrino. Non è un caso che la scena dello stupro-incesto riprenda letteralmente alcune parole-chiave degli approcci del gobbo: il "seno" virginale di allora diventa "le mammelle" quasi animalesche, e certo più fisiche e corpose, di adesso; la "bocca rossa e carnosa" di lei lascia il posto alla "bocca anelante" di lui, e "le cosce" che "si indovinavano forti sotto la povera sottanella" sono ora afferrate da "due dure mani." La descrizione dello stupro echeggia quella precedente dello sguardo maschile, facendo riverberare anche su esso l'avverbio conclusivo, "violentemente," che sigilla insieme col verbo "la prese" la paratassi fulminea, ma allo stesso tempo dettagliata e straziante, quasi al rallentatore, della frase. Il culmine narrativo indica e comprime in tre righe ineluttabili le modalità di un atto di cui dichiara e denuncia, senza possibilità di appello, tutta la violenza.

Occorre inoltre ricordare che lo stupro di Mariutine è anche un incesto, e che, a livello sociologico, l'incesto era un fenomeno piuttosto diffuso fra le popolazioni povere delle vallate montane, come dimostrano queste battute riferite a un ragazzo montanaro disadattato e segnato da una tara, dette da due personaggi di un testo teatrale di Gina Lagorio, "Il polline," ambientato in Piemonte ma valido per il Friuli:

> Giovanni (con voce dura) — L'incesto non è un fatto letterario da noi. Le condizioni di queste vallate, a conoscerle da vicino sono spaventose.
> Velleda — Credi che mi scandalizzi? Dio ha certo un'unità di misura diversa dalla nostra.
> Giovanni — Come se Dio c'entrasse. . . .[8]

---

8. Gina Lagorio, "Il polline" in *Freddo al cuore e altri testi teatrali* (Milano: Oscar Mondadori, 1989) 167-68.

In ogni caso, l'efficacia della scena dello stupro di *Maria Zef* che ho citato risalterà in tutta evidenza dal confronto con episodi analoghi, in particolare quello narrato in *Una donna* di Sibilla Aleramo e quello rievocato in *Artemisia* di Anna Banti. (Tralascio *La ciociara* di Alberto Moravia, che ubbidisce ad altre preoccupazioni e che ho trattato altrove). In *Una donna*, la narratrice racconta lo stupro subito, come Mariutine, a quindici anni nei termini seguenti:

> Così, sorridendo puerilmente, accanto allo stipite della porta che divideva lo studio del babbo dall'ufficio comune, un mattino fui sorpresa da un abbraccio insolito, brutale, due mani tremanti frugavano le mie vesti, arrovesciavano il mio corpo fin quasi a coricarlo attraverso uno sgabello, mentre istintivamente si divincolava. Soffocavo e diedi un gemito ch'era per finire in urlo, quando l'uomo, premendomi la bocca, mi respinse lontano.[9]

Devo dire che solo leggendo il seguito del libro mi sono reso conto di ciò che viene descritto in questa scena — o meglio, di ciò che non viene descritto, perché tutto è basato sulla litote (lo stupro non è detto), sull'eufemismo (l'atto violento è semplicemente "un abbraccio," anche se "insolito, brutale"), sulla metonimia (le mani maschili frugano non già il corpo della donna, ma le sue "vesti," il contenente invece del contenuto). Solo il contesto dunque, pur farcito di termini quali "un immenso orrore" (34) e "l'iniziazione atroce" (37), spiega retrospettivamente la scena della violenza patita, che resta perciò anodina e non diventa mai un fulcro narrativo né esistenziale.

Un po' più esplicito, ma non tanto, è il racconto che Artemisia fa alla narratrice del romanzo eponimo: "Eravamo soli in sala. [. . .] Mi tenne a forza sul letto con le pugna e coi denti, ma io avevo visto sulla cassa il coltellino di Francesco, mi allungai, lo agguantai, e menavo di sotto in su, tagliandomi la palma"; la narratrice commenta: "La sbalordita precisione anatomica dell'esame di Artemisia giovinetta non può aver luogo, da me a lei: le parole che le mammane, dopo averla visitata, le insegnarono, sono passate attraverso la mia memoria come scintille, lasciando cenere triste."[10] Anche qui dunque lo stupro non viene detto, e un'auto-censura piena di compassione, di pudore e di comprensione in parte supplisce ai deliberati vuoti della narrazione con la forza (questa sì non violenta) dello stile, che esprime tutto "il dolore di un'intattezza

---

9. Sibilla Aleramo, *Una donna* (Milano: Feltrinelli, 1989) 34. La violenza sessuale è un problema sociale e giuridico perdurante: si veda per esempio Patrizia Carrano, *Stupro. Il romanzo-verità di una ragazza e i suoi quattro violentatori* (Milano: Rizzoli, 1983).

10. Le citazioni si riferiscono ad Anna Banti, *Artemisia* (Milano: Oscar Mondadori, 1974) 23.

violata" e il desiderio di sublimazione e di rivalsa nell'arte di Artemisia Gentileschi (il quadro di Giuditta e Oloferne, quello di Susanna e i vecchioni).

Paola Drigo, si è visto, usa un linguaggio esplicito, diretto, concreto, che, a posteriori, sarebbe difficile ricondurre alle ipotesi di "scrittura femminile" di Luce Irigaray e di Hélène Cixous[11] ed è invece più utilmente inquadrabile come antecedente delle denunce della prima ondata della critica femminista contro la cultura patriarcale[12]. Ma naturalmente non si può sottoscrivere neanche una lode come questa di Valgimigli: "Veramente la Drigo è una maschia donna. È una scrittrice virile. Né voglio darle con questo una stolida lode per stolido antifemminismo; bensì solo cogliere di lei un aspetto e tentare una distinzione. E virile non esclude, anzi accentua il sentimento, perché lo pulisce da ogni fiacchezza, perché lo asciuga da ogni mollezza, [. . .] perché lo nobilita e gli dà dignità e austerità."[13] Un brano simile, letto oggi in clima di "political correctness," come minimo fa sorridere, appare irrimediabilmente datato e, proprio perché è scritto in evidente buona fede e dettato dalle migliori intenzioni, appare come espressione e riconferma inconsapevole di quei pregiudizi e di quei clichés basati sulla differenza sessuale che la critica femminista giustamente combatte.

E come Aleramo e Banti, anche Drigo lascia che la sua voce narrante si soffermi, dopo la narrazione obbiettiva dell'atto di violenza, sulle conseguenze soggettive che quell'atto provoca nella protagonista — con pagine di una partecipazione intensa e commossa che coniuga l'immedesimazione interiore con l'osservazione esterna. Basti un solo esempio: "C'era un pane quasi intero sulla tavola, ed ella l'afferrò prima ancora che la volontà ed il pensiero le dicessero: prendilo; l'afferrò e lo portò alla bocca senza spezzarlo, mordendolo voracemente, ingoiandone grossi pezzi senza masticarli, senza trarre quasi respiro. Mangiava e piangeva; le lacrime le colavano giù per le guance, e il loro sapore salato si mescolava a quello del pane" (147-48).

L'episodio dello stupro è un culmine narrativo, ma ancora non spiega molti particolari e comportamenti accumulati fino a quel punto del testo; altri sviluppi, altri orrori incalzano, a cominciare dal fatto che Barbe Zef ripete il suo atto di

---

11. Si vedano Luce Irigaray, *Speculum de l'autre femme* (Paris: Minuit, 1974) e Hèléne Cixous, "Le Rire de la Méduse," *L'Arc* 16 (1975): 39-54.
12. Si vedano almeno l'utile compendio "Feminist Literary Criticism," in *The Critical Tradition. Classic Texts and Contemporary Trends*, a cura di David H. Richter (New York: St. Martin's Press, 1989) 1063-78; e, per il background storico-sociologico, G. Chianese, *Storia sociale della donna in Italia* (Napoli: Guida, 1980).
13. Valgimigli 206.

violento dominio su Mariutine, magari dopo averla accarezzata con "le sue scabre mani" ruvidamente sulle spalle, o sul seno, o sulle braccia, o sul collo, "come avrebbe fatto per acquetare una cavallina" (155) — e la sua diventa un'abitudine: di notte, "senza vedere il suo viso, senza udire il suo pianto, come il cane prende la cagna, la prendeva, la lasciava, e piombava nel sonno" (161). Mi sembra inutile sottolineare la potenza evidente delle similitudini animali in questo contesto.[14]

E Mariutine, devastata, rassegnata, apatica e triste, un giorno prova "uno strano malessere fisico che la spossava in tutte le membra" (160), e che cresce, provocando arsura e "bollicine rosse" inspiegabili e inquietanti (163), finché decide di andare dalla donna della Malga Varmòst, in fama di sapiente curatrice; entrando, scorge "una strana creatura senza età, senza sesso, con una grossa testa su esili spalle, vestita di un camiciotto di ruvida lana scura," con i capelli "canuti," "la fronte grinzosa come quella di un vecchio, ma gli occhi ceruli erano limpidi, infantili" (168), e questo essere mostruoso, la cui muta presenza testimonia le condizioni "spaventose" dei montanari poveri, è anche il preannuncio, o il correlativo obbiettivo, della duplice, terribile rivelazione che Mariutine sta per ricevere: è ammalata di "mal francese" (170), com'era chiamata la sifilide, ed anche sua madre l'aveva, e ne era morta:

> Mariutine aveva ascoltato, aveva udito, ma pareva non avesse compreso. . .
> Un caos nella sua mente. . . La mâri. . . Barbe Zef. . . Tutto un orizzonte ignorato, insospettato. . . L'oscurità degli anni infantili rotta da tragici lampi.
> . . Particolari che le erano sfuggiti ed ora le ritornavano alla memoria precisi, evidenti. . . I silenzi della mâri. . . E quel suo appartarsi, quel suo ricusare a lei e a Rosùte perfino un bacio. . . Quella sua vigilanza sempre in allarme, sempre in sospetto. . . E quel suo dolore chiuso, disperato, senza speranza.
> . . E la sua pallida faccia, e il suo precipitare improvviso verso la vecchiaia, verso la morte. . . (171)

Anche questa pagina costituisce un culmine narrativo fondamentale, in quanto spiega retrospettivamente tanta parte del testo (e delle citazioni che ne ho tratto), mentre nello stesso tempo prepara lo sviluppo e il culmine finale del romanzo.

---

14. Si noti che le similitudini animali sono frequentissime in tutto il testo di *Maria Zef*, sia di esseri umani paragonati ad animali (per esempio 24, 40, 46, 88, 99, 122, 127, 135, 143, 145, 175, 178) che di animali paragonati a esseri umani (21, 49, 69, 117, 118, 124, 128, 152).

Infatti le rivelazioni ricevute, combinate con l'indifferenza dimostrata da Barbe Zef verso la sorte di Rosùte dimenticata in ospedale, provocano uno scatto di ribellione e di violenza in Mariutine, che si avventa contro lo zio:

> Colpiva alla cieca, violentemente, sulle spalle, sulla faccia, sul cranio, sul collo.
> Come una bestia presa al laccio, egli si dibatteva, tentando di graffiare e di mordere, sferrando pugni e calci, ma appena con uno strappo riusciva a scrollarsi e stava per rizzarsi in piedi, con la sua grossa mano di montanara avvezza alla falce, alla scure, ella lo riagguantava, e lo ricacciava giù, giù [. . .]. (175)

Psicologicamente questa aggressione è più che motivata; narrativamente, essa costituisce il preludio dell'ultimo atto della tragedia, in quanto mostra una Mariutine più forte di Barbe Zef, avvezza a maneggiare la falce e la scure.

Quando Barbe Zef le annuncia che dovrà andare a servire a Belluno per l'interessamento di Compar Guerrino, e che quindi Rosùte resterà sola con lui nella casupola, Mariutine capisce che la sorellina avrà lo stesso destino suo e della madre — destino tanto più orribile in quanto Rosùte non può che essere figlia di Barbe Zef: "Ma certo Rosùte *gli* assomigliava; aveva la *sua* pelle lentigginosa, i *suoi* capelli rossi. . . Come mai non l'aveva notato prima? come mai non se n'era accorta? Sì, sì, Rosùte era il ritratto parlante di Barbe Zef!. . ." (191). Allora, dopo aver seguito quello che è stato definito "un percorso sotterraneo e inconscio di accumulazione di sentimenti e risentimenti,"[15] Mariutine silenziosamente decide: prende la bottiglia di grappa che — ricordiamo — aveva nascosto fra le sue povere cose in un angolo del cassone, e la offre deliberatamente a Barbe Zef, che infatti non resiste alla tentazione, piano piano beve tutta la grappa, e si addormenta pesantemente in cucina. A notte fonda, con grande cautela e nel massimo silenzio, Mariutine gli si avvicina:

> Una improvvisa pietà di lui, di sé, della vita, del comune destino, la fece vacillare sulle ginocchia, indietreggiare tremando verso l'uscio da cui era entrata. Pietà di quell'essere che era là per terra, e dalla nascita alla morte era stato anch'esso un mendico, un misero, nato forse senza perfidia, ma che povertà, promiscuità, solitudine, privazione assoluta di tutto ciò che può addolcire ed elevare la vita, avevano abbrutito e travolto. Tranne l'ubbriacarsi e l'accoppiarsi con qualche femmina, che altro aveva avuto quel meschino

---

15. Vanna Gazzola Stacchini, "Una scure per Barbe Zef," *La Repubblica*, 30 giugno 1982, 31.

nella sua vita? Null'altro, null'altro al mondo, che faticare e patire. . . Ed ora. . .
Ma si irrigidì contro la sua debolezza. Rosùte!. . .
"Rosùte no, Rosùte no, Rosùte no!"
La cucina era così piccola che le bastò, senza muoversi, tendere il braccio, la mano, per afferrare la scure che era buttata sopra un mucchio di legna nell'angolo del focolare.
Ella l'afferrò e l'alzò quanto più alto poté.
La lama lampeggiò nell'ombra.
Mirò al collo, e vibrò il colpo.
Non un grido: solo un fiotto di sangue. (193)

Si conclude così, nel silenzio e nel buio, questa tragedia moderna, con uno stile che recepisce il giudizio morale della voce narrante sovrapponendolo a quella interiore della protagonista ("la privazione assoluta di tutto ciò che può addolcire ed elevare la vita" appartiene alla prima, la "improvvisa pietà" alla seconda), e che si scarnisce in una serie di frasi sempre più brevi, spezzate e giustapposte, quasi a mimare la serie di atti da compiere meccanicamente ma lucidamente per portare a termine la decisione presa: e dopo il parossismo delle azioni che tutte insieme costituiscono l'uccisione (la vendetta, la retribuzione, la liberazione), ecco il placarsi della frase nominale conclusiva, "Non un grido: solo un fiotto di sangue," risultato e suggello di tutta la storia.

L'analisi narratologica fin qui condotta mi pare mostri chiaramente una scelta cruciale operata da Drigo: fra il narratore onnisciente ed esplicito di Manzoni e "l'artificio della regressione" dell'impersonalità di Verga,[16] Drigo ha scelto una posizione intermedia, usando un narratore onnisciente ma implicito, e accentuando un'alternanza fra esterno ed interiorità, tra voce narrante e punto di vista, che è sempre basata su una lingua costantemente letteraria, e che si può considerare criticamente come una caratteristica della sua scrittura. Le conseguenze di questa scelta sono prima di tutto linguistiche: la sua è una lingua, come ha notato Gazzola Stacchini, "che non si è naturalizzata col mondo elementare di cui si vuol scoprire il significato, ma resta uniformemente colta: più che essere l'autrice a occultarsi nei suoi personaggi elementari — come era nelle intenzioni dei naturalisti — sono i personaggi che salgono alla coscienza linguistica della scrittrice."[17] D'accordo, ma la scelta di Drigo è più intelligente ed efficace di quanto potrebbe sembrare: sa bene che i suoi lettori

---

16. Si veda Guido Baldi, *L'artificio della regressione. Tecnica narrativa e ideologia nel Verga verista* (Napoli: Liguori, 1980).
17. Gazzola Stacchini 31.

e lettrici sono borghesi, e il modo migliore di catturare la loro attenzione e il loro interesse è di esprimersi in un italiano che appunto non è naturalizzato col mondo elementare dei montanari friulani, ma è abbastanza vicino a quel mondo, abbastanza corposo e preciso da permettere un'identificazione dal di fuori.

È come se Drigo si fosse resa conto che il lettore o la lettrice medi (se non proprio lettori modello) erano dopotutto borghesi che potevano interessarsi al suo mondo possibile, creato sul calco della Carnia e del Friuli, come turisti che ne conoscessero appunto superficialmente e dall'esterno alcuni luoghi reali, come Calalzo o Forni Avoltri, magari dopo averne letto una descrizione su una guida turistica, o averne sentito parlare da qualche villeggiante amico. La regione era già meta, fin dal secolo scorso, di un turismo d'élite anche straniero: il resoconto di un viaggio compiuto da una signora inglese, Amelia B. Edwards, nel quadrilatero compreso fra Bolzano, Brunico, Illichen e Belluno nel 1873 (seconda edizione 1893) è intitolato *Untrodden Peaks and Unfrequented Valleys*,[18] e già dal titolo dà un'idea delle condizioni "primitive" (aggettivo molto frequente nel testo) incontrate dalla viaggiatrice.

Ora, non sto dicendo che Drigo si pone di fronte ai suoi personaggi e al suo ambiente romanzeschi con l'animo e la predisposizione di una turista come la Edwards, per di più straniera. Semplicemente, Drigo sa che i lettori borghesi del 1936 un po' turisti lo sono, e il suo testo mostra questa consapevolezza. Gli esempi che si possono addurre sono costituiti, come è logico, soprattutto da descrizioni paesaggistiche — che infatti avevano già attirato le attenzioni e le lodi dei primi recensori, come Valgimigli[19] e Pietro Pancrazi.[20] Mi limiterò a due citazioni:

> La strada che da Calalzo piega in direzione del Passo della Mauria attraversa una regione ricca di paesi e di borgate, varia, mossa, bellissima, tra montagne nere di boschi. Appena fuori della stazione la piccola comitiva s'avviò rapida per la carrozzabile che in mezzo a larghe praterie si snoda in leggera salita verso est. (42-43)

---

18. Amelia B. Edwards, *Untrodden Peaks and Unfrequented Valleys. A Midsummer Ramble in the Dolomites* (London: Routledge, 1893).
19. Valgimigli sottolinea giustamente la tragicità e la tristezza di molti paesaggi (215-16).
20. Pietro Pancrazi nota che il paesaggio "non ci sta come sfondo o colore: è un elemento vivo, e forse determinante, del dramma," in *Scrittori italiani dal Carducci al D'Annunzio* (Bari: Laterza, 1937) 224.

È una descrizione che potrebbe trovarsi ad apertura di capitolo in una guida del Touring Club Italiano, con tutti i tempi verbali al presente (piega, attraversa, si snoda) di un panorama immutabile, in cui si inserisce l'azione narrativa al passato: "la piccola comitiva s'avviò." È dunque una descrizione funzionale, che serve come entrata nel mondo possibile del romanzo che assomiglia tanto al reale.

E dopo l'entrata, ecco le indicazioni per penetrare più addentro, nel cuore del microcosmo romanzesco:

> Il casolare dei Zef era in una valletta abbastanza riparata dai venti, colle spalle addossate alla roccia.
> Era una delle solite baite di alta montagna della cui povertà e primitività, senz'averle viste, si ha difficilmente l'idea: colla parte inferiore costituita da muretti a secco, la superiore in tronchi d'abete, il tetto aguzzo e sporgente.
> (59)

"Una delle *solite* baite d'alta montagna": il testo presuppone una conoscenza minima ma adeguata da parte di chi legge — una competenza appunto da turista che di baite ne ha già viste (magari solo in fotografia), e che viene invitato a considerarne "la povertà" e "la primitività." Ma naturalmente, a differenza di un libro di viaggi come *Untrodden Peaks and Unfrequented Valleys*, un romanzo come *Maria Zef* non si ferma sulla superficie pittoresca di quelle pareti povere e primitive, ma le oltrepassa per cercare e svelare la storia o il dramma che dietro di esse si svolge.

Faccio queste considerazioni perché mi pare che aiutino a capire la logica, la funzionalità e la riuscita delle scelte linguistiche e strutturali di Paola Drigo. Dopotutto, è la voce narrante stessa a ricordarci — richiamandoci alla "sospensione dell'incredulità" — che i personaggi poveri protagonisti del romanzo non parlano l'italiano che parlano gli abitanti borghesi del paese di pianura e che leggiamo sulla pagina: "[Barbe Zef] si esprimeva però più intelligibilmente delle bambine, in un dialetto meno aspro" (37). Il problema è tutto lì, e l'avverbio lo sottolinea: il grado di intelligibilità del dialetto, per quanto aspro e dunque espressivo esso sia, è contrapposto alla comunicatività della lingua nazionale. È l'eterna questione della lingua, è lo stesso problema di Caterina Percoto prima di Paola Drigo e di Pier Paolo Pasolini dopo di lei. È, in parte, la ragione per cui la "voce" narrante è necessariamente diversa dal "punto di vista" dei personaggi. Ed è la ragione per cui "Mariùte" e "Mariutine," il vezzeggiativo e il diminutivo del dialetto friulano, diventano "Maria," il nome italiano che precede il cognome, nel titolo del romanzo di cui la persona titolare di questi appellativi è protagonista, *Maria Zef*.

University of California at Berkeley

RAFFAELE LAMPUGNANI

Regional Identity, Amoral Familism, and Social Integration in Visconti's *Rocco e i suoi fratelli*

As Italy celebrates the fiftieth anniversary of its Republican institutions, it is seemly to reflect on this all important 50 year post-war period and recognize that this was not merely the term of political corruption, clientelistic collusion and bureaucratic stagnation most commentators emphasize, but also a period of transformation in which the very fabric of Italian society changed beyond recognition:[1] a social and cultural transformation the essence of which Luchino Visconti has tried to capture in his films.

By way of introduction to his book on Italian contemporary history, Paul Ginsborg, arguably the most notable British historian to analyse Italy after the war, writes in two paragraphs what could in fact be the synthesis of the whole

---

1. Commentators have predictably focussed on political and institutional issues, highlighting the recent collapse of traditional political parties and the rise of the regional autonomist leagues. The Republic's first fifty years are generally perceived as a period of political stagnation and collusion and recent newspaper headlines sum up this viewpoint. A good example is a headline run by a Melbourne newspaper: "Italy's History goes on trial for corruption" (*The Age*, Tuesday 26 September 1995, p 10). The article by Peter Ellingsen, the paper's European correspondent in Palermo, announced in this manner the beginning of what he calls "Italy's trial of the century." Paraphrasing the words of former minister Giuliano Ferrara, he was referring to the trial on charges of corrupt collusion with the Mafia of former seven-term Prime Minister Giulio Andreotti, a politician who has been a key figure in the many coalition governments since the end of the Second World War and one who cannot in effect be disassociated with the history of Italian politics in the contemporary period. Most news broadcasts take the same viewpoint. The trial is seen as the conclusion of the well known inquiry by Milanese magistrates known as "Mani pulite." It is generally accepted that the "mani pulite" inquiry into funding of political parties was effective in exposing individual cases of corruption, but also instrumental (together with a changed political world climate) in destroying the traditional political groupings and setting up of new forces; in short, the collapse of what some commentators refer to as the first Republic.

The Flight of Ulysses, edited by Augustus Mastri

book. Italy at the end of the war in 1943 was, in his view, "little changed . . . since the time of Garibaldi and Cavour . . . predominantly a peasant country, of great and unspoilt beauty, of sleepy provincial cities, of enduring poverty . . . rural culture and dialects."[2]

Italy's extraordinary social, economic and cultural transformation has in fact occurred in the space of four decades, alongside and overshadowed by the political immobility mentioned above. Ginsborg writes:

> [Italy] has undergone an extraordinary process of enrichment, urbanization and secularization. The peasant cultures of the previous centuries have not disappeared altogether, but they have been replaced overwhelmingly by a single national urban culture. There has been an unprecedented migration of country dwellers to the cities, and of southern Italians to the North. During the years of the Republic, Italy has witnessed the most profound social revolution in the whole of its history. (p.1)

"This great transformation is the principal protagonist of this book," writes Ginsborg, and the careful reader will no doubt agree.

The analysis of the causes and means of this historical process is beyond the scope of this paper. What is of interest is the effect of this cultural and social transformation on the human beings concerned, as perceived and portrayed by Luchino Visconti in his film *Rocco e i suoi fratelli*.

With the rapid and massive industrialisation of North-Western regions of Italy in the so called *Industrial Triangle*, Italy experienced an economic boom that had an effect on the lives of ordinary Italians and changed their culture and behaviour, their family life and values, attitudes to sexuality, leisure, consumer habits, language and place of residence. Italy from a predominantly agricultural economy transformed itself into an urban industrial consumer society. Hundreds of thousands of Italians moved from rural areas to the developing industrial centers, from the poorer South to the industrial North. Television brought standard Italian to all parts of the peninsula. The new network of freeways and mass produced small cars gave Italians unprecedented mobility. Increased literacy was reflected in a wider circulation of illustrated magazines (*rotocalchi*) and affordable editions of books.

---

2. Paul Ginsborg, *A History of Contemporary Italy. Society and Politics 1943-1988* (London: Penguin, 1989). Further page references to this edition will be given in brackets.

Some contemporaries feared and debated the effects of "cultural unification in accordance with the myths and models of consumer capitalism."[3] Recalling in parody a famous phrase attributed to the *Risorgimento* patriot Massimo D'Azeglio, the well known historian Giorgio Bocca was one of the first to express his concern at the process of homogenisation of Italian culture:

> L'Italia è fatta, gli italiani quasi . . . fra non molto gli italiani, popolo compatto, avranno usi, costumi e ideali identici dalle Alpi alla Sicilia, vestiranno, penseranno, mangeranno, si divertiranno tutti alla stessa maniera, dettata e impostata dal video.[4] (5)

Cultural standardisation is seen not as spontaneous but as subordinate to the models of social behaviour put forward by the US, able to stifle Italian culture: "[Sarà] una civiltà uniforme capace di mascherare, prima, e di soffocare, poi, la pluralità del mondo italiano" (Bocca 5). Bocca does not only fear cultural uniformity, but also racial homogeneity: "le migrazioni interne avranno liquidato le ultime differenze di sangue," he predicts, "i discendenti dei longobardi, liguri, galli, romani, sabelli, svevi, greci, etruschi, arabi avranno creato, in vorticosa mescolanza, un tipo di italiano tanto composto da apparire indifferenziato, come lo desidera, per l'appunto, la civiltà dei consumi" (Bocca 5).

In hindsight, and thirty years from the date in which that statement was made, we can clearly see that, though a standard culture did take form, regional identities did not disappear. A process of modernisation took place and it brought about the creation of a culture that was superimposed, as Stephen Gundle would say, "onto pre-existing forms of consciousness, as one of profound mutations."[5] The concern, however, was legitimate given the rapidity of change and massive imbalances and dislocations it produced. The phenomenon of Italian internal migration during the years of the economic "miracle" is well documented. It is sufficient to point out here Ginsborg's assessment of the magnitude of interregional movements between 1955 and 1971. In his view, over 9 million people were involved. Ginsborg's figures show migrant flows in both ways, and include those who returned to the place of origin. A more recent study by Enrico Pugliese on internal migration gives more conservative figures

---

3. Stephen Gundle, "Communism and Cultural Change in Post-War Italy" (unpublished Ph.D. thesis, Cambridge University, 1985), quoted by Ginsborg 239.
4. Giorgio Bocca, *Miracolo all'italiana* (Milano: Feltrinelli, 1980. First ed. by Edizioni Avanti, 1962).
5. Quoted by Ginsborg *239*.

and suggests that internal migration tended to be permanent on the part of younger people without the relocation of whole family units.[6]

The effects of this massive dislocation of people is the focus of this study and, in my view, also the focus of attention of Luchino Visconti in *Rocco e i suoi fratelli*, a film that captures admirably the mood of the time. Visconti does not merely try to give an account of two cultural groups merging, but also portrays the agrarian South as socio-culturally backward, indicating *assimilation* as the only way to achieve social harmony.

For both its realism of content and aesthetic and artistic qualities *Rocco* has been the subject of critical analysis since its premiere at Venice, in 1960. It has generally been highly regarded, to the extent that it has been termed one of the greatest masterpieces of Italian cinema, but critical opinions have also differed with regard to more specific filmic interpretations. Guido Aristarco, in his introduction to the Cappelli edition of the filmscript, places Visconti's film within the tradition of Italian realist cinema,[7] whilst Sam Rohdie considers the characters in *Rocco* as free of the constraints imposed by the naturalistic convention of neorealism and able to "erupt on the screen with all the emotional power of heightened melodrama."[8] In his excellent recent study, Rohdie, subsumes many of the aspects commented upon in previous analytical works and introduces new insights. Particularly illuminating is his analysis of the function of melodrama as a bridge between the popular and the bourgeois cultural spaces, the use of movement as music and dance, the filmmaker's own cultural values, the sources for the subject, and the history of the film's production.

Rohdie's study of the film, however, contains one premise that causes the critic to view ideology and characterisation in the film in marxist terms. He writes, "[T]he fate of the three 'integrated' brothers directly refers to ideological and social-historical positions argued by Gramsci in 'The Southern Question.'" This premise causes Rohdie to view characters as positive or negative from an ideological perspective, and offer his comment: "[T]he emphasis . . . is on consciousness, choice, rationality, understanding, social commitment. All this

---

6. Enrico Pugliese, "Gli squilibri del mercato del lavoro," in *Storia dell'Italia repubblicana*, vol. 2, ed. Francesco Barbagallo (Torino: Einaudi, 1995) 596-603.
7. In "Esperienza culturale ed esperienza originale in Luchino Visconti," Guido Aristarco writes: "Visconti è legato alla cultura del realismo . . . le sue opere precedenti non sono soltanto realistiche ma all'avanguardia del realismo cinematografico italiano . . . [l]a risposta è *Rocco e i suoi fratelli*," in Luchino Visconti, *Rocco e i suoi fratelli*, a cura di G. Aristarco e G. Carancini (Bologna: Cappelli, 1978) 34.
8. See Sam Rohdie, *Rocco and his Brothers* (London: BFI Publishing, 1992) back flap. Page references to further quotations from this book will be given in brackets henceforth.

is very worthy, but the trouble is that however fine the ideological positions of Ciro and Luca may be, their dramatic positions are weak and their characters are without substance" (17). The wrong premise, in my view, is the expectation to see Gramscian ideologies find fulfillment in the weight and importance attached to characters. With this in mind we can appreciate Rohdie's sense of confusion:

> The dramatically interesting Simone and Rocco — interesting for their passion, their individuality, their traditional values of honour, family, sacrifice, their excess, in short their humanity — may be criticised . . . for an ideological lack, but the ideologically interesting brothers seem to lack all humanity. Not only does Vincenzo desert his family and refuse to help Simone, and Ciro hand Simone over to the cops, but these acts of 'betrayal,' of lack of solidarity, of unconcern to the family, are measured by their lack of dramatic depth as characters. (19)

There is no justification for expecting to find Gramscian marxist ideology prevail over aesthetic intentions and realist concerns. This would have been plausible at the height of the neorealist movement some years earlier, but not in 1960, at the peak of the economic 'miracle.'[9] What is evident is that Visconti remains true to the aesthetic plan of action envisaged in his note "Cinema antropomorfico" written just after filming *Ossessione*:

> . . . il peso dell'essere umano, la sua presenza, è la sola 'cosa' che veramente colmi il fotogramma, . . . l'ambiente è da lui creato, dalla sua vivente presenza, . . . dalle passioni che lo agitano questo acquista verità e rilievo . . . [10]

The concentration of attention on the "negative" characters is far from coincidental. Visconti focusses his attention on Simone, Rocco and Rosaria precisely because these are the victims of a clash of two cultures. As the filmmaker explained in an interview, he favoured narrating "le sconfitte, . . . le vittime, i destini schiacciati dalla realtà."[11] These characters are important

---

9. Brodie's argument is, however, penetrating with regard to Visconti's own sense of ideological waning (14).

10. Luchino Visconti, "Cinema antropomorfico," *Cinema* 173-174 (25 Sept. - 25 Oct. 1943) now quoted by Luciano De Giusti in *I film di Luchino Visconti* (Roma: Gremese, 1990) 8 and reproduced also in G. Aristarco 51.

11. See "Un incontro al magnetofono con Luchino Visconti," in *Luchino Visconti. Morte a Venezia* ed. L. Miccichè (Bologna: Cappelli, 1971).

because they represent the reality of internal migration and its effects — the consequent feelings of cultural uprooting, individuals' attempts to come to terms with the sense of loss of identity, and cultural laceration, ostracism, the painful merging into a new culture as perceived by the Milanese film director.

But, of course, *Rocco e i suoi fratelli* is not merely a tale of regional migration, nor, as critics have suggested, an "epic of modern urban life." Let us recall the outline of the story, taking Visconti's own words as starting point. *Rocco* is the story of a mother and her five sons: "cinque, proprio come le dita della mano," Visconti suggests, recalling, both in the *Soggetto* elaborated by the scriptwriters and in an interview with Guido Aristarco, the phrase used by Giovanni Verga with reference to the characters in *I Malavoglia*. Rosaria Parondi, a widow from the southern region of Basilicata, sells a small, uneconomical farm to travel, with four of her sons, Simone, Rocco, Ciro and Luca, to Milan, where the eldest son Vincenzo now lives. The first scene, which was meant to be the burial at sea of the father, does not appear in the final version. The film opens with the arrival of the family at Milan's Central station. Their unexpected arrival embarrasses Vincenzo, who is celebrating his engagement to Ginetta, also from a family of southern immigrants. Vincenzo finds temporary accommodation for his family in the basement of a large building in the suburb of Lambrate, where they meet Nadia, a young prostitute. Lured by the prospect of rich earnings, Simone takes up boxing, following Vincenzo's example. In one of the first matches Simone ironically represents Milan, defeating an opponent from Basilicata, and is thus accused of betraying his own region. Simone begins training for the homosexual entrepreneur Morini, a former boxer, but soon becomes corrupted by the prospect of easy money and the good life. A love affair with Nadia is short-lived as Simone becomes degenerate, dissolute, begins to steal, gamble and eventually prostitutes himself to his employer. Many months later, Rocco, having finished military service, meets Nadia by chance, as she is released from prison. The two begin a loving relationship, but arouse the jealousy of Simone. In retaliation for what he conceives as a wound to his sense of honour, the latter rapes Nadia and beats up Rocco. Rocco, full of guilt, is torn between brotherly love and love for Nadia and decides to sacrifice himself and not see the girl again. Blood ties and Rocco's sense of family solidarity prevail and he begs Nadia to return to Simone, and eventually begins boxing to pay for his brother's debts. Feeling rejected, Simone kills Nadia. He confesses his crime as the family is celebrating one of Rocco's victories. The family is divided. Ciro is of the opinion that Simone should give himself up to the police, while the others consider family ties more important than the law and decide to protect him. Simone is arrested nevertheless and, in a final scene, Ciro explains to Luca the reasons for his rejection of the old family values and morals.

Let us proceed by stages. We mentioned above what we consider to be realism of content. A further comparison between fictional context and historical context will elucidate Visconti's realistic intent. The story is not merely the story of six people. The family is not merely typical, but an archetype of many others involved in interregional movement. The recollections of Visconti's characters echo Paul Ginsborg's words in his *History of Contemporary Italy*.

> The prospect of regular wages and regular hours of work was deeply attractive to peasants .... For the young, who were to constitute the majority of the first migrants, the lure of the city was irresistible. In the evenings, in the piazzas of the southern villages, their talk was of nothing else. The television of the local bar transmitted images from the North, images of a consumer world, of Vespas, portable radios, football heroes, new fashions, nylon stockings, mass-produced dresses, houses full of electrical appliances, Sunday excursions in the family FIAT. (222)

The opening scene is a reminder of the innumerable trains that arrived daily with their human load of hope. As Ginsborg states, "The *treno del sole* arrived at Turin station every morning at 9:30 a.m. ... followed by another ten minutes later." The family is dwarfed by the position of the camera with respect to the size of the building.

The family's surprise at the sights and lights of the big city also coincide with the historian's assessment:

> For the immigrant from the rural south the first impression of the northern cities were bewildering and often frightening. What struck them most were the wide streets full of traffic, the neon lights and advertisement boards, the way the northerners dressed. For those who arrived in the winter the icy fog which enveloped Turin and Milan was the worst of all; these were cities which seemed not just of another country, but of another planet. (222)

The integration of the Parondi family also follows the normal established pattern. On arrival they went to Vincenzo as most migrants did, "straight to relatives, friends and acquaintances" (Ginsborg 222).

Ginsborg tells us that migrants, "[D]id not usually go straight into engineering factories. Their habitual starting point in the northern labour market were the building sites" (223). This is the case of both Vincenzo and Simone, with Rocco and Ciro representing a stage further in their integration, one that could be achieved through better education: "[T]he schools became the filter through which a generation of southern children learned Italian and became northerners" (227). The temporary accommodation the Parondis find is typical: "[T]he new inhabitants of the city found lodgings in the basements and attics of the centre, in buildings due for demolition and in disused farmhouses . . . Overcrowding was worst in the attics in the heart of the city. Here there were at least four or five people per room . . . " (225). With the gradual integration of the brothers into the working force and better living conditions we see Rosaria's attitude change to reflect the process of 'casalinghizzazione' of women prevalent in this period.[12] The pride felt by Rosaria, the mother, in her smart clean apartment full of cheap new furniture and modern appliances is evident as she shows off her home to Rocco on his return from military service.

Realism of content is sought also through attention to details of leisure activities minor characters engage in, social conventions, council regulations, and dialectal linguistic features. Visconti's intention to provide an accurately realistic account of the life of immigrants is stressed by the filmmaker himself when, in the above mentioned interview reproduced by Aristarco, he revealed that he altered his draft script following many interviews with immigrants in Milan.[13] But if the saga of migration provides a realistic backdrop, the treatment is melodramatic, even though Visconti himself stated, "Non ho affatto intenzione di girare questo film come un melodramma, ma come una tragedia realista."[14] The structure is that of a four part drama, with the main episodes focussing on the way each of the four older brothers adapts and comes to terms with northern civilisation. The four parts are preceded by a prologue recounting the mother's decision to break with the past and an epilogue in which the youngest son Luca learns the moral lessons emerged from the tragic experiences witnessed.

The closing still in the film is that of a poster announcing forthcoming boxing matches in which Rocco will fight in London, Bruxelles, and Melbourne, the latter destination being also a favourite of typical migrants at that time. The theme of boxing is an additional element which dilates the realistic story and helps it move into the direction of myth, symbol, history. Boxing is the struggle

---

12. Pugliese *passim*.
13. "Dal diario di lavorazione," in Visconti, *Rocco e i suoi fratelli* 53. Visconti speaks of at least three stages in the preparation of the film script. The original script was revised and changed after "un sopraluogo a Milano per attingere dalla carne viva della città alcuni elementi e identificare gli ambienti . . ." It was subsequently changed after extensive interviews with real southern immigrants.
14. Interview with J. Slavik, *Cahiers du cinéma* 106 (April 1960), quoted by De Giusti 86.

for survival of the poor among themselves, the survival of migrants in a competitive world. It is also the theme of violence in a symbolic universe that exasperates contrasts, raises tensions to breaking point, and leads to tragedy. Nadia is the heroine and tragic sacrificial victim that will provide catharsis to the tragedy. Although Rosaria, the mother, bears the responsibility for having made the decision to migrate and thus expose her sons to many dangers, it is Nadia who serves as catalyst for the disintegration of the family. She enters, as De Giusti suggests, as fate, as an erotic and deviating force in the story. Her symbolic function is made clear at the outset when she first meets the young men, as she asks if they are "southerners" and replies to Simone saying that she is not milanese, but a "lombard." Nadia is the focus of the two key scenes in the film, one where she is raped by Simone and one where she offers herself to him "come una specie di Carmen,"[15] opening her arms as if on a cross to embrace him as he enters her body with the blade of his knife. Symbolic elements abound (sensual elements, high pitched sounds, blood, knife, crucifixion, sunset, water as purging element) as well as duplicated elements. The castrating mother Rosaria shares responsibility with the deviating dissolute prostitute Nadia. Rocco and Simone complement each other in their opposing characteristics, good and evil, black and white, honesty and corruption. De Giusti gives a fine account of other terms in opposition: "nord/sud, città/campagna, nazionalità/pensiero magico, civiltà industriale/civiltà agraria, presente/passato, storia/natura, bianco/nero, luce/tenebre, giorno/notte, ragione/cuore" (82).

But the brothers are only apparently opposites, because they are united in their loss, both victims of their mentality and family blood relationships. It is precisely in the system of oppositions and symbolic correspondences that we can ascertain the true meaning of the film. As De Giusti has pointed out, a partial interpretation is not acceptable. Critics like Roman Guben, who dismisses *Rocco* as a mere drama of sentiments, affirming that the Parondi tragedy is caused by one woman only and not society, do not recognize her role of representing northern urban society. Sam Rohdie, in lamenting the ideological lack in Rocco and Simone, does not recognize the fact that these characters behave according to a well defined code of honour and family centered peasant morality, long associated with a backward southern society.

Rocco and His Brothers is "[U]n film internamente lacerato, fertilmente scisso tra mito e storia," De Giusti affirms, adding that, "[D]a questa sua fenditura scaturiscono, intrecciandosi e componendosi, i vari sensi che esso

---

15. Luchino Visconti, *Schermi* 28 (December 1960): 331.

produce allo sguardo" (82). To understand the correspondence of character behaviour and their metaphoric function, it will be sufficient to consider two scenes in which Nadia and Rocco first meet and say goodbye.

In scene 62 of the script, Nadia and Rocco meet by accident as she is released from prison. At a bar, she confesses having spent over a year in jail. Rocco remembers incidents in which friends were also jailed in the peasant agitations for agrarian reforms in the early post-war period and expresses regret at having had to leave his native village. In the city, Rocco says, "C'è chi . . . impara subito anche i desideri degli altri. Io no. Perchè penso che non è così che deve essere. Io vorrei desiderare un'automobile, per esempio, ma dopo aver desiderato e avuto tutto quello che c'è prima . . . Il lavoro. La sicurezza di mangiare tutti i giorni. Una casa. Non so spiegarmi" (128).[16] In short, what Rocco values is the recognition of human dignity and basic human rights. Nadia is attracted by the depth of human sentiments displayed and opens her soul to him (indicated by her lowering of her dark glasses). "Se tu fossi al posto mio che cosa faresti?" she asks. Rocco's answer is to have faith, not to be afraid and have faith: "Avrei fiducia. Non avrei paura e avrei fiducia" (129). But, although he pledges his support, he eventually lets her down.

Following Simone's brutal rape of Nadia, guilt-ridden Rocco arranges a meeting with the girl on the roof of the Duomo. His intention is to tell Nadia that they can no longer see each other and urges her to return to Simone. In one of the most compelling scenes in the film Nadia express her dismay:

> Tu mi hai cercato. Mi hai persuaso che la mia vita era sbagliata. Mi hai insegnato a volerti bene. Ed ora, d'un tratto, per la stupida mascalzonata di un disgraziato, che ha voluto mortificarti perché è un miserabile, invidioso di te, di tutti . . . per la bravata di questo mascalzone, ecco che non è vero più niente. Quello che prima era santo, era giusto, diventa una colpa. (148)

The film's scissure finds its pivotal point in Rocco, who is obviously distressed and torn between love for his brother and love for Nadia. In the end, family relationships and solidarity prevail. Nadia's feelings and wellbeing are disregarded, as are principles of individual rights and fairness, as he urges her to return to Simone, hoping she might help bring about his regeneration.

Blood ties are stronger than sentiments or principles of justice, fairness or human dignity. Rocco is ready to sacrifice Nadia's happiness and his own life

---

16. Page references are to the film script now in the volume edited by Aristarco and Carancini and will be given in brackets henceforth.

repaying his brother's debts. When the family is told about Nadia's murder, Rosaria tries to justify her son's actions, claiming he had to cleanse his "honour." The Parondis' main concern is to shelter and protect Simone. "Io non credo nella giustizia degli uomini," states Rocco, "Non sta a noi . . . Noi dobbiamo solo difenderlo . . . Aiutarlo" (222).

The characters' behavior and words clearly negate the "ideological lack" denounced by Sam Rohdie. Visconti has not merely tried to portray the transformation occurring in Italian society in historical terms, but also in anthropological terms. His view of southern society coincides with that of the best known anthropologist to work in this field, Edward Banfield, who in 1958 published *The Moral Basis of a Backward Society*, a book that was to achieve notoriety for its denunciation of 'amoral familism.' The book preceded by two years the filming of *Rocco* and was based on a study of peasant culture in the region of Basilicata, the same region where the Parondi family originated. In Banfield's view, the extreme backwardness of the village studied was largely due to "the inability of the villagers to act together for their common good or, indeed, for any transcending the immediate, material interest of the nuclear family. This inability to concert activity beyond the immediate family arises from an ethos - that of 'amoral familism.'"[17] Banfield's book was to become for "over two decades a benchmark on the analysis of the Italian family."[18] The basic premises of this study quite evidently constitute the dramatic fulcrum of the story narrated in *Rocco e i suoi fratelli*.

Visconti's moral stance is clear, despite a rather paternalistic representation of his own northern culture in the figura of the prostitute Nadia. The southern peasant culture is shown as socially and culturally backward and their ethos a major impediment to individual and collective progress. Only through the loss of 'amoral familism' and clientelistic attitudes could a coherent, harmonious modern society be created. The film director has thus not only created a filmic work of art, but also provided a documentary insight into his own social

---

17. Edward Banfield, *The Moral Basis of a Backward Society* (New York: Free Press, 1958).
18. Lidio Bertelli, "Italian Families" in Des Storer, *Ethnic Family Values in Australia* (Sydney: Prentice Hall, 1985) 45. Recently, another scholar has also tried to reassess the history of contemporary Italy from such an anthropological perspective. Carlo Tullio Altan, *La nostra Italia: Arretratezza socioculturale, clientelismo trasformismo e ribellismo dall'Unità ad oggi* (Milano: Feltrinelli, 1986), extends the ethos of amoral familism to the north of the peninsula and traces its roots back in history to at least the fourteenth century, indicating this mentality as one of the causes of the disastrous "national qualunquismo."

ideology, as a reflection of northern attitudes during this important period of social transformation. It is interesting to note that Visconti envisaged change occurring in the south and the more positive values of the progressive north extending to all parts of the peninsula. Through the fictional persona of Ciro,[19] the filmmaker in the last scene envisages this transformation:

> Che cosa pensi di trovare di diverso laggiù? Anche il nostro paese diventerà una grande città, dove gli uomini impareranno a fare valere i loro diritti e a imporre dei doveri. Io non so se un mondo così fatto sia bello . . . Ma è così . . . e noi che ne facciamo parte dobbiamo accettare le sue regole. (226)

The values and rules of the northern urban industrial culture would inevitably become universal, Visconti assumed. Multiculturalism was not considered and the southern region, in his view, would be assimilated by the stronger northern culture.

Thirty years from the making of the film some will argue that the opposite has occurred: clientelistic attitudes, amoral familism, instrumental friendship have become universal traits and infiltrated many aspects of public life - but these considerations transcend the scope of this paper.

Monash University

---

19. This concept is suggested by V. Spinazzola who suggests that through Ciro, "Visconti sente il bisogno di intervenire dall'esterno, reintroducendo una nota di positiva fiducia nel futuro: cioè cercando di storicizzare e socializzare la materia del dramma." In *Cinema e pubblico: lo spettacolo filmico in Italia, 1945-1965* (Milano: Bompiani, 1974) 258.

Sante Matteo

When Snow Was Snowier and Roads Were Roadier and *We All Loved Each Other So Much*

> A snowy road appears; but such as nowadays isn't seen: the snow was snowier then, the road roadier. Snow, road: through the first-grader's eyes.[1]
>
> Tibor Wlassics

"Snowier" snow and "roadier" roads dwell in memories of childhood. Memory, particularly nostalgic memory, has a way of distilling and magnifying sensations and events, and in doing so often distorts the reality it recalls and represents.

Communal memory as contained and expressed in movies and novels may function in a similar way. Ettore Scola's film, *C'eravamo tanto amati* (*We All Loved Each Other So Much*, 1974), presents the collective memory of the generation of Italians who came of age during the Second World War and built their lives and a new Italian society in the decades that followed.

The first "memory" in the film, the first of a series of flashbacks through three decades in the post-war lives of the protagonists, is an image of a snowy road: partisans hiding on a snow-covered hillside, waiting to ambush a German

---

1. The reminiscence occurs in one of Wlassics' "Endpapers," which regularly appear at the end of each issue of *Lectura Dantis*, which he edits. On this occasion the memory of the snowy road of childhood is evoked, rather incongruously, as he ponders subscription lists for the journal. The quote continues: "The trek to school in early morning darkness, three kilometers, with the satchel and the little blackboard, its piece of chalk hanging from a rope. In the last year of the war paper was a scarce commodity. In grade school, for scrap paper we reverted to the tools of an earlier generation. Road, snow: peasant carts lumber by, their oil lamps swaying under the carriage" (157). I came across the passage while preparing a paper on *C'eravamo tanto amati* and found Wlassics' images of snow, road, and lumbering carts to be strikingly consonant with the elements in the movie's initial flashback, which is also a memory of the last year of the war. I'm grateful to Professor Wlassics for providing the imagery and the wording which I've borrowed for my analysis.

The Flight of Ulysses, edited by Augustus Mastri

convoy approaching down a snow-banked road. Snow, road: through a new generation's eyes.

The movie seems to question where those snowier snows of yesteryear have gone and where the road has taken us, as we look back a generation later.

To paraphrase Dante, in the middle of our century's journey, Italians found themselves in a "dark wood," having lost the "straight path," as they emerged from two decades of Fascist rule and a devastating war which left the country in ruins. Which path would put them back on the right road to recovery and prosperity: socialism or capitalism, Catholicism or secularism, the monarchy or a republic, realism or in the representative arts?

Images of roads prevail in many of the key literary and cinematic texts of the immediate post-war years, calling to mind the first *terzina* of Dante's *Commedia*, where the use of "cammin" (journey) and "via" (way) establish the notions of journey and road as constitutive metaphors for the poem and for Dante's quest for salvation.[2] Roads and journeys abound in the literature and cinema of the post-war years: paths, streets, travels, searches, migrations: voyages of exile and discovery as in Carlo Levi's *Cristo si è fermato ad Eboli*, or of return and re(dis)covery as in Vittorini's *Conversazione in Sicilia*, Pavese's *La luna e i falò* or Moravia's *La Ciociara*.

Italo Calvino's first novel, based on his experience as a Partisan in the anti-Fascist resistance, is suggestively titled *Il sentiero dei nidi di ragno* (*The Path to the Spiders' Nests*, 1947), with "sentiero" an echo of Dante's "cammin" and "via." It begins: "Per arrivare fino in fondo al vicolo . . ." (31) (In order to reach the bottom of the alley), with "vicolo" as yet another type of road, a narrow alley where the sun's rays seldom reach, an urban analog of Dante's "selva oscura" (dark wood).

The novel ends with a man and a boy walking away in the night and into the future: "E continuano a camminare, l'omone e il bambino, nella notte, in mezzo alle lucciole, tenendosi per mano" (199) (They continue walking, the big man and the boy, in the night, among the fireflies, holding each other by the hand).

Both the beginning and the end of Calvino's novel are strikingly similar to the opening and closing shots of Roberto Rossellini's 1945 film, *Città aperta* (*Rome, Open City*). The film's opening scene is a series of shots of soldiers

---

2. "Nel mezzo del *cammin* di nostra vita / mi ritrovai per una selva oscura, / ché la diritta *via* era smarrita." —In the middle of our life's *journey*, I found myself in a dark wood, for the right *way* was lost. (My translation; emphasis added)

marching through dark Roman streets. The closing shot is of a group of boys moving away from the camera, toward Rome, at dawn.

The boys have just witnessed the execution of the priest Don Pietro, their mentor and protector, who collaborated with the Partisan Resistance. The boys, the next generation, witnesses and victims of war, are now heading back to Rome and into Italy's future. The film's ending leaves the viewer wondering what road this next generation of Italians will take or construct to their future: will they try to shape a deliberately different future in order to overcome and correct the mistakes of the past, or are they doomed to repeat the same mistakes in a future already formed by their past experiences?

The closing shot is the first time in the movie that we see a recognizable landmark of the "Eternal City": the dome of St. Peter's, which dominates the skyline toward which the boys are headed. The shot of the famous landmark is both poignant and bitterly ironic (as is the title of the film). San Pietro, Saint Peter's, looming majestically over the city, looks solid, protective, indeed "eternal," true to its name, which means "rock." However, the boys who now face it have just left another "Peter," the priest Don Pietro, shot by a Fascist/Nazi firing squad. He, a more fragile Pietro/"rock," is not eternal.

Or is he? As the boys turn away from the slumping corpse of Don Pietro, they (and the movie) immediately associate him with the other Pietro which now comes on the screen and on their horizon: San Pietro, Saint Peter's, the age-old monument and symbol of faith and salvation: Eternity. The juxtaposition suggests that while the person named Pietro may be dead, his ideals and his example will live on in the memories and in the lives of the boys he taught and befriended as well as in the institution of the church with which he was associated.

The scene shows how martyrs are made, and, by extension, how events and individuals can be turned into monuments and icons which shape and nurture collective memory: in short, how and why culture is constructed. Italy and Italians may be destroyed physically, the scene tells us, but the culture's enduring values live on in its artistic and religious achievements and monuments, and Italians, like the boys in the movie, must find the way back to those values.

That's one possible reading of the scene. The problem with equations, however, is that they can have a different meaning when read in the reverse direction. If the shot invites us to equate the dead Don Pietro to Saint Peter's, it means that conversely Saint Peter's can also be equated to the lifeless corpse bearing its name. The priest's death is therefore the death of the church, hence the death of religion's power and efficacy. By executing Don Pietro in front of the boys, Fascist Italy has also killed all the values for which he (and his church) stood, and has prevented him from transmitting those values to the next generation. Thus, an altogether different interpretation of the last shot is that, in walking back toward St. Peter's Basilica, heads down, looking at the ground rather than up toward the dome and the horizon, the boys are heading back to what has become a dead symbol of a past and a culture which have been emptied of meaning and force, and to a very uncertain and unpromising future.

Students in my classes are usually split on how to read that last shot. Some viewers see the boys heading down the road of disenchantment and despair, having lost their childhood innocence and illusions: the violence and injustice they have witnessed and suffered will make them and the society they will forge just as violent and unjust. Others, however, see them starting on the road of new hope, having reached bottom, having lost all ties to the past, and therefore having no place to go but to a different, brighter future: the hard lessons they have learned will make them better people who will not repeat the sins of their fathers, but will create a better world.

Città aperta was not the only post-war film to express such ambiguities. Several well known neo-realist films end with the characters moving away from the camera down similarly uncertain paths.

Much of Vittorio De Sica's and Cesare Zavattini's *Ladri di biciclette* (*The Bicycle Thief*, 1948) takes place on the streets of Rome, as Antonio Ricci and his son Bruno search for their stolen bike. They are not looking merely for an artifact, but for what has become an essential means of livelihood in a new world where to travel on foot is no longer adequate. The bicycle as tool or instrument, as *techné*, has become essential. Italian society is on the road to modernization and industrialization. The bike has therefore also become a commodity with capital value — property that can be sold or stolen.

The movie's last shot is similar to that of *Città aperta*. The disgraced Antonio Ricci, with his son Bruno at his side holding him by the hand, walks away from us to an uncertain future. Again we wonder where this road will lead the boy and his generation of Italians: to greater poverty, desperation, and crime, or to greater justice, new prosperity, and moral redemption?

De Sica's and Zavattini's later film, *Umberto D* (1952), also opens with shots of the streets of Rome as old pensioners march for higher pensions and take to the alleys when the police disperse them. It ends with a shot of the elderly protagonist, Umberto, heading away from a high angle camera towards a dubious future — in this case down a path in a public park, whose benches may well have to become his bed since he has been evicted from his room and has spent all his resources.

Federico Fellini was involved with several of the post-war films in which roads figure as an important motif, beginning with *Rome, Open City* (1945), for which he helped write the script. In his own early movies as director, the motif remains prominent. *I vitelloni* (1953), for example, ends with Moraldo, the most sensitive and mature of the *vitelloni* — the lazy, shiftless, "fatted calves" of the title — boarding a train which will take him out of the lethargic, stifling atmosphere of provincial life, to the city, a more dynamic setting of possibilities, change, adventures.

In one scene the *vitelloni* are piled into Riccardo's car for one of their aimless outings. As they pass a crew of men working on the road, Alberto calls out to them: "Lavoratori?" (Workers), and then "blows raspberries" at them (making a derisive sound with his mouth) while making the common obscene gesture with his left hand slapping the crook of his bent and uplifted right arm. As if echoing his "raspberry," the car begins to sputter and gradually comes to a stop, broken down. Alberto's disdainful sneer turns to panic as the insulted and enraged workers advance toward him brandishing their picks and shovels. He jumps out of the car and hightails it down the road on foot.

The *vitellone*'s disdain for the workers is also disdain for the road they are constructing. This road could take him out of his dead-end existence as a perennial mamma's boy — an existence he both loathes and loves and couldn't possibly bear to leave. The road is appealing yet menacing to these characters. It represents change, the coming of a new way of life, which is desired yet dreaded. They like to ride around in the car, pretending to be modern; but ultimately, either through choice or inability to change, they end up remaining trapped in their provincial cul-de-sac.

The road motif gets its fullest expression in Fellini's subsequent film, his breakthrough masterpiece, *La Strada* (*The Road*, 1954). Given what has been said so far, it should not be too surprising that Fellini should devote an entire movie to the road as an image and a metaphor. What is surprising, however, is how little of the considerable amount of commentary and critical scrutiny devoted to the film addresses the issue of the *road*, despite the title which should make it an obvious topic of analysis and interpretation. Few film scholars have addressed why the movie is called the "road," what the road means, or where it leads.

One may wonder whether this is the road where Marcello and Romoletto and the other boys of *Open City* and Antonio Ricci and his son Bruno of *Bicycle Thief* have ended up a decade after the war, trading up from a bicycle to a motorcycle. The vehicle of choice in the movies seems to be getting more technological and more sophisticated as we progress from the horses depicted at the beginning and end of De Sica's and Zavattini's *Sciuscià* (*Shoeshine*, 1946) to Ricci's bicycle in *Ladri di biciclette* (1948) to Zampanò's motorcycle in *La strada* (1954).

Zampanò tends to be seen as a loutish embodiment of old-fashioned male chauvinism, as a relic from the past, a beast-like, uncivilized brute. But isn't he rather the new, modern man: motorized, industrialized, uprooted, transient, always on the go — the embodiment of contemporary, deracinated man as a perennial migrant?

Frank Burke is one of the few critics who talks about the road motif in the movie, pointing out that Fellini's road does not represent freedom, as did Whitman's open road, but restriction: a channeling, an imposition of direction: you don't take a road, *it* takes *you* somewhere. Burke claims that Gelsomina is the primitive, spontaneous, natural being in the movie, whereas Zampanò is the modernizing agent, the civilizer who breaks and trains and domesticates her, teaches her to put on costumes and masks, and to recite roles by rote instead of reacting spontaneously. He teaches her how to become alienated, an "artiste" like himself.[3]

We might recognize in Zampanò an Antonio Ricci of *The Bicycle Thief* who has not only managed to get his bike back, but has motorized it and made it his home and his livelihood so that he can never lose it again. He lives on the road — not the road as a link between people and places which facilitates communication and community, but as an endless circuit leading nowhere. Zampanò's act, in fact, is to *break* links and chains, and by extension to sever connections and relations with places and people.

Moreover, he has neither an original home nor a destination. When Gelsomina asks him where he's from, he scoffs tautologically: "From my town"; "Where were you born?" "In my bed." He cannot or will not acknowledge his roots, his kinship, or his past. He lives in perpetual solitude and in a perennial present, intent only on the instantaneous gratification of his immediate needs and desires.

He "buys" Gelsomina and coerces her to make his van her home as well. But for her it can only be a home away from home. Unlike him, she does have an original home which she was forced to leave behind. The loss of her home serves to make her aware of what and who she was, but only when she is no

---

3. See Burke's discussion of *La strada* in his book, *Federico Fellini: "Variety Lights" to "La Dolce Vita,"* 37-53. An abridged version is contained in *La Strada: Federico Fellini, Director*, edited by Peter Bondanella and Manuela Gieri, pp. 253-262 which also contains the English translation of the continuity script of *La strada*, as well as an anthology of articles, reviews, and commentaries, many translated from the Italian for the first time, an informative introduction by the editors, a filmography, and a useful bibliography.

longer that self. Her departure, like that of any emigrant, creates an absence in her life which she must try to replenish, either by going back "home," as she once tries to do in vain, or by travelling and trying to "make" a new home elsewhere. Her experience of loss makes her plight emblematic of the condition of being uprooted and displaced, one shared by many people in an industrialized world.

Gelsomina's ultimate choice to stay on the road with Zampanò seems to be already made when an untended, unbridled horse walks in front of her in the dead of night as she sits on a curb, waiting for Zampanò who has gone off in his van to have sex with another woman and sleep off his drunkenness. Most viewers and critics simply attribute this unexplained appearance of a loose horse to Fellini's poetic or surrealistic streak — a mysterious apparition with no precise meaning. However, this lone, unsaddled, untethered horse walking down a dark, empty road in front of Gelsomina is a choice being offered to her, an alternative ride offering itself instead of Zampanò's motorcycle. The horse represents an older way of travelling and another way of life which the bicycle and the motorcycle have already replaced, and which il Matto's, the Fool's, car will shortly make even more obsolete. But Gelsomina, like that segment of Italy she may represent, does not get on the horse. She waits for Zampanò's motorcycle. She cannot resist or go against the overwhelming current of technological progress which accompanies and fuels industrialization.

A history of post-war Italy and a history of how cinema has concomitantly reflected and influenced Italy's evolution could be sketched out in terms of the vehicles Italians use in different movies, at different times. Ettore Scola's 1974 movie, *C'eravamo tanto amati* (*We All Loved Each Other So Much*), traces the evolution of Italian society after World War II by following the lives of four people from different regions and social milieux, and also by tracing the evolution of Italian cinema during the same period, through direct allusions to particular films and directors as well as more subtle imitation and parody of typical genres and styles popular during the years being depicted.

The movie uses vehicles as a point of reference, from the opening shots when a beat up Fiat 600 pulls up toward the camera in several different takes of the same action. The effect is disorienting, suggesting a state of confusion, uncertainty, and disjointed fragmentation. The car stops (over and over) outside a villa. Two men and a woman get out of the dilapidated car and look over the wall enclosing the rich estate. The wall marks a boundary which they cannot cross and thereby suggests exclusion, differentiation between the haves and the have-nots. The riders seem lost: they don't know if they've arrived at the right place. This time a suburban setting serves as the analog to Dante's "dark wood," and the automobile as the instrument which has brought the protagonists and Italian society to this state of disorientation and apparent inequality.

A flashback takes us to the final days of World War II, thirty years earlier. The two men from the car, Antonio and Nicola, and the man who now lives in the villa, Gianni, are shown with comrades in a Partisan brigade. They are deployed on a snowy hill overlooking a road, waiting to ambush a German convoy. The film is now black and white, suggesting, among other things, that choices were more clear-cut then. The brigade includes Partisans of various ages, classes, and regions. Their cause and ideals were inclusive and as pure and unsullied as the starkly white snow in which they hide. The snow was snowier then, and their ideals more ideal.

The road, however, is menacing: it will bring the enemy. Gianni has gone down to the road to plant a mine. After he's done, he has to be lifted out of the road with a rope. The approaching convoy is filmed from a distance and from a low angle, making it seem as if the invading enemies are not so much the German soldiers as the trucks, cars, and motorcycles they are driving down the snow-covered country road. The car and what it represents — industrialization, modernization, uprooted mobility, dispersion: these are the truly dangerous invaders and conquerors.

Gianni's position down on the road and the fact that his comrades must lift him out with a rope express his ambivalent relationship with what the road represents. On one hand, by risking his life to plant the mine to blow up the convoy, he demonstrates a determination to live and die for the Partisans' cause and ideals. On the other hand, the situation also suggests that he is vulnerable to the invasion taking place on that road, and that without the support and intervention of his comrades he would fall victim to these invaders, thus foreshadowing his later "betrayal."

"E scoppiò la pace!" (and then peace broke out) says one of the narrators as the film cuts abruptly from a closeup of hands pushing the plunger which will blow up the German convoy to newsreel footage of ecstatic crowds celebrating the end of the war in city streets, now overrun with American tanks. The ironic suggestion is that the real invaders conquered Italy after all: motorization, industrialization, capitalist consumerism: Americanization. The Resistance proved futile against these threats, indeed cleared the path for them.

Ladri di biciclette (*The Bicycle Thief*) is a key intertext in *We All Loved Each Other So Much* (which is dedicated to the memory of *Ladri*'s director, Vittorio De Sica). Watching it when it first came out in 1948 exalts Nicola, one of the three ex-Partisan protagonists, who gives up his job, his family, and his community in a futile life-long attempt to promote revolution through cinema.

Later in the movie, Gianni and Luciana, who have recently become lovers, coast blissfully through the streets of Rome on a bicycle. Her voiceover tells us that they planned to get married and to buy a Lambretta, a scooter, succumbing to the call of motorized technology.[4] In a subsequent scene Gianni abandons Luciana and the bike in order to ride in industrialist Romolo Catenacci's car, and thus his seduction and corruption (resisted yet foreshadowed in the road-mining sequence) by the world of capital and industry have begun. And since Gianni is presented as the "best and the brightest" of the group, his sellout to the system is emblematic of the corruption of the "best and the brightest" of his generation (an indictment which the recent scandals of "Tangentopoli" continue to confirm).

Eventually, long after Gianni has married into the Catenacci family, the one car which initially accomodated him along with the entire Catenacci family is replaced by each family member's personal vehicle. In one strikingly choreographed scene we see a curious cavalcade of cars and motorcycles of all shapes and sizes exiting in single file through a narrow door and up a steep ramp from what used to be the home's food and wine cellar, now converted to a capacious though awkward garage. The image suggests an infestation of pests or vermin: mechanical cockroaches scurrying in and out of the recesses of our modernity.

Cars and all they represent have infested our human spaces. Alleys, sidewalks, and piazzas which were the center of community life, the civic forum for strolling, talking, flirting, fighting have been converted to parking lots. A scene in *Cinema Paradiso* (1990) shows the village idiot, who, before the coming of cars, used to shoo people out of the piazza at midnight, claiming: "The piazza's mine; it's mine," now carrying plastic shopping bags in both hands, mechanically and pathetically making the same claim as he winds his way through a labyrinth of parked cars which have taken over the piazza.

If Gianni's suburban villa at the beginning of the movie, despite its superficial appearance as a *locus amoenus*, is actually a modern equivalent of Dante's "selva oscura" (dark wood), the site of perdition and fall from grace,[5]

---

4. The English subtitles incorrectly but tellingly translate "Lambretta" (the brand name of a motor scooter popular in the 50's) as "a car," thus accelerating what might be termed the vehicular inflation which afflicts the characters.

5. Practically the entire movie consists of flashbacks and narration of past events presented while Gianni is suspended in mid air during a dive (= fall) into his pool. When he is "frozen" on the screen as he starts the descent of his dive, Scola does not use a standard freeze frame, in that it's only the image of Gianni which is frozen in the frame; the leaves on the trees behind him continue to flutter with the breeze. The contrast between his stillness and the movement of the branches behind him suggests his isolation

then the automobile wrecking yard which appears later in *C'eravamo tanto amati* is analogous to one of the most dismal places in Dante's Hell, the circle of suicides (*Inferno* XIII). Gianni has come amidst these mountains of junked cars to sign papers consigning the wrecked car of his wife, Elide, who has apparently used it to commit suicide. Before he leaves the junk yard, his wife appears in the car and tells him how insignificant his life is.

Intertextually the scene recalls Dante's encounter and conversation with the suicide Pier della Vigna. Intratextually it recalls the first flashback to the Partisans in the snowy hills. Once again Gianni is down in the road by himself. This time the hills are piles of rusty, mangled, immobile automobile carcasses: the detritus of the industrialized civilization he has embraced. He no longer has comrades to pull him up to safety. Elide, who speaks down to him from the wreckage of her car at the top of one heap, tries to tell him about the power of love; but she is dead and he, a modern man, is too rational to give credence to apparitions. So this time he remains down in the road. It is clear that he and the society he embodies are the real suicides, consumed by the excesses of their own production and consumption. Cars, emblems and instruments of industrialization, have taken us to the end of the road. "We thought we'd change the world," Nicola observes at one point, "Instead, the world changed us."

But perhaps not completely, and not irrevocably. Literature and cinema are vehicles which allow us to go back along the roads which we took, or which took us, to where we are. They allow us to go over our life's and our history's roads again with the greater understanding of hindsight. In the title essay of *La Strada di San Giovanni* (The Road of San Giovanni, 1990) Italo Calvino says that when he was in his family's land as a young man he got lost in it; he always wanted to be elsewhere; he didn't *know* his own land. Now that the experience has been turned to memory, and memory to literature, everything has been made more significant, recognizable, and understandable. Calvino the

between his stillness and the movement of the branches behind him suggests his isolation from nature and life. Here too there is an echo from the *Divine Comedy*. Gianni appears to be frozen like the sinners punished in the lowest circle of Hell, Cocytus: the traitors, who are embedded in a lake of ice, kept frozen by a cold breeze caused by the self-defeating beating of Satan's wings. These are people who have turned to stone, statues devoid of all life and hope. Dante's Hell can be understood as a self-made condition of hopeless addiction, where people have *become* their sin and can no longer even see a way out of their addiction. This seems to be Gianni's case as well, with his "sin" being financial and professional "success," for which he has sacrificed friendship, love, and his political and moral ideals.

writer, now that he's removed from that land, knows its geography better and could easily show the way to the young Calvino lost in it.

The implication is that, contrary to the assertion at the beginning of this essay, time and memory and narration, rather than distorting our vision of the past, actually clarify and enhance our ability to see and understand it. If the snow of our childhood seems snowier than it actually was, it's not only our present nostalgia which creates the distortion, but the illusions which clouded our vision back then. Snow really *was* snowier then to our young, untrained, possibly deluded eyes. If today's snow is less snowy, it's because we have trained our eyes to see differently, to be more discriminating, to see more shades of gray between black and white, or rather to realize that the world and life's issues are not black and white at all, but contain an infinite spectrum of colors.

A pivotal moment in *We All Loved Each Other So Much* takes place after Luciana, who has had love affairs with all three men, attempts to poison herself. Antonio and Nicola, who have come to her rescue, take her out to a truck to be taken to a hospital. Gianni, summoned but unwilling to join them, observes hidden behind a newspaper kiosk. At this point we get a long, high-angle shot looking down on the *piazza* where the events are taking place, an "olympian" viewpoint of the characters and their circumstances from which the patterns of actions can be deciphered more clearly.

The three men, representing different regions of Italy (Gianni, North; Antonio, Central; Nicola, South) as well as different classes or social categories (Gianni, the professional; Antonio, the proletarian; Nicola, the teacher/writer/intellectual), vie with each other to "obtain" Luciana, who, as the love interest and object of desire and conquest, also represents Italian culture, which each class/region wants to possess and control. Although she has had love affairs with all three (with Nicola, representing the South and intellectuals, however, it was just a passing fling, with no real love on either side), she now rides off on a truck (read: contemporary Italy carried away by American-style industry and American culture: music, movies, Coke, blue jeans, McDonald's). From the camera's bird's-eye view we then see the three men leave the frame, heading in different directions which reflect their political inclinations: Nicola heads offscreen to the lower left, Antonio to the upper left corner, Gianni to the right.

The camera stays on the *piazza* and slowly begins to zoom in on a *madonnaio* (artist who draws on the pavement with colored chalk) who is finishing a large chalk drawing of a Virgin and Child on the pavement. The theme music wells up dramatically as the picture slowly changes from black and white to glorious color and the Raffaellesque Madonna fills the screen. It's a pivotal and ambiguous moment in the film. The change to color elicits diverse interpretations from my students: loss of innocence, life's greater complexity as we age and society progresses, the ability to see things more clearly, a greater number of options in a more complex society, the seductive appeal of more advanced technology and more attractive consumer goods, and so on.

In this switch from black and white to color lies the crux of the tricky connection between experience, memory, and cinematic representation, which the film explores with bitter-sweet irony. The question is whether something is lost or gained in the switch, whether we have moved to a better or worse condition, and how cinema itself has been involved in the change: if it has merely reflected and recorded it, or if it has helped to produce and define it.

If the black-and-white world view of the Partisans made it easier to tell "right" from "wrong" and adopt a clearcut moral stance, perhaps it did so by oversimplifying and dichotomizing very complex issues, thus actually making them harder to understand and resolve, and making the protagonists blind to other possibilities. The movie ends up not only indicting the venality, corruption, and fecklessness of contemporary society, but also questioning the simplistic ideology which served as the foundation and point of departure for that society at the end of the war. It's not simply that Gianni betrayed the ideals of his youth later in life; it's that the ideals of his youth also hid and distorted his true nature and that of the world around him, making his choices appear easy, but in reality disastrously uninformed.

In his decades-long obsession with *The Bicycle Thief*, Nicola realizes too late that the bicycle of the movie is not really an emblem of a pre-industrial society, but is already the first instrument and emblem of a society on wheels. The compromise has already been made at that point, Eden or Utopia already lost. It is appropriately ironic that his obsession with a movie about bicycles should have won him the beat up car we see at the beginning and end of the movie, a consolation prize he won on a TV quiz show when he gave the "wrong" answer about his favorite film, *The Bicycle Thief*, because of confusion as to whether the question pertained to the world of real life or the fictional world of the movie. His (Partisan/Marxist-Leninist) ideological filter has both facilitated and clouded his vision, providing a degree of blindness along with the insights it has generated.[6]

---

6. My reading of Ettore Scola's *C'eravamo tanto amati* is informed by the excellent interpretation provided by Millicent Marcus in the last chapter of her book *Italian Film in the Light of Neorealism*, "Scola's *We All Loved Each Other So Much*: An Epilogue," pp. 391-421. My interpretations of this as well as the other films in this study are also indebted to Peter Bondanella's indispensable book, *Italian Cinema: From Neorealism to*

Despite his determination to oppose bourgeois exploitation, he (along with the movie) arrives and leaves in a car, the very emblem of the bourgeois, capitalist industrialization he opposes. Significantly, as he himself explains, the steering mechanism of the car is broken: to go right he has to steer to the left, and vice versa. This mix-up would seem to apply to his political itinerary as well: by steering left he may have ended up on the right. At a public appearance by Vittorio De Sica he realizes that he and De Sica, along with the Partisans, the Neorealists, and the various other "revolutionary" groups who took over Italian culture after the war and "wanted to change the world" were instead changed by it.

The fade from black and white to color marks both a loss and a gain. The black-and-white illusions of youth distort reality as much as the colored nostalgia of our later years. There is no one correct road, neither now nor then, but many roads, with no accurate maps with which to chart an infallible course. Even those roads which seemed to be well charted, clearly marked super highways (e.g., the Marxist, Socialist, or Christian Democrat roads to Italy's future), which provided few opportunities for deviation and apparently little chance of getting lost along the way, have ended up taking their travellers to unexpected destinations.

Yet down some road or another we must continue to travel: forward or backward or sideways, map or no map. In the final scene Gianni finishes his dive into the capitalist pool which he began in the films' first scene; Antonio and Luciana, now husband and wife, and Nicola pile back into the battered little Fiat, turn around with some difficulty in the narrow street, and head back the way they came, away from the camera, arguing about the meaning and force of the word "boh!" (I have no idea! beats me! who knows?): whether it's an evasive, noncommittal word with which to avoid responsibility and agency, or if it might not be a potentially dangerous, revolutionary word because of the radical undecidability it expresses, in its simple, forceful refutation of any certitude. Will they (and Italy, and all of us in the industrial and post-industrial world) find the road back to the snowier roads of yesteryear? Boh!

Scola's movie, Calvino's and Volponi's books, Dante's poem, provide a binocular or stereoscopic vision which permits us to see in depth, to juxtapose the present with the past, and to look back to the future — the future we projected, worked for, hoped for, or feared. The metaphorical "roads" in the

---

the Present, which I have used in my Italian Cinema class for many years. For *We All Loved Each Other So Much*, see pp. 367-373.

movies and novels of the postwar period represent the political and ideological choices faced by Italian society after the Fascist experience and the war. More recent occurrences of the "road" motif allow us to travel back to those earlier "roads" and to gauge how far we've come, where we are now, and where we are heading.[7]

Miami University

WORKS CITED

Alighieri, Dante. *La divina commedia*, in *Tutte le opere*. Firenze: Sansoni, 1965.
Bondanella, Peter. *Italian Cinema: From Neorealism to the Present*, 2nd ed. New York: Continuum, 1990.
Burke, Frank. *Federico Fellini: "Variety Lights" to "La Dolce Vita"*. Boston: Twayne, 1984.
Calvino, Italo. *Il sentiero dei nidi di ragno*. Milano: Garzanti, 1987.
―――. *La strada di San Giovanni*. Milano: Mondadori, 1990.
Marcus, Millicent. *Italian Film in the Light of Neorealism*. Princeton, NJ: Princeton UP, 1986.
Volponi, Paolo. *La strada per Roma*. Torino: Einaudi, 1991.
Wlassics, Tibor. "Endpaper." *Lectura Dantis* 7 (1990): 157-160.

---

7. Two such books, both containing the word *strada* (road) in their titles, are Paolo Volponi's *La strada per Roma* (*The Road to Rome*, 1991) and a posthumous compilation of essays by Italo Calvino titled *La strada di San Giovanni* (*The Road of San Giovanni, St. John*, 1990). Volponi's novel won the *Premio Strega*, making him the only author ever to have won this prestigious prize twice. What is even more remarkable is that the novel was a generation old. Volponi had written it in the late 50's and early 60's and kept it in a drawer for three decades. The essays in Calvino's volume are also older pieces, many of them previously unpublished. The title essay, in which he talks about the road he used to take with his father to a parcel of family land in the hills near San Remo, was written in the early 60's, at about the same time as Volponi's novel.

Both texts deal with roads and journeys. Published three decades after they were written, they allow us to review and to question the political, ideological, and moral choices their generation confronted and made: roads taken and not taken. The publication in the 90's of these "road" texts from the 50's and 60's indicates more than a nostalgic desire to go back; it manifests a communal longing to have those "roads" to travel again, choices to make which might have taken us to a different place than where we have ended up.

Vincenzo E. De Nardo

Pirandellian Notions of Identity in Scola's *Macaroni*

Critics have long explored the notion that Pirandello distanced himself from the naturalist and anthropological trends of his contemporaries becoming a forerunner of the existentialist writers, and that he was among the first to explore the dissolution of human personality within a conditioned mass society. The sameness of Pirandello's characters has been pointed out in the recent and less recent past; Bentley has spoken of one single reworked character presented in many guises.[1] Now, sixty years after Pirandello's death, with the expiration of the copyrights publishers and critics are proposing many new editions of his works. The central and all-pervading themes of Pirandello's narrative, the dichotomy between life and form, the notion of the artist's freedom to invent and of the superiority of art over life are also undergoing provocative new interpretations.

Renewed critical strategies are focusing on what Silvio D'Amico called the "first grotesque Italian novel," *Il fu Mattia Pascal*, recently (1994) annotated by Nino Borsellino for Garzanti, by Giancarlo Mazzacurati for Einaudi and by Pietro Gibellini for Giunti.

Gibellini emphasizes the autobiographical element of the story. Pirandello's protagonist, like the author, unsuccessfully tries to escape his self. According to Gibellini, Mattia Pascal/Pirandello's failure to escape the self is a reflection of Blaise Pascal's struggle in the *Pensées*. Gibellini's reading is obviously based on the protagonist's name, "Pascal," as well as on the philosopher's concern with the problematic nature of identity. Mazzacurati argues that while Pirandello's autobiographical tendency is undeniable in *Il fu Mattia Pascal*, it should be extended to his entire *oeuvre*.[2]

---

1. Eric Bentley, Introd., *Naked Masks: Five Plays*, by Luigi Pirandello (New York: Dutton, 1952) VIII and XXII.
2. Paolo Di Stefano, "Luigi Pirandello: *Il fu Mattia Pascal*," *Corriere della Sera*, 2 Dec., 1994, 29.

The Flight of Ulysses, edited by Augustus Mastri

For Pirandello, art is an aspect of knowledge; it is the "freeze frame" of a character otherwise dispersed in the fluidity of time. This notion can be connected to Heidegger's formulations[3] on the alienation resulting from unauthentic knowledge, and corresponds to the unauthentic knowledge of the camera in *Quaderni di Serafino Gubbio operatore*. (*Il fu Mattia Pascal*).[4]

It is the purpose of this study to trace and analyze Pirandellian themes in Ettore Scola's *Macaroni*, a 1985 film based on the screenplay by Ruggero Maccari and Furio Scarpelli.[5] *Macaroni*, like *Il fu Mattia Pascal* and *Enrico IV*, *Sei personaggi in cerca d'autore*, and *Uno, nessuno e centomila*, explores the problematic nature of the self: identity is never fixed or predictable, but a protean, many-faceted, ever-evolving creation on the part of the individual. In Scola's film, like in Pirandello's works, the protagonist merges with his fictional persona, blurring the boundaries between illusion and reality. Robert Traven of *Macaroni* gradually transforms into the epistolary persona that Antonio has created for him. Similarly, the amnesiac nobleman of *Henry IV* accidentally "becomes" the character he has been impersonating in a masquerade, later deciding to permanently assume the accidental identity.

Scola tells the story of two men who reunite after an interval of forty years. During World War II, Robert Traven (Jack Lemmon) was stationed in Naples where he dated a Neopolitan girl, Maria, and befriended her brother, Antonio Jasiello (Marcello Mastroianni). Robert wrote to Maria for a few months after he returned to America. When his letters stopped coming, Antonio continued to write to Maria in Robert's name, and had the letters mailed to her from exotic places all over the world. Antonio created an exciting and elaborate personality for Robert: an international journalist covering dangerous foreign missions. Even though Maria, long since married, has grown children, the whole family (including her husband) looks up to Robert as a knightly hero, and cherishes his letters and gifts as most prized possessions.

As the movie opens Robert, the overworked Vice President of an aircraft company, returns to Naples on a business trip after forty years. Following a

---

3. Martin Heidegger, *Being and Time*, trans. J. MacQuarrie and E. Robinson (New York: Harper and Row, 1962). In Heidegger's words: "The self of everyday Dasein is the they-self, which we distinguish from the authentic self — that is, from the Self which has been taken hold of in its own way."

4. Giovanni Croci, Introd., *Il Fu Mattia Pascal*, by Luigi Pirandello (Milan: Mondadori, 1977) 23.

5. See Gian Paolo Biasin, "From Shanghai to Cairo," in *Pirandello 1986*, ed. Gian Paolo Biasin and Nicolas Perella (Rome: Bulzoni Editore, 1986), for another example of cinematic rendering of Pirandellian themes and a keen analysis of the concept of the doubling of the self, as well as an analysis of Woody Allen's *The Purple Rose of Cairo*.

televised news conference, he retires to his hotel room and falls asleep. He is awaked by Antonio, who has seen his old friend on television and surprises him, fully expecting a warm reception. Robert, however, is gruff and irritated, and has little interest in recalling the circumstances of his romantic involvement with Maria four decades earlier. He is later introduced to Maria's family and soon finds himself playing along with his epistolary role. A bank archivist, Antonio has poured years of frustrated creativity into Robert's epistolary persona.

To his dismay, the American executive learns from the letters written by Antonio that he has performed the most incredible deeds, from rescuing children from fire to saving airplanes lying at the bottom of the ocean. This elaborate fantasy prompts Robert to re-examine the meaning of his life and career and makes him eventually adopt the improbable mask Antonio has created for him.

A poignant Pirandellian moment in Robert's process of adaptation to the new identity is the episode in which Robert greets Maria's young daughter Virginia with a passionate kiss. She is a very improbable Maria indeed after four decades, but *It Is So if You Think So*.[6] To his surprise, Maria's husband also tells Robert how much the letters have meant to him, confessing that although initially somewhat jealous of Robert, he eventually became as proud of him as anyone else in the family. He shows Robert the wedding present on the television set, a miniature Statue of Liberty (sent by Antonio in Robert's name) and Robert's framed picture in a uniform forming a triad with the other two patron saints of the house: Pope John XXIII and Enrico Berlinguer, the Communist Party Secretary. Robert realizes that Antonio's entire extended family, neighborhood and friends rely on the fictional character and his incredible exploits to define their own identities. Antonio's letters, though at times reaching absurdity in the depiction of such an improbable heroic type, have had in fact a profound and positive influence on a large number of people, successfully merging fiction, magic and reality. Antonio is also involved in a community theater for which he creates realities as fanciful as Robert's epistolary character.

At first, Robert is tempted to dismiss Antonio's epistolary character as melodramatic. When Antonio tells him that, "A man's worth does not come from what he is but from what he could be," he retorts somewhat cynically, "That's a nice motto. Stick it in a play." At this stage, Robert still does not realize the power of illusion (in theater or in his epistolary persona) to influence identity and reality. He says: "I could not be like (the hero of the letters) in a million years; I am not capable." But, slowly, his improbable metamorphosis

---

6. In Bellocchio's film *Enrico IV* (1984) the scene in which the protagonist kisses Frida passionately is very similar to the one in Bagnoli where Robert kisses Virginia.

into the fictional "Robert" takes place and, as he understands the significance his persona has for Antonio's family, he begins to find it preferable to his own identity. He starts to discard his role as an executive (which he increasingly perceives as a mask imposed on him by society) and to adopt the one Antonio has created for him. It is only when Robert learns that Antonio's son Giulio is in danger, that he merges with his heroic persona. Having been tipped off that company adversaries are after his job, Robert schedules an emergency flight to the States. In a dramatic, last moment decision, he does not board the plane, thus renouncing his former career and identity.

Giulio has been cheated out of the money he collects for illegal bets and the Camorra wants to kill him. Robert rescues the family by paying Giulio's debt, just as his epistolary persona would have done, but tragically, right before Robert's intervention, Antonio is injured in a scuffle with the *camorristi* and dies.

The film's conclusion illustrates Robert's final transformation: he is portrayed waiting, as the rest of the family and with the same faith, for the sign of Antonio's third "resurrection." He is lying dead on his bed, with a bell tied with a string to his hands. During the final panning of the camera that follows the string to the bell we hear the tinkle, testifying to the triumph of illusion as the ultimate reality.

Robert's "mask" is similar to the one imposed upon the young man in *Henry IV* who, upon regaining consciousness after the accident, believed he was the eleventh century Holy Roman Emperor he had been impersonating. When, ten years later, his reasoning faculties are restored, he realizes he is/has been living in an illusion and is faced with the dilemma of coming back to "reality," (that is, to that world of delusion and loss of identity in which the only opportunity is a role in a world of grotesque, tacitly accepted masquerade) or to continue to live behind the mask in which he had been involuntarily immobilized. He chooses to retain the fictional identity of the Holy Roman Emperor, but then once again he is confronted with the dilemma when the Marchioness and her daughter Frida come to see him. Frida is the image of what the Marchioness was in her youth and Henry is confronted with the reality of the passage of time.

Both Scola and Pirandello utilize an act of violence to underline the resolution between real and created identity. Henry IV stabs Belcredi and retreats back into the world of illusion. Antonio is the victim of an act of violence and Robert retreats in the Neapolitan world of fantasy. But, the strange case of Robert Traven presents other intriguing similarities with that of Henry IV. The fast track corporate executive steps from the world he perceives as real into the world of illusion, and starts to take on the fabricated role created for him by Antonio. He gradually starts to experience what Pirandello calls "the feeling of life," and the struggle between life and form starts to manifest itself.[7]

Human beings, Pirandello states, live and feel themselves living. At the same time, this so-called feeling for life or our detachment from life is the primary cause of human misery. Henry IV assumes a form, a fixed mask, thereby changing the course of his existence. He chooses to remain in it until an emotional state of passion and desperation is about to bring him back to the reality he can no longer accept, but only for a moment, because he quickly retreats behind his mask. Robert's epistolary persona in Scola's film provides an interesting cinematic metaphor of Pirandello's dualism of life and form, as well as of his treatment of self-consciousness and the multiplicity of human personality. Robert is in fact a man who is enveloped in a world of crystallized forms, a prisoner of the role imposed on him by society, until he accepts the role of epistolary knight Antonio has created for him. He starts to experience the "feeling of life" with the acceptance of the superstitious beliefs of Antonio's cultural milieu. Neapolitans seem to have a special connection to esoteric forces. Antonio's mother tells Robert about Antonio's past deaths and resurrections in Neapolitan dialect. (Antonio explains later that he died once when he was eight years old and another time in 1952 and in both instances he came back to life at one o'clock sharp, hungry and in time for lunch). She also warns Robert that people in America, while he is in Italy, are conspiring against him. Robert is bewildered by forces and credences that have no place in his pragmatic world: rationally, he denies them, but on another level they begin to have power over him. Strolling on the beach with Antonio, Robert makes an additional discovery: that the noise of a firecracker may come from a location other than the expected one and that not everything that happens in life is as it seems.

The improbable superman, while taking part in family affairs, actually enjoys their narrations of Antonio's ludicrous fabrications. After listening to Giulio's band, he even accepts to play for the group, with the reluctance of a prima donna yielding to the entreaties of admirers. Satisfaction and condescension soon replace hesitation and surprise on Antonio's face, underlining his awareness of Robert's metamorphosis. In essence, Robert is becoming the fictional character; he rejects reason as the moving force of human existence, starts to believe in magic and accepts and plays an assumed role not unlike

---

7. Adriano Tilgher, Introd., "Life Versus Form," in *Pirandello: A Collection of Critical Essays*, ed. Glauco Cambon (Englewood Cliffs: Prentice Hall, 1967) 23. "The whole history of modern philosophy is the progressive deepening of this basic intuition into self possessed clarity. To the eyes of an artist as Pirandello, who lives on just such intuition, reality will appear dramatic at its very roots, the essence of drama lying in the struggle between Life's primal nakedness and the garments or masks with which men must by all means insist on clothing it."

Pirandello's troubled protagonists Henry IV, Mattia Pascal and Gengè Moscarda.

Prey to the enthusiasm generated by his fabricated character, Robert asks Antonio if he is going to write other letters, indicating that he feels that at times he could have done a better job. In one instance, a child in the Philippines could have been saved. Antonio reminds him that there is no truth in the narrated events and claims the rights that go with authorship. Robert, on the other hand, claims the rights of the character who has found his author. Robert's rational world appears increasingly inferior to the fantasy world created for him by Antonio, where "it is beautiful to waste time"; this is masterfully rendered in the film's last episode describing the aftermath of Antonio's third (and possibly not final) death. This last sequence is clearly emblematic of the absolute refusal of certainty even when it comes to death. The audience is in fact left pondering about Antonio's third death, which brings to mind both the conclusion of *Uno, nessuno e centomila*, and of *Il fu Mattia Pascal*. Vitangelo Moscarda, following a series of attempts to affirm his oneness and give meaning to his existence, realizes that people misunderstand him and consider him mad. Therefore, by dying in the identity attributed to him by others and by dying in his self attributed identity as well, he finds a new life in the overcoming of logical reasoning and achieves a feeling of oneness with nature. Moscarda's decision to live in the retirement home he founded expresses his acceptance of the chosen label of "madness" that eliminates the contingent realities he rejects. He appears to react only to the nature that surrounds him, which he perceives as an ever-changing whole allowing him to continually die and be reborn. The wholeness of nature protects him from rational thought and logical constructs.

Other similarities with Robert Traven surface in the character of Mattia Pascal, who, thanks to the mistaken identification of a corpse and the large sum of money he won in a Montecarlo casino, can escape his boring and alienating world and begin a new life under an assumed name in Rome. Mattia Pascal is dead for the people of Miragno, his hometown, where he returns to pay homage to his own grave. In a key episode, Mattia's landlord Anselmo Paleari announces an interesting spectacle in Miragno: a puppet theater with automatic puppets, the very latest invention, would be performing Sophocles's "The tragedy of Orestes." It must be "Electra," Signor Paleari assumes and then adds that a curious idea occurred to him: What if, at the climax of the play, just when the puppet playing Orestes is about to avenge his father's death and kill his mother and Aegisthus, a little hole were torn in the paper sky? Orestes would still feel the passionate desire for vengeance, but his eyes, at that point, would go straight to the hole, from which every kind of evil influence would crowd the stage, rendering Orestes suddenly helpless. In other words, Orestes would become Hamlet. The landlord concludes: "There is the whole difference between ancient tragedy and modern, . . . believe me—a hole torn in the paper sky.[8] Through that tear in the puppet theater's paper sky, the puppeteer might become visible and with him, another unexpected superior reality would intervene and discredit the world of masks and falsities that surrounds us. In the case of Henry IV, the Marchioness's visit opens the possibility of a return to normal life. Robert Traven, like the protagonist of *Henry IV*, opts to stay in the world of illusion by refusing to board the plane that would have taken him back to America. In a similar fashion, the characters of *Six Characters in Search of an Author* interrupt a conventional theatrical rehearsal.

There is a blue paper firmament complete with fake stars and an epistemological hole in *Macaroni* too. It is precisely against this sky that the "prettified" Maria appears forty years later to Robert, who, a few minutes before, has kissed Virginia in a state of complete denial. The harsh reality of those forty years that have elapsed remains beyond that fake sky and Robert, rather than becoming Hamlet, approaches the old flame with a respectful kiss of her hand. Similarly, the protagonist of *Henry IV* exclaims about his former beloved, "I cannot recognize her anymore: because I know her this way (indicates Frida while approaching her) to me it is always this one . . . the dream that becomes alive in you, more than ever! You were there, just an image and they made you live. You are mine! You are mine! I am entitled to you!"[9]

The reference to theater and dramatic art is unequivocal in the episode in which Robert attends Antonio's drama at the Teatro Italnapoli. Antonio, substituting for a sick actor, plays the part of the villain par excellence, "Malamente" or "Pasquale l'infame" who challenges an equally established type of "onesto lavoratore." The stock character types of villain and hero are treated respectively with contempt and benevolence by the colorful raucous audience. The honest worker Nicola finds the courage and the strength necessary to stab Pasquale l'Infame in the stomach and the spectators express their satisfaction and approval. Robert appears totally taken in by this newly discovered colorful Neapolitan world, where only oversimplified black an white situations for the stage are predictable.

After the performance, an argument between Robert and Antonio over the way the letters should be written ensues. "That's me, that's my identity, that's my dignity," Antonio proclaims. "No, it's me, it is my name, it is my dignity," Robert replies. It is again the classic Pirandellian topos: the search for identity in a fictional self.

---

8. Luigi Pirandello, *The Late Mattia Pascal*, trans. Nicoletta Siborowski (New York: Dedalus, 1987) 145.
9. Luigi Pirandello, *Enrico IV*, in *Maschere Nude* (Milan: Mondadori, 1958) 370.

When Robert faces the fact that he cannot be the man in Antonio's letters, he makes a final attempt to get what he wants by offering Antonio money to write the letters in a certain way, an act that reflects the absurdity of Robert's wish and the depth of his loneliness. A few minutes later, in fact, he tells Antonio, "I bought a dozen post cards to send to friends. I can't think of any." And, after his decision to postpone his trip home to help remedy the financial problems of Antonio's son he, in spite of all Antonio has taught him, still believes that friendship can be purchased. But Antonio's wife points out that Antonio would not ask Robert for the money to pay Giulio's debt because Antonio believes that, "The point of friendship is not to be a pain in the ass to your friends."

However, Robert, at the end, is with the family, at the dinner table where a steaming dish of pasta is also placed in Antonio's place. It is clear that, like everyone else, he is waiting for Antonio's resuscitation, in a collective willful suspension of disbelief.

> La morte è assurda per un essere dotato di una sua identità personale. Solo in questo caso essa è perdita irreparabile di una individualità *sui generis*, di uno specificomodo di essere, di un irrepetibile sguardo *sui* mondo. Per gli esseri che non posseggono un'identità personale la morte invece è pura trasformazione, passaggio da uno stato ad un altro. È come lo scioglersi di un ghiacciaio.[10]

The moment we give ourselves over to utter madness and believe that even the inescapable reality of the grave is not final, we come close to understanding true sanity. As Moscarda says in the "No conclusion" of *One, None and a Hundred Thousand*:

> To think of death, to pray . . . I no longer have any such need, for the reason that I am dying every instant, and being born anew and without memories: alive and whole, no longer in myself, but in everything outside. (268)[11]

Southern Methodist University

---

10. Mario Alcaro, *L'Essere Inquieto: Misteri e Prodigi della Natura* (Bari: Edizioni Dedalo, 1993) 70.
11. Luigi Pirandello, *One, None and a Hundred Thousand*, trans. Samuel Putnam (New York: Howard Fertig, 1983) 268.

Franco Ricci

Disenfranchisement, or "Your Life or Your Life!"[1]

> Everybody knew what she was called, but nobody anywhere knew her name. Disremembered and unaccounted for, she cannot be lost because no one is looking for her, and even if they were, how can they call her if they don't know her name? Although she has claim, she is not claimed. In the place where long grass opens, the girl who waited to be loved and cry shame erupts into her separate parts, to make it easy for the chewing laughter to swallow her all away. (Toni Morrison, *Beloved*)

I have to admit that as a youth I was often puzzled as to why, whenever I saw what I thought was the equation Italian-(read minus) American, I never knew the answer. What did Italian minus American equal? Why was there never a solution to this "simple" arithmetic problem of subtraction? Conversely, what would American (America) minus Italian (Italians) equal? What if Italians had not, with their toil and dreams, helped build America? What if there had been no America for Italians to discover? I've never really laid these questions to rest. This is why Tamburri's essay, *To Hyphenate or Not to Hyphenate: The Italian/American Writer: An Other American*,[2] solicited an immediate and heartfelt response. While lauding the attention paid to this most delicate and increasingly vital issue, Tamburri's discussion of the slash vs the hyphen is fraught not only with political considerations, but also with cultural concerns that the author, I feel, only glosses. My objection, like Tamburri's, is not to grammar rules but to their hidden agenda. I agree with him that as an institutionalized order of discourse the hyphenated-American is discriminatory. I contend, however, that we must open-up the discussion to a broader reality. A cultural problematic of ethnicity that maintains the original classifying paradigms would recall the narrative of our past in a dialectics of address in

---

1. The obvious play on "Your money or your life" is in Jean Baudrillard, *America* 62.
2. An abbreviated version of the booklet was first published in *Italian Journal* 3.5 (1989): 37-42, with the title: "To Hyphenate or Not To Hyphenate: The Italian/American Writer and Italianità."

The Flight of Ulysses, edited by Augustus Mastri

pursuit of an object named and fully constituted, within the plurality of the nation. Indeed, it is the hyphenate-Ethnic that must not be toponomically eliminated from the Body of the nation by facile labeling that would, I feel, once again play into the hands of the power structure. Granted: Italian-American (hereafter I-Am) writers should be appreciated for what they are: writers first, and members of a specific geographical/historical/socio-political/cultural milieu, second. A person's talent, not his appellation, should be the calling card that procures a publisher's favor. Yet let us not forget that these writers do indeed live in America. Though not wishing to sound condescending, their wish to be valorized by the American canon not only constricts them to write in English but to enfranchise a code of ethics which may not comply with their own experience. Perhaps, as Robert Viscusi suggests, I-Am writers should write in diglot?[3] Would this resolve the issue? Would this solve our ethnic problem? The following essay does not intend to criticize Tamburri's excellent venture into the murky cauldron of ethnicity, but wishes instead to continue his discussion by presenting some of my own ideas on common concerns. I will address issues raised by my good friend's arguments, specifically: the I-Am writer, the opposition hyphen vs slash, and finally offer my own thoughts on ethnicity.

I

I agree with Helen Barolini that I-Am literature has not entered the mainstream (gotten out of the shadows) because it is at once and at the same time burdened by the "richness" and "brute strength" of its own "white heat."[4] Indeed, too much of this literature is mercilessly hampered by its own contextuality. For this reason, the performance of the ethnic writer is often scattered, the search for a narrative voice too dramatic. When reading much of this literature one is too often aware of the separate temporal, spatial characterization and plotting movements that do not pulse in narrative unison. What is worse, traditional approaches to this literature disproportionately emphasize semantic competence in a circumscribed I-Am encyclopedia rather than in narratological criteria. The result of this heuristic method is a ghettoizing of ethnic categories. On the other hand, by suggesting a radical new interpretation of the I-Am

---

3. For Viscusi, "The language of Italian America is not English. Neither is it Italian, but an interlingual diglossic speech that passes freely between these two." See "Breaking the Silence: Strategic Imperatives for Italian American Culture," *Voices in Italian Americana* 1.1 (1990): 1-14.

4. See Helen Barolini, "Interview," in *Fra Noi* (September 1986).

context based on social schizophrenia (the pluralistic slash-mentality, more on this point later), might reduce this literature to a questionable project by writers/non-writers that wish to dramatize contact with a new, and often hostile, environment in any way they are able. In this case, I-Am literature is relegated to that area of para-literature in vogue today. This is the unintentional implication of Tamburri's article. He follows step, too closely, with all that is "intellectually happening" today without addressing deeper problems of an existential nature, problems of memory and of naming. I-Am voices, I feel, must remain *engagè* and not simply *à la mode*.

It is important to ask: If the relationship of I-Am literature to "American literature" is problematic, why is this really so? Do we really resolve valuative queries by applying contemporary matrixes of inquiry? Didn't we fall out of step long ago and are now trying to enfranchise our discourse by appropriating provocative (and power oriented) conventions? It is not my intent to address these issues in this brief article. I am concerned, however, that the complex relationship between what is useful to call I-Am literature as opposed to "American literature" is diminished by playing with qualifying titles. In this postmodern context, Italianità must move beyond the subscription/proscription of a convenient/non-convenient diacritical marker because the act of writing for I-Am writers is no idle, para-literary matter. Instead, this writing still represents a profound attempt at personal definition and a critique of the critical idiom that has relegated it to the margins. It is an act of self-defense; an assertion of private and public integrity. We (myself first and foremost) may wax philosophical about injustice to I-Am writers, we may cry political foul when one of *our own* is rebuked by unfounded prejudice, we may bellyache intellectually about the fate of *our* writers, but the fact is that much of this writing is too close to *our own* experience to be objectively appreciated by us. Our critical sensibilities are desensitized by an emotion-centered collective memory. If "American literature" has a canon, then so does I-Am literature. Yet why must they be different? I contend that these writers must be accepted for what they are. Their valorization cannot be democratized. They are *not* mainstream writers in any established canon, be it Italian, American or otherwise but are, by their very existence, contending to question canon ensconced authority. This is a profound reformulation of the relation individual talent bears to accepted discourse. I-Am literature thus occupies at least two spaces in two diverse traditions. It boasts a double heritage and is, so to speak, two-toned. Maybe what I-Am writers require are precise definitions and close, sensitive readings that celebrate this difference, not double-voiced and politically accurate jargon that, though engaging, may prove ultimately illusory. What we need is difference, a signifying **ethnic** difference.

II

The ethnic group is a unique cultural system that is a combination of traits shared with other groups and traits that are distinctive to its own group. As an ethnic group, I-Ams are different both interculturally from the larger social matrix in which they are imbedded and intraculturally from each other. For many sociologists the dominant tendency of immigrant populations in North America is towards integration into the larger cultural mainstream, in essence exchanging the right of separate ethnic voice for the privilege of opportunity and acceptance. This tendency fuels the assumption that cultural differences become less strident due to generational acculturation. This approach assumes that temporal distance from one's origins erodes ethnic solidarity. This melting pot theory was the hallmark of the Chicago sociologists led by Robert Park.[5]

According to this view, social class and economic status (not ethnicity) eventually become the major influence on the values and life styles of immigrant populations. The ethnic group becomes an experimental microcosm of society at large, a view reinforced by theories of first-stage, second-stage and third-stage immigrant categories. Yet, while it may be true that ethnic populations do not exist in a vacuum and must contend with internal processes of assimilation, rejection, and the ebb and flow of ethnic consciousness, any acceptance of this straight-line assimilation process violently preempts our arguments. Indeed, the mix of traits within an ethnic cultural system is different from one generation to the next, with all immigrants eventually sharing more with the public culture than they did to begin with, with their own privatized heritage. For this reason, second and third generations may be more similar to the respective descendants of the host culture than their ancestors were from their hosts. Indeed, they may also be more different from each other (as Italian-Americans) than their ancestors were from each other (as Italians). The continued viability of the ethnic group approach, then (the emergence of a journal such as *VIA*, magazines such as *Eyetalian*, for example), would seem to preclude any quantitative and reductive model.

Today, ethnicity is paradoxically resurgent and is perhaps symptomatic of a break-down in larger context-framing and economically conditioning strategies.

---

5. Robert Park was the leading theorist of the Melting Pot process. His writing spanned several decades. A good primer on his thought is *Race and Culture*. Another, often disheartening book to read is Stephen Steinberg's *The Ethnic Myth*. Steinberg traces "the 'ignominous origins' of ethnic diversity in the United States" (4) and asks whether the melting pot has really given way to ethnic pluralism.

Though the planet becomes smaller, elements of ethnicity not only survive (some in high culture, some in simple traditions), but have become the rallying cry for peoples wishing to maintain a differentiated identity. It would seem that the modernist desire for the integration of different qualities governed by the ideal of an imaginative totality has failed to fuse a global hallmark. If our postmodern condition has taught us anything it is that plurality and multiplicity are the watchwords of our current spatial rhythm. As we explore the various temporal dimensions of reality we come to understand how each peoples's (each person's) time frame is forever either more or less compatible or forever out of synch with the tempo of the social and economic life of the world at large. This situation is most apparent in those political systems that have repressed ethnic identity in favor of political ideology. Yet it is also evident in the Unites States where melting pot strategies, forged by the requisites of political centralization, economic concentration, and cultural assimilation, have not completely erased the ethnic paradigm. In Canada, an official Multiculturalism Policy has spawned a pluralist context that has become, quite simply, a politics of territory; of peoples carving out a niche in a milieu that they are attempting to define while "living" it. Yet, there is a larger problem that even Multiculturalism does not address and which, I feel, should be the focus of any argument concerning any immigrant group's ethnicity.

How can we attempt to give an answer to the equation "What is Italian - (minus) American? The best way to do this is by questioning the paradigm itself in all its possibilities. In the first place, Americans minus Italians would be a much more sullen and barren populace. There is no need to elaborate upon Italian contributions to this country's cultural and entrepreneurial spirit. But what happens if we add our cultural integers? How would our response change if we asked instead, what is an Italian + (plus) an American? Or, conversely, what is an American + (plus) an Italian? The answer to this question is the substance of what it means to be *different*, to be an ethnic, sometimes invisible, *Other*. This, I feel, is the heart of the issue at hand. As an immigrant I am neither Italian or American but partake of both cultural paradigms. It is this sense of Otherness that informs my behavior and defines my personality. The true issue, then, is not Jewishness or Polishness or Italianità, but ethnicity and how the experience is lived, shared and, for our discussion, graphically represented by any empowered linguistic sign.

The inherent prejudice of any label belies palliative attempts by the "labeler" to proclaim freedom of expression. Labels limit discourse. They introduce choice and imply a hegemonic order. The hyphen provides a good example of this culturally charged category. Tamburri contends that the hyphen creates a physical gap. Because of this he suggests that we substitute the slash (/) for the hyphen, stating:

> It should be clear that the substitution of the slash for the hyphen is not the removal of one grapheme for another. Instead, the slash in place of the hyphen involves not removing but, more precisely, turning it on its side by forty-five, as depicted below.
> Italian-American   Italian/American.

This maneuver, according to the author, fulfills two requirements:

> First it actually bridges the *physical* gap between the two terms, which in turn aids in closing the *ideological* gap. Secondly, the integrity of the grammatical rule/usage requiring a grapheme between two such terms in an adjectival phrase remains intact.

Yet, the slash does not promise respect for I-Ams; nor does it augur a better understanding of their needs. All to the contrary. Far from resolving the issue, the slash introduces an axiological distinction, a new ideology, an either/or equation which does not reflect the I-Am's response to settlement in a space somewhere between paradise and hell. This vertically hinged lexeme forbodes a transhistorical sameness that serves to signify — polyvalently — across a myriad of cultures and communities of de-racinated peoples. The dynamics of uneven socio-spatio acclimation cannot be waved off with a simple change of grammatical design choices even if they halfheartedly respect the normative requisites of "an adjectival phrase."

The slash unnecessarily introduces a textual ambiguity. It presupposes a free-flowing participation in normative values, in this case, of white Anglo-Saxon values. It is a representational ambiguity. It implies an unresolved and ongoing passage. Graphically the slash portends a violent truncating of name. It also sets up a Lacanian diad; a completely closed system of ambivalence that plays itself against the middle. Finally, and most dangerously, the slash may be viewed as a hinge. As such it is a real signifier of a false open-door philosophy of revolving freedom. The ethnic may move freely through the permeable membrane in either direction he wishes, adapting to whatever the context demands. Its openness actually results in American conformism; one can create all the life-styles one wants. Ultimately, one has the opportunity to choose one term or the other, but one is *really* choosing one axiological category over the other. It is thus an index of colonial hegemony that permits and indeed encourages self dis-enfranchisement. The upshot of all this is a heretical act against ancestry.

While I reject the notion of colonializing *grand recits* (the hyphenated immigrant, for example), of all the symbolic forms that could have been used to describe our marginalized condition, it is precisely the hyphen that is anything but insensitive or misrepresentative of our status. Indeed, it is the hyphen that wins, not loses, the spatial battle that separates the distance between the two terms and weaves a new tapestry from the two cultural matrixes. It is a willed trek *across* cultural boundaries. It is what makes us different. This is achieved not by disjunction, but by conjunction. *The American Heritage Dictionary* defines the hyphen as "a punctuation mark used to connect the parts of a compound word or between syllables of a divided word." The hyphen, then, is that bridge between the two cultures on which we stand. It is a badge of courage and is emblematic of a balance, a living on a tightrope between the two cultures. To be sure, it is a difficult balance. But it is a luxury afforded not solely to Americans of Italian descent, but to *all immigrants*. This is what unites us. This is what makes us unique culturally, economically, politically. It gives us an identity even as it undermines our rights.

It is through these very forces of political displacement that the hyphen both distances and affirms the self in a new social contract with the host country's narrative. Though conceived as preeminently political and juridical, it must now be transformed into a national signature of possession of self and of place for it provides a historical and structural basis for institutionalizing our national character *vis a vis* our internal order. It is, in this respect, a necessary fiction that implies the possibility of a rival discourse, the episteme which structures us. The colonial context that the hyphen reifies maintains the historical tension inherent in the relationship between two socio-economic orders. The hyphen thus maintains difference both in the public (the writer *vis a vis* an American canon) and private (the writer as ethnic) sphere.

The power elite myth-masters fashion the eminently forgettable images of *what they wish our ethnicity to be*. Their idiosyncracies encapsulate us, trap us. Changing the hyphen does not redefine the power. Linguistic games may only acquiesce in the power's intellectual strategies. We cannot break out of the linguistic reality by inventing another term but, instead, by unveiling those descriptions embedded in the texture of the original hyphenated paradigm.

The meaning of Italian-American is clear; furthermore, it is strong. There is no reason to limit its meaning to features of discontinuity. Just the opposite. The slash can fall either way, crushing either paradigm arbitrarily. The hyphen, on the other hand, promotes wholeness as an emblem of contiguity with a known past and with the possibilities of the future. It thus maintains a graphic richness as a sign of our colonial nature within the national culture while at the same time marking a new identity of self-awareness. We must indeed dispel the language of American pluro-democracy by eschewing the myth of pertaining to or maintaining the American dream. The hyphen sanctions a journey backwards into memory, to be sure, but is a voyage that simultaneously incorporates us into the "body of the nation" by giving ourselves a past meaning and a future voice that rises beyond facile taggings. To eliminate the hyphen, then, is to move from a visibly marked and intentionally fragmented ethnic referent to a free-flowing network of sameness that eschews local Otherness and ethnic difference. We risk becoming, like Toni Morrison's *Beloved*, "disremembered."

The wish to expose the discriminatory nature of the ethnic sign by unchaining/un-coupling the I-Am label, is an attempt to reveal its latent historicity. Yet, though I fully share his basic concern, my approach and emphasis obviously move in a different direction. We cannot atone for the violations of humanity by attempting a transhistorical sameness, which is how I read Italian (/) American. We must indeed be aware of the Master Code's methods of mythification/classification within the Anglo-Saxon patriarchal system that divide and conquer difference by embedding false polarizations between "the Body" and "the Others." We need to strip away these binding social embeds but not by distorting the visible grapheme. To remove the label is to remove us from a specific system of cultural semiosis. For Boelhower, "In order to discover how ethnic sign production works, one must surrender to the kinesics of the ethnic stare, assume the ethnic point of view, and . . . go through the monocultural map" (84).

We are not really talking about hyphens versus slashes, then, but about strategies. If I-Ams are to survive — and this, I think, is the gist of the exercise — we must learn to exploit-reverse the perverse Anglo masking intended by the arbitrary "ingredient-labeling" of ethnics. The strategy towards such an end is mapped by Mary Daly where she speaks of her strategy for cutting away the deceptions of a phallus-centered society.

> We must survive, not merely in the sense of "living on," but in the sense of living beyond. Surviving (from the Latin *super* plus *vivere*) I take to mean living above, through, around the obstacles thrown in our paths. This is hardly the dead "living on" of possessed tokens. The process of Survivors is meta-living, be-ing. (8-9)

In order to illuminate a new narrative of human/ethic/ethnic valuation, we would do well to propose a correct realignment of the relevant features. I-Am are neither Italian nor are they American. They are Other. As Other we *survive* because we are *above* the reduction of human essence to a single historical instance of janus labeling. Dialogism, the rapport between many voices that transform and renew social discourse, can only occur, to my mind, if there are identifiable and original voices ("work-utterances") that speak. The impact is ever the greater if these "Other" voices cry out from the readily identifiable and hyphenated margins.

* * *

The immigrant condition is one that crosses international boundaries. Fish out of water, men without homes, the plight of the immigrant is that of a cultural refugee. Like many of our parents, my father holds a deep-set antipathy for the country that so callously (according to him) ejected him from her fold. He is a cultural martyr. Am I thus the heir of despair or of hope? Do I romanticize my father's plight by remembering that his sacrifices were an effort (I am reminded by him and by I-Am literature) to provide a better life for his children? Many of our parents were not married when they came to the New World. So where's the logic of this response? Some, like my parents, did not even know each other when they married by proxy. What is their legacy? What have they transmitted of Italy beyond stereotype? Where does their (or my) so-called Italianità (so important since it is traditionally viewed as determinant in this argument) begin and "mangiacake" Americanism end? Where does the difference begin and end for any immigrant of any generation from any country?

All the efforts at innovation and at articulating the (postmodern) condition of the immigrant must retain their focus on reproducing the status of the immigrant as Other. For example, if it is true that the uniqueness of the I-Am writer rests with the intentional re-establishment of links with the larger society, we cannot allow this definition to become undifferentiated because signification is relegated to the level of sign-function. By maintaining the hyphen we maintain the contrast at the syntagmatic level and thereby maximize hypo-signification at the semantic level.

Secondly, what happens to the concept of difference that all immigrants represent, and for which I have been arguing when we are forced to plant our feet on an inclined slash? Won't we be crushed between the two cultures, slowly sliding off into an undifferentiated maelstrom? Since the slash promotes permeability and permits one to choose between the two terms, which side will the immigrant choose? Won't the slash prohibit us from seeing the difference? Will the slashed Italian American writer be any more accepted than the hyphenated writer? Of course not. The very quality of being ethnic does not allow such an undifferentiated experience. It does imply, however, that the multiple local spaces of hegemony become simply insignificant when the practical consequences of viewing oneself as Italian or Polish or German are political disparity and isolation.

Contrary to popular critical currency, we, as texts, are not ahistorical. Our text is written in the sacrifices of our ancestry. Placed in historical perspective, the current revival of Italian ethnicity along intellectual parameters appears doomed from the outset unless we understand the roots of our shared ethnic vertigo. Despite wilful political correctness, the ethnic factor has not been modernized out of existence, nor has democracy (in its most liberal sense), fostered an ethnically homogenous population divested of internal differences. Indeed, the very idea of cultural purity in a modern state has proved tragic. The existent structures simply won't permit it since, as Boelhower states, "as a rule, modernization tends to increase differences rather than eliminate them" (30). It would seem, then, that it is the fate of the ethnic to remain forever on the outside, even of the very nation of ethnics of which he is an integral part: "everybody in America is willy-nilly an ethnic subject," (Boelhower 33). This being the case, is it not wise to control the energy of the ethnic sign by elevating its status? Therefore, it is wrong to speak of a multi-ethnic paradigm simply because it creates taxonomies that beg to be "melted down" and "slashed" into pluralism. This approach dooms ethnics to sharing the same semiotic space in a suspicious "dominant culture." Why should we compartmentalize "subcultures" (Jewish/American, African/American) from the mainstream when our common bond is our Otherness? Indeed, how is it even possible to create a separate ethnic consensus *outside* the American transcultural pantheon since part of what it means to be American is to be hyphened? How else shall we understand the hyphen if not as an expression of xenophobia on the part of native-born Americans that must not be changed but challenged? How do we explain/condone the systematic abuse and pervasive bigotry that were the experience of virtually every immigrant group? Surely not by preaching contiguity. Unfortunately, discussions that move beyond the ethnic individual as such trivialize ethnic identity and unwillingly promote absorption into an alien Body, i.e. the dream to participate in white, Anglo-Saxon capitalist achievement. In so doing we are merely trying to redeem the sanctity of ethnic economic progress and achievement at the expense of a tragedy (immigration) that can't quite be represented as a tragedy.

PROVISIONAL CONCLUSIONS

I read the "slash stratagem" as a moment of pure essence whose gross must be removed in order for us to revive from complacency and "see" the matter differently. Even though the notion of "slashing" holds fascinating possibilities for initiating a sustained meditation on our own objectified value within the body of the nation, is this game playing a useful genealogy? Aren't we merely being released into a homogenized notion of "Americaness," a meaning which is abstract, general, dispersed? By doing so, aren't we falling victim to the very lexemic polyvalency that the power-elite foments in a "divide and conquer" hegemonic strategy? Most importantly, does this addition on our key words add up to a useful strategy of response to the issues staked out for us? Or is it unrelenting work on receding ground?

I agree that my reasoning does not vaunt a multi-ethnic, multi-perspective strategy, and may intentionally reinforce a re-centering strategy that sets up an "us against them" scenario. Nevertheless, it also allows the ethnic to maintain a mobile perspective by remaining above, not between, the terms of his discourse. It is the con-structuring context of the hyphen that both binds and liberates the individual to freely be himself. The hyphen graphically illustrates a scheme of competition and mutual dependence with the only criterion for success being survival. The slash only posits diversity; it is a precarious, sliding philosophical perch.

Ultimately, however, it is not necessary to reify an ethnic category to stand in opposition to a rigid monocultural American citizenry. This has been done for us both by melting pot assimilationists and by pluralist cultural relativists. Unfortunately, it is we who fall into either the constructivist or de-constructivist trap. Yet, by promoting a plurality of vantage points, a possible/probable identity able to shift from one paradigm to another, while at the same time de-centering our gaze from public to private, the very possibility of an "ethnic discourse" is marginalized. Pockets of subcultures are created, as in the Canadian multicultural experience, without a unified voice. By promoting assimilation, on the other hand, we'll be gene-pooled out of existence.

The paradox is that ethnic groups have traditionally remained strong and have gained internal cohesion from the exclusionary practices of their host society. The communicative exchange through the permeable slash will render the user transparent. Americans will no longer see us. We will always see them. We'll all either become transparent, or just melt away. To paraphrase a statement in *The Closing of the American Mind*, "The joy of liberation may turn into terror at our own unprotectedness" (195). In a society increasingly atomized and lacking a real sense of identity there is a special urgency to preserve the ethnic bond across cultural boundaries. Our foundations have not faded away but have become increasingly intercultural. I see the hyphen as a strategy for maintaining a legitimizing epicenter for a communal ethnic gestalt that will permit a true political, cultural, and vital opposition to the Master Topos. This may not prevent the atrophy of individual cultures but will assure the survival of distinctive groups in America that are ready to provide an alternative ethnic Other that obviates national self-deception.

The ethnic sign is the pervasive signifier of this nation's aleatory Other. Diversity and difference may be its citizenry's raw materials, but a dynamic and unified cultural discourse of American Ethnic Otherness must be the future focus of the North Americans' consciousness of perceiving space.

QUESTIONS REMAIN

Is it because an objective real basis for ethnic culture is disappearing that we are today elevating the discourse onto a symbolic (linguistic) plane? Do we wish to *feel* our Italian Otherness precisely because we have lost the prerequisites for *being* so? By adapting to the intellectual milieu, by joining in the discourse will we, like the feminists, be co-opted by the canon? This is the bind we are faced with: Must we give up our identities in order to preserve them?

> By and by all trace is gone, and what is forgotten is not only the footprints but the water too and what it is down there. The rest is weather. Not the breath of the disremembered and unaccounted for, but wind in the eaves, or spring ice thawing too quickly. Just weather. Certainly no clamor for a kiss. — Toni Morrison, *Beloved*

University of Ottawa

WORKS CITED

Baudrillard, Jean. *America*. Trans. Chris Turner. New York: Verso, 1989.
Bloom, Allan. *The Closing of the American Mind*. New York: Simon and Schuster, 1987.
Boelhower, William. *Through a Glass Darkly: Ethnic Semiosis in American Literature*. New York: Oxford University Press, 1987.
Daly, Mary. *Gyn/ecology*. Boston: Beacon Press, 1978.
Morrison, Toni. *Beloved*. New York: Knopf, 1987.
Park, Robert. *Race and Culture*. Glencoe, Ill.: Free Press, 1950.
Steinberg, Stephen. *The Ethnic Myth: Race, Ethnicity, and Class in America*. Boston: Beacon Press, 1981.
Tamburri, Anthony J. *To Hyphenate or Not To Hyphenate: The Italian/American Writer: an 'Other' American*. Guernica: Montreal, 1991.
Viscusi, Robert. "A Literature Considering Itself: The allegory of Italian America." *From The Margin. Writings in Italian Americana*. Eds. A. J. Tamburri, P. A. Giordano, and F. L. Gardaphè. West Lafayette, IN: Purdue U P, 1991. 265-81.

A Collection of Monographs
sponsored by
Annali d'Italianistica, Inc.

*

Studi e Testi

*

Directed
by

Luigi Monga
&
Dino S. Cervigni

***

Prospective authors
may contact either editor of the series.

***

Annali d'Italianistica
Department of Romance Languages and Literatures
The University of North Carolina at Chapel Hill
Dey Hall 141, CB # 3170
Chapel Hill, NC 27599-3170
Fax (919) 962 5457   E-mail: Dino_Cervigni@unc.edu